윤명철 해양논문선집 ③

해양활동과 국제항로의 이해

| 윤명철 해양논문선집 ③ | 해양활동과 국제항로의 이해

2012년 1월 16일 초판 1쇄 인쇄
2012년 1월 26일 초판 1쇄 발행

지은이 | 윤명철
펴낸이 | 권혁재
책임편집 | 윤석우
편집 | 김현미, 조혜진

펴낸곳 | 학연문화사
출판등록 | 1998년 2월 26일 제2-501호
주소 | 서울시 금천구 가산동 371-28 우림라이온스밸리 B동 712호
전화 | 02)2026-0541~4
팩스 | 02)2026-0547
이메일 | hak7891@chol.com
홈페이지 | www.hakyoun.co.kr

ISBN 978-89-5508-262-3 94910
ISBN 978-89-5508-259-3 (전8권)

책값은 뒤 표지에 있습니다.
잘못된 책은 바꾸어 드립니다.

윤명철 해양논문선집 ③

해양활동과 국제항로의 이해

| 윤명철 지음 |

학연문화사

머리글

"역사는 인간의 발명품이고, 역사학은 발명의 도구이며, 역사학자는 창조자이며, 수리공이다."

개체의 경험은 아침햇살에 녹아내리는 이슬처럼 흔적을 남기지 않는다. 모든 생명체들은 불유쾌하고 전율을 일으키는 죽음의 자각을 극복하기위해 부단한 노력을 기울였고, 자손을 만들어 종의 기억을 지속시킨다.

생물학적으로 독특한 생성배경을 지닌 인간은 자발적으로 획득한 인식능력으로 인하여 본의 아니게 비자발적으로 또 다른 허무감을 동반자로 삼게 되었다. 실로 오랜 세월 혹독스러운 고뇌 끝에 인간은 색다른 하나의 발명품을 내놓았다. 역사이다. 자연사외 또 다른 역사를 만들므로써 인간은 개체로서 시간과 공간의 한계를 극복하였고, 전체로서 자유의지와 존엄성을 동반하게 되었다. 인간은 역사 속에서만 인간은 끊임없이 존재하고, 자신의 존재가치를 시시각각 확인하고 만족스러워 한다.

역사학은 별로 중요하지 않을 수도 있다. 하지만 역사적인 인식은 중요하다. 그것이 있으면 인간은 개체로 머무르지 않고 무한한 生命體 및 非生命體와 섞여진 통일체로서 전체를 지향하고 있음을 느낀다. 현재는 한 부분일 뿐이고, 이 부분은 파편이 아니라 먼 과거와 먼 미래와 연결된 끈이며 '터' 라는 사실을 이해한다. 인류는 물론이고 한 개체의 탄생과 존재, 다른 개체와의 만남 등이 '우연과 필연' 여부를 떠나서 유일무이한 불가능의 가능태임을 자각한다.

2011년 12월 윤명철

fore-word

History is an invention and a means of invention. A historian is a creator and an engineer. The author had a view and a model as a historian since the first time he had an interest in studying history. He held questions and critical consciousness about modern-history which led to develop a new research method through various research fields. With the reason, he developed theories, concepts, and terms as well as introduced a way of understanding through modelling.

In 1985, the term, 'HANLYUKDO' , was developed in the way of overcoming 'the Korean Peninsula' and 'a historic view of peninsular' . In 1993, 'The East-mediterranean sea model' was developed. 'The East-mediterranean sea model' is a matter of idea and civilization which will be developed to 'theory of the East-mediterranean civilization' . In 1995, he linked governing style and space to categorize 'direct-sovereignty' , 'indirect-sovereignty' , and 'orbit' with a model of Goguryo. He suggested geo-culture and geo-mentalogy besides geo-economics and geo-politics as the way of human use of space and field. He explained a meaning of nature environment through academic theories from various studies and apprehended comprehensively.

In 2003, He introduced 'the oceanic view of history' in national Congress of historical science and declared a necessity of interpreting Korean history from the oceanic perspective. He also suggested 'a historic view of ocean and land' which is to view the ocean and the land as one organic system. Since the time until 2011, he have presented academic accomplishments that supported and proved those suggestions including 'the ocean-land systen', 'a ocean city', 'a river-ocean city', 'the oceanic defense system'.

He had a question about 'motility' observed in history. He established stability, mobility, migratory, and mo-stability cultures. Those theories are comprehensively systemized based on modern physics, astrophysics, proxemics, biology, ethology, physiology and architecture. In the process, he established 'mother-civilization', 'east-asian civilization', and 'pan-asian theory' in order to understand our culture from the civilized perspectives.

Theories that such models are logically and ideologically based upon include 'history organicism theory', 'field & multi-core theory', and 'reflux system theory'.

'History is anthropology'
'History is praxeology'
'History is futurology'
'History is lifelogy'

He suggests a few points to Korean history academia.

First, It is to understand a reason of being, a role, a meaning, and a value of history. A historian is a recorder, an evaluator as well as a creator.

Second, it is to approach through various research methods. It is necessary to expand a research field and apply more themes and subject materials.

Third, intellectuals have an accountability to be free. It is a duty to develop 'own theories' with own thoughts and methods.

Forth, it is to understand an appropriate research method to study the ocean-related field. Theoretical approach regarding an essence and a system of the ocean needs to be a priory. It is to analyze and investigate mechanisms of the ocean scientifically and theoretically. There are oceanophysics, oceanography, Nautical Science, shipbuilding, geography, political science, urban geography, ocean folks, Fishery anthropology and other natural sciences.

The author have presented about 40 books, 10 co-authored works, and 140 dissertations. This does not include history related reviews, poems and essays. He primarily organized research accomplishments in this collection. In the future, he intends to focus on the study of human, idea, and the future. He looks for criticisms and advice from scholars.

序言

"历史是人类的发明,史学是发明的工具,史学家则是它们的创造者和不断修葺的匠人"。

笔者自跨入史学之门开始,便确定了独立的史观与史家范式。带着对现存韩国近代史学研究的强烈不满与批判意识,渴求以浑然独到的科学研究方法,开拓多彩斑斓的未知学术领域。基于上述端由,时获独得之见,别创有多样语汇、理论、概念;渐由此而设定范式,演绎逻辑,导入阐释。

自1985年始,为克服处处冠以"韩半岛"用词的半岛史观影响,竭力试图赋以"韩陆岛"之称,取而代之。1993年,别出机杼,独创"东亚地中海模式"理论,承望借穷极之思想,行文明之进路,向"东亚地中海文明论"方向平流缓进。

1995年始,又以高句丽历史为鉴,贯穿其统治方式与空间的互动,将"直接统治圈"、"间接统治圈"、"影响圈"三者严格区分,进而利用"空间"、"地域"、"人间"三维分析方式,提出了独立于既存的"地政学"(geo-politics)、"地经学"(geo-economics)等概念之外的"地文化学"(geo-culture)、"地心学"(geo-mentalogy)等概念。从自然环境等多重意味及角度加以论证,潜心冥会、融释贯通,具体地把握了史实。

2003年在韩国全国史学大会上,主张导入"海洋史观",宣告并阐述了立足于海洋,重新诠释韩国史的必要性,藉此提出将陆地与海洋有机结合的"海陆史观"。此后至2011年,续以多种方式逐步立证补完,相继出版了各类研究成果。

围绕针对解释东亚地中海空间与世界观的"海陆体系"学说,又形成了"海港都市"、"江海都市"等等都市理论,以及海洋防御体系理论,以多重论证范式构成了整体作业不可或缺的环节。

针对历史发展过程中呈现的"运动性问题",从运动的观点出发,在对文化与人类生活方式特征关系的论证之中,设定了"农耕定居性文化"(stability)、"游牧与狩猎流动性文化"(mobility)海洋流动性文化(liquidity)与回游性文化(migratory)以及对各种文化都有所并融的"动中静文化"的(mo-stability)概念。这些理论借助了新近发展的现代物理学、空间学、生物学、动物行动为学、生理学、建筑学等多重学科知识概念,贯穿融会,使浑然于一体。在此过程中,为了从东方文明角度贯穿把握,还添加了"母文明"、"东方文明圈"、"泛亚洲论"等理论观点。

由上述模型、理论等构成的学说和思想,为论证历史有机体系及其特征的"历史有机说"、论证历史构成与体系关系的"地域多核说"以及论证历史运动方式的"环流系统说"提供了必要的补充。

'史学乃人间之学'
'史学乃行动之学'
'史学乃未来之学'
'史学乃生命之学'

至此,笔者对韩国近代史学研究提出如下建议。

首先,必须对史学的存在理由、作用、真义、价值深入探索,加以根本性理解。史学家不应单一局限于"记录者"、"评价者"的范畴,同时应担负"行为者"的职责。

其次，史学研究方法应竭力接近多样。需广泛开拓研究领域，多方选择主题素材。在空间上力求突破半岛界限，实现向东亚，乃至泛亚洲领域的拓展。

第三，学者应以崇尚自由为己任。凭借自由的思考方式，励志竭精、独辟蹊径、自出机杼、成一家之风。

第四，对于海洋相关研究，需对针对方法，由表及里、谙练通达。为此，须优先对海洋空间本质、体系，予以深刻的理论性接近；对海洋文化之构成、机制，予以科学的理论性分析；以力求谨本详始、穷本溯源。

海洋研究，大千世界；琳琅珠玉、包罗万象。既兼收有：海洋物理、气候物理、航海学、造船术；人文地理、自然地理、气候地理、政治地理、都市地理；又并蓄及：与海洋史紧密相关的海洋民俗学、渔业人类学等多门自然科学。无所不包、无所不容、无所不及、无所不至。

笔者独撰书籍40余卷，另与他人合著书籍又10卷有余，出版论文140余篇。外与历史相关的史评、书评、诗集、随笔等不涉其内。倾平生之所学，聚渊渟泽汇，萃为此编。以为将来，人间之问题、思想之问题、文明之问题、未来之问题，集中研究之所共用。

恭望同仁，不吝赐教。

东国大学教授 尹明喆 youn, myung-chul（东亚海洋史及高句丽史）

序文

"歴史は人間の発明品であり、歴史学は発明の道具であり、歴史学者は創造者であり、また修理工でもある。"

筆者は歴史を構想する決意をした時から、歴史観と歴史学者としての目指すべきモデルがあった。加えて韓国の近代歴史学に対する強い不満と批判意識があったゆえ、自然に他とは違う新しい研究方法を追求し、研究領域を多彩に開拓した。その結果、多様な理論と概念、用語などを作り上げ、モデルを設定し演繹的な解釈をする方法を導入した。

1985年度に韓半島という用語と半島史観を克服する試みとして '韓陸島' という造語を作った。1993年には '東亜地中海モデル' を作り出した。この東亜地中海モデルは究極的には思想と文明の問題であり '東亜地中海文明論' として発展するものである。1995年には高句麗をモデルとする統治方式と空間を連動させ '直接統治圏'、'間接統治圏'、'影向圏' として分類した。人間が空間、もしくは地（土地）を利用する方式として既存の '地政学(geo-politics)' '地経学(geo-economics)'、他に '地文化学(geo-culture)' '地心学(geo-mentalogy)' などの概念を提案した。自然環境の意味を多様な分野の学問理論として説明し、具体的な実状を把握した。

2003年には全国歴史学大会において '海洋史観' の導入を主張し、韓国歴史を海洋的観点で解釈する必要性を宣言した。これに続き海洋と陸地を一つの有機的なシステムとして捉えようとする '海陸史観' を提案した。その後、

2011年に至るまで多様な方式でこれをさらに補完し、理論と理論を立証する研究成果を発表した。'東亞地中海' という空間と世界観に対する解釈である '海陸的システム'、これを実現する '海港都市'、'江海都市' の都市理論、'海洋防御体制' などのモデルはこの研究の一環である。

またこれらとは別に、歴史に現れる '運動性' の問題がある。運動の観点で文化と人間の性格を論ずる農耕の安住性(stability)文化、遊牧と狩猟の移動性(mobility)文化、海洋の流動性(liquidity、及び回遊性〈migratory〉)文化、そしてこのような性格を集約した '動中静(mo-stability)文化' などを設定した。このような理論を近世再び現代物理学、天体物理学、空間学、生物学、動物行動学、生理学、建築学などそれぞれの各学問の理論を借り、精巧に体系化させている。この過程で韓国の文化を文明的な観点で把握するため '母文明'、'東方文明圏論'、'凡アジア論' などを設定した。

このようなモデルと理論の論理的、思考的基礎になるものは歴史が有機体的である体系と性格をもっているという '歴史有機体說'、歴史の構成と体系を論ずる '場と多核 (field&multi-core)理論'、歴史の運動方式を論じた '環流システム論' などであり、他にこれを補完する小理論である。

'歴史学は人間学だ'。

'歴史学は行動学だ'。

'歴史学は未来学だ'。

'歴史学は生命学だ'。

筆者は韓国近代歴史学会に数々の提言している。

一つ、歴史学の存在理由と役割、意味と価値を追求し、基本的な理解をするようにしなければならない。歴史学者は '記録者' であり '評価者' であるだけでなく、同時に '行為者(creater)' の役割も担っている。

二つ、歴史学の研究方法論は多様な接近方法が必要である。研究する領域を拡張させ、主題と素材を多様に選択する必要がある。空間的には半島を超え東アジア、更には汎アジアに拡張させる必要がある。

　三つ、知識人は自由な存在でいなくてはいけない。自由な思考と方式でもって可能な限り‘自己理論’を啓発することが学者の任務である。

　四つ、海洋と関連する研究をしようとするならばそれに相応しい研究方法を理解しなければならない。海洋空間の本質と体系に関連した理論的接近が優先しなければならない。海洋文化のメカニズムを科学的に、なおかつ理論的に分析し糾明しなければならない。

　海洋物理や気候などの海洋学、航海学と造船術（工学ではなく）、人文地理、並びに自然地理、気候などを含んでいる地理学、政治学（海洋力と関連した）、都市地理学、そして海洋史と密接な学問として海洋民族、漁業陣路医学、その他、自然科学などがある。

　筆者は40余りの著書と10余りの共著と、その他に約140編程度の論文を発表してきた。もちろんここに歴史と関連した評論、詩、手記などは含めていない。筆者はこの選集を通して研究成果を一次的に整理した。これからは人間の問題、思想の問題、文明の問題、未来の問題などの主題を集中的に研究していく考えである。学者達の批判と助言をお願いしたい。

韓国東国大学教授 尹明喆 youn, myung-chul
（東アジア海洋史、並びに高句麗史）

차례

머리글 · 5

01 | 해로(海路)를 통한 선사시대 한·일 양 지역의 문화접촉 가능성 검토

1. 서론 · 21
2. 접촉가능성에 대한 객관적 자료검토 · 23
3. 해로를 통한 접촉방법과 자연조건 · 34
4. 결론 · 48

02 | 황해의 지중해적 성격 규명을 위한 한 접근

1. 시론 · 51
2. 항해와 관련된 황해의 자연조건 · 52
3. 절동 지역(浙東地域)의 항해환경 검토 · 61
4. 동아지중해호 항해와 해양문화적 의미 · 66
5. 결론 · 78

03 | 徐福의 해상활동에 대한 연구
-항로를 중심으로-

1. 머리말 · 81
2. 동아지중해의 해양문화 · 82
3. 秦 시대의 해양정책과 의미 · 89
4. 徐福 선단의 활동과 항로 · 98
5. 맺음말 · 108

04 | 고대 동아지중해의 해양교류와 영산강 유역

   1. 서론 · 111
   2. 해양문화의 특성과 동아지중해의 이해 · 112
   3. 영산강 유역의 해양 역사적 환경 · 125
   4. 영산강 유역과 중국 지역의 교류 · 133
   5. 영산강 유역과 일본열도의 교류 · 141
   6. 결론 · 151

05 | 장보고 시대 동아지중해의 해양활동과 국제항로

   1. 凡신라인들의 해양활동과 국제항로 · 153
   2. 발해인들의 해양활동과 국제항로 · 183
   3. 일본의 해양활동과 국제항로 · 208

06 | 비류(沸流) 집단의 이동과정과 정착에 대한 검토

   1. 서론 · 225
   2. 출발지역에 대한 검토 · 226
   3. 이동경로와 경유과정 검토 · 232
   4. 정착과정과 지역 검토 · 238
   5. 결론 · 244

07 | 울릉도와 독도의 해양역사적 환경 검토

   1. 서언 · 247
   2. 울릉도 · 독도의 역사적 환경 · 248
   3. 해양전략거점의 역할과 위치 · 256
   4. 결론 · 268

08 | 제주도의 해양교류와 대외항로
                         -고대 동아지중해를 중심으로-

   1. 서론 · 271
   2. 제주도의 역사 문화적 성격 · 273
   3. 제주도를 거점으로 한 항로 · 291
   4. 결론 · 304

09 | 迎日灣의 해양환경과 岩刻畵 길의 관련성 검토

   1. 서언 · 307
   2. 동아시아의 해양환경 · 310
   3. 영일만의 해양문화 · 316
   4. 암각화 길에 대한 이해 · 319
   5. 맺음말 · 328

10 | 청자산업과 관련된 고려의 대외항로

    1. 서론 · 331

    2. 고려청자와 강진의 관계 · 332

    3. 동아시아와 고려의 해양활동 · 339

    4. 고려청자와 항로 · 348

    5. 결론 · 372

11 | 울진지역의 해양적 역사상과 동해의 항로
           - 울진~울릉도 · 독도 간의 항로를 중심으로 -

    1. 서론 · 375

    2. 동해 및 울진 지역의 해양환경 · 376

    3. 동해 및 울진연안과 연관된 항로 · 388

    4. 동해안 및 울진지역의 역사상 · 396

    5. 결론 · 404

12 | 연해주 및 동해북부 항로에 대한 연구
           - 고대를 중심으로 -

    1. 서론 · 407

    2. 역사공간의 이해 - '터와 다핵(多核, field & multi core) 이론' 을 중심으로 · 408

    3. 동해북부와 연해주의 해양환경 이해 · 414

4. 동해북부 항로-고대 역사상과 연관하여 · 421
5. 맺음말 · 448

01
해로(海路)를 통한 선사시대 한·일 양 지역의 문화접촉 가능성 검토*

1. 서 론

한·일 양 지역은 각각 다른 정치적 실체가 형성된 이래 '종속과 협력' 또는 '경쟁과 독립'이라는 상반된 논리를 기본축으로 발전해 왔다. 이 같은 불가분의 밀접한 관계는 양 지역에 거주한 문화담당 주체들간의 상호접촉과 영향을 전제로 이루어진 것이다.

접촉의 형태와 성격은 시기에 따라서 각각 다른 모습을 띠고 나타났는데, 이것은 양 지역에 존재한 정치적 실체가 성격이 다르고, 복잡한 관계였기 때문이다. 그러므로 이 접촉관계의 역사적인 성격과 내용을 둘러싸고 각각 다른 해석들이 나타나고 있다.

그런데 성격규명과 함께 중요한 것은 정치·문화적 성격에 침윤되기 이전 단계, 즉 선사시대(先史時代)에 양 지역의 문화교섭은 언제 시작되었으며 어떠한 형태를 띠었느냐는 것이다. 양 지역의 문화적 토양을 이루는 기본은 선사시대에 형성되었으며, 이것을 토대로 문화가 발전한 것이다.

---

* 「海路를 통한 先史時代 韓·日 양지역의 文化接觸可能性檢討」, 『韓國上古史學報』2집, 한국상고사학회, 1989.

선사시대는 생산도구의 발달이 미약했으며 그에 따라 생산력의 수준도 보잘 것 없었고 인구의 집중도 이루어지지 않은 상태였다. 따라서 정치·경제적인 성격이 형성되기 이전 단계이고, 문화적인 특성도 생산도구의 유형화에 따른 분류이지, 인간 삶의 구체적 형태와 관련지은 것은 아니다.

이 시기는 인간과 인간 사이의 관계, 지역과 지역 사이의 교류와 접촉관계가 비교적 단순한 요인에 의해서 맺어지고 결정되는 특성이 있다. 따라서 선사시대에 있어서의 교류관계는 사회적·문화적 조건보다도 지리적 및 자연적 조건이 주요 요인으로 작용한다. 그러므로 이 시기의 교류성격을 고찰하므로써 한·일 양 지역간에 이루어진 문화교류의 기본 틀을 파악할 수 있다.

선사시대의 문화교류를 탐구의 대상으로 할 때 제기되는 문제는 많다. 첫째는 전파설(傳播說) 자체의 성립 여부이고, 둘째는 전파의 주체(主體)와 객체(客體)의 구분 및 성격 규명, 셋째는 전파시기와 전파루트, 방법 등이 있다. 그런데 이 모든 문제들은 접촉되었다는 기본 사실을 전제로 제기되는 것들이다. 만약 접촉의 사실이 부정되면 그 입론(立論)의 근거가 사라지는 것이다.

한·일 학자들은 선사시대부터 양 지역이 상호접촉을 한 증거를 꾸준히 찾고 있으며 그 양 또한 점차 증가되는 추세에 있다. 그리고 그 작업의 하나로서 바다의 실재라는 자연적 한계를 극복하고 접촉과 교류를 하는 과정의 탐구가 요청되고 있다.

필자는 이런 필요성에 입각해서 양 지역의 연결수단과 방법, 즉 교류수단(교통수단), 교류방법(항해술), 교류경로(항로) 등의 탐색을 주된 과제로 삼으려 한다. 그리고 선결작업으로서 이 논문에서는 우선 해당 시대의 상호접촉을 가능케 하는 자연적 조건을 검토하고, 그것의 극복과정을 초보적 단계에서 살펴보는 데 주력하려 한다. 항해와 관련된 구체적 검토는 이 논문의 성과를 기본 전제로 하고 다음 논문에서 보다 전문성을 가지고 기술할 예정이다.

2. 접촉가능성에 대한 객관적 자료검토

2에서는 본문격인 3에서 전개될 여러 이론의 성립 전제를 예시하고, 또 내용의 사실성을 획득하는 목적을 위해서 설정되었다. 따라서 고고학(考古學)적인 측면에서 접촉사실의 몇 가지 객관적인 증거들을 기술하고, 신화(神話)적인 측면에서도 접촉사실을 입증하는 사례를 들고 부분적인 해석을 가하였다.

1) 고고학적 유물의 비교 · 검토

양 지역이 접촉한 증거를 고고학적 유물을 통해서 확보하려는 경우, 그 탐구대상은 한반도의 남부해안과 동해 남부 지역, 그리고 중간에 위치한 쓰시마(對馬島)와 이키섬(壹岐), 그리고 규슈와 혼슈 남부 지역이다. 이들 지역은 교섭이 있었을 경우 최단거리에 있으며, 항해상 가장 용이한 조건을 갖추고 있기 때문이다.

이들 지역에서 발견된 선사시대의 유물과 유적 등을 비교해 보면 상호영향을 주고 받은 흔적들이 나타난다. 각각 유물의 종류와 제작방법에서도 상호 영향성을 보일 뿐 아니라 시기에 따라서 특징도 같이 변화하는 모습을 보인다.

동삼동(東三洞) 패총은 한반도 최남단인 부산시 영도구에 있다. 쓰시마를 최단거리로 바라볼 수 있는 지역으로서 일본열도와 교섭하는 데에 비교적 유리한 조건을 갖추고 있다. 이곳은 신석기 전기부터 중기, 후기까지에 해당하는 유물과 유적이 각각 다른 층위를 이루고 있어서 한반도 신석기 문화의 편년과 특성을 파악하는 데 유효한 자료가 되고 있다.

그런데 이 유적에서 일본 신석기시대에 해당하는 죠몽(繩文)시대의 세노캉식(塞の神式), 도도로키식(轟式), 소바타식(曾畑式) 토기들과 규슈의 이마리(伊万里)산 흑요석으로 만든 석기들이 검출되었다. 그외에도 동삼동 바로 옆에 있는 조도(朝島)패총에서도 흑요석으로 만든 돌톱(石鋸), 돌칼(石刀) 등이 출토되었다.[1] 일본인들은 동삼동과 조도 패총에서 출토된 흑요석제의 세석기(細石器)들은 규슈지방의 흑요석 원산지로부터 유입된 것이라고 주장하고 있다.[2] 김원룡(金元龍)도 후기에는 흑요석 자체를 이키섬 같은 데서 무래(貿來)해 왔을 가능성이 있다고 하며 이를 무역으로 표현하고 있다.[3]

이처럼 죠몽시대의 시차를 달리하는 각 형식의 토기들이 이 지역에서 발견된 사실은 당시 죠몽인들이 한반도 남부 지역에 왕래했거나 일시적으로 거주했을 가능성을 보여준다. 그러나 이것은 동시에 한반도의 신석기인들이 일본열도를 왕래했을 가능성 역시 나타내 준다. 그리고 양 지역에서 발굴되는 자료들은 그 같은 사실을 입증하며 그 주체가 한반도에 있음을 시사하고 있다.

한반도계의 토기는 쓰시마, 이키 및 규슈에서 다수 발견되고 있으며 상호영향을 준 흔적도 보인다. 먼저 한반도 최고(最古)의 형식인 융기문토기(隆起文土器)의 경우는 빗살무늬토기(櫛文土器) 이전의 단계로서 동삼동 패총의 제일 하층인 신석기문화 전기 단계의 층위에서 발견되었다. 융기문토기는 그후에 울산 신암리(新岩里)나 양양 鰲山里를 비롯하여 경상남도 해안과 도서 지역에서 발견되었다.[4] 그런데 융기문토기는 일본열도 내에서도 규슈와 쓰시마를 비롯한 여러 지역에서 발견되고 있다.

이 양 지역에서 공통적으로 발견되는 융기문토기의 관련성을 놓고 연구주체에 따라서 그 기원(起源)과 전파과정(傳播過程)에 많은 이견(異見)이 있었다. 이를테면 한국의 융기문토기와 일본의 죠몽토기, 초창기 융기문토기와의 관련설, 막연한 주장이지만

---

1 林墩, 「朝島貝塚 出土遺物 小考」, 『해양대 논문집』 13집, 1978, 한국해양대학, p.224.
2 林墩, 위 논문, p.225.
3 金元龍, 「新石器 文化」, 『한국사』 1, 국사편찬위원회, 1984, p.49.
  동삼동 3기의 석기는 흑요석제가 많이 있다(金元龍, 위 논문, p.143).
4 任孝在, 「新石器 時代의 韓日 文化交流」, 『韓國史論』 16, 국사편찬위원회, 1986, p.5.
  崔夢龍, 「考古分野」, 『日本 對馬・壹岐島 綜合學術調査報告書』, 서울신문사, 1985, pp.115~124.

죠몽 전기 도도로키식(轟式)토기의 전파설, 도도로키식 토기와 평행관계에 있으나 전파를 부정하는 설 등 여러 설이 있다.[5]

일본 最古의 토기로 알려진 나가사키현(長崎) 후쿠이(福井) 동굴의 융기문토기(12,400±120 B.P.)와 애히메현(愛媛)의 가미쿠로이와(上黑岩)에서 발견된 융기문토기(12,165±600 B.P.)와 비슷한 것이 동삼동과 울산 서생면 신암리(新岩里)에서 나온다. 그러나 이 양 유물들간의 관련성은 5000년 이상의 시간차가 있기 때문에 직접적인 관련성을 논하기는 어렵다고 한다.[6]

그러나 그보다 후기의 것으로서 남규슈에서 발견된 죠몽 전기의 도도로키식 토기와의 관계는 다른 양상을 보인다. 가코시마현(鹿兒島縣) 이즈미시(出水市) 쇼카이쯔카(莊貝塚)의 도도로키식 토기(5,680±60 B.P.)와 가코시마현 시라오키군(白置郡) 가네미네죠(金峰町) 가미야키다(上燒田) 유적의 도도로키식 토기(6520±260 B.P.)는 그 연대가 한국의 융기문토기와 비슷하다.

이 때문에 남규슈에서 발생한 도도로키식 토기가 북상 전파(北上傳播)에 의하여 북규슈 지역까지 확산되고, 더 나아가 한국 남해안 지역에 도달했다고 하는 접촉성을 인정하는 듯한 견해가 나오고 있다. 그런데 실제 연대상에 있어서 오산리의 융기문토기는 일본의 그것보다 500~600년 선행하고 있다. 또 양자 간에도 융기문이라는 공통성 이외에는 기형(器形), 성형 기법(成形技法)은 물론 문양(文樣)에 있어서 커다란 차이가 있으므로 설득력이 없다고 여겨진다.[7]

그런데 이와 비슷한 시기의 유적으로서 쓰시마의 고시다카(越高)유적이 있다. 쓰시마 중부의 해안가에 위치한 이 유적지에서는 죠몽 전기의 것으로서 다량의 융기문토기가 출토되었다. 이 흑갈색 토기편은 동삼동의 최고층(最古層)인 융기문토기와 기

---

5 任孝在, 위 논문, p.8.
6 任孝在, 위 논문, pp.8~9.
7 任孝在, 위 논문, p.9.

형(器形), 문양(文樣) 등에서 공통성을 보인다.[8] 또한 오산리 유적에서 발견된 융기문토기가 이곳의 토기와 유사한 문양 모티브를 하고 있고 연대도 오랜 것으로 측정되어 그 원류가 한반도임을 보여준다.

위에서 본것처럼 양 지역 토기의 유사성은 최소한도 7000년 전 경에는 한·일 양 지역이 어떠한 형태로든 접촉이 있었음을 입증한다. 이 같은 접촉 가능성의 구체적인 증거는 시대가 내려오면서 더욱 뚜렷해진다. 그것은 신석기문화의 주류를 이루는 빗살무늬토기와 일본열도의 소바타식(曾烟式)토기의 직접적인 관련성이다.

양 지역 토기의 유사성을 처음으로 지적한 사람은 등전양책(藤田亮策)이었다. 소바타토기의 분포가 규슈 지역을 중심으로 독자문화권을 형성하고 있을 뿐 아니라 일본 죠몽(繩文) 토기문화 전통의 이질성이 강한 탓으로 이 토기문화의 원류로서 한국 지역을 주목하여 왔으며 이 관계규명에 대하여 논의하여 왔다.[9]

김원룡은 동삼동 II, 신암리 II 등의 직접적인 영향은 B.C. 3000년 경으로 추정되는 소바타(曾烟) 토기에서 발견된다고 하며[10] 이것은 남해안 해상에서 벌어진 우발적 교섭의 소산이라고 하였다.[11] 그러나 임효재(任孝在)는 현지연구를 토대로 해서 소바타식 토기문화는 한반도 빗살무늬토기의 직접, 간접적인 영향을 받았다고 주장하였다.[12] 그리고 이 영향은 빗살무늬토기인의 도래 내지는 교역품(交易品)의 교류에 의한 것으로 생각된다고 하여[13] 교류의 성격과 정도를 위의 김원룡보다 진일보하여 적극적으로 파악

---

8 永留久惠, 『對馬の文化財』, 杉屋書店, 1978, p.28.
9 任孝在, 앞 논문, pp.10~11.
10 金元龍, 앞 논문, p.163, p.166.
11 金元龍, 위 논문, p.167.
12 빗살무늬토기와 소바타식 토기의 관련성을 부인하는 견해도 있다(佐藤達夫, 「朝鮮有文土器の變遷」, 『考古雜誌』48-3, 1963).
13 任孝在, 위 논문, p.16.
   林暾은 「朝島의 史的 考察」, 『해양대 논문집』 11집, 1976, p.380에서 조도를 선사시대 교역의 중요거점으로 보고 있다.

하였다. 한편 쓰시마의 중부 지역으로서 한반도를 바라보는 토요다마촌(豊玉村)의 가토오(加藤) 해저 유적지에서는 죠몽 중기층으로부터 즐목문토기(櫛目文土器)가 다량으로 출토되었다. 이 같은 사실은 양 지역의 접촉 성격과 규모의 정도를 짐작케 한다.[14]

위에서 살펴본 것처럼 죠몽시대 전기의 도도로키식 토기와 중기의 소바타식 토기가 한반도 남부 지역에서 발견되고 상대적으로 융기문토기와 빗살무늬토기들은 쓰시마 및 규슈 지역에서 발견되고 있다. 이 같은 사실은 당시의 문화가 서로 접촉하면서 발전하였으며 그것은 적극적인 왕래의 형태였음을 보여준다.

양 지역의 상호접촉과 문화적 유사성은 토기문화에서만 찾아지는 것이 아니다. 특히 규슈 지역의 어로문화(漁撈文化)는 한반도 신석기시대의 어로문화와 밀접한 관련을 맺고, 오산리(鰲山里) 신석기 유적지에서 다량으로 출토된 결합식 낚시바늘(結合式釣針)의 경우는 동삼동, 농소리(農所里) 등의 유적지에서도 발견되었다. 이 결합식 조침은 서북 규슈형으로서 일본 동북지방의 결합식 조침과는 형식이 다르다. 이 결합식 조침은 그 전형적인 것이 오산리형으로서 최고(最古)의 신석기시대 층에서 다량으로 출토되고 있어서 서북 규슈형의 원류로 여겨진다.[16] 또한 쓰시마 중부의 시다루(志多留) 유적지에서도 토기와 함께 결합식 조침이 발견됨으로써[16] 이것이 서북 규슈에서 한반도 남부까지 사용된 공통적인 형태의 어로 도구(漁撈具)였음을 보여준다.

이외에도 흑요석(黑曜石)을 이용해서 만든 돌톱(石鋸)의 경우도 서북 규슈형 결합식 조침의 분포와 일치하고 있는데 역시 그 원류는 한반도로 보고 있다.[17]

이렇게 해서 선사시대 한·일 양 지역의 접촉을 증명하는 증거들을 고고학적 자

---

14 永留久惠, 『古代史の鍵·對馬』, 大和書房, 1975, pp.31~32.
15 任孝在, 앞 논문, pp.17~21.
16 永留久惠, 『對馬の文化財』, 杉屋書店, 1978, p.32.
17 任孝在의 앞 논문, p.21, 林墩은 「朝島의 史的 考察」, p.380에서 '東三洞 출토 黑曜石은 일본 佐賀縣 西有田町 腰岳産의 黑曜石과 同系'라는 강관휘미의 설을 이용하며, 朝島를 선사시대 交易의 중심지로 생각하고 있다.

료들을 통해서 개괄적으로 살펴 보았다. 현재는 양 지역에서 발견되는 유물과 유적의 양이 적으며 또한 그 상호관계성에 대한 연구가 충분히 진척되지 않아서 교섭의 형태, 규모, 성격 등을 자세히 파악하기는 힘이 든다. 그러나 현재까지의 고고학적 성과로 볼 때도 적지않은 규모의 교섭이 꾸준히 지속되었음을 알 수 있다. 여기서 한 단계 더 나아가 교류과정, 즉 교섭의 형태를 신화 등의 역사 기록물이나 실제 행위로서 航海의 측면에서 규명한다면 상대적으로 이해의 정도는 보다 나아지리라 여겨진다.

2) 양 지역 신화의 비교 검토

신화(神話)는 일정집단의 역사에서 가장 충격적이고 의미가 깊었던 건, 인물 또는 그것과 밀접한 관계를 맺고 있는 대상물에 대한 의식활동의 기록이다. 즉 신화는 문자(文字)가 없었던 시대에 역사기록물 또는 전달수단의 역할을 하였다. 그러므로 신화에는 우주(宇宙)의 창조, 인간(人間)의 탄생, 나라의 건국(建國), 새로운 문화의 수용 등 특별한 사건이나 자연에 대한 적응모습 등이 표현되어 있다.

그럼에도 신화는 기술(記述)의 특이성 및 허구성 등으로 인하여 일종의 우화적(寓話的) 관념 내지 특정집단의 창작으로 보아오는 경향이 있었다. 비합리적인 묘사와 상징, 은유, 압축, 생략으로 구성되어 있으므로 표면적인 기술을 통해서는 사건의 내용이나 발생연대, 지역, 인물 등을 정확히 파악할 수 없으며, 역사기록으로서 과거사를 탐구하고 복원하는 데 일정한 한계가 있다. 그러나 신화에는 집단의 성립·발전과 관련이 있는 사건이 반드시 담겨 있으며 특히 건국신화나 기원신화 등은 그 자체가 역사적 기록이기도 하다. 이 같은 특성 때문에 신화에는 역사성(歷史性)과 설화성(說話性)이 공존하고 있다.[18]

---

18 尹明喆, 「壇君神話에 대한 構造的 分析」, 『韓國思想史學』 2, 社思硏, 1988, p.129 참조.

한편 신화는 역사적 기록과는 다른 특성을 갖고 있다. 문헌(文獻) 중심의 역사기술은 특정 집단의 계급적 이해가 철저히 반영되고, 그것이 자료의 선택과 내용형성에 일정한 작용을 하는 경향이 있다. 그에 반해 신화는 특정한 사건이 집단 전체에 의하여 선택·수용되고 또한 장기간에 걸친 수용과정에 갈등을 겪으면서 전체가 인정하는 사건 또는 논리로서 형성된 것이다. 그러므로 신화는 계급적 이해의 기반이 넓어 포괄적이며 지속성이 있다. 또한 신화는 언어를 매개로 하였으므로 문자(文字)가 발생되기 이전의 사실이 기록되어 있다. 그것은 언어전승의 특성으로 인하여 표현형식의 변화가 있으나 내용은 간직하고 있으며, 이로 말미암아 신화적 사실은 통시성(通時性)을 갖고 있는 것이다.

이와 같은 특성을 전제로 할 때 신화의 분석을 통해 역사적 사건의 발생과정, 의미 등을 파악하고 총체적인 역사상을 이해할 수 있다. 또한 시간의 원근(遠近)을 떠나서 사건발생의 가능성과 전반적인 내용을 간접적으로 확인할 수가 있다.

한반도와 일본열도에서는 많은 신화들이 발생했고, 현재도 상당량이 구전(口傳) 또는 문자(文字)로서 전승되고 있다. 그러므로 현존하는 신화의 내용 비교를 통해서 첫째는 한·일 양 지역의 역사적 사실을 추적할 수 있으며, 둘째는 구조분석(構造分析)을 통해서 양 지역의 문화적 관계성을 파악할 수 있다.

한·일 양 지역에서 역사적 사실, 특히 이동(移動)을 나타내는 신화는 그 구성상 크게는 천손강림신화(天孫降臨神話)[19]와 항해(漂流)神話[20]로 나누어진다. 하지만 때로는 양

---

19 단군신화, 김수로왕신화 동명왕신화 등이 있으며, 일본신화 신대편에 나오는 신화들도 이에 해당한다. 그러나 북방아시아계에서는 일반적으로 나타나는 신화형태이다.
20 일반적으로 漂流神(說)話라는 용어를 사용한다. 그러나 신화에 등장하는 인물들의 행위는 적극적인 의지의 표방이고 특히 국가의 건설 같은 것은 의도적인 행위이다. 그러므로 수동적 피동적인 용어인 漂流는 부적절하다. 여기에 해당하는 신화는 昔脫解 신화, 許皇后 신화, 그 외 제주도계의 신화들, 일본의 天日槍 신화 등 다수가 있다.
玄容駿은「韓日神話의 比較」,『논문집, 인문사회편』8집, 제주대학교, 1976에서 '來訪型神話'라는 표현을 썼다.

자가 결합한 형태로 나타나기도 한다.

　이 글의 주제는 선사시대에도 양 지역 간에는 접촉 가능성이 있었으며, 그 접촉은 해양을 매개로 활발히 이루어진 사실을 입증하는 것이다. 따라서 양 지역에 분포된 항해신화(航海神話)가 분석의 대상이다.

　먼저 항해와 관련된 신화를 지역적으로는 한반도 남부와 동부, 그리고 쓰시마와 일본열도의 특정한 지역 가운데 한·일을 연결하는 곳을 선택한다. 시기적으로는 일단 문자로 정착된 문헌신화(文獻神話)가 전승됐으므로 역사시대(歷史時代) 이후가 그 대상이 된다. 역사시대에 정착된 문헌신화를 통해서 일정한 유형의 사건이 발생할 가능성과 시간의 기본적인 흐름을 알 수 있다.

　『삼국사기(三國史記)』 신라본기(新羅本紀) 박혁거세(朴赫居世) 38년 조에는 "瓠公이 본래 倭人로서 표주박을 허리에 차고 건너온 까닭으로 瓠公이라 이름했다"는 기록이 있다. 이 기록은 구체적인 역사적 기술로 볼 수 있으나, 한편 표주박으로 표현된 항해수단을 사용한 것으로 보아 설화적 형태를 띠고 있음을 알 수가 있다.

　이와 비슷한 성격의 것으로서 석탈해신화(昔脫解神話)가 있다. 『삼국사기』에는 석탈해가 왜국(倭國)에서 동북(東北)으로 1000리 되는 곳에 있는 다파나국(多波邢國) 출생으로서 상자(櫃) 속에 넣어져 표류의 형식을 통해서 가야(伽倻)를 거쳤다가 신라의 아진포(阿珍浦)에 들어온 것으로 기술되어 있다.[21] 그러나 『삼국유사(三國遺事)』에는 석탈해가 용성국(龍城國) 출신으로서 신라에 표착(漂着)하여 왕이 된 과정을 더욱 신화적으로 묘사하고 있다. 이들 신화들은 당시 항해를 통한 지역들 간의 왕래가 이루어졌으며 일부는 건국과 관련된 정치적 성격을 강하게 띠고 있었음을 입증하고 있다.

　이와 비슷하나 보다 더 신화적 성격이 강한 것으로 연오랑(延烏郞)과 세오녀(細烏女)의 이야기가 있다. 연오랑과 세오녀는 신라 제8대 아달라왕(阿達羅王) 즉위 4년, 동해

---

21 『三國遺事』의 駕洛國記에는 역사적 사실로서 보다 구체적으로 기술하고 있다.

바닷가에 살던 부부로서 각각 바위를 타고 바다를 건너가 일본에서 왕이 되었다고 한다. 『삼국유사』에 기록되어 있는 이 신화는 호공(瓠公)이나 석탈해(昔脫解)의 신화가 연대나 인물이 구체적이고 정확한 역사사실을 바탕으로 하였으며 실증성이 강한 데 반하여, 인물의 실존이 분명치 않고 설화적 표현이 더욱 강하다. 또한 전자(前者)의 신화들이 한반도로 유입된 과정을 표현한 것임에 반하여, 이 신화는 일본열도로의 진출을 사건발생의 단초로 삼고 있다.

이것은 한일관계의 교섭 사실을 나타내며 그 교섭과정에서 양 지역에 해(日)의 사라짐과 왕(王)의 탄생이라는 각각의 역사적 사건이 발생한 것은 양 지역 간 교섭의 기본형태나 문화적 성격을 암시한다. 더구나 구조나 시기상으로 거의 비슷한 천일창(天日槍)신화의 존재는 이를 더욱 뒷받침한다. 그리고 항해수단으로 바위를 설정하고 자연의 힘으로 저절로 갔다는 표현은 첫째, 이동(移動)·이주(移住)의 합법성과 정당성을 암시하는 측면이 있으며, 둘째, 항해가 자연의 섭리, 즉 자연현상을 최대한 이용했다는 역사적 사실을 부각시키려는 의도인 것 같다.

이 신화는 한반도에 존재했던 정치집단의 항해가능성과 이동의 당위성을 표현하고 있다. 이처럼 자연의 섭리와 역할을 강조하는 신화 및 설화는 한·일 양 지역의 중간에 위치하면서 교섭의 연결고리였던 쓰시마(對馬島)에서 더욱 다양한 형태로 나타나고 있다.

쓰시마 중부에 위치한 천연의 항구 시다루(志多留)에는 항아리 설화가 있으며 그 바로 옆의 우나쯔라(女連)에는 속이 텅 빈 배를 타고 한국에서 건너온 여왕의 이야기와 무덤이 있다. 그리고 그 옆 마을인 이나기(伊奈崎)에는 빈상자 설화 등이 전해오고 있다. 시다루의 항아리 설화는 다음과 같다.

"먼 옛날 시다루의 해변에 커다란 항아리가 흘러왔다. 그런데 그 항아리가 말하기를 '나는 가라국(加羅國)으로부터 왔다. 가라국이 보이는 곳으로 가려고 한다' 하자 그 말을 들은 마을사람들이 뒷산 위에 그 항아리를 안치하였던 바, 만조(滿潮)때가 되면

항아리에 물이 차고 간조(干潮)때에는 항아리에 물이 비어졌다" 하는 말이 전해온다.[22]

그런데 이 항아리설화는 단순한 표류나 항해를 나타내주는 것만이 아니라 항해의 조건으로서 조류(潮流)의 움직임을 매우 중요시하고 있는 것을 보여준다. 즉 만조와 간조에 따라 수위(水位)가 변하는 항아리라면 그것은 당시대인들에게 있어서 항해에 도움이 되는 항해계기(航海計器) 내지는 그것의 성질을 띤 상징물로 추측이 된다.

이 항아리설화는 양 지역이 바다를 통하여 교류관계가 꾸준히 있었으며, 그것은 선박의 발달이나 항해술이 발달하기 이전에도 가능했었다는 사실을 보여준다. 또한 조류의 흐름을 이용해 항해해 온 정착민들에게는 항해계기 자체가 신앙(信仰)의 대상이 되었을 가능성을 나타낸다.[23] 쓰시마에서 지방설화의 형태로 남아있는 항해신화가 일본역사의 기술 속에서는 천지창조신화, 건국신화로서 역사사실과 역사관이 조직적이고 체계적으로 구성되어 있다.

한·일관계를 나타내는 신화는 주로 일본역사 속에 남아 있다. 왜냐하면 한반도는 파견의 주체일 경우이거나 아니면 전파 자체가 자신의 의지와는 무관한 경우이기 때문이다. 그에 반하여 일본열도는 전파의 담당주체인 경우이거나 아니면 사건이 선점한 정착집단(先占定着集團)에게 충격을 준 것이므로 중요한 일, 의미깊은 사건이 되어 신화로서 기록, 보존되어 왔다. 그러므로 일본사 속에는 신화의 종류가 다양하고 양이 풍부하다.

일본신화는 그 첫 장부터 이동과 항해를 상징하는 것으로부터 시작되고 있다. 아마테라스오오미카미(天照大神)와 다투고 나서 스사노오노미코도(須佐之南命)는 고천원(高天原)에서 지상으로 내려온다. 이것은 한반도(신라)에서 일본 땅으로 하강한 사실을 나타내고 있다. 그때 그가 같이 하강한 신들 중에서 특히 이태기회신(伊太祁曾神)은 항

---

22 永留久惠,『古代史の鍵・對馬』, p.22에서 재인용.
23 尹明喆,『해모수, 대한해협 뗏목 역사 탐험기』, 송산 출판사, 1988, pp.132~133 참조.

해나 해양생활과 밀접한 항해신이다.[24]

한편 『일본서기(日本書紀)』 수인천황(垂仁天皇) 2년 조에는 가라국(加羅國)의 왕자 쓰누가아라시도(都怒我阿羅斯等)가 혈문(穴門, 오늘날의 下關)에 도착하여 이즈모(出雲)를 지나 월국(越國, 福井縣 敦賀市)에 닿은 기록이 있다. 이 기록은 고대 항일항해에서 해로의 한 형태를 묘사하고 있다. 또한 3년 조에는 신라국의 왕자라는 천일창(天日槍)이 7개 또는 8개의 보물을 갖고 배(艇)을 탄채 일본열도에 와서 정착하는 과정이 있다. 그런데 『고사기(古事記)』에서는 천일모(天日(之)矛)라는 명칭으로 8가지 보물을 가져왔다고 했으며 그 보물을 명시하고 있다. 주이관(珠二貫), 랑진령포(浪振領布), 랑절령포(浪切領布), 풍진비례(風振比禮), 풍절비례(風切比禮), 오진경(奧津鏡), 변진경(辺津鏡) 등이 그것이다. 이것은 항해계기 내지 항해에 필요한 도구로 보여지며 실제 그럴 가능성이 있다.[25]

이 천일창(天日槍) 설화는 『삼국유사』에 실린 연오랑과 세오녀의 기사에 대응되어 있다. 양자가 다같이 한반도에서 일본으로 도해(渡海) 내지 표착(漂着)하였다는 점 이외에도 태양숭배, 주구(呪具)로서 비단과 천을 사용하는 등 공통점을 보이고 있다.[26]

위에 열거한 신화 외에도 항해와 관련된 신화나 설화 등은 양 지역에 수없이 분포되어 있다. 이 같은 신화들의 존재는 한 지역에서 발행한 조그마한 사건에서부터 양 지역 사이에서 벌어졌던 정치집단의 대규모 이동과 관련이 깊은 역사적 사건 등을 설명하고 있다. 신화에서 보여지는 이 같은 접촉은 자연의 섭리를 전제로 하고 있으며 자연의 섭리는 합법성 획득과 함께 교류에 있어서의 자연적 조건에 대한 간접적 표현임을 나타낸다. 즉 이 신화들은 한·일 양 지역은 접촉이 가능했고 전파의 주체는 한

---

24 金烈圭, 「神話」, 『日本文化源流로서의 韓國文化』, 동북아시아연구회, 1981, p.83.
25 茂在寅男, 『古代日本の航海術』, 小學館, 1981, pp.170~173 참조.
    항해실험결과 이 기구들은 방위측정기, 풍향측정기, 풍속측정기 등으로 해석이 가능하다(윤명철, 『해모수』 참조).
26 三品彰英, 『日船神話傳說の研究』, 平凡社, p.97.

반도이며 대상은 일본열도임을 알려주고 있다. 또한 이 같은 사실은 자연조건이 만들어준 한·일 교류관계의 기본성격을 간접적으로 표현하고 있다.

3. 해로를 통한 접촉방법과 자연조건

앞에서 한·일 양 지역이 어느 정도 접촉을 했다는 사실을 몇 가지 증거를 통해서 확인하였다. 해양을 통한 접촉의 사실이 입증됐을 때 파생 또는 제기되는 문제는 두 가지 면에서 나타난다. 첫째는 해양접촉의 수단으로서 선박의 형태 내지 조선술의 발달정도이다. 둘째는 접촉방법으로서 항해술의 발달정도와 그 구체성이다.

특히 항해술의 경우는 1차적으로 항해의 대상인 자연조건에 대한 검토가 요구되며, 2차적으로는 항법(航法)과 항로(航路)의 선정이다. 그러므로 선사시대의 해양교류를 보다 완벽하게 이해하려면 이 모든 분야에 대하여 상세하고 적극적인 검토가 있어야 한다. 그러나 선박에 관한 부분과 항해술의 구체적 탐구는 독립된 단일논문의 구성이 필요하다. 그러므로 본 단락에서는 전제작업이라는 명분 아래 해양교섭을 가능케 한 과정, 또는 조건을 검토하는데 주력하려 한다. 그리하여 해당 시대, 해당 지역의 자연적 조건을 세분화시켜 검토하고, 그 과정 속에서 교류방법은 부분적이고 개략적인 언급만 하려 한다.

1) 항해방법

항해는 대상 지역에 따라 연안항해(沿岸航海)와 근해항해(近海航海), 원양항해(遠洋航海)의 세 가지로 유형화시킬 수 있다.

연안항해는 배가 해안선에서 크게 벗어나지 않고, 선박 대부분 육지를 보면서 항해하는 것을 말한다.[27] 이 항해는 운행선박이 자기위치를 항상 확인할 수 있다는 이점이 있으며, 비교적 풍랑의 피해를 적게 받고 또 자연재해 등 유사시에는 쉽게 대피가 가능한 장점이 있다. 이 때문에 동력이 발달하지 못했던 전근대시대에는 연안항해를 많이 했으며, 가능한한 최대로 이용한 다음에 최단거리를 택해 원양을 가로질러 목적지에 도달하는 방법을 사용했다. 고대 일본의 견당사(遣唐使)들이 신라와 험악한 관계에서도 한반도의 남부와 서해연안을 따라 항해하다가 강화도 부근에서 서해를 가로질러 등주(登州)로 입항(入港)한 사실은 그 같은 고대의 항해술을 보여주는 그 단적인 예이다.[28]

항해는 또한 항해방법에 따라 지문항법(地文航法)과 천문항법(天文航法)으로 나뉘어진다.

천문항법은 지형 지물이 없는 곳에서, 즉 대양 한가운데에서 태양이나 별 등 천체를 관측하면서 자기 위치를 확인하고 목표를 찾아가는 방법이다. 지문항법은 이와는 달리 지형 지물을 확인하고, 복잡한 관측계기가 없이 비교적 단순하게 항해하는 방법을 말한다. 따라서 고대로 올라갈수록, 그리고 원양항해가 아닌 경우에는 지문항법이 유효하게 이용된다.

한·일 양 지역은 전체 거리가 약 280여 km에 달한다. 그러나 비교적 먼 거리임에도 불구하고 사이 사이에 쓰시마와 이키섬 등이 있어서 지문항법을 이용한 항해가 가능하다. 부산에서 쓰시마까지 최단거리는 약 53km 정도이며, 거제도에서도 역시 약 80여 km에 불과하다. 그런가 하면 쓰시마의 최남단인 쓰쓰(豆酘)에서 이키(壹岐)섬까지는 약 53km 정도이고, 이키섬에서 규슈까지는 약 20여 km 남짓할 뿐 아니라 그것도 중간에 작은 섬들이 있다.[29]

---

27 바트 T. 보크·프란시스 W. 라이트 지음, 정인태 옮김, 『기본항해학』, 대한교과서주식회사, 1974, p.5.
28 茂在寅男, 앞의 책, p.198.

이 같은 지형적 특성은 한반도와 일본열도 사이에 놓인 몇 개의 섬을 징검돌로 이용할 경우에 항해가 보다 용이해진다는 사실을 이해하게 한다. 즉 선사시대나 그 이후를 막론하고, 항해자들은 일반적 상황에서는 양쪽으로 지형 지물을 확인하면서 비교적 안전하게 항해를 할 수 있는 것이다.

부산에서는 날씨가 맑은 날이면 쓰시마가 뚜렷이 보인다. 거제도의 경우도 아주 맑은 날이면 쓰시마를 볼 수가 있다.[30] 그 반대의 경우도 물론 가능하다. 그뿐 아니라 날씨가 맑은 날 쓰시마의 중부 상견판(上見坂)에 올라가면 동남쪽으로 이키섬이 까맣게 보이고 멀리는 히라도(平戶)의 섬들도 보인다.[31]

이 같은 지문항해방법의 실현 가능성을 입증하기 위하여 양 지역 사이의 시달거리(示達距離)를 계산해 보려 한다. 시달거리는 바다에서 일정한 높이를 가진 목표가 확인이 가능한 최대의 거리를 말한다. 즉 항해를 할 때 육지의 높은 산이나 산맥 혹은 등대, 다른 선박을 대양 한가운데에서 볼 수 있는 최대의 거리이다.

시달거리를 계산하는 방법은 다음과 같다.

K(해리) = $2.078(\sqrt{h} + \sqrt{H})$

(2.078은 상수, h는 해면상 관찰자의 눈 높이, H는 목표물의 최고 높이)[32]

---

29 ㉠ 한반도-쓰시마 최단거리, 53km
　㉡ 쓰시마 남단-豆酘-이키(壹岐), 53km
　㉢ 이키-규슈(松浦), 20여 km(해모수 참조)
　㉠´49.6km ㉡´47.8km ㉢´20.5km
　(城田吉之, 『對馬, 赤米の村』, 葦書房, 1977, pp.9~11)
30 필자는 1983년 8월 9일 쓰시마 북단 사수나(佐須奈)에 있는 한국연산전망대에서 부산을 확인하였으며, 그 반대로 거제도에서 쓰시마를 확인하기도 하였다(졸저, 『해모수』 참조).
31 城田吉之, 앞의 책, p.5.
32 茂在寅男, 앞의 책, p.22.
　위와 유사한 방법은 『기본항해학』, p.26 참조.

이 공식을 한반도와 일본열도 사이의 항해에 적용하면 다음과 같은 결론이 나온다.

쓰시마는 거대한 산악지형으로 구성되어 있으므로 400m 이상의 산들이 많이 있다.[33] 특히 야타데산(矢立山)은 649m에 달하므로 이 산을 목표로 하고, 사람의 눈높이를 최저 4m로 할 경우에 시달거리는 55해리(102km)가 된다. 이 공식에 의하면 양 지역은 쓰시마를 기점으로 해서 북서로는 한반도, 남동으로는 이키섬 내지 잘하면 일본본토까지 시인(視認)이 가능하다는 결론이 도출된다. 그 외에도 쓰시마 최남단인 쓰쓰(豆酘)의 용량산(龍良山)은 높이가 559m로서 직선거리 80여 km에 위치한 거제도의 가라산(580m)과 연결된다. 또 쓰쓰에서 이키섬은 53km 정도에 불과하다.[34]

이 같은 거리들은 양 지역과 중간의 섬들이 가진 지형적 조건을 감안하면 충분히 시달거리에 해당이 된다. 그러므로 이들 지역 간의 항해는 고도의 발달된 지식을 요구하는 천문항법이 불필요하고 손쉽고 초보적인 형태의 항법만으로도 가능하다는 결론이 나온다. 지문항법의 가능성 확보는 이미 선사시대에도 항해를 위한 기본조건은 충분히 갖추어졌음을 뜻한다.

결국 선사시대인들은 청명하고 수면이 잔잔한 날을 택일하여 출발지와 목적지를 동시에 눈으로 확인하면서 항해했을 것이다. 또한 일본열도까지의 긴 항해에서 징검돌 역할을 한 쓰시마와 이키섬을 경유, 쉬어가면서 항해하였을 것이다. 물론 징검돌의 활용과 시달거리는 날씨가 청명하고 파도가 없는 잔잔한 해상상태를 전제로 하는 것이다.

---

33) 有明山(아리아케산), 558m
　　出雲(이즈모)에 있는 三甁山(산베산), 1,126m
　　松浦(마쓰우라)의 浮岳, 800m
　　御岳(고다케), 490m
　　쓰시마 북부의 센보우마키산(千俵蒔山)에는 봉화대가 있다.
34) 遣唐使들은 쓰시마 남쪽 쓰쓰(豆酘)를 거쳐 한쪽은 龍良山을, 한쪽은 거제도 가라산을 보며 항해했다고 한다.

선사시대인들에게 있어서 대양항해는 대단히 어려운 작업이었을 것이다. 그러므로 목표관측 외에도 항해의 대상이 되는 바다의 상태와 기상조건은 안정항해에 더욱 필수적인 조건이었다.

2) 해류·조류

바다에는 해류(海流)와 조류(潮流)라는 거대한 물의 흐름이 있다. 기계동력이 없거나 미약한 시대에 조류같은 바닷물의 흐름과 바람의 영향은 항해에 거의 절대적인 조건이었다. 특히 돛과 노의 기능이 발달하지 못한 선사시대에 해류와 조류의 흐름이 항해의 성패에 가장 중요한 조건이었다.

동아시아를 중심으로 하는 해양문화의 전파, 교섭에 큰 영향을 주는 해류로서 쿠로시오(Kurosio, 黑潮)가 있다. 쿠로시오는 북태평양을 시계추와 같은 방향으로 환류(環流)하는 북적도(北赤道)해류가 필리핀제도에 근접함으로써 북류(北流)하는 해류이다. 쿠로시오는 그 한 지류(支流)가 동중국해에서 그대로 북상(北上)을 계속하다가, 제주도 동남쪽 해상에 이르러 한 갈래는 한반도 서해(西海)쪽으로 흘러드는 황해난류(黃海暖流)로, 다른 한 갈래는 쓰시마쪽으로 흐르는 대한난류(大韓暖流, 혹은 對馬海流)로 각각 갈라진다.[35]

이처럼 광범위한 영역에서 작용하는 쿠로시오는 남방문화(南方文化)의 전파는 물론 중국대륙과 한반도, 일본열도 사이의 교섭에 큰 역할을 했다. 특히 한·일 양 지역의 교섭은 그 중에서도 대한난류와 밀접한 관련이 있다. 대한난류는 쓰시마를 가운데에 두고 동수도(東水道)와 서수도(西水道)로 나뉘어진다. 이 양쪽의 협수로(峽水路, strait)

---

35 『근해항로지』, 대한민국 수로국, 1973, pp.44~47 및 李昌起, 「大韓海峽 西水道의 海流 및 潮流에 관하여」, 『국립수산 진흥원 조사보고서』 12 참조.

를 통과하면서 물의 흐름은 더욱 빨라지고 파도도 높아진다. 서수도(西水道)를 통과한 해류는 한반도 남동단을 지나 북북동으로 흘러 원산 외해(元山外海)와 울릉도 부근에 이르러 동쪽으로 전향(轉向)하고 동수도(東水道)를 통과한 해류는 북동방향으로 흐르면서 일본서안을 끼고 올라간다.

이 해류의 유속(流速)은 계절과 지역에 따라 약간의 차이가 있으나 평균 1노트 내외이며, 물의 방향(流向)은 항상 북동으로 향하고 있다. 이 해류는 항상 일정한 방향으로 흐르므로 항류(恒流)라고 부르는데 이 항류가 북동방향으로 진행하는 것은 이 지역 항해의 기본 방향을 우선 1차 적으로 북동향으로 조건짓는다.

그런데 바다에는 해류와 함께 조류(潮流)라는 또 다른 물의 흐름이 있다. 대양(大洋)인 경우에는 거대한 규모의 흐름인 해류의 방향이 항해에 영향을 끼친다.[36] 그러나 대한해협이나 현해탄같이 큰 육지를 사이에 둔 峽水路(strait)의 경우에는 해류도 조류와의 상관 속에서 작용한다.

(1) 조류

조류는 조석파(潮汐波)에 의해서 일어나는 물입자의 수평운동(水平運動)이다. 조류는 항류(恒流)인 해류와는 달리 물의 방향, 속도(流向·流速)가 시간의 흐름에 따라 변하기도 하고 제 상태로 복원하기도 한다.

한반도와 일본열도 사이에는 항상 북동방향으로 진행하는 대한난류와 함께 조석간만(潮汐干滿)에 따라 1일 2교대 씩 진행방향이 바뀌는 조류가 있다. 조류의 형태는 흔히 밀물과 썰물로 구분되고 있으나 조수(潮水)의 높이에 따라서 밀물 때에는 창조류(漲潮流)가 되어 남서(南西)방향으로 진행하고 썰물 때는 낙조류(落潮流)가 되어 북동(北東)방향으로 진행한다.[37] 이 조류의 흐름은 항해에 매우 큰 영향을 끼치며, 특히 협수로의

---

36 북반구에는 北赤道 해류, 남반구에는 Humboldt해류가 있다.

경우이거나 연안항해인 경우에는 그 영향력이 더욱 증폭된다.

한반도 남부(거제도, 부산 지역)와 쓰시마 사이의 해류(恒流)는 북동방향으로 진행하며 평균 1노트 내외이다. 그런데 창조(漲潮) 때에는 조류의 흐름이 남서로 진행되면서 북동향 항류(恒流)인 해류를 보다 강력한 힘을 갖고 역으로 밀어붙인다. 따라서 해류는 전체적으로 흐름이 정지되거나, 시간상이나 지역에 따라 심한 경우에는 역류되는 현상마저 일으킨다. 그러나 이와는 반대로 낙조(落潮)때에는 조류가 항류(恒流)의 진행방향과 동일한 북동방향으로 흐른다. 이 경우에는 항류(恒流)의 유속(流速)과 낙조류(落潮流)의 유속(流速)이 합쳐져서 3노트 이상의 빠른 속도를 갖고 북동으로 진행한다.

아래의 도표는 한반도 남부와 일본열도 사이의 몇 개 지점을 기준으로 각 지역의 조석(潮汐)의 차이에 따른 조류의 속도를 계산한 것이다.

〈도표 1〉은 항상 북동방향으로 진행하는 항류(恒流)인 대한난류(쓰시마해류)의 유속(流速), 유향(流向)을 표시한 것이다. 부산과 쓰시마 북부 지역 사이가 가장 유속이 빠른 것으로 나타나 있다. 〈도표 2〉는 창조(漲潮)때에 남서방향으로 흐르는 조류의 흐름을 표시한 것이다. 비교적 느린 속도로 진행하고 있음을 알 수 있으며, 역시 부산과 쓰시마 북단이 가장 빠른 흐름을 갖고 있음이 보여진다.

〈도표 3〉은 썰물 때 북동방향으로 진행하는 낙조류의 유정(流程)을 나타낸 것이다. 창조류에 비해 유속이 훨씬 빠른 것을 알 수 있으며 역시 부산과 쓰시마 북단이 제일 빠르게 나타나 있다.

대한해협을 통과하는 조류는 앞에서 설명한 대로 창조 때와 낙조 때에 따라 커다란 차이를 나타낼 수밖에 없다. 〈도표 4〉의 ㄱ), ㄴ)은 조류의 복잡한 관계를 도표화시켜 수학적으로 설명하고 있다.

〈도표 5〉는 컴퓨터를 사용하여 양 지역 사이의 조류흐름을 계산하고 1노트의 항

---

37 조류와 조석과 관련된 항해술에 관해서는 『기본항해학』, pp.178~242 및 이창기의 앞 논문 참조.

해수단으로서 항해하는 경우에 그 항적(航跡)을 추정해본 것이다. 이 도표는 결국 이 지역의 항해가 선사시대, 고대에는 조류(해류±조류)의 흐름을 따라서 지그재그 식으로 진행될 수밖에 없음을 보여주고 있다.[38]

이상에서 살펴본 바와 같이 해류와 조류의 미묘한 흐름을 파악하고 그 속도와 힘의 관계를 인지하면 양 지역 사이의 항해는 비교적 안전하고 성공적으로 수행할 수 있다.[39] 특히 거제도나 그 서쪽에서 출발할 경우에는 비록 정상적인 항해에 실패를 했더

〈도표 1〉

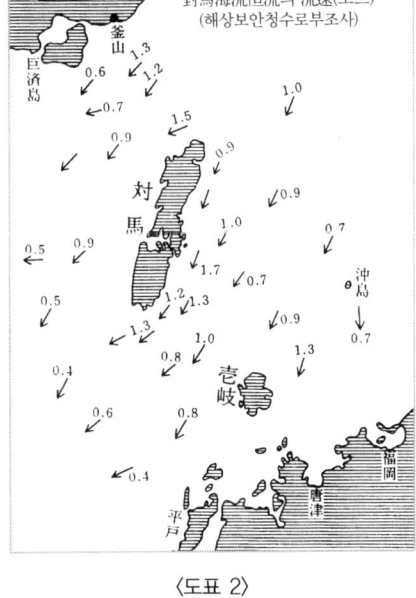

〈도표 2〉

---

38 위 도표 1, 2, 3, 4들은 城田吉之의 위의 책, pp.12~14에서 재인용
  도표 5는 柴田惠司·高山久明의 「古代人の航海術 對馬海峽 시뮬레이션」, 『考古學ジャナル』212, 뉴사이언스사, 1982에서 인용.
39 柴田惠司는 위 논문에서 한반도 남부에서 쓰시마까지의 항해시간을 40시간 내외로 잡고 있다. 필자가

〈도표 3〉

(ㄱ) 대한해협의 조류 상황
　　　유속단위 : 노트, ( )안은 미터(m)

1. 간조 때(北流)의 조류속도

장소 조류의 속도	對馬 豆酸崎沖	對馬 木坂沖	對馬北端 釜山中間	釜山沖
對馬海流의 속도 (北東 方向)	0.8 (1481)	0.9 (1666)	1.5 (2778)	0.8 (1481)
간조 때의 속도 (北東 方向)	1.4 (2592)	1.8 (3333)	2.2 (4074)	2.3 (4259)
간조 때의 속도 (北東 方向)	2.2 (4074)	2.7 (5000)	3.7 (6852)	3.1 (5741)

2. 만조 때(南流)의 조류속도

장소 조류의 속도	對馬 豆酸崎沖	對馬 木坂沖	對馬北端 釜山中間	釜山沖
對馬流의 속도 (北東 方向)	0.8 (1481)	0.9 (1666)	1.5 (2778)	0.8 (1481)
만조 때의 속도 (南西 方向)	0.5 (962)	0.9 (1666)	1.2 (2222)	1.3 (2407)
만조 때의 속도 (南西 方向)	-0.3 (-555)	0	-0.3 (-555)	0.5 (926)

1969년 8월~10월 해상보안청 수로부 관측

(ㄴ) 쓰시마(對馬)해협의 조류 상황
　　　유속단위 : 노트, ( )안은 미터(m)

1. 간조 때(北流)의 조류속도

장소 조류의 속도	對馬豆酸 刺崎沖	對馬壹岐 中間	壹岐 勝本沖	對馬 西泊沖
對馬海流의 속도 (北東 方向)	1.3 (2407)	0.8 (1481)	0.7 (1296)	0.2 (370)
간조 때의 속도 (北東 方向)	3.0 (5556)	2.0 (3704)	1.5 (2778)	1.0 (1852)
간조 때의 속도 (北東 方向)	4.3 (7953)	2.8 (5185)	2.2 (4074)	1.2 (2222)

2. 만조 때(南流)의 조류속도

장소 조류의 속도	對馬豆酸 刺崎沖	對馬壹岐 中間	壹岐 勝本沖	對馬 西泊沖
對馬海流의 속도 (北東 方向)	1.3 (2407)	0.8 (1481)	0.7 (1296)	0.2 (370)
만조 때의 속도 (南西 方向)	1.3 (2407)	0.6 (1111)	1.0 (1852)	0.9 (1666)
만조 때의 속도 (南西 方向)	0	-0.2 (-370)	0.3 (555)	0.7 (1296)

1969년 8월~10월 해상보안청 수로부 관측

〈도표 4〉

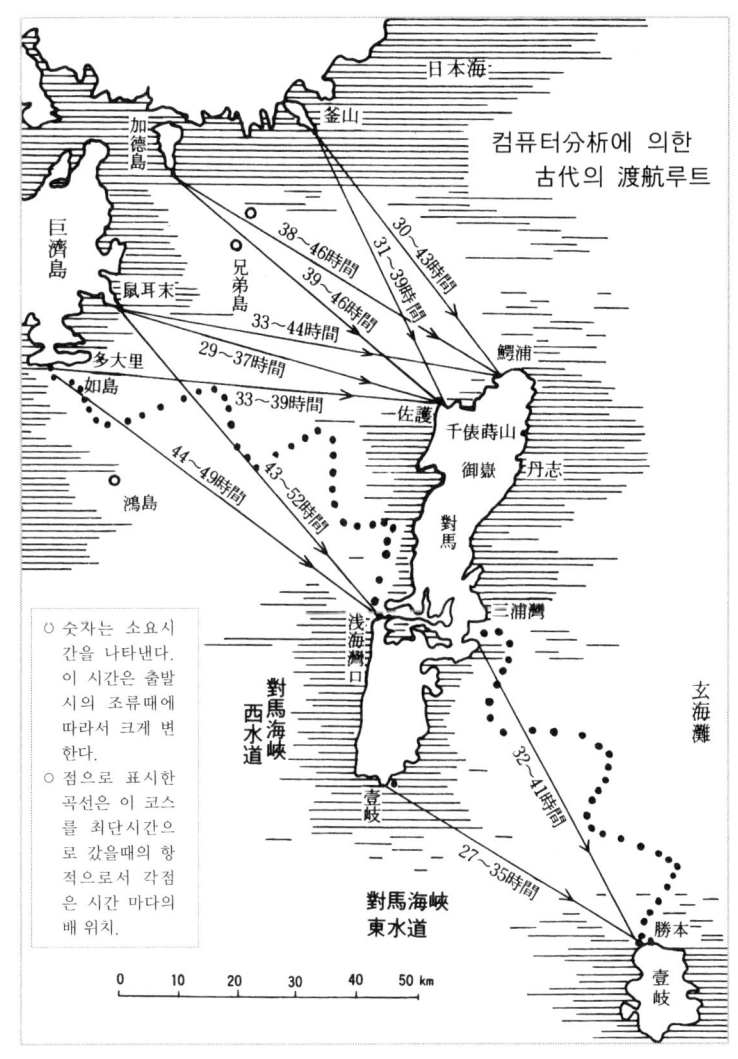

〈도표 5〉

라도, 제1차적으로 쓰시마 북단에 걸릴 확률이 아주 높으며 제2차적으로는 표류일 망정 일본열도에는 도착할 수 있다.

그러나 부산이나 그 동쪽 또는 북쪽에서 출발하여 목적지를 쓰시마로 잡을 경우에는 일단 조류의 기본적인 흐름에 역행하므로 쓰시마에 도착할 확률은 상대적으로 적다. 노를 사용하고 돛의 기능이 상당히 발달한 조선통신사들의 항해에도 부산에서 쓰시마의 북단으로 갈 때에, 적지 않이 실패하는 것은 항로 자체의 자연적 조건 때문이다. 그러므로 그 이전 시대에서는 부산을 출발하여 쓰시마에 도착하는 항로는 유용성이 없을 것 같다.

한반도에서 쓰시마까지 조류를 활용한 항해조건들은 쓰시마에서 이키섬, 이키섬에서 규슈 구간에도 거의 유사하게 적용될 수 있다. 이키섬과 규슈 간에는 쓰시마해류가 1knot 정도로 흐르고 있으며 낙조(落潮) 때에는 합쳐져서 3~4노트의 급한 유속으로 흐른다. 따라서 항해에 실패할 확률도 많지만 규슈에 도착하는데에는 실패하더라도 혼슈 서안(西岸)으로는 표류 또는 접안(接眼)이 가능하다.[40]

이처럼 선사시대나 고대에는 조류가 항해의 성격, 성패, 방법 등 모든 면에서 절대적인 역할을 했다. 앞 장에서 살펴본 항해(표류) 신화, 항해설화 등은 한결같이 조류의 중요성을 표현하고 있다. 특히 쓰시마 시다루(志多留)의 항아리설화는 조류의 절대성을 나타내고 있으며, 항아리는 조류와 관련된 항해계기로 추측된다.[41] 그리고 신화에서 등장하는 인물들 중 일부는 바로 조류 등 항해조건을 측정하는 특수한 능력자 즉, 항해사 같은 기능자를 표현한 것으로 추정할 수 있다.

시도한 해모수호 항해는 거제도 남부 다대리에서 쓰시마 북부의 사고만까지 42시간 걸렸다.
40 혼슈(本州) 남단인 야마구치(山口)현의 하기(萩)나 이즈모(出雲)는 이러한 조건을 갖추고 있다.
41 8C 중엽에 만들어진 『萬葉集』에는 항해시에 제사나 龜卜을 행했다는 사실이 표현되어 있다.

3) 바 람

항해하는데 조류와 함께 중요한 요소는 해양기상(海洋氣象)이다. 해양기상은 바람, 구름, 해수면의 상태 등 여러 가지로 구성되었으나[42] 항해에 있어서 가장 중요하고 영향력 있는 인자(因子)는 바람이다.

바람은 그 방향(風向)과 세기(風速)로 세분된다. 풍향과 풍속은 상호관련성을 맺으면서 항해조건과 함께 항해의 성패에 직접 관련을 갖고 있다. 특히 전근대시대에 폭풍이나 태풍 등 이상상태에서 항해를 시도하는 일은 거의 실패할 확률이 크다. 7세기 이후에 일본열도에서 출발한 견당사(遣唐使)들이 항해에 실패하는 일이 적지 않다. 그런데 이 실패의 가장 큰 원인은 주로 바람을 잘못 만났기 때문이다.[43] 그러나 풍속이 어느 정도 안정되고 항해 자체를 불가능하게 할 정도가 아니라면 바람의 방향이 항해성패의 관건이다.[44]

한반도와 일본열도는 전반적으로 계절풍 지구대에 속한다.[45] 겨울에는 주로 몽고 및 화북(華北)지방으로부터 강한 대륙성 고기압이 출몰함으로 말미암아 북서계절풍이 우세하며 또한 돌풍의 빈도가 심해지므로 한반도 근해에서는 강풍이 심하다. 북서풍은 한반도에서 일본열도로 항해하기에는 방향상 아주 적합한 계절이다. 그러나 반면에 파고(波高)가 높고 거칠며, 강풍의 지속기간이 길므로 항해에 좋은 조건은 아니다.

봄철은 다양하고 강한 바람이 자주 불며, 비를 동반한 편북풍(偏北風)이 분다. 이른

---

42 『기본항해학』, pp.333~346.
43 茂在寅男, 앞의 책, p.191 참조.
  '당시 120人~150人 이상씩 승선하는 큰 배임에도 불구하고 풍랑에 전복되곤 하였다' (길이 45m, 폭 3m의 선박으로 추측)
44 해류와 바람을 이용한 先史시대의 항해방법은 尹明喆, 『해모수』 참조.
45 金光植 외 14인, 『한국의 기후』, 일지사, p.129.

봄은 파고가 높으나 5~6월이 되면 남동풍이 불고, 바람도 약해져서 항해에는 비교적 좋은 조건이다. 『삼국사기』 신라본기(新羅本紀)의 기사에 나타나듯이 왜인(倭人)의 침입이 주로 5~6월에 집중된 것은 당시의 항해가 바람의 방향(風向)과 해면상태 등 해양의 기상조건을 잘 활용하였음을 입증한다.

여름에는 바람의 종류와 세기가 일정하지 않다. 전반적으로는 약한 남서계절풍이 불고 있으나, 때로는 태풍이 불기도 한다. 그러나 한여름에 접어들면 무풍상태(無風狀態)가 계속되어 파도가 거의 없는 날이 장기간 지속되기도 한다. 만약 바람의 도움을 전혀 고려하지 않고, 조류의 흐름만을 이용한다면 바다가 잔잔하므로 항해에 호조건이 된다. 거제도에서는 초여름에 서풍계열의 '갈바람'이 분다고 하며, 이 갈바람을 타면 거제도에서 쓰시마까지는 저절로 간다고 한다.[46]

가을에 접어 들면 태풍이 불기 시작하고, 태풍이 끝나는 무렵부터는 북서풍이 불기 시작한다. 그러다가 늦가을이 되면 폭풍이 생기기도 한다. 그러나 이동성 고기압의 중심이 근해에 위치하였을 때는 바람이 자고 바다에도 파도가 별로 없는 고요한 상태가 된다. 또한 날씨가 맑기 때문에 바다에서 시달거리(視達距離)도 길어진다. 이 같은 조건하에서 약한 북서풍을 받으면서 항해를 하면 일본열도까지 항해는 비교적 수월하다. 그 외에 조류의 도움을 고려한다면 항해조건은 더욱 좋다.

위에서 살펴본 바와 같이 바람의 세기와 방향은 바다에 영향을 주고, 항해조건의 중요한 요소가 된다. 그러므로 바람의 변화를 해양조건과 함께 잘 이용하면 양 지역 간의 항해는 비교적 가능하다. 특히 바람이 어느 정도 세어지면 바다의 표면수(表面水)가 바람의 방향으로 같이 흐르므로[47] 바람의 세기와 항해수단(도구)과의 역학관계를

---

46 尹明喆, 『해모수』, p.92.
47 쓰시마에서 출발하여 규슈로 항해하는 경우 대부분은 북동방향으로 진행하는 해류의 영향을 받는다. 그러므로 선박은 북동방향으로 떠서 야마구치현의 하기(萩)나 이즈모(出雲)에 표착하는 경우가 많다. 그러나 반대방향으로 규슈 서북부나 서부해안으로 표류하는 경우도 있다. 해모수호는 1982년 11월에 항해

인지하면서 항해술을 응용하면 목적지에 도착하는 것은 더욱 수월해진다. 물론 이때의 목표는 구체적이거나 한정된 협소한 지역이 아니다.

바람 특히 계절풍(季節風)이 항해에 중요했었다는 것은 사실(史實)로서 증명되고 있다.『속일본기(續日本記)』보구(寶龜) 7年(776) 윤(閏) 8月 경인조(庚寅條)에는 "先是遣唐使 航到肥前國松浦郡合蠻田浦 積月餘不得信風"이라는 기록이 나온다. 이는 계절풍인 '신풍(信風)'을 기다려 출범하려고 하는 모습을 나타낸다. 동중국해에서는 여름에는 남서계절풍을, 겨울에는 북서계절풍을 이용하였다.[48]

이상과 같이 항해와 관련된 한·일 양 지역의 객관적 조건들을 살펴보았다. 이것을 토대로 다음과 같은 결론을 내릴 수 있다.

즉 선박제조술, 항해술, 또는 항해도구가 발달하기 이전인 선사시대라도 안정성 있는 기본적인 항해수단만 있으면 자연조건을 이용하거나 조금씩 응용하면서 양 지역간에는 접촉이 가능했었다. 따라서 인간은 이미 선사시대부터 우연 또는 우발적인 접촉이 아니라 항해를 통하여 양 지역간의 일정한 교류형태를 지속시켰다고 볼 수 있다. 아울러 해류의 흐름, 바람의 방향, 또한 거제도의 입지적 조건과 쓰시마의 위치와 지형 등을 고려할 때 항해술과 선박발달 이전에는 한반도를 출발하는 항로는 부산을 출발하여 쓰시마로 가는 것보다는 거제도를 출발하여 쓰시마로 가는 것이 더 적합하다고 판단된다.[49] 또한 한반도 문화가 전파되는 귀착지는 규슈 북부와 함께 혼슈우 남

시에는 뗏목이 홀로 표류하여 하기 근처인 미시마(見島)에 표착하였다. 반면에 1983년 8월에 항해시에는 규슈 서부의 고토(五島)열도에 표류하였다. 이 같은 자연조건과 사실은 한반도 남부 지역과 규슈 서부 지역과의 관련성에 대한 연구가 필요함을 나타내 준다.

48 荒竹淸光,「古代 環東支那海文化圈の對馬海流」,『東アジアの古代文化』29號, 大和書房, 1981, pp.90-91.
고구려 발해사신들이 일본열도에 오는 것도 이 계절풍을 이용하고 있다.
49 이 부분에 관해서는 더 많은 연구가 진행되어야 한다고 여겨진다.
尹明喆의『해모수』참조.

단 및 중단도 가능성이 있다. 또한 항로이탈로 인하여 규슈 서북부 및 서부 해안지대에도 부분적으로 도착이 가능하리라 여겨진다.

4. 결 론

이상과 같은 논의를 통해서 선사시대라는 특정기간에 걸쳐서 행해진 한・일 양 지역간의 상호교류 가능성을 살펴 보았다.

이 논문은 몇 가지 전제에서 출발한 것이다. 첫째, 해상교통이 발달하기 이전부터도 해양을 통하여 양 지역간에 교류가 있었다. 둘째, 교류는 단순하고 우발적인 것이 아니라 자기목적적, 지속적이었다. 따라서 양 지역의 문화형성에 적지않은 영향을 끼쳤다. 이 전제들을 충족시키려면 교류의 정도, 성격에 대한 탐구가 필요하며 그를 위한 기초작업으로서 한・일 양 지역의 접촉 가능성에 대하여 검토가 요청되었다.

이 같은 요청에 부응하여 이 논문은 2에서 기존의 연구성과를 토대로 상호접촉의 증거를 고고학적 유물의 비교와 신화의 분석을 통해서 직・간접으로 확인하였다. 이처럼 양 지역간의 상호접촉을 인정할 때 그것은 항해에 의존할 수 밖에 없다는 것은 부동의 사실이다. 그렇다면 당시 문화조건을 고려한 항해 가능성의 성립여부가 제기된다. 이 문제에 답변을 하고자 한 것이 이 논문의 본문격인 3의 내용이다.

항해의 가능성 여부는 크게 자연환경과 인문조건의 검토로 나뉘어진다. 그러나 이 논문은 자연환경의 검토에 초점을 맞추었다. 그리하여 자연환경인 지리, 해류, 조류, 풍향, 풍속 등을 검토하여 일정한 결론을 내렸다. 이것은 첫째, 인문조건이 충분하게 성숙되지 않은 선사시대도 항해가 가능했으며 둘째, 이러한 접촉은 우발적이 아니라 지속적, 의도적이었다는 사실을 반증한다. 즉 자연조건 만으로도 항해가 가능했었다는 사실은 양 지역간의 상호접촉이 출발부터 개연성과 객관성을 확보하고 있었음을 의미한다. 이것이 바로 고대 이전 시대에 한·일 지역간에 이루어진 문화교류의 기본성격을 규정지은 것이다.

이 글은 앞에서 언급했듯이 접촉가능성의 기본조건을 검토하는 일에 초점을 둔 것이다. 따라서 총괄적인 이해의 수준에 머물렀다. 그러나 교류의 성격, 그것을 매개로 하는 역사 상을 파악하기 위해서는 자연환경에 대한 각론(各論)적인 분석, 그것과 관련된 인문조건, 즉 항해수단·접촉 지역·시기·방법 등에 대한 다각적이고 상세한 검토가 요청된다. 이를 다음 작업으로 미루며, 연구자들의 엄격한 비판과 함께 보완작업을 부탁드린다.

02
황해의 지중해적 성격 규명을 위한 한 접근*
―동아지중해호 탐사결과를 중심으로―

1. 서 론

동아시아는 한반도(韓半島)를 중핵(中核)으로 일본열도(日本列島)와의 사이에는 동해(東海)와 남해(南海)가 있고, 중국과 한반도 사이에는 황해(黃海)라는 내해(內海, inland-sea)가 있다. 그리고 한반도의 남부와 일본열도의 서부, 그리고 중국의 남부지역(揚子江 이남을 통상 남부 지역으로 한다)은 이른바 동중국해(東中國海)를 매개로 연결되고 있다. 따라서 동아시아사에 대한 보다 구체적인 이해와 국제역학관계를 파악하기 위해서 해양에 대한 특성을 부각시킬 필요가 있다.

특히 현재는 세계질서의 재편과정에서 동아시아(東亞) 각 지역 간의 협력과 연결이 모색되고 있다. 그럼에도 불구하고 관리와 조정의 무정부성(無政府性)으로 인하여 효율성은 물론 진행에도 문제점을 일으키고 있다. 이러한 현재적 상황은 이 지역의 역사 및 해양적 성격에 대한 보다 구체적인 이해를 필요로 한다. 필자는 동아시아의 지정학적 특성과 현재적 필요성에 의거해 지중해의 개념을 적용시키고, 동아시아사를 이해하는 틀로서 동아지중해라는 모델을 설정했다. 필자는 동아시아의 지중해적 성

---

* 황해의 지중해적 성격 규명을 위한 한 접근(1)–동아지중해호 탐사결과를 중심으로, 『韓中 문화교류와 남방해로』, 1997.

격을 규명하기 위한 일련의 논문들을 발표하고 있다.[1]

특히 황해는 중국과 한반도의 서부해안 전체, 그리고 만주(滿洲) 남부의 요동지방(遼東地方)을 하나로 연결하고 인접각국들이 공동으로 활동하는 장(場)의 역할을 하고 있다. 이른바 내해로서 동아지중해 중에서도 지중해적 성격이 강한 지역이다.

필자는 황해내부에서 각 지역 간의 실질적인 교섭 가능성과 그 수준을 실험하기 위하여 자연조건을 조사하였다. 그리고 자연조건과 교섭의 사실, 선박 및 항해술 등 해양문화와 관련하여 실질적으로 항로와 항해조건 등의 실상은 어떠하며 지중해적 성격에 적합한가를 규명하고자 하였다. 그리고 1996년 7월, 1997년 7월에는 뗏목을 제작하여 직접 항해를 하였다. 본고는 동아지중해호 뗏목탐사를 중심으로 황해해양문화와 관련된 몇 가지 결과를 제시하고, 또 제안을 하고자 한다.

2. 항해와 관련된 황해의 자연조건

항해에 영향을 끼치는 자연조건 중에서 기본적인 것은 해류(海流)와 조류(潮流), 바람이다. 해류는 항류(恒流)와 연안에 흐르는 연안반류(沿岸返流)가 있으며, 또한 지역적

---

[1] 필자는 동아시아 해양문화의 특성을 보다 명확하게 하기 위해 東亞地中海라는 槪念의 適用과 用語의 使用을 시도하고 있다.
졸고, 「高句麗末期의 海洋活動과 東亞地中海의 秩序再編」, 『國史館 論叢』53, 1994.
「高句麗末期의 海洋活動과 三國統一戰爭과의 相關性」, 『한국고대사 연구회보』35호, 1994.
「廣開土大王의 對外政策과 東亞地中海戰略」, 『軍史』30, 1995.
「長壽王의 南進政策과 東亞地中海의 力學關係」, 『高句麗 南進經營史의 硏究』(朴性鳳 編), 白山文化院, 1995.
「高句麗前期의 海洋活動과 古代國家의 成長」, 『韓國上古史學報』18호, 1995.
「高句麗 發展期의 海洋活動能力에 대한 검토」, 『阜村 申延澈敎授停年退任紀念 史學論叢』, 일월서각, 1995.

인 조류가 있다.

해류의 흐름은 항해술, 조선술 등 인간의 문화발전과는 관련없이 인간을 일정한 장소에서 일정한 장소로 이동시켜 준다. 또한 때로는 인간의 의지와 무관하게 인간과 문화의 이동을 가능하게 한다. 따라서 해류의 흐름을 이해하지 않고서는 문화현상을 정확하게 이해할 수 없다. 그러나 문화의 전파과정에서 해류의 흐름이 절대적인 것은 아니다. 해류는 지역에 따라 조류의 영향을 받으며, 바람의 영향 또한 상당히 받는다. 따라서 대양항해가 아닌 근해항해인 경우 해류의 영향은 상대적으로 감소한다.

동아시아 해류에는 쿠로시오(黑潮)와 그 본류(本流)에서 갈라져 나온 지류(支流)들이 있다.[2] 동중국해(東中國海)에는 쿠로시오 외에 구주 서안(九州西岸)의 쿠로시오 분파가 있고, 또한 이 해류에서 갈라져 황해중앙부를 북상하는 것과 동계(冬季)에는 중국해안을 남하하는 한류(寒流)가 있다. 한국 서안에는 연안을 남하하는 한류가 있어 북상한 쿠로시오 일파와 합류하여 쓰시마해류(對馬海流) 상층수(上層水)를 형성하고 있다.[3] 황해와 동중국해의 해류는 바람의 영향, 중국대륙으로부터 하천수(河川水)의 유입량의 변화 등에 의하여 변화가 많다.[4] 한편 중국연안을 남하하는 해류는 발해(渤海) 및 황해 북부에서 기원하며 중국대륙연안을 따라 남하하다 남중국해 방면으로 사라지는데 동계에는 수온이 낮다.

그런데 이 흐름이 7·8월에는 상해만 쯤에서 동으로 방향을 틀어 한반도 남부방향으로 간다. 최근 해양생물학자들은 양자강에 홍수가 나면 그 물살에 의해 상해만쪽

---

2 黑潮를 가장 협의로 한다면 東中國海로 들어서면서부터이다. 동중국해의 흑조는 중국연안부터 일본전역에 걸쳐 중요한 영향을 미치면서 일본 北陸外海에서 북태평양을 東方으로 흘러가는 暖流系의 해류이다. 흑조에 대하여 역사적 입장을 전제로 하면서 이론적 접근을 한 글은 茂在寅南의 『古代日本の航海術』, 小學館, 1981, pp.88~90와 『韓國의 近海航路志』 참조.
3 荒竹淸光, 「古代環東ジナ海と對馬海流」, 『東アジアの古代文化』29號, 大和書房, 1981, p.89 참조.
　茂在寅南, 『古代日本の航海術』, 小學館, 1981, pp.91~93.
4 增澤讓太朗, 「日本をめぐる海流」, 『MUSEUM KYUSU』14, 1984. 博物館等建設推進九州會議에 東中國海海流 등 다양한 자료가 있다.

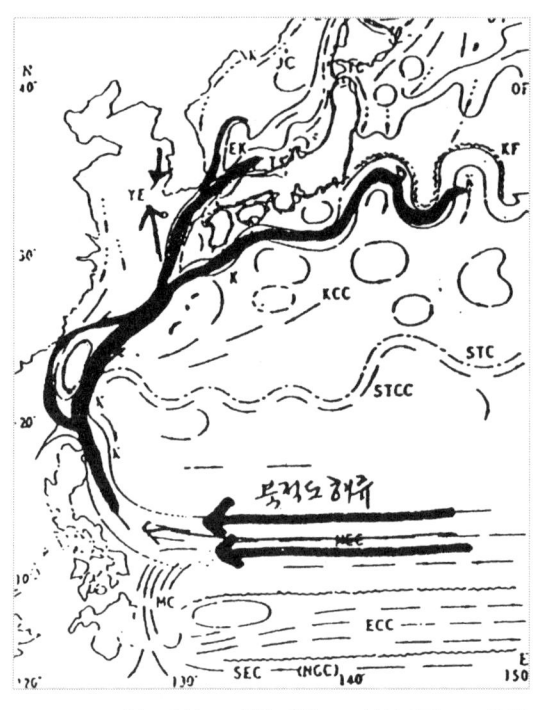

| 그림 1 | TS(對馬暖流), YE(黃海暖流), EK(東韓暖流), NK(北漢寒流)

의 물길이 제주도 쪽으로 흐른다는 설을 제기하고 있다. 한편 항주만을 가운데 두고 밑에서 올라오던 해류는 동으로 돈 다음에 동남향하면서 일본열도의 서부인 고토(五島) 열도 방면으로 사라진다.

그 다음은 조류(潮流)이다.

항해에서 가장 중요한 것은 안전한 물길의 발견과 수로(水路)의 선택이다. 안전한 물길이란 바람, 해무(海霧) 등 해상상태의 여러 조건이 충족되어야 하지만, 섬들이 많고, 조류의 움직임이 복잡하면 항로의 선택이 매우 어려울뿐더러 항해 자체가 불가능하다. 대양이 아니고 연안 혹은 근해이며, 근해항해(近海航海)를 할 경우에는 조류가 중요한 역할을 한다.

한반도 서해안과 중국의 동해안은 조류의 흐름이 매우 빠르고 방향의 지역적 편차가 심하다. 조류의 움직임이 얼마나 복잡한가는 주산만(舟山灣), 청도만(靑島灣), 맹골수도(孟骨水道), 흑산제도(黑山諸島), 고군산군도(古群山群島), 경기만(京畿灣) 등 몇몇 특정 지역의 조류를 보아서 알 수 있다.[5] 이러한 복잡한 지역은 지역조류에 익숙한 해양민

---

5 해당 지역의 水路誌 및 海圖 참고.

이 아니면 항해가 불가능하다.[6] 따라서 지역 물길에 익숙한 집단이 그 지역의 해상권을 장악하고 세력화하는 것이다. 이러한 조류의 특성은 각 지역마다 개별적인 해상호족세력(海上豪族勢力)의 존재가능성을 암시한다. 선사시대(先史時代)와 고대(古代)사회에서 해안근처에 집단분포의 흔적이 있는 것은 의미심장한 일이다.[7]

한편 해양조건, 특히 항해환경에 있어서 바람의 영향은 지대하다. 연안항해는 물론이지만 근해항해(近海航海), 원양항해(遠洋航海)에서 바람의 이용이란 거의 필수적이다. 특히 기계동력을 사용하지 못하고 풍력(風力)을 이용한 돛을 사용할 경우에 바람은 항해의 성패 여부에 결정적인 요소가 된다.

해류도 바람의 영향을 받는 경우가 많고, 특히 돛을 효과적으로 사용하는 수준에 이르면 바람의 이용이란 매우 중요하다. 해당조건에 따라 약간의 차이가 있지만 풍력 8(34~40노트) 이상이 되면 표면수(表面水)의 흐름이 반대로 되는 경우도 있다. 바다에서 발생하는 조난사고의 대부분은 조류의 흐름을 잘못 관측했거나, 바로 바람에 의하여 표면수의 방향이 바뀌거나 선박이 밀려가기 때문이다. 이것은 역사에서 의도하지 못했던 교섭을 낳게한다. 이러한 우연의 소산이 결국은 지속적인 접촉을 가져와 문화의 교섭, 역사적 사건을 발생시킨 예는 역사상에서 많이 나타난다.[8]

바람 중에서 특히 해양문화에 영향을 주는 것은 계절풍(季節風)이다. 계절에 따라 일정한 방향성을 가지고 있으므로 바람을 상시적으로 활용할 수 있다. 동아시아는 계

---

6 圓仁의 『入唐求法巡禮行記』에 나오는 재당신라인들인 '暗海者'란 바로 그러한 물길을 아는 항해자들을 말한다.
7 拙稿, 「西南海岸의 海洋歷史的 環境에 대한 검토」, 『扶安 竹幕洞 祭祀遺蹟』, 國立全州博物館 開館 5주년 기념 심포지엄, 1995, p.28.
8 백제 威德王 36년 隋의 戰船이 耽牟羅國(제주도)에 표착해서 외교교섭의 단초를 열었다. 고려때는 상선 한척이 표류하다 송·수군에 구조된 후 고려의 사정을 그들에게 알려주고 있다(全善姫, 「明州古方志所見宋麗交流史事札記」). 張漢喆의 『漂海錄』, 崔溥의 『漂海錄』, 『成宗實錄』卷105의 표류기사, 柳大用의 『琉球風土記』, 그밖에 崔斗燦의 『江海乘槎錄』 등은 그러한 우연의 교섭을 기록하고 있다.

절풍 지대이다. 황해나 동중국해는 동계(冬季)에는 보통 북서풍, 풍력 3~5이다. 때때로 편북(偏北)에서 편북동풍(偏北東風)이 된다. 하계(夏季)에는 편남(偏南) 또는 편남동풍(偏南東風)이 많고, 풍력은 3~4이다. 4월 말에서 5월 초 및 9월에는 부정풍(不定風)이 많다. 그러나 때에 따라서 다르고 지역에 따라서 다른 것이 바다의 바람이다.

계절풍을 항해에 사용한 예는 갑골문의 '帆'[9]에서 나타나듯 오래 전부터 중국에서 보이고 있다. 중국의 계절풍에 관한 지식은 전국시대(戰國時代) 이전까지 소급해 올라간다. 『禮記・月令』, 『周禮・春官』, 후한(後漢)때 저술인 『風俗通義』에는 계절풍에 대한 기록이 있다.[10] 그러므로 늦어도 기원전 2세기 이전에는 중국인들이 계절풍을 항해에 이용하였다고 본다. 한무제는 남월(南越)・동월(東越)을 정벌할 때 계절풍을 이용했다.[11] 연(燕)과 동진(東晉)과 교섭하는 과정에서도 계절풍을 이용한 사례가 나타나고 있다.[12]

동아시아인의 해상 이동은 이 계절풍의 방향에 따라 상당한 영향을 받게 된다. 봄에서 여름에 걸쳐 부는 남풍계열의 바람은 중국의 남부해안과 한반도 혹은 일본열도와 교류를 가능하게 한다. 반면에 가을에서 겨울에 걸쳐부는 북풍(北風)계열의 바람은 한반도 북부와 중국의 중부 혹은 남부해안과 교류를 가능하게 한다. 한편 남풍(南風)계열의 바람은 일본열도에서 한반도로의 교류를, 북풍계열의 바람은 한반도에서 일본열도의 남부와 서부해안과의 교섭을 가능하게 한다.

백제가 대(對) 중국과의 교섭에서 사신들을 파견한 월별(月別) 통계[13]를 내어보면

---

9 許進雄 著, 洪熹 譯, 『中國古代社會』, 동문선, 1991, p.336, p.354.
10 이 부분에 관한 참고문헌은 孫光圻, 『中國古代海洋史』, 海洋出版社, 1989, p.79.
11 汶江, 『古代中國與亞非地區的 海上交通』, 四川省 社會科學院出版社, 1989, 成都 p.27.
12 孫光圻, 위의 책, p.195.
 "然而 因冬季渤海盛行偏北季風 船舶頂風航行 頗費周折 曠日持久"
13 鄭鎭述, 「韓國先史時代 海上移動에 관한 硏究」, 『忠武公 李舜臣 硏究論叢』, 海軍士官學校 博物館, 1991, p.454.

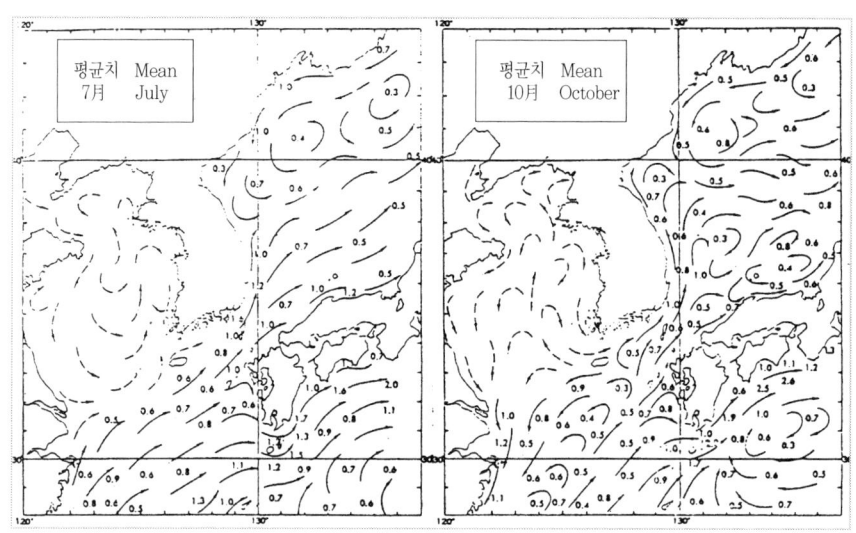

| 그림 2 | 동아시아해양 月別 海流圖 〈『韓國海洋環境圖』, 大韓民國 水路局에서 인용〉

당시 항해가 월별에 따라 영향받고 있음을 알 수 있다. 왜가 신라를 침입한 시기와 횟수,[14] 신라와 일본간의 사신왕래 등에서도 역시 마찬가지로 나타난다.[15] 발해와 일본의 관계도 계절풍의 영향을 받는다. 갈 때는 늦가을부터 초봄에 걸쳐 부는 북풍계열의 바람을, 귀환시에는 늦봄부터 여름에 걸쳐 부는 남서풍계열을 이용하였다.[16] 일본과 당 사이의 사신왕래 등에서도 마찬가지이다. 당의 상인들은 6, 7월에 남부의 절강성, 강소성 등을 출발하여 일본에 갔다가, 9월에 북동풍을 타고 돌아왔다.[17] 모두 계절풍

---

14 申瀅植,『新羅史』, 이화여대출판부, 1988, p.212 도표.
15 吉野正敏,「季節風と航海」,『Museum Kyusu』14號, 博物館等 建設推進九州會議, 1984, p.14.
16 吉野正敏, 위 논문, pp.16~17에는 발해의 遣日使들의 月別分析을 통해서 항해가 계절풍의 영향을 절대적으로 받았음을 보여준다.
　　森浩一,『古代日本海文化の源流と發達』, 大和書房, 1985, pp.185~186 참고.
17 吉野正敏, 위 논문, p.15 참조.
　　茂在寅男・西嶋定生 등『遣唐使研究と史料』, 東海大學出版部, 1989, pp.13~19.

을 이용하여 항해한 것이다. 이처럼 해류, 조류, 바람 등의 자연조건들은 동아(東亞)의 해양문화환경에 영향을 미친다.

한편 항해환경에 있어서 중요한 또 하나의 조건은 각 지역간의 항해거리와 항법이다.

황해(黃海)는 얕은 바다와 복잡한 지형인 리아시스식 해안으로 이루어져 있다. 황해는 평균 44m로서 일반적으로 수심이 낮고 해안선이 복잡한데다 발달된 만(灣)과 섬들이 산재해 있다. 이러한 조건 때문에 연안을 따라 먼 거리에 있는 사람들은 비교적 쉽게 접촉할 수 있었다. 더욱이 발달된 섬들은 바다 멀리까지 진출할 수 있게 하여 활동범위를 넓혀주었다. 뿐만 아니라 그것을 징검다리로 삼아 해양 반대편에 있는 사람들과 직접 혹은 간접접촉을 할 수 있게 하였다. 즉 근해항해(近海航海)의 가능성이 많다.

근해항해는 연안항해(沿岸航海)와는 달리 비교적 많이 떨어져서 해안의 국부적인 환경에 영향을 받지 않고 해양자체의 조건에 영향을 받는다. 또한 바다 위의 선박은 육지나 높은 산을 보면서 항해하기 때문에 익숙한 지형일 경우에는 어디서나 자기위치를 확인할 수 있다. 반면에 육지에 있는 관측자는 먼 거리 바다에 있는 선박을 관측할 수가 없다.

황해에서의 근해항해 가능성을 자연조건과 아래에 예시한 구체적인 항해기술에 대한 검토를 통해서 추적해본다. 먼저 자연조건, 특히 양 지역간의 거리를 계산하여 항해자들이 지문항법(地文航法)을 사용해서 항해할 수 있는 범위를 일단 설정한다.

시인거리(視認距離)[18]

$K(해리) = 2.078(\sqrt{H} + \sqrt{h})$

---

[18] 이 방법은 視認距離를 계산하는 방법이다. Bart J. Bok Frances W. Wright 지음, 정인태 역, 앞의 책, p.26 및 茂在寅南, 『古代日本の航海術』, 小學館, 1981, p.22 참조.

*H = 목표물의 최고 높이

h = 관측자의 眼高(7m)

차례	物 標		높이(m)	시인거리(해리)
①	南浦	牛山	507	52.29
		九月山	945	69.38
②	海州	首陽山	995	69.38
③	群山	千房山	110	27.29
④	仁川	桂陽山	396	46.85
⑤	古群山 群島		150	30.96
⑥	浙江省		1000급	71.21
⑦	上海	云台山	625	57.45
⑧	青島	崂山	1153	75.44

도표 '시인거리'와 '근해항로 가능 범위도'를 종합해서 결론을 내리면 다음과 같다.

황해 내부를 둘러싼 하나의 타원형선이 나타난다. 이 선의 안쪽인 A 부분은 육지를 보면서 자기위치를 확인하고 항해를 할 수 있는 지역이다. 그리고 자기위치를 정확히 알지 못한 채 망망대해를 항해하는 지역은 B 부분이 된다. 이 부분이 차지하는 범위는 그다지 많지 않은 것을 알 수가 있다. 물론 이 공식은 맑은 날 시정이 좋을 때에 한한다.

각 지역 간의 거리도 긴 편은 아니다. 산동에서 황해도 육지까지는 직선거리로 약 250km이다. 장보고 당시에 만 하루가 안되서 황해도의 연안을 볼 수 있을 정도의 거리이다. 이처럼 황해는 거리가 짧은 내해(內海), 지중해(地中海)로서의 성격을 가지고 있기 때문에 대부분의 경우, 지문항법(地文航法)을 활용한 근해항해에 큰 난관은 없었을 것이다.

원양항해(遠洋航海)는 빈번하지 않았을 것으로 추정된다. 그러나 점차 시간이 흐르고 각국 간의 교섭이 상대국가에 의해 방해를 받으면서 자주 시도되었을 것이다. 황해

| 그림 3 | 近海航路 가능범위도[19]

를 직항횡단해서 교섭이 이루어지는 경우는 거의 원양항해에 해당된다.

원양항해는 육지나 물표(物標) 등이 없이 대양의 한가운데를 항해하는 것을 말하며, 이때는 지문항법이 아닌 천체나 태양의 움직임을 관찰하여 기구를 사용해서 위치와 항로를 측정하는 천문항법(天文航法)을 사용해야만 한다. 이러한 한계를 극복하는 방법은 항해술의 발달과 경험의 축적이다. 해양민들에게는 경험이나 자연현상에 대한 소박한 관측을 통해서 극복하거나, 부분적으로 해결할 능력이 있었다고 판단된다. 그런데 동아시아 지역에서는 이러한 경험을 활용한 대응 외에도 이미 과학을 이용한 항해, 즉 천문항법을 이용한 대양항해(大洋航海)가 이루어졌다.

『淮南子』에는 이미 기원전 120년에 북극성을 보고 항해를 했다는 기록이 있고, 천체진행(天體進行)과 해상항해에 대한 기록이 실려 있다.[20] 전한시대(前漢時代)에는 『海中

---

19 1등의 숫자는 물표가 되는 지점.
    각 ●은 목표확인 최대지점
    A 부분 안에서는 일기가 좋을 때 목표를 관측하며 항해할 수 있다.
20 孫光圻, 『中國古代航海史』, 海洋出版社, 1989, pp.77~81.
    彭德淸, 『中國航海史』, 古代編, pp.19~21.

占星書』 등의 책이 있었고,²¹ 이미 후한(後漢)이나 삼국시대(三國時代)에는 방향판정술(方向判定術)을 이용하였다고 한다. 이것들은 한대(漢代)의 서역(西域)을 사막여행(砂漠旅行) 하는 등의 실용적 측면에서 발달하고, 성점천문학(星占天文學)의 연구에서 발달한 것으로 여겨진다.²² 또한 법현(法顯)이 저술한 『불국기(佛國記)』에는 천문항해를 한 기록이 나온다.²³ 그런데 최근 평양에서 2000년 전 경으로 추정되는 나무곽 무덤에서 나온 방위관측기는 천체의 별자리를 통해서 방위를 관측하도록 만든 것이다.²⁴

지남(指南)의 사용은 이미 한무제 시대에 사신들의 항정(航艇)에서 나타나기 시작하여 삼국(三國)에서 남북조시대(南北朝時代)에 이르면 사적(史籍) 문헌(文獻) 중에 기록이 다수 나타난다.²⁵ 『韓非子·有度篇』에는 "……立司南以端朝夕……"라는 기록이 있어 사남(司南)으로 방향을 측정했음을 알려준다.²⁶

이상에서 살펴본 바와 같이 황해의 자연환경은 일단 기본조건만 갖춘 경우에 근해항해는 물론 원양항해도 가능했을것으로 판단된다.

3. 절동 지역(浙東地域)의 항해환경 검토

우리가 탐사하기로 선정한 뗏목 동아지중해호의 항로는 절강성 영파부 주산군도

---

21 孫光圻, 앞의 책, p.242.
22 『漢書藝文志』에 책이름만 실린 『海中星占驗』12卷, 『海中五星經 雜事』22卷, 『海中日月彗虹雜占』18卷 등의 책들은 당시 항해에 사용된 것으로 해석된다(內田吟風, 앞의 책, p.549).
23 李永采, 『海洋開拓 爭霸簡史』, 海洋出版社, 1990, p.242.
24 세계일보 1993, 5, 19에 의하면 이 방위 관측기는 가운데 북두칠성이 그려져 있고 둘레에 12개월과 28개의 별자리를 표기한 원형판을 방형판 위에 올려 이를 회전시키도록 구성되어 있다.
25 孫光圻, 앞의 책, p.240.
26 孫光圻, 앞의 책, p.124.
『航運史話』, 上海科學技術出版社, 1978.

를 출발하여 동중국해 및 황해남부를 사단(斜斷)하여 흑산도를 경유, 경기만을 목표로 한 것이다.

첫째, 근해항해를 최대한 활용한 후에 원양항해를 하기 위해서다. 신석기 및 청동기시대에도 연안항해나 근해항해를 통해서 중국 각 연안 지역간의 교류[27] 혹은 한반도 북부해안 및 중부이남간의 교류가 있었음은 지적되고 있다. 서해안의 청동기문화[28] 도씨검(刀氏劍)의 문제[29]는 황해직항과 관련하여 의미있는 시사를 한다.

일본열도와 중국과의 교역은 연안 및 한반도 남부를 통한 간접교역의 형태도 있었고 직접교역도 있었던 것 같다. 당시 수입품의 종류와 양으로 보아 교역의 규모를 짐작할 수 있다. 문헌자료와 고고학적 유물을 볼 때 양 지역간의 교류는 활발했던 것으로 보인다.[30]

그런데 산동에서 경기만, 산동에서 한반도 남부, 절강에서 한반도 남부 및 제주도 지역으로의 항해는 원양항해 구역에 해당한다. 산동반도에서 황해를 직항하여 한반도 중부 해안에 도착하는 것은 비교적 쉬운 일이다. 반면에 절강 지역에서 황해를 사단 직항하여 한반도 남부 혹은 일본열도로 가는 것은 매우 어려운 일이다. 따라서 원양도해(遠洋渡海) 가능성과 황해의 내해적(內海的)인 성격을 규명하기 위해서는 동중국해 및 황해남부 사단항로(斜斷航路)를 선택하는 것이 적합했다.

---

27 汶江, 「古代中國與亞非地區的海上交通」, 『中國古代海洋史』, 四川省 社會科學 出版社, 1989. pp.5~6.
   內藤雋輔 역시 濱田박사의 고고학적인 해석을 수용하여 아마도 6000년 내지 7000년 전, 新石器 中期에는 山東半島와 遼東半島沿海를 오고가는 항로가 있었다고 주장을 하고 있다(『朝鮮史研究』, 東洋史研究會 刊, 1961년, pp.378~378).
28 全榮來, 「錦江流域 青銅器 文化圈 新資料」, 『마・백』10, p.113 에서 부여 九鳳里 출토품등을 통해 錦江의 青銅器 文化圈은 準의 망명 이후, 中原과의 교류를 통해서 직접 건너왔을 가능성을 시사하고 있다.
29 權五榮, 「考古資料를 중심으로 본 百濟와 中國의 文物交流」, 『震檀學報』66, pp.181~182.
   益山, 完州 등의 錦江, 萬頃江 유역과 咸平이라는 榮山江 유역에서는 발견된 刀氏劍은 황해를 직항해서 江南지방과 교역했을 것이라는 주장이다.
30 王仲殊, 『中國からみた古代日本』, 桐本東太 譯, 學生社, 1992.

둘째, 선사 및 고대항해에선 자연조건의 영향이 가장 중요하다는 것을 입증하고자 했다. 절강 사단항로는 거리가 멀다는 악조건과는 달리 해·조류와 바람 등의 자연조건과 항법상으로 보아 한반도 남부로 항해하기에 적합한 조건을 갖추고 있다.

셋째, 우리의 항로는 결과적으로 서긍(徐兢)의 항로와 유사하다. 고려시대에는, 즉 기계동력을 사용하기 전에는 자연조건을 절대적으로 활용해야하므로 선사나 고대의 항로와 거의 유사하였을 것이라는 추정을 간접적으로 입증하고자 한 것이다.

절강 지역은 중국 최대의 만 가운데 하나인 항주만과 주산군도 그리고 양자강 하구를 끼고 있다. 일찍부터 문화가 발달하여 여요(餘姚)의 하모도는 중국 최고의 신석기 유적지 가운데 하나이다. 특히 이곳에서는 B.P. 7,960±100으로 추정되는 선박의 노가 발견되어 조선문화(造船文化)가 일찍부터 발달했음을 알려준다.

항주만은 중국연안의 남과 북을 이어주던 항해 상의 물목이었다. 남방에서 올라오던 배들은 이곳을 통과해 북상하거나, 운하를 타고 내륙으로 들어갔다. 그러니 남방의 모든 물자들은 이곳을 통과해야만 내륙으로 팔려 나갈 수 있었다. 북방에서 남방으로 팔려가는 물산들도 마찬가지이다. 운하를 통해서 실려온 물산들은 여기부터는 뱃길을 탈 수밖에 없다. 이처럼 운하길의 출발점이고 종점이며, 운하경제와 해양경제가 만나는 지역으로서 물류체계를 장악했으니 항주만은 조선, 항해술 등 해양문화가 발달할 수 밖에 없다. 만약 운하가 발달하지 않았더라면 영파, 항주 등이 있는 항주만은 단순한 해양항로의 경유지였을 가능성이 있다.

특히 주산군도는 항주만의 한가운데에 있어 해양활동의 실질적인 거점 역할을 했다. 주산군도는 중국 최대의 군도이고 황해에서 가장 큰 만이다. 북의 승사열도(嵊泗列島)에서부터 남의 육횡도(六橫島)에 이르기까지 600여 개의 섬이 활모양으로 항주만을 감싸고 있다. 위로는 양자강 물과, 전당강물이 항주만을 빠져 나와 모인다. 그리고 남해에서 치받쳐 올라오던 쿠로시오(黑潮)의 지류와 연안 수가 이 주산군도에 걸려서 돌고 있다. 개성이 다른 물결들이 한꺼번에 모여서 부딪치는 곳이므로 조류가 매우 복잡하다. 때문에 일찍부터 해양토착세력이 활동하기에 유리한 조건을 갖추고 있었다. 특히 주산본도는 크고 넓은데다가 산과 평야가 골고루 발달하여 자체의 농업생산력을 가지고 있었으며 어염산업(漁鹽産業)도 발달했었다.

절강 지역엔 우리와 관련된 역사적 사실 및 유적과 유물이 많이 있다. 고인돌은 황해연안을 따라서 환상형(環狀形)으로 분포되어 있다. 고인돌의 기원 및 전파경로에 대해서는 다양한 견해가 있으나 남방에서 동중국해와 황해를 통해서 문화전파가 있었다는 견해도 제시되고 있다.[31] 특히 전라도 지역에 영향을 준 것으로 판단되는 남방문화(南方文化)의 존재[32]는 이러한 추론을 가능하게 한다

한반도의 벼농사도 절강 지역과 관련 가능성이 있다. 최근 김포, 일산, 고양 등 경기만 일대에서 B.P. 4,000년을 상회하는 장립미 계통의 볍씨들이 발견됐다. 이는 양자강(揚子江) 하구에서 직접 바다를 건너 도달한 것이라는 견해가 있다.[33] 한편 나주(羅州) 다시면(多侍面) 가흥리(佳興里)에서 발견된 화분(花粉)은 이 지역과 화중(華中), 화남(華南) 지방과의 문화적 접촉관계에 대해서 일정한 시사를 하고 있다.[34]

그 외에도 이 절강 지역은 백제인의 진출, 월주요(越州窯), 승려 및 상인·사신·유학생들의 도착과 출발지점, 기아를 피해 건너온 신라인 및 재당신라인들의 활동 거점, 그리고 고려시대 양 지역간의 활발한 교섭과 많은 관련이 깊다. 그러므로 이에 대한 다양한 기록과 연구성과들이 있다.[35] 강남 지역과 일본열도 간의 교섭이 일찍부터 시

---

31 金秉模가 최근에 이러한 설을 강력하게 주장하고 있다.
　金秉模, 「韓半島 巨石文化源流에 관한 연구」, 『韓國考古文化』10·11합집, 1981.
　金秉模, 「黃海沿岸의 支石墓」, 『黃海沿岸의 環境과 文化』, 1994.
　毛昭晰, 「浙江支石墓的形制與朝鮮半島支石墓的比較」.
32 李光奎는 「馬韓社會의 人類學的 考察」, 『馬·百』12에서 이러한 논의를 하고 있다. 특히 p.72에서는 마한 지역이 해양적 성격을 가지고 있다고 하였다. 李杜鉉·崔吉城 등은 묘제에서 남방유입설을 주장.
33 任孝在, 『京畿道 金浦半島의 考古學的 調査研究』, 서울대박물관 연보 2, 1990, p.13.
34 李榮文, 「全南地方의 先史文化」, 『고문화』제 35집, 한국대학박물관협회, 1989, 12, p.83.
35 金文經, 「9~11세기 신라사람들과 강남」, 『장보고와 청해진』, 혜안, 1996.

작되었다는 견해도 있다.³⁶ 비교적 후대의 것인 오경(吳鏡)의 발견을 근거로 양자강 유역의 吳와 일본열도가 직접 교섭했을 가능성을 주장하기도 한다.³⁷

    필자가 주산군도를 출발지로 선택한 더 구체적인 이유는 서긍(徐兢)이 『선화봉사고려도경(宣和奉使高麗圖經)』에서 기술한 항로 때문이다. 그는 卷34 '海道'에서 영파를 출발하여 고려 예성항(禮成港) 까지의 해로에 대해서 자세히 언급하고 있다. 즉 진해의 초보산(招寶山)을 거쳐 심가문(沈家門)에 도착한 다음, 보타도(普陀島)로 가서 바람을 기다린다. 심가문은 절강성에서 제일 큰 섬인 주산도의 동쪽끝에 붙어 있다. 보타도는 심가문에서 바다로 6km 거리에 있다.

    보타도와 신라의 관계에 대해선 이미 서긍이 지적한 이후에 많은 논자들이 언급하고 있다. 장지신(張支信) 등 재당신라인들이 이곳을 거점으로 황해의 물길을 장악하고 있었다.³⁸ 서긍의 기록대로 이곳에 세워진 불긍거관음전(不肯居觀音殿)은 황해를 횡단하는 항해자들이 들러서 관세음보살께 기도하고, 한국이나 일본으로 가는 바람(神風)이 불기를 기다리던 항해사찰이었다. 이 사찰의 건립 과정 및 불상과 신라의 관련성은 이미 잘 알려져 있다.³⁹ 당시에 신라인들은 이곳에서 고국인 신라나 일본을 향하여 많이 출발하였다. 그래서 지금도 보제선원(普濟禪院) 앞의 조그만 만 안에는 신라초(新

    金秉模, 權德永, 權五榮, 毛昭晣, 林士民, 全善姬 등.
    필자는 「西南海岸의 海洋歷史的 環境에 대한 檢討」, 『扶安 竹幕洞 祭祀遺蹟』에서 지중해적 성격의 규명과 아울러 이 부분에 대해서 언급하였다.
36 佐佐木高明의 『照葉樹林文化』, 『續 照葉樹林文化』. 그외에도 金關丈夫의 『南方文化誌』 등이 있고, 최근에는 江上波夫 등도 長江 유역과의 관련성을 주장하고 있다.
    樺山紘一 編著, 『長江文明と日本』, 福武書店, 1987에는 각 분야별로 장강문화와 일본과의 관련성을 언급하고 있다.
37 王仲殊, 「古代の日中關係」, 『古代日本の國際化』, 朝日新聞社, 1990, p.20.
38 林士民은 「唐代東方海事活動與明州港」, 『浙東文化論叢』(中央編譯出版社, 1995, p.159에서 그가 신라계임을 말하지 않고 있다).
39 曹永祿, 「중국 보타산불긍거관음전은 제2의 낙산홍련암」, 『佛敎春秋』 4호, 1996.

羅礁)가 있다. 엔닌(圓仁)의 『입당구법순례행기(入唐求法巡禮行記)』에도 신라배들이 명주(明州, 현재의 영파) 또는 양자강하구에서 출발했음을 알려주고 있다.[40] 당시 신라인들도 우리처럼 황해를 사단해서 직접 신라 경내로 들어간 것이다. 일본인들도 이곳 명주를 출발하여 귀국한 경우가 있었다. 후대에는 고려인들이 도착하고 고국을 향해 출발하였다.

이렇게 항주만과 주산군도는 자연지리적으로나 항해상으로, 또 문화적 조건으로 보아 중국 최대의 중요한 해상길목에 있고, 한반도나 일본열도로 출발하는 항구의 역할을 하기도 하였다. 이러한 항해와 선박을 통한 교섭은 선사시대부터 시작됐을 것이다.

4. 동아지중해호 항해와 해양문화적 의미

우리가 탐사하기로 선정한 항로는 절강성 영파부 주산군도를 출발하여 동중국해 및 황해남부를 사단하여 흑산도를 경유한 후 경기만을 목표로 한 것으로, 그 배경은 다음과 같다.

첫째는 근해항해를 최대한 활용한 후에 원양항해를 하기 위해서다. 두 번째는 선사 및 고대항해에선 자연조건의 영향이 가장 중요하다는 것을 입증하고자 했다. 절강 사단항로는 거리가 멀다는 악조건과는 달리 해조류와 바람 등의 자연조건과 항법상으로 보아 한반도 남부로 항해하기에 좋은 조건을 갖추고 있다. 셋째, 우리의 항로는 결과적으로 서긍(徐兢)의 항로와 유사한데, 이는 기계동력을 사용하기 전인 고려시대에도 자연조건을 활용하였을 것이므로 선사나 고대의 항로와 거의 유사하였을 것이

---

40 金文經, 「7~10世紀 新羅와 江南의 文化交流」
　　林士民, 위 논문 참고.

라는 추정을 간접적으로 입증하고자 한 것이다.

1) 항해 과정

위에서 언급한 항해 가능성을 입증하기 위하여 필자는 1996년과 1997년 2년에 걸쳐 뗏목탐험을 실시했다. 해협 혹은 대양 도항용(渡航用)으로서 뗏목 또는 통나무배(丸木舟 獨木舟)를 상정할 수 있다. 특히 뗏목은 그 발생과정과 이용용도 및 안정성이라는 구조적 특성으로 보아 운송수단으로서 상정하는 일이 가능하다.[41]

우리가 뗏목을 택한 이유는 2가지다. 첫째, 뗏목(竹筏)으로 근해항해나 원양항해를 했다는 증거는 없으나 하모도(河姆渡)에서 발견된 약 8,000여 년 전의 노를 사용한 통나무 배보단 훨씬 안전하다. 만약 가설대로 선사시대에도 황해를 직항하여 건넌 사례가 있었다면 오히려 뗏목이었을 가능성이 크다. 그러므로 뗏목이라는 가장 원시적인 선박으로 원양횡단항해를 성공시킴으로써 선박의 왕래가 비교적 용이했을 것이라는 추정을 입증하고자 한 때문이다.

둘째, 무동력으로 해·조류와 바람 등 자연의 흐름에 따라 움직이는 표류성 항해이므로 선사시대의 뱃길 혹은 한반도 남부로 가는 가장 자연스런 항로를 추적하여 자료화시키기 위해서다. 이러한 목적을 위해 탐사대는 컴퍼스, 풍향풍속기 등 기본항해장비 외에 인공위성을 이용한 위치측정기(GPS)를 휴대했다. 그 기구를 사용하여 매 시간마다 하늘에 떠 있는 인공위성 3~4개와 교신해서 현재의 뗏목 위치를 정확히 파악할 수 있다. 그 위치들을 연결하면 아마 선사 및 고대항로와 거의 일치할 가능성이 많을 것이다.

---

41 금세기 초두에는 濟州道, 對馬島의 어민들이 뗏목을 사용하여 해협을 횡단해서 木浦·康津·唐津·博多방면에까지 나갔다는 어부들의 말이 있다(江坂輝彌, 앞 논문, p.7).

(1) 제작과정

1996년 동아지중해호는 절강 지역에서 자라는 직경 15㎝이상의 대나무를 34개 사용하여 2층으로 엮었다. 선사시대의 항해를 재현하는 것이므로 가능한 한 현지에서 사용되는 재질을 원칙으로 했다. 뗏목의 기본모델은 1983년 필자가 대한해협 고대한 일항로 탐사 당시 제작한 해모수호를 기준으로 하고,[42] 『中國 船譜』[43]와 절강성(浙江省), 복건성(福建省), 대만(臺灣) 등의 현지뗏목을 참고로 대원들이 직접 제작했다.

길이가 7m, 앞폭이 3.5m, 뒷폭이 4.5m되는 사다리꼴이다. 현지 뗏목처럼 선수부분을 휘어서 올리려고 여러 번 시도를 했지만 결국은 실패를 하였다. 마스트는 대나무 2개를 묶어 높이 8미터로 하고, 높이 6m, 윗폭 2.4m, 아랫폭 4.5m의 돛을 달았다. 맨 위에는 물론 뗏목이름을 쓰고, 한 가운데에는 고구려의 태양새인 삼족오를 강찬모 화백이 그려 넣었다. 돛은 우리 식으로 해서 중간에 6개의 활대를 가로로 넣고 아래폭 끝에서 한줄로 잡아 조종하게 하였다.

노는 고물(뒷쪽)의 좌우에 약 3.4m 길이로 2개를 설치했는데, 앉거나 서서도 저을 수 있었다. 뒷부분에는 물속으로 1.5m가 들어가는 키를 박아 방향을 어느 정도는 조정할 수 있게 하였다. 뗏목에는 선실이 있다. 판자와 베니어판을 이용해서 바닥에서 50㎝ 높이의 다리로 받친 길이 3m, 폭 2m 짜리 원두막형이다. 이곳에다 항해장비와 식량, 서류 등을 싣고, 사람이 쉬거나, 식사를 하고, 밤에는 3명 이상이 넉넉하게 잠을 잘 수 있었다.

1997년의 동아지중해호는 길이가 12m에 앞폭이 2.5m, 뒤폭이 4.5m되는 사다리꼴이다. 이제까지 만든 것 중에서 가장 큰 것으로서 1차 뗏목을 기본으로 제작하였다. 영파에서 자란 직경 15cm 이상되는 대나무를 55개 사용하여 2층으로 엮었다. 가능한

---

42 윤명철, 『해모수』, 송산출판사, 1988.
43 彭德淸 主編, 『中國船譜』, 人民交通出版社, 1988.

한 원시나 고대의 모습을 그대로 하는 것이 필요해서였다. 이곳엔 예전부터 대나무가 많이 자랐고, 대나무를 엮어서 만든 뗏목을 연안에서 이용했다. 1차와 달리 모양을 부드럽게 하고, 선수에 부딪치는 파도의 저항을 최대한 줄이기 위해 선수부분을 앞으로 휘어서 유선형으로 만들었다. 2층 바닥의 한가운데에는 높이 10m가 되는 굵고 곧은 대나무 2개를 묶어서 마스트로 세웠다. 그리고 높이 7m 짜리 돛을 달았다. 앞에도 높이 7m의 돛대를 세우고 높이 5m 짜리 돛을 달았다.

(2) 항해과정

1차 항해 때, 출발일은 7월 20일이었다. 원래 출발 예정일은 남풍계열의 바람이 우세해지고, 우기가 시작되기 직전인 5월 말에서 6월 초에 실시하기로 했다. 그러나 양국의 어려운 사정때문에 7월 하순에 출발 했다. 그런데 고대의 항해자들은 바람방향이 불안정한 7, 8월에도 항해를 했다. 그것으로 보아 그들은 바람의 방향을 미리 정확히 판단하여 단시일 내에 횡단했던 것 같다. 후술하겠지만 시의적절한 국지풍을 활용할 경우에 이는 충분히 가능한 일이다.

먼저 1차 때의 항해기록을 살펴 볼 필요가 있다.

출발 장소 역시 중국의 내부사정 때문에 보타도를 포기하고 주가첨에서 출발하였다. 출발 직후 만을 빠져나와 항로를 북북동으로 잡았다. 주로 바람을 이용하였으나 조류의 영향으로 항해가 어려웠다. 5일째(7월 26일)에 상해만에 진입했다. 중국연안을 남하(南下)하는 해류는 7·8월에 상해만 쯤에서 동으로 방향을 틀어 한반도 남부방향으로 간다. 앞에서 언급한 바처럼 최근에는 부유물질의 이동을 통해서 양자강에 홍수가 나면 그 물살에 의해 상해만쪽의 물길이 제주도 쪽으로 흐른다는 설을 제기하고 있다.

이 물길은 고대 항해에 영향을 주었을 가능성이 컸다. 때문에 우리는 일단 상해만까지 북상한 것이다. 그 아래 지역에서 근해로 나갈 경우 밑에서 올라오다 동으로 돌아 일본의 고토(五島)열도 지역으로 가까와질 우려가 있었기 때문이다. 우리가 택한 항로는 결국 서긍(徐兢)의 기록과 동일하였다(2차때는 정반대의 생각을 갖고 다른 항로를 택하였다).

6일 째부터 연안을 벗어나 한반도 남단으로 침로를 잡고 근해항해를 시작하였다. 서긍의 기록에 의하면 흑수양(黑水洋(黑潮帶))에 진입한 후 1일이면 협계산(夾界山)에 닿는다고 했다. 9일째인 30일 오후 8시에는 소흑산도 서남방 136.9km, 대흑산도 185km 전방에 접근했다. 이곳은 중국연안과는 직선거리로 312km, 출발지로부터는 429km 떨어진 지점이었다. 10일째에는 강한 동풍(15m/sec 정도, 태풍의 영향)을 만나 동북쪽으로 계속 북상을 시도했으나 계속 중국쪽 공해상으로 떠밀렸다.

11일 째 오후부터는 의도적으로 정북성 항해를 시도하였다. 서·북쪽으로 계속 항해한 목적은 북상을 계속하다가 남서 내지 서풍을 만나면 한국으로 재차 횡단항해를 시도하기 위해서다. 그리고 만약 기상 및 풍향관계로 한국으로 횡단이 불가능할 경우에는 장보고 등 재당 신라인[44]들의 해상활동로를 추적(출발지인 舟山群島의 普陀島에서 산동인 赤山까지)하고 아울러 고구려의 대 남방항로의 실상을 답사해보자 한 것이다.

계속되는 강한 동풍을 받으면서 수정한 목적지인 산동반도를 목표로 공해상에서 서북상을 계속했다. 이때 대만 남단에서 발생한 태풍의 간접 영향권에 들었으며, 파랑주의보가 발령되어 모든 선박은 대피하여 5일간은 항해하거나 조업하는 선박이 없었다.

14일째인 8월 4일에 수정한 목적지인 산동반도의 근해권에 진입하고, 16일째인 8월 6일에는 중국영해로 들어왔으며, 오전 11시에는 산동반도 영성시(榮成市) 막야도(鎂鄒島)앞 11km까지 접근했다. 이 날 오후 5시 반경에 9km까지 접근한 동아지중해호를

---

[44] 주산군도에는 신라인들의 활동이 있었는데 그 가운데 張友信(엔닌의 『입당구법순례행기』에는 張支信으로 되어 있다)이란 인물이 있었다. 엔닌에 의하면 당시대의 항해왕으로 여겨졌던 그는 일본을 자주 왕래했던 기록 때문에 일본인이라는 설도 있었다. 그런데 『寶慶四明志』에 기록된 居民 張氏가 영파의 진명령일대에 살던 재당신라인이며, 그들은 元시대에 高麗張氏라고 하였다는 사실이 밝혀지면서 장우신이 신라계 인물임이 보다 확실해졌다(曹永祿, 「중국 普陀山 관음도량과 한국」, 『한중문화교류와 남방해로』, pp.30~31참조. 이 부분에 대한 것은 김성호의 『중국진출 백제인의 해상활동 1500년』 1, 맑은 소리, 1996, pp.86~87 참조).

중국해군이 예인하였다.

97년의 2차 항해 역시 예정보다 약간 늦어져 출발일은 6월 15일이었다. 출발지인 주가첨은 이미 작년의 항해 결과 출발지로서 부적합한 곳임을 발견하였으나 행정편의상 어쩔 수가 없었다. 서긍의 기록대로, 또 당시 항해자들의 경험대로 보타도가 항해에 유리한 신풍을 기다리는 적합한 장소였다.

중국해군의 도움으로 주산군도의 승사도까지 예인하였다. 연안항해의 필요성은 작년의 항해로 인하여 소멸되었으므로, 바다로 나가는 가장 동쪽 끝까지 예인한 것이다. 승사도보다 안쪽의 대산(岱山)에는 봉래산이 있으며, 불로초를 구해 떠났다는 서복의 전설이 있는 곳이다. 고려 때 사신들이 바람을 피했다는 고려정이 있다는 기록이 있다.[45]

4일 간 승사도 앞바다에서 대기한 끝에 남풍을 받아 20일 05시에 출발하였다. 장마 비를 맞으면서 항해를 했다. 6월 22일에 중국 영해를 벗어나는 기준선으로 정했던 동경 124도선을 통과하였다. 6월 24일에는 북위 32도선을 통과하여 순조롭게 북상을 계속하였다. 6월 25일은 태풍경보를 듣고, 밤에는 돛의 활대 등이 부러지고 선실벽이 갈라져 물이 스며들었다. 6월 26일에는 제주도 서남방 60km 지점까지 접근하였다. 태풍의 영향으로 남서방향으로 후퇴하였다가 28일 늦게부터 다시 북상을 시작하여 7월 1일 0시 50분에 흑산도 남쪽 앞바다에 도착하였다. 17일간 800여 km를 항해한 것이다. 그리고 긴박한 상황을 극복하고 13시에 마침내 상륙에 성공하였다. 7월 2일에 흑산항에서 나온 배가 예인하여 항구에 도착하였으며, 2일 동안 부서진 뗏목을 수리하였다. 7월 4일에 흑산항을 출발하여 북상을 시작하였으나, 7월 5일 13시에 해경배를 만났다. 선박과 충돌할 위험성을 들어 포기할 것을 설득하였다. 그때부터 동아지중해

---

[45] 「한중교섭과 남방해로」, 『한중문화교류와 남방해로』 좌담회, pp.277~278에서 김정호씨 발언.

호는 예인과 자력항해를 거듭하다가 7월 8일 17시에 인천 해경부두에 도착하였다. 총 24일간 1,200km를 항해한 것이다. 그러나 엄밀히 말하면 고군산군도까지 순수한 자력으로 항해한 것이다.

2) 해양문화적 의미

96년 동아지중해호는 동중국해를 출발하여 동중국해와 황해를 사단(斜斷)으로 직항하는 것은 실패했다. 그러나 장보고 등 항주만에서 산동에 이르는 해안가에 거주하던 재당 신라인들의 해상활동로를 추적하고, 그 성격을 이해하였다. 우리가 올라온 항로는 그들이 사용하면서 해상권을 장악하던 황해 연안항로 및 근해항로였다. 실제 엔닌의 『입당구법순례행기』 등 사료에 기록된 지역과 해역을 통과하였다.

또한 고구려의 남방교섭항로를 추적하였다. 233년부터 고구려와 손권의 吳나라는 교섭을 시작하였다. 첫 교섭 이후에 양국은 위(魏) 및 요동지방의 공손씨(公孫氏)로 인하여 서안평을 출발하여 황해를 사단하였을 것으로 판단된다.[46] 그 이후 고구려인들은 남조(宋 · 南齊 · 梁 · 陳) 국가들과 정치적 교섭 및 경제적 교역을 목적으로 활발하게 교섭했다. 당시에 사용하던 항로는 국제관계로 보아 연안항로가 아니고 근해항로였을 것이다. 필자는 그 가능성과 항해범위를 제시한 바가 있었다.[47] 이번에 우리가 항진한 항로는 그 범위였다고 생각한다. 이외에 선사시대부터 춘추전국시대에 이르기까지도 주산군도, 산동반도, 요동반도, 한반도로 이어지는 고대항로가 있었고, 원시적인 항해가 있었을 가능성을 높였다.[48]

---

46 졸고, 「高句麗前期의 海洋活動과 古代國家의 成長」, 『韓國上古史學報』, 1995, pp. 263~265.
47 고구려의 당시 해양활동 및 대남방 항로에 대해서는 졸고, 「高句麗 發展期의 海洋活動能力에 대한 검토」 참조.

한편 97 동아지중해호가 흑산도까지 항해했다는 사실은 (항해도 참조) 양 지역 간의 교섭이 선사시대부터 있었을 가능성을 입증하였다. 동시에 제주도 해역을 통과한 것은 제주도가 한·중 남방항로 상에서 매우 주요한 거점이라는 필자의 설을 입증하였다. 즉 동중국해 혹은 양자강 하구유역을 출발한 선박들은 제주도를 경유하거나 제주도의 한라산을 물표로 삼아 항해하다가 한반도 남부 혹은 서해남부로 접근하였을 것이다. 또 다른 동중국해 사단항로를 찾은 것이다. 그렇다면 제주도의 고인돌과 문신 등 남방문화, 장보고와 관련된 설화 등은 그 나름대로 타당성이 있었던 것이다. 한편 제주도를 경유하여 일본열도로 직접 항진하는 경우에 우리같은 항로를 택했을 것이다.

제주도는 일본열도까지 직접 항로를 가지고 있었다. 탐라국은 동성왕 때 백제에 복속되었고, 후에 통일신라의 영토가 되었다고 기록돼 있다. 그러나 해양문화의 특성상 탐라국은 고려 이전까지는 독립적이거나 반독립적인 성격의 국가였을 것이다. 『일본서기(日本書紀)』에서 보이듯 탐라국은 때때로 일본열도의 국가와 독자적으로 교섭을 하였다. 또 『수서(隋書)』에는 일본을 오고가는 사신들은 남으로 제주도를 보면서 항해하였다고 하였다. 그것은 일본과 당나라를 오고가는 사신들도 마찬가지였다.

그러나 양 지역간의 해양조건을 분석해보면 이미 역사시대 이전부터도 교류가 가능했을 것이다. 제주도 동부 지역에서 흑조(黑潮(쿠로시오))와 바람 등을 활용하면 쓰시마나 규슈의 서북부 지역, 혹은 고토(五島)열도 북부의 우구도(宇久島), 소치하도(小値賀島)와 연결된다.[49] 따라서 항해자들은 양쪽으로 지형(地形) 지물(地物)을 확인하고 징검다리로 활용하며 유사시에는 피항(避港)을 하면서 항해할 수 있다. 필자가 계산한 바에

---

48 金健人,「황해 뗏목학술탐사의 역사적 의의」,『한중문화교류와 남방해로』, 국학자료원, 1997, pp.258~262.
49 江坂輝彌,「朝鮮半島 南部と西九州地方の先史 原史時代における交易と文化交流」,『松阪大學紀要』第4號, 1986, p.7.

의하면 제주도는 한라산으로 인하여 바다에서의 시인거리가 약 100마일이다.

일본열도의 지역들에서 우리 고대문화의 현상들이 발견된다. 제주도의 테우와 유사한 뗏목이 지금도 쓰시마의 사고(佐護)에 몇 척이 남아 있고, 또 고토열도 등에서는 과거에 뗏목을 타고 제주도 등으로 고기를 잡으러 다녔다는 현지 어부들의 보고가 있다.

제주도와 일본열도 간의 이러한 교섭이 선사시대부터 있었을 가능성을 입증하기 위한 시도가 이루어졌다. 채바다 등은 필자의 이론 등을 근거로 테우를 재현하여 제작한 천년호를 타고 1998년 9월 30일 북서풍과 해류를 이용해서 제주도의 일본항로 답사에 나섰다. 거센 파도와 풍랑을 겪으면서도 천년호는 평균 1노트의 속력으로 항해하여 출발 12일 만에 고토열도에 도착하였다. 필자를 비롯한 몇몇 학자들이 제기한 가능성을 실증한 일이었다. 결국 양 해역에서 이루어진 뗏목 탐사결과로 인하여 제주도를 가운데 두고 강남지방과 한반도 남부, 일본열도는 선사시대부터 해상으로 연결되었다는 가설이 입증되었다. 또한 황해 북부로부터 남해안을 거쳐 일본열도로 가는 항로에도 제주도가 중간거점이었다는 사실을 실증적으로 확인하였다.

또 절강의 주산군도는 앞에서 언급한 바와 같이 장우신(張友信) 등 재당(在唐) 신라인들의 선단들이 활동하였던 곳이다. 따라서 이들은 장보고와 직접 연결된 산동반도뿐만 아니라 동중국해 사단항로까지 활용 범위를 확대하여 산동성, 절강성, 한반도의 중부와 남부, 완도, 제주도, 일본열도로 이어지는 광범위한 지역에서 활동하였을 것이다. 특히 장우신이 일본열도를 오고갈 때에 직항이 아니고 어딘가를 경유할 경우에는 바로 우리 2차 탐사의 항로인 것으로 확신한다. 그러므로 제주도에서는 절강지방 혹은 장보고(張保皐) 및 장우신 등과 관련된 유적 유물들이 발견될 가능성이 많다고 생각한다. 탐험대는 양차에 걸친 항해를 통해서 황해의 항해환경에 대한 몇 가지 사실을 알 수 있었다.

일반적으로 동아시아의 문화 및 주민의 이동과정에서 해류의 영향을 강조하는 경향이 있었다. 그러나 이번 항해에서 쿠로시오나 연안반류 등은 항해에 큰 영향을 끼치지 못함을 확인했다.

황해는 오히려 조류의 영향이 매우 컸다. 알려진 대로 항주만 주산만 청도만 등은 조류의 흐름이 상당히 강했다. 그런데 황해의 한 가운데도 조류가 강하게 작용하고 있어 해도에 표시된 조류대 이외에도 곳곳에서 조류의 영향을 느낄 수 있었다. 일례로 우리영해와 가까운 북위 33°12, 동경 123°20지역, 청도만과 가까운 북위 35°20, 동경 122°35 지역은 물길이 역류되는 등 조류가 강하게 작용하였다. 이러한 사실은 황해 전체가 조류대에 속한다는 사실을 알려주고 있으며, 조류가 선사 및 고대 항해에 결정적인 영향을 끼쳤음을 알려준다.[50] 또한 각 지역조류에 익숙한 해상토착세력의 존재 및 그들을 연결시켜주는 황해연안 해양민과 문화권의 존재 가능성을 시사해 준다. 장보고로 상징되는 재당 신라인들의 성격을 이해하는 데도 도움을 주지 않을까 생각한다.

또한 황해의 해양문화에 결정적 영향을 끼치는 것은 바람, 특히 계절풍이란 사실을 재삼 확인했다. 만 안에선 조류가 강하게 작용하고 만 밖에선 해류와 조류가 같이 작용한다. 그런데 바람이 강하게 불 경우에 항해는 역시 바람의 영향을 받는다. 풍력이 8이상 되면 표면수의 방향을 바꿀 수 있다. 뿐만 아니라 저항이 적은 항해수단, 즉 바람을 이용하는 돛단배는 바람의 영향을 많이 받는다.

남풍계열의 바람(남서풍이면 더욱 좋다)이 불면 항주만 혹은 양자강 하구에서 한반도 남부까지는 항해가 자연스럽게 이루어진다. 양자강 유역에서 군산까지 수로로 435해리이고, 각도가 55도이다. 따라서 해류의 흐름을 자연스럽게 이용하고 바람만 제대로 받으면 빠른 시간 내에 연안을 벗어나서 원시적인 수단으로서도 3~4일 정도면 근해권에 진입할 수 있다. 또한 제주도까지 항해가 가능하고 의도적으로 충분히 활용할 수가

---

50 鄭鎭述은 「韓國先史時代 海上移動에 관한 硏究」, 『忠武公 李舜臣 硏究論叢』, 海軍士官學校 博物館, 1991, p.439에서 양자강(長江)-제주도-거제도를 잇는 선을 그어 보았을 때 동측에서는 해류의 영향이, 서측에서는 조류의 영향이 상대적으로 크다고 볼 수 있다고 말하였다.

있다. 제주도는 동아시아 해양의 센터 기능을 할 수 있었으며, 장보고의 선단은 제주도를 활용하여 광범위한 지역에서 해상권을 장악했을 것이다.

반대로 한반도 남부 지역(제주도·해남·영암·나주·군산 등)을 출발하여 흑산도를 경유할 경우 초가을부터 초봄까지 북동계열의 바람을 이용해서 장강하구나 항주만 지역에 도착할 수 있다. 제주도 근해나 흑산도 근해에서 표류한 배들이 절강성과 복건성 지역에 도착하는 것은 다 이런 이유 때문이다. 동풍 내지 남동풍이 불 경우 흑산도에서 산동까지 항해가 가능함을 실증할 수 있었다. 그러니까 봄에서 여름에는 한반도 남단에서 산동까지 항해가 용이한 것이다.

장보고 선단의 기동성과 황해의 해상권 장악은 산동서 완도까지의 연안항로를 장악한 것만으로는 성립되지 않는다. 산동 지역에서 한반도 남단으로 직접 사단항해가 활발해야 하며, 반대로 한반도 남단에서 산동이나 회하 유역 해상으로 항해가 가능해야 한다. 이번 항해는 흑산도에서 동풍 내지 남동풍을 활용할 경우에 산동지역을 비롯한 중국 동안의 어느 지역이든지 접안이 가능함을 보여주었다.『대동지지(大東地志)』에는 위도(蝟島)에서 바람을 이용해 배를 띄우면 중국으로 간다고 되어 있다.[51]

또한 뗏목탐사를 통해서 항해수단 및 조선술에 대한 몇 가지 사실을 이해할 수 있었다. 가장 원시적 선박인 뗏목으로서 원양항해가 가능했으므로 그 이후 기술적으로 진보한 선박들을 사용해 항해하는 것은 더 용이할 것이라는 확신이 생겼다. 특히 돛을 어느 정도 이용할 수 있는 선박이라면 비교적 쉽게 황해를 건너다녔을 것으로 판단된다.

현재까지 발견된 자료를 근거로 할 경우에 필자가 설정한 동아지중해권(東亞地中海圈)에서의 해양활동 수준은 높았던 것으로 판단된다.[52] 1978년 1월 장강(長江) 유역인 절강성(浙江省) 여요(余姚) 하모도 유적지서 발견된 통나무배는 B.P. 7,960±100으로서

---

51 『大東地志』卷11 全羅道 18邑 扶安.
52 동아지중해호의 탐사과정에 대한 항해일지 등 자료는 윤명철,『뗏목탐험 3000리-동아지중해호 황해 문화탐사기』및 조영록 편저,『한중문화교류와 남방해로』에 실려있다.

추정된다. 서한만(西韓灣)인 단동시(丹東市) 마가점(馬家店), 요동반도의 황해연안인 대련시(大連市) 장해현(長海縣), 여순 등지에선 약 5,000년 전의 선박관계 유적들이 발견되었고, 그 중에는 돌닻이 발견되기도 하였다. 아마도 6,000년 내지 7,000년 전, 신석기시대 중기에는 산동반도와 요동반도 연해(沿海)를 오고가는 항해가 있었던 것으로 보여진다.[53] 중국에서는 독목주(獨木舟)가 여러 지역에서 대거 발견되고 있다.[54] 진대(秦代)에는 조선공장이 만들어지기도 하였다.

일본열도에서 가장 오래된 선박의 유물은 기원전 3,000년 경으로 추정하고 있다. 죠몽 시기에 사용되던 배들의 잔해는 많이 발견된다. 특히 지바(千葉)현에서는 대표적인 배인 환목주가 집중적으로 발견되고 있다.[55] 한국은 동해안 서포항(西浦港) 유적지 4기층에서 고래뼈로 만든 노가 발견되었는데, 기원전 4000년 대 후기로 편년을 정하고 있다.[56] 이 보다 후기의 것인 울산(蔚山) 반구대(盤龜臺) 벽화(壁畵)에서 곤돌라형의 선문(船文)이 발견되었으며, 가장 원시적 항해수단인 뗏목 형태도 있다.

---

53 汶江,『古代中國與亞非地區的海上交通』,『中國古代海洋史』, 四川省 社會科學 出版社, 1989. pp.5~6. 內藤雋輔 역시 濱田박사의 고고학적인 해석을 수용하여 남만주와 요동반도 사이에 항로가 있었다고 주장을 하고 있다(『朝鮮史研究』, 東洋史研究會 刊, 1961년, pp.378~378).
54 孫光圻 著,『中國古代海洋史』, 海洋出版社, 1989, pp.34~36에 중국 지역에서 발견된 선사시대 통나무 배(獨木舟) 유적지 일람표가 있다.
55 國分直一,「古代東海の海上交通と船」,『東アジアの古代文化』29號, 大和書房, 1981, pp.38.
   清水潤二,「日本古代の船」,『船』(大林太良 編), 社會思想史, 1975, pp.64~66.
   獨木舟(丸木舟)에 대해서는
   清水潤二, 위의 책, pp.53~64 참조.
   國分直一, 위의 책, pp.32~38.
   須藤利一,『船』, 法政大, 1983, pp.31~55.
   須藤利一,『船』pp.348~349에는 日本船의 역사표가 있다.
   『古代の船』, 福岡市歷史資料館.
   松枝正根,『古代日本の軍事航海史』上, pp.42~48에는 발견된 환목주 유적 일람표가 있다.
56 이 서포항 유적지의 편년에 대해서는 대체로 의견이 일치되고 있다. 특히 임효재의 경우는 김용간의 초기 견해를 수용하고 있다.

그런데 우리 배는 평저선이므로 원양항해에 부적합하다는 견해도 있다. 즉 평저선은 능파성이 약하고 빠르지 못하며, 돛의 활용도가 낮으므로 대양을 항해하기에 부적합하다는 것이다. 물론 유럽의 지중해는 바람의 방향이 일정하지 않기 때문에 돛을 효율적으로 활용해야 한다. 그러려면 돛은 삼각돛이고 용골기능이 발달해야 하며, 선박은 첨저선 형태가 되어야 한다. 그러나 황해는 계절풍 지역이라 바람의 방향이 주기성을 갖고 있다. 따라서 돛을 자주 조정할 필요가 없고, 기능도 비교적 간단하면 된다. 또한 황해는 내해이므로 횡단에 많은 시간이 걸리지 않고, 바람의 방향을 살펴보고 항해를 시작해도 늦지는 않았을 것이다. 더구나 수심이 낮고 암초가 많은 지형에서 굳이 안정성이 덜하고, 기술적으로 복잡한 첨저선을 만들거나 사용할 필요는 없다.

우리나라의 서남해안 같은 지형에선 밑이 뾰족한 첨저선보다는 오히려 평저선이 훨씬 안전하고 빠를 수 있다. 우리 배가 평저선의 전통을 이어받은 것은 강상해운과 상호연결성 외에 이러한 해양조건 때문이다. 신안해저 유물선은 급하고 불규칙적인 조류에 밀리면서 암초군에 좌초된 것으로 보인다.

5. 결 론

동아지중해호의 항해는 목적한 바 제주도와 흑산도를 경유하여 한반도 남부까지 횡단하는 데 성공했다. 1차 때는 서긍(徐兢)의 길을 자연스럽게 재현하면서 흑산도 근해까지 접근했고, 거기서 다시 항해를 사단항해하여 산동반도의 적산 석도까지 항해를 하였다. 2차 때는 효율성은 떨어지지만 항로이탈의 위험성이 보다 적은 안정적인 '동중국해 사단항로'를 택하여 결국은 흑산도에 상륙하는 성공을 거두었다.

그 결과 앞 장에서 언급한 몇가지 사실을 알고, 인식을 새롭게 했다는 성과를 얻었다. 그동안의 연구와 자료조사, 그리고 실제항해를 통해서 황해는 내해로서의 특성을 가지고 있고, 때문에 각 지역간의 정치적·문화적·경제적 교섭은 기존의 통념보다 활발했었다고 생각된다. 필자는 다른 논문에서 해양문화의 몇 가지 특성을 열거하면서 불보존성을 언급한 바가 있다. 황해 또는 남해 및 동해도 마찬가지지만, 지형적 특성으로 인하여 해양문화의 흔적인 유물, 유적들이 쉽게 발견되지 못한다. 그러한 사정은 지중해나 북해 역시 마찬가지이다. 해양활동과 관련된 사료 등 기록 또한 거의 남아있지 못한데, 이는 해양문화의 특성과 함께, 동아시아의 역학관계가 작용한 탓이다.

동아시아의 역사, 특히 한·중, 한·일, 중·일 관계사는 해양을 매개로 교섭이 이루어진 만큼 해양에 대한 이해가 필수적이다. 과거처럼 국가와 국가간, 지역과 지역간의 관계라는 시각을 벗어나 동아시아 해양 전체라는 거시적인 관점과, 육지와 해양의 유기적인 관계 속에서 파악하는 작업도 필요하다. 필자는 그러한 의도에서 일단 하나의 가설로서 동아지중해란 모델을 설정한 것이다. 또한 각론으로 들어가서 항해조건 및 항해거리, 항해술, 조선술, 생활습속 등 해양문화에 대한 탐색과 평가는 해양민의 사고와 경험을 전제로 이해하는 것이 바람직하다.

03

徐福의 해상활동에 대한 연구*

—항로를 중심으로—

1. 머리말

서복(徐福)의 행적과 자취는 종교적 분위기와 신비에 싸여 있어 실제가 불분명하게 인식되고 있다. 그 역할과 의미는 물론 행적과 항로에 대해서도 연구가 미진하다. 서복(徐福)은 '서불(徐市)' 또는 '서시(徐市)' 등으로 알려지기도 하였으며, 언복(彦福), 군방(君房) 등의 명칭도 있었다.[1] 서복이 생존했던 당시에 동아시아는 해양문화가 생각 이상으로 발달하였고, 각 지역 간에도 교섭과 교역이 활발했다. 특히 진시황은 교역에 대하여 각별히 관심이 많았다. 따라서 진시황의 의도를 반영하고, 그 후원을 받고 추진한 서복의 행동은 진 내부의 정치 · 경제적인 상황은 물론 당시 동아시아의 질서 및 문화의 형태와 관련지어 총체적으로 평가할 필요가 있다. 본고는 서복의 다양한 행적과 의미를 구체적으로 논하기에 앞선 작업으로 서복의 행적을 동아시아의 국제질서 특히 해양질서가 강하게 작용한 동아지중해(EastAsian-Mediterranean-Sea)적 특성 속에서

---

* 「徐熙의 宋나라 使行航路 探究」, 서희 서거 100주기 기념 학술회의, 고구려연구회, 1999.
1 徐福의 가계와 명칭 등에 대해서는 洪淳晩, 「徐福集團의 濟州渡來說」, 『濟州道史研究』제2집, 1992, 3장, 4장 참조.

파악하여 배경의 본질을 찾고자 한다. 그리고 가능한 한 해양과 관련시켜 활동의 구체적인 실상을 탐색해보려고 한다.

2. 동아지중해의 해양문화

동아시아는 중국이 있는 대륙, 그리고 북방으로 연결되는 대륙의 일부와 한반도, 일본열도로 구성이 되어있다. 때문에 북방과 중국에서 뻗쳐오는 대륙적 질서(유목문화, 수렵삼림 문화를 공유하고 있다)와 남방에서 치고 올라가는 해양적 질서, 해양적 질서란 해양을 매개로 영위되는 생활(生活)과 문화(文化)이고, 전파나 경로 역시 해양과 밀접한 관계를 갖고 있다. 한반도를 중심축으로 일본열도와의 사이에는 동해와 남해가 있고, 중국과 한반도 사이에는 황해라는 내해(內海, inland-sea)가 있다. 그리고 한반도의 남부와 일본열도의 서부, 그리고 중국의 남부지역(양자강 이남을 통상 남부지역으로 한다)은 이른바 동중국해(東中國海)를 매개로 연결되고 있다. 이른바 지중해적(Mediterranean-Sea) 형태를 띠고 있다.[2] 이러한 자연적 조건은 내부적이건, 대외관계에서건 동아시아의 역사

---

2 필자는 동아시아라는 개념을 잠정적으로 취하면서, 더 구체적이고 축약된 동아지중해라는 개념을 설정하고자 한다. 그 논리적 근거는 다음과 같다.
 一國史的 연구가 가진 한계를 보완하고 동아시아라는 범주의 광범위성 속에서 국제관계의 측면을 중요시한다. 또한 해양질서의 측면을 중시하여 동아지중해라는 개념속에서 보다 집약적인 성격을 명확히 하기 위하여 설정한 지리적·정치적·역사적 개념이다.
 따라서 지리적으로는 한반도와 일본열도 그리고 대륙의 남부지역, 더 정확하게는 현재 베트남과의 접경지역, 즉 옛 南越지역 위쪽의 중국남방지방과 黃河를 중심으로한 화북지역 그리고 북방 유목민족들이 활동하면서 넘나들던 북방 변경지역을 포함한다. 정치적으로는 적어도 唐代까지 중국의 册封體制에 직접 간접으로 편입된 광범위한 지역을 말한다.
 필자는 광범위하고 포괄적인 지역을 중심부와 주변부로 분할하여 중심부에 해당하는 지역은 중국지역, 한반도와 그 북부의 일부지역, 그리고 일본열도의 서부지역으로 한정시키고자 한다. 중심부는 동아지중해이고, 주변부는 이른바 동아시아라는 보다 광범위한 범주속에서 동아지중해의 역사활동에 직접·간접

발전에서 해양적 역할이 매우 크다는 일반적인 추측을 할 수 있게 한다.

이 지역에서 명멸했던 모든 종족들과 국가들은 이 해양의 영향을 어떠한 형태로든 받은 것이다. 동아시아의 역사상에서 큰 영향을 끼쳐왔고 역사상의 구축에 직접적인 역할을 한 것은 황해를 중심으로 한 영역이다. 특히 황해는 중국과 한반도의 서부 해안 전체, 그리고 만주남부의 요동지방을 하나로 연결하고 인접한 각국들이 공동으로 활동을 하는 장(場)의 역할을 하고 있다. 때문에 일찍부터 인간과 문화의 교류가 빈번했고 그러한 공통성을 토대로 문화권이 형성되었다. 동아시아 해양을 매개로 활발한 교통이 이루어졌고, 공통의 문화권이 형성되었다고 주장하는 견해들이 있다. 언어의 공통을 통해서,[3] 신화나 설화의 유사성을 논리적 근거로 주장하는 견해도 있다.[4]

이미 선사시대에도 해양문화는 발달했다. 1978년 1월 장강(長江) 유역인 절강성(浙江省) 여요(余姚)의 하모도 유적지서 발견된 통나무배는 B.P.7960±100으로서 추정된다. 산동반도(山東半島)의 대장산도(大長山島)의 유적지에서는 6600년 전의 바다생물을 식료로 하는 인간의 유적지가 발견 배가 발견되었으며, 근처 장도(長島) 대호촌(大浩村) 출토의 용산문회(龍山文化) 유지(4000여년 전)나 북경(北慶)유지에서도 해양유물들이 발견되었다. 이미 요동반도(遼東半島)가 5000년 전에 해운업이 형성되었으며, 아마도 6000년 내지 7000년 전, 신석기 중기에는 산동반도와 요동반도연해를 오고가는 항해가 있었던 것으로 보여진다.[5] 대련시, 단동시 등에서도 해양관련 유물들이 발견되었

으로 영향을 주었던 지역을 말한다.
3 村山七郎,「言語學から見た古代 環東シナ海文化圈」,『東アジアの古代文化』14號, 大和書房, 1978 참조.
4 金在鵬,「古代 南海貿易ルトと朝鮮. 上」,『東アジアの古代文化』25號, 大和書房, 1980에서 대마해류와 난생신화의 분포를 비교하여 하나의 문화권, 즉 동해문화권을 설정하고 있다.
荒竹清光,「古代 環東シナ海 文化圈と對馬海流」,『東アジアの 古代文化』29號, 大和書房, 1981은 뱀신앙 등과 관련시켜 그 범위를 확대하고 있다.
5 汶江,『古代中國與亞非地區の海上交通』, 四川省 社會科學院 出版社, 1989, p.6. 內藤雋輔 역시 濱田박사의 고고학적인 해석을 수용하여 남만주와 요동반도 사이에 항로가 있었다고 주장을 하고 있다.(『朝鮮史研究』, 東洋史研究會 刊, 1962, pp.378~378에서.

다.[6] 대문구(大汶口)문화의 석기들 가운데에는 독목주(獨木舟)를 가공하는 공구들이어서 일찍부터 조선술이 발달했음도 알 수 있다.[7] 신석기들의 해양적 전통은 청동기인들에게 그대로 전해졌다. 서해안 지역에는 특히 청동기 문화(靑銅器文化)의 흔적들이 많이 발견되고 있다. 대동강 유역, 한강유역, 금강유역, 영산강 유역, 보성강 유역 등이 각각 특색을 가진 청동기 문화권으로 분류가 되었다. 이 전파는 육로와 해안 외에 항해를 통해서 이루어졌다. 전영래는 금강의 청동기 문화권은 준(準)의 망명 이후, 중원과의 교류를 통해서 한반도 북부를 통하지 않고 직접 건너왔을 가능성을 시사하고 있다.[8] 이외에도 중국 황해동안 지역과 한반도 황해 서부지역이 교섭을 가진 흔적은 여러가지 면에서 확인되고 있다. 최근에 다시 제기되고 있는 쌀농사의 전파과정과 고인돌의 문제가 있다. 고인돌은 황해연안을 따라서 환상형(環狀形)으로 분포된 것으로 나타났다. 특히 절강(浙江)에서 한반도로 직접 전파되었다는 주장도 있다.[9] 해양을 매개로 해서 하나의 문화권이 형성되어 가는 현상은 일본열도와 중국지역과의 교섭에서도 확인되고 있다.[10] 위에서 살펴본 바와 같이 동아시아의 각국은 해양을 매개로 문화적으로 긴밀한 관련을 맺고 역사활동을 하여왔다. 그리고 점차 보다 관련성이 강한 문화권을 형성하여갔다.

선사시대에 있었던 해양교류는 시대가 내려오면서 더 많아졌을 것이다. 정치세력

---

6 汝江,『古代中國與亞非地區의 海上交通』, 四川省 社會科學院 出版社, 1989, pp.5~6. 內藤雋輔 역시 濱田 박사의 고고학적인 해석을 수용하여 남만주와 요동반도 사이에 항로가 있었다고 주장을 하고 있다.(『朝鮮史硏究』, 東洋史硏究會 刊, 1962, pp.378~378에서. 孫光圻 著,『中國古代海洋史』, 海洋出版社, 1989에서는 pp.34~36까지 중국지역에서 발견된 선사시대 통나무(獨木舟)배 유적지 일람표가 상세히 되어있다.
7 彭德淸,『中國航海史』, 人民交通出版社, 1988, pp.5~6.
8 전영래,「錦江流域 靑銅器 文化圈 新資料」,『마·백』10집, p.113에서.
9 毛昭晰,「浙江支石墓의 形態와 韓半島支石墓 比較」,『中國의 江南社會와 韓中交涉』, 집문당, 1997.
　毛昭晰,「선진시대 중국강남지역과 한반도의 해상교통」,『한중문화교류와 남방해로』, 국학자료원, 1997.
10 安志敏,「先史時代における海上の中日交流」,『古代日本海文化の源流と發達』, 森浩一 外, 大和書房, 1985.

들이 국가화 되면서 그 지역을 채우고 있었던 힘의 질서는 그 내용을 달리하게 되었다. 특히 해양활동의 경우, 인접한 각국은 각각 다른 형태로 황해를 내해화(內海化)하여 구도에 맞게 활용을 하고 질서를 조정해 나갔다. 황해연안에서 해양질서에 가장 민감한 것은 역시 중국에 있었던 세력들이었으며 한반도지역과 일본열도지역 역시 이익이 민감하게 작용하는 곳이었다.

『좌전(左傳)』, 『논어(論語)』, 『죽서기년(竹書紀年)』 등에는 당시 하인(夏人)들이 해양활동을 했음을 보여주는 내용들이 있다.[11] 1958년 강소성(江蘇省) 무진현에서 출토된 배는 춘추말기(春秋末期)에서 전국초기(戰國初期)의 것으로 판명되므로써 기록으로 나타난 하인(夏人)들의 해양활동을 실물로서 증명하고 있다.[12] 은(殷)시대의 갑골문자(甲骨文字) 등에는 선박과 관련된 글자들이 여러 종류가 나타나고 있으며 정(鼎)에는 범(帆)이 그려져 있다.[13] 해양활동이 활발했고 범선 등 배의 종류가 다양해졌다는 것을 반증한다.[14]

주(周)시대에도 해상활동은 활발하여 교역에 종사했던 것으로 보인다. 서주(西周)시대의 『국어(國語)』 제어(齊語)』에는 '越裳獻雉 倭人貢暢'이란 기록이 나온다. 월상(越裳)은 현재 베트남으로, 왜(倭)는 일본으로 추정하고 있다.[15] 이것이 사실일 경우에는

---

11 孫光圻, 『中國古代航海史』, 海洋出版社, 1989.
　 李永采, 王春良 盖莉, 魏峰 著, 『海洋開拓爭覇簡史』, 海洋出版社, 1990.
　 中國航海學會, 『中國航海史』, 人民交通出版社, 1988 참고.
12 위의 책 외에 汝江의 앞의 책.
　 許進雄·洪憙 譯, 『中國古代社會』, 동문선, 1991 참조.
13 許進雄, 위의 책, p.336, p.354 참조.
14 殷墟에서 발굴된 청동기의 원료인 銅, 錫 등은 중원에서 채굴된 것만은 아니고 華南 인도지나 원산도 있다. 그리고 화폐로서 사용된 自安貝 역시 남방이 원산이다. 이러한 사실들은 황해연안을 따라서 항해가 이루어진 것을 입증한다. 國分直一, 「古代東海の海上交通と船」, 『東アジアの古代文化』 29號, 大和書房, 1981, p.39 참조.
15 이 외에 戰國策 史記 山海經 등 왜에 대한 기록이 있다.

일본과 베트남까지 항로가 있었던 것이다. 춘추전국시대의 해양활동은 주로 군사적인 측면에서 있었다. 『월절서(越絶書)』는 절강(浙江), 복건(福建), 광동(廣東) 및 동남지방에 월인(越人)들이 있었고, 그들이 항해에 뛰어났고 해상교통이 성행했음을 보여주고 있다. 특히 산동(山東)의 제(齊)와 장강(長江), 회하(淮河)유역의 오(吳)·월(越) 등은 해양활동이 뛰어났고, 수군(水軍)이 수전(水戰)을 벌였다. 『좌전(左傳)』에는 기원전 548년, 524년, 503년에 오(吳)와 초(楚)간의 수전이 벌어진 것이 기록되어 있다. 그리고 같은 책의 애공(哀公) 10년 및 『사기(史記)』 오태백(吳太伯) 세가(世家)에는 주(周) 경왕(敬王) 5년에 오(吳)가 제(齊)를 공격한 기록이 있다. 이 때 오(吳)의 부차(夫差)는 근거지인 장강으로 부터 해로로 북상하여 진(晉)을 정벌하고 로(魯)를 침입하여 해로를 통해 산동으로 들어가 제(齊)와 충돌하면서 중원제패를 노렸다.[16]

오(吳)·월(越)간의 갈등은 심각했다. 오(吳)에게 항복을 했던 월왕(越王) 구천(勾踐)은 대규모의 수군을 거느리고 오를 공격하여 장강 하류 일대를 장악한다. 월(越)의 수군은 솔사연해소회(率師沿海泝淮)[17]한 것으로 보아 항주만을 출발하여 해로를 이용하여 회하로 들어간 것으로 생각된다. 이때 구천은 오(吳)의 대주(大舟)를 포획한다.[18] 기원전 473년 월은 마침내 오를 멸망시키고 수도를 소주(蘇州)에서 산동성(山東省) 교주만(膠州灣)의 남서에 있는 랑야(瑯琊)로 옮긴다. 그리고 랑야산(瑯琊山)에 관대(觀臺)를 쌓고 8000인, 군선 300척을 배치하였다.[19] 이러한 시도는 황해상의 제해권을 확보하려는 움직임의 일환이다.[20] 이 시대의 항해술과 조선능력은 대단한 수준에 이르러 6개월 정도

그런데 江上波夫 등 일인학자들 중에는 이 왜를 현재의 일본은 아니라는 견해를 펴고 있다. 「古代日本の對外關係」, 『古代日本の國際化』, 朝日新聞社, 1990, pp.58~62 참조.
16 内田吟風, 위의 책, p.543 및 國分直一, 위의 논문, p.40.
李春植, 『中國史序說』, 교보문고, 1992, p.73 참조.
17 『國語』第16.
18 内田吟風, 앞의 책, p.544.
19 『越絶書』卷8.

의 장기항해를 할 수 있을 정도의 선박을 제조할 수가 있었다. 『월절서』에 의하면 대익(大翼)이란 군선은 길이가 120척(1척은 약 23cm) 폭이 1장 6척 총 승무원은 91인으로서 그 가운데 전사 26인 도졸(櫂卒, 노꾼)이 50인, 축로(舳艫, 고물, 키가 있는 곳)에 3인이 있었다. 그 외 중익(中翼)·소익(小翼)·누선(樓船) 등이 있었다.[21] 전국시대의 항해에는 이미 계절풍을 이용했다. 주례(周禮)에는 12풍(風)에 대한 분류와 기록이 있는데 이것을 항해에 이용했다.[22]

이와 같은 중국의 해양문화와 항해술 발전은 자연조건의 혜택과 함께 황해에서의 해양활동이 가져다주는 이점이 있기 때문이다. 정치·군사적인 목적 외에 가장 중요한 것은 경제적인 것이다. 황해에 경제적 이익이 발생하는 교역권이 형성되었을 가능성이 있다.

고대국가가 발달하면서 인구의 집중이 야기되고 국가체제를 유지하기 위한 경제력의 상승이 요구되었다. 필연적으로 물자의 생산과 함께 다른 지역과의 교역이 발생하였다.[23] 중국은 일찍부터 상업이 발달하였다. 경제력의 강약은 동주(東周)시대 열국(列國)의 성쇠에 기초가 되었으므로, 무역은 국가의 부강을 도모하는 요소 중 하나가 되었고 상인 또한 군주의 예우를 받는 형편이었다.[24] 『사기(史記)』 화식열전(貨殖列傳)에는 공자(孔子)의 제자인 자공(子貢)이 상업으로 치부를 하였다는 기록이 있어 상업의 중요성을 보여주고 있다. 특히 춘추전국시대는 군수공업과 토목공업이 크게 발달하였다. 각국 간의 회맹(會盟)과 조빙(朝聘), 이를 위한 외교적 접촉과 활동, 전쟁은 도로의

---

20 內田吟風, 앞의 책, p.544. 그러나 동방제국을 공략하기 위한 것이라고 보는 견해도 있다.(李春植, 앞의 책, p.73)
21 孫光圻·李永采의 앞의 책, 內田吟風, 앞의 책, p.544.
22 李永采, 王春良 盖莉, 魏峰 著, 『海洋開拓爭霸簡史』, 中國海洋出版社, 1990, pp.52~57 참조.
23 李春植, 『中國史 序說』, pp.79~81.
24 許進雄, 앞의 책, pp.446~447.

발달을 가져왔다. 그리고 상인들의 원격지 왕래와 물산의 교류를 신속케 하여 무역의 발전을 가져왔다.[25]

중국은 내륙과 내륙을 연결하는 교통망의 개발에 힘을 썼고, 그 중의 일환으로서 강을 통한 내륙과 해안과의 연결을 시도했다. 뿐만 아니라 연안을 이용한 항해로서 각 지역과 지역간의 물자를 운송, 교환했을 것이다. 이러한 물자의 교역은 이미 신석기시대(新石器時代)부터 나타나고 있다. 그런데 춘추전국시대에 오면 원격지 무역이 발달했다.[26] 해양을 통한 교역이 본격적으로 이루어졌으며[27] 그 교역범위가 확산되었다.[28] 『월절서』에 의하면 월인(越人)들은 월남북부 지방까지 이동하면서 교역을 하였다. 그리고 월(越)과 북방의 제(齊)는 해상활동이 활발했으며, 『해내북경(海內北經)』에는 연(燕)이 발해를 나가 왜와 해상왕래한 것이 기록되어 있다.[29]

이때 월인들은 한반도까지 진출했을 가능성이 크다. 기원 전 473년 월왕 구천(勾踐)은 강소성의 오왕 부차(夫差)를 멸하고 산동반도의 남안, 지금의 청도(靑島)에 가까운 로우야산(琅琊山)의 터에 도읍을 정하였다. 이 탁월한 해양민들은 산동반도의 밑부분을 타고 올라가 산동의 제(齊), 하북(河北)의 연(燕)과 무역이 가능하다. 그러면 거기서 점점히 이어진 묘도군도(廟島群島)의 섬을 따라가면 요동반도를 거쳐 서한만에 도달하고, 결국은 연안항해를 통해서 대동강구(大同江口)까지 갈 수 있다. 따라서 그들이 교역에 종사했을 가능성은 매우 많다.[30]

---

25 李春植, 앞의 책, pp.79~81 참조 .
26 李春植, 위의 책, p.82.
27 대규모 수상통행의 예는 許進雄, 앞의 책, pp.446~447 참조
28 전국시대 상업도시의 번성에 대한 구체적인 기록과 상황은 許進雄, 앞의 책, p.447에 나와있다.
29 李永采·王春良 盖莉, 魏峰 著, 위의 책, pp.52~57 참조.
30 岡田英弘, 「倭人とシルクロード」, 『東アジアの古代文化』, 大和書房, 1978, p.7.

3. 秦 시대의 해양정책과 의미

서복(徐福)의 등장과 그의 행각, 즉 불로초를 구해 다수의 인원을 거느리고 2차에 걸쳐 동방으로 떠났다는 사실, 즉 서복의 등장과 행위의 배경·목적·활동 등은 진시황의 통일 및 순행과 깊은 관련이 있다. 그러므로 순행의 과정과 목적 등을 살펴보는 작업이 기본적으로 필요하다.

진시황은 중국을 처음으로 통일했다는 인식을 지닌 만치 순행(巡幸)이라는 의식을 행하는 데 큰 비중을 두었다. 따라서 재위 26년(기원전 221년)에 전국을 통일한 그 후 37년(기원전 210년)에 죽을 때까지 12년 동안, 4차에 걸쳐 연해순시(沿海巡視)를 했다.[31] 1차 순행은 즉위 28년(기원 전 219년)에 이루어졌는데 수도인 함양을 출발해서 태산에서 봉선(封禪)의식을 거행한 후에 성산(成山), 지부(芝罘), 랑야(琅邪) 등 대외교섭과 밀접한 관련이 있는 해안가의 도시들을 방문하였다. 특히 산동반도 남단의 랑야(琅邪)에서는 3개월을 머물렀다. 이때 서복(徐福)의 일행이 출발하였다. 2차 순행은 다음 해인 29년(기원전 218)에 박랑사(博浪沙)를 갔다가 지부에서 배를 타고 아래 바다로 나가 산동반도 동안 남안, 최후로 랑야대(琅邪臺, 지금 諸城 膠南현부근)에서 3개월 여를 머물렀다 함양으로 귀환했다.[32] 3차순행 때는 발해(渤海) 북안(北岸)인 갈석항(碣石港, 현 河北省 昌黎縣 境內, 燕國의 海港이다)에 있다가 발해를 떠서 남으로 내려갔다. 이때 노생(盧生)이라는 방사를 만난 것이다. 4차순행은 재위 37년인 기원전 210년에 이루어졌다. 이 때는 가장 먼거리로 가장 넓은 지역을 순행하였다. 현재의 절강성지역인 회계(會稽, 소흥)·전당(錢塘, 항주)를 비롯하여 강소성인 오(吳, 소주)를 거쳐 북상하여 산동남부의 항구인 랑야에 이르렀고, 바다로 나가 노산(嶗山)에 이르러, 성산(成山)에서 지부(芝罘), 즉 산동반도의 동

---

31 『史記』, 秦始皇本紀.
32 李鵬, 『秦皇島港史』(古, 近代部分), 人民交通出版社, 1985, pp.42~43.

부를 배로 일주한 후에 함양(咸陽)으로 귀환하였다. 소위 '銘功會稽嶺, 聘望瑯琊臺'이다.[33] 이처럼 진시황이 순해한 항구들은 과거 연(燕)·제(齊)·월(越)국의 연해에 있었다. 진시황제의 이러한 잦은 순행은 다양한 목적을 지닌 채 이루어졌다. 가장 중요하면서 명분으로 삼은 것은 봉선의식을 거행하는 일이고, 천자로서의 권위를 주변 지역에 실질적으로 과시하는 것이다. 그리고 순행을 계기로 삼아 치도를 건설하고 운하를 판 데서 보듯이 국가의 연결망을 확대하고, 이를 통해서 내부의 정치적인 통일을 효율적으로 하는 것이다.[34]

또 하나는 대외정책 및 교역과 깊은 관련이 있는것인데, 이는 당시의 상황으로 보아 필연적으로 해양활동과 관련이 깊었다.[35] 발해 북부의 갈석(碣石)에서 남부의 회계(會稽)에 이르는, 그 후에도 중국의 대외무역항구로서 중요한 기능을 수행하였던 몇몇 해양도시들을 계속해서 방문한 사실은 그의 정책방향과 관심의 정도를 짐작할 수 있게 한다. 순행이 정치·경제적인 목적을 띄고 있음을 알 수 있다.[36]

먼저 정치적인 배경을 살펴볼 수 있다.

진(秦)이 통일함으로 인하여 정치적으로 큰 변동이 생겼다. 그 가운데 하나로서 동이족(東夷族)들의 대거 동천이 생기며, 진한제국(秦漢帝國)이 동쪽에 대한 관심을 갖는 모습이 기록에 나타나기 시작한다. 동이인의 종족적 성격이나 분포범위, 문화적 성격, 특히 한민족과의 관련에 대해서는 다양한 설이 제기되고 있다. 그러나 동이인들은 적

---

33 彭德淸, 『中國航海史(古代航海史)』, 中國航海學會編, 人民交通出版社, 1998, p.36에 순해일정이 소개되 있다.
34 王崇煥, 『中國 古代交通』, 商務印書館, 1996, p.18.
35 汶江, 『古代中國與亞非地區의 海上交通』, 四川省 社會科學院 出版社, 1989, p.14. 진시황은 통일 후에 수륙교통에 힘씀.
36 『中國航海史-古代航海史-』, 中國航海學會, 人民交通出版社, 1988, pp.36~38 참고.

어도 진(秦)이 성립되기 전까지는 황해연안에 골고루 분포되어 있었다. 즉 산동(山東)·강소(江蘇)·절강(浙江) 특히 회하(淮河), 산동(山東)유역은 동이계 주민이 살았다.[37] 그렇다면 당시 황해의 해양문화를 담당했던 사람들의 상당수는 동이인일 가능성이 매우 크다.[38] 이 동이인들은 진(秦)나라 이후에 중국에 동화되거나 진(秦)의 영역 밖으로 이동을 했다. 『삼국지(三國志)』나 『후한서(後漢書)』 동이전에 나타난 동이인들이 중국 동안(東岸)에 거주하였던 동이인들과 직접 혹은 간접적으로 연결될 경우에는 해양문화가 황해연안 전체, 나아가 동북아 전체에 확산될 가능성이 있다. 그들은 직접 해양문화의 담당자가 되거나 최소한 해안지역 토착세력에게 자극을 주었을 것이다. 만약 뛰어난 해양활동 능력을 갖춘 동이인들이 전시대부터 환황해 교역권(環黃海 交易圈)을 형성하는데 큰 역할을 하였다고 한다면 그 영향력과 파급효과는 더 컸으리라고 여겨진다.[39]

『삼국지(三國志)』 위서(魏書) 동이전(東夷傳) 한조(漢條)에는 「위략(魏略)」을 인용하여 진시황제(秦始皇帝)가 6국을 병합하였을 때, 그리고 준왕이 섰을 때 연(燕), 제(齊), 조(趙) 등의 민(民)이 바다를 건너와서 조선으로 도망을 쳐 준왕에게 망명했다는 기록이 나온다.[40] 이들이 동이인이건 아니건 간에 진나라로서는 관심을 기울일 수밖에 없었다. 그런데 『후한서(後漢書)』 동이전(東夷傳) 한조(韓條)에는 동이인(東夷人)의 이동과 관련한 기사가 나와[41] 시사하는 바가 크다.[42] 이들 동이인들의 움직임은 진나라의 대외정책과

---

37 金庠基의 「東夷와 淮夷?西戎에 대하여」, 『동방학지』 12, 1953, 1955에서 상세히 언급되어있다. 金載元, 『檀君神話의 新研究』, 탐구당, 1977에는 山東地方의 東夷 진출에 대해 논하고 있다.
38 위의 논문 외에 孫光圻는 『中國古代海洋史』 3장, p.69에서 夏代의 황해에서 東夷를 그 담당자로 하고 있다. 殷의 甲骨文字에 선박과 관련된 글자가 많은 것은 동이의 해양활동을 증명한다.
39 江上波夫는 앞 논문, p.57에서 吳·越 등 長江 유역의 벼농사인들을 非漢人系라는 용어를 사용하고 이들이 4세기 이후 동중국해·황해·발해 방면에서 화북의 한인제국들을 상대로 항해교역을 하였다고 하여 오히려 4세기경의 교역주체를 이들로 보고있다.
40 …二十餘年陳項起, 天下亂燕齊趙民愁苦, 稍稍亡往準 準乃置之於西方…
41 '辰韓, 耆老自言秦之亡人, 避苦役…'
42 藤田豊八 遺著, 池內宏 編, 「支那港灣小史」, 『東西交涉史의 研究』, p.631 참조.

해양활동에 영향을 끼쳤을 것이다. 특히 망명(亡命), 월인(越人)들의 존재를 언급하고 동해의 월이 다시 쳐들어올 것을 방어하기 위하여라는 견해는 주목할 만하다. 즉 해방체제의 확립이라는 측면도 고려해 볼 만하다.[43]

한편 진나라가 대외정책을 수립하고, 해양활동을 펼치는데는 고조선의 위치와 역할도 작용했을 것이다. 고조선은 진나라가 통일하기 전인 춘추전국시대에 산동의 제(齊) 등과 교역을 하였다. 제환공(齊桓公)은 상공업을 중시하고 어염(魚鹽)의 이(利)를 얻는 것을 중시했다. 관자(管子)에는 조선의 명산물이 문피(文皮)임을 말하고 있는데 교역의 중요한 물품이었다. 산동반도의 동남단에 있는 현재 영성시의 척산(斥山)은 그러한 문피의 집산처였다.[44] 모두 해양활동을 통해서 이루어진 일들이었다. 그 후에 연인들도 조선과 교류를 했을 것이다. 이러한 교류의 가능성은 명도전(明刀錢)과 오수전(五銖錢) 등 화폐들의 분포도를 보아서도 확인이 된다. 결국 고조선은 활발하게 주변지역과 교역을 하고 있었으며, 그 주변지역을 통일한 세력은 바로 진나라였다. 갈등의 조건은 성숙되가고 있는 것이다.

고조선의 영토는 대체로 요동반도에서 서한만을 거쳐 남으로 내려와 대동강 유역까지 이르고 있으며, 유적은 대체로 해안지방과 큰 강 주변에 분포되어 있다. 요동지방에서 현재까지 알려진 유적 가운데에서 대표적인 것은 여대시(旅大市) 여순 유가당의 돌곽무덤, 강상(崗上)무덤, 누상(樓上)무덤 등이다. 특히 여대시 감정자구(甘井子區) 후목성역(后牧城驛) 근처에 있는 강상무덤은 기원전 1000년기 전반기의 대표적인 무덤[45]으

---

43 彭德淸,『中國航海史(古代航海史)』, 中國航海學會編, 人民交通出版社, 1998, p.37. 순해의 정치·군사원인을 열거하고 있다.
44 陳尙勝,『中韓交流三千年』, 中華書局, 1997, p.50.
45 조중공동고고학발굴대, 「강상」,『중국동북지방의 유적발굴보고』, 1966. 고조선의 왕검성을 遼陽부근의 蓋平으로 보고 있는 이지린은 「고조선의 위치에 대하여」,『고조선에 관한 토론 논문집』, 1963, p.77 및 『고조선연구』, 1963등에서 이 강상무덤이 있는 요동반도 남단을 고조선의 중심지가 아니라 변방이라고 보고 있다.

로서 서한만에서 연안항해를 해서 요동만을 거쳐 산동반도로 남진하거나 발해만으로 들어가는 교통로를 장악할 수 있는 전략적인 거점이다. 따라서 그 곳은 해양능력을 바탕으로 정치력과 경제력을 갖춘 해상호족들의 거점이며, 무덤의 피장자들은 그와 관련된 사람들일 것이다.

그런데 진시황 시대 보다 약간 후의 일이지만 고조선의 말왕(末王)인 준왕(準王)은 자신이 지지세력을 거느리고 남쪽으로 이주하여 한왕(韓王)이 되었다. 즉『삼국지(三國志)』동이전(東夷傳) 한전(韓傳)에 나오는 …… 將其左右宮人走入海 居韓也 自號 韓王 ……라는 기사에 따르면 남쪽에 있는 한(韓)이라는 정치단위가 있었는데,[46] 준왕 세력은 바다를 통해서 남천에 성공하고, 마침내 한왕이 되었다. 삼한 사회의 구성원들 가운데 적지 않은 경우가 황해를 건너온 사람들이다.[47] 이 기사는 남쪽지역이 이미 고조선의 영향력 아래 있었고, 항해를 인도했던 사람들 역시 영향권 안에 있었음을 반영한다. 한나라가 성립된 이후 무제 때에 이르러 조선과 한은 결국은 1년 여에 걸치는 전쟁을 벌였다. 물론 이는 황해북부지역의 정치적 주도권과 교역권을 둘러싼 전쟁의 측면이 강했다. 이러한 결과는 그 이전 시대에 그 기본구도가 성립되었을 조선과 진의 역학관계를 이해할 수 있는 근거가 된다.

순행(巡幸)에는 경제적인 측면 또한 매우 강했을 것이다.

진(秦)이 통일하면서 상업은 더욱 발달하였다. 통일은 6국의 신흥상인들과 지주의 지지 하에 이루어졌다. 당시의 상인들은 국가권력과 결합한 관상(官商)이었다. 이들은 상업을 통해서 상당한 이익을 얻었는데 변방과의 교역을 통해서 '십배지리(十倍之利)'를 얻는 경우도 있었다. 따라서 중원이외의 지역에서 시장을 구하고자했다. 이때 진시

---

46 『史記』朝鮮列傳에도 又未嘗入見眞番旁衆國欲上書見天子, 又擁閼不通 …… 이라는 기사가 나온다. 眞番의 위치문제, 衆國에 대한 해석상의 문제가 있다. 그러나 이들이 古朝鮮의 이남지역에 있었다는 것은 일반적인 견해이다.
47 이러한 견해는 金哲俊,「魏志東夷傳에 나타난 韓國古代社會의 性格」,『한국문화사론』, 1990, p.108.

황은 이들의 정치대표로서 순해(巡海)를 하면서 해양활동에 적극성을 띠었다.[48] 그 당시에 이미 남방과의 교역도 성행해서 서각(犀角), 상치(象齒), 비취(翡翠), 주기(珠璣) 등의 상품을 수송하기도 하였다. 진시황(秦始皇)은 33년(기원전 214)에 병(兵)을 발하여 남방을 개척하고 계림(桂林), 상군(象郡), 남해(南海)의 삼군(三郡)을 설치했다.[49] 남해는 광동성(廣東省)으로서 그곳의 번우(番禺)는 옛날부터 서남해상무역의 거점이었다.[50] 특히 인도양(印度洋)까지 항해가 이루어져 활동범위가 더욱 넓어졌다.

중국의 남부해안과 동남아 지역에 까지 확대된 이러한 중국지역의 광범위한 해양활동과 교역은 역시 동일하게 황해 동부지역 즉 한반도와 일본열도를 대상으로 해서 더욱 광범위하게 이루어졌을 것이다. 익산(益山), 완주(完州) 등의 금강(錦江), 만경강(萬頃江) 유역과 함평(咸平)이라는 영산강(榮山江) 유역에서는 중국계(中國係)의 도씨검(刀氏劍)이 발견이 되고 있다. 도씨검(刀氏劍)은 중국의 춘추시대(春秋時代) 후기(後期) 부터 후한(後漢)때까지 사용이 되었는데 이 지역의 주민들이 수입했으며 황해를 직항해서 강남지방과 이 지방이 교역을 했을 것이라고 주장하고 있다.[51] 당시 황해지역의 해양활동상을 고려할 때 그 타당성은 충분히 인정된다. 특히 이 지역의 위치로 보아 직항로를 이용하여 중국과 직접 교섭했을 가능성이 크다. 물론 한반도 북부를 통한 교섭의 길목 내지 경유지(經由地)의 역할을 함으로써 정치집단이 형성되었을 것이다.[52]

---

48 『中國航海史-古代航海史-』, 中國航海學會, 人民交通出版社, 1988, p.38 참고.
49 『史記』卷6, 始皇本紀.
50 藤田豊八・池內宏編, 「支那港灣小史」, 『東西交涉史の硏究, 南海編』, 萩原星文館, 1943, p.636.
51 權五榮, 「고고자료를 중심으로 본 百濟와 中國의 文物交流」, 『진단학보』 66, pp.181~182에서 인용.
52 최근에 발견된 扶安郡 격포의 유적지는 해양세력의 존재와 해양활동이 매우 중요한 역할을 하였음을 알 수가 있다.(「扶安 竹幕洞 祭祀遺蹟發掘調査進展報告」, 韓永熙 李揆山 兪炳夏, 『考古學誌』 4집, 한국고고미술연구소, 1992)
군산 부근의 고군산 열도 등 몇 군데는 海流나 潮流 그리고 地形의인 여건을 볼 때 그러한 遺蹟의 발굴이 예상되고 있다. 尹明喆, 「西海岸 一帶의 海洋歷史的 環境에 대한 檢討」, 『扶安 竹幕洞 祭祀遺蹟』, 국립전주박물관, 1988, p.120.

한편 『후한서』와 『삼국지』의 위서 동이전에는 기원을 전후한 시기부터 약 3세기까지 동아시아의 각국을 소개하고 있다. 정치적인 상황과 특성 외에도 경제적인 측면에 대해 비교적 깊은 관심을 지니고 있어서 생산되는 물산물과 교역과정, 그리고 중국세력과의 관계에 대해서 상세하게 기술하고 있다. …… 其後遂通接商賈, 漸交上國 ……[53] 이 기록자체는 삼한 각국들의 입견(入見)과 입조(入朝)에 관한 것이지 교역을 말한 것은 아니다. 하지만 삼한(三韓)에 대한 정보가 기술되어 있으며, 행간에는 그러한 정보가 교역과 관계있는 듯하다. 예를 들면 각 국의 정황을 설명하는 글 중에서 특산물에 대한 것이 많이 나오고, 교역의 산물인 듯한 구슬과 금, 보화, 비단, 모직물 등을 귀하게 여기지 않는다는 기록도 있다. 물론 입조와 입견을 통한 교역의 가능성은 충분히 있으며,[54] 이는 해양을 매개로 한 것이다.

『삼국지(三國志)』 한전(韓傳)에는 항해관련 기사가 있다. 삼한(三韓)이 철(鐵)을 매매하고 있었으며 교역의 범위는 바다건너 주호(州胡)와 왜(倭)에 이르렀다는 사실이다.[55] 이 삼한에는 현재 제주도를 지칭하는 주호(州胡)에 대한 기록이 있다. 이는 양 지역간의 관계를 이해하는데 의미가 크다. 『사기(史記)』에는 도이(島夷)에 관하여 백제국의 서남 바다 가운데 큰 섬 15개가 있는데, 모두 마을이 있으며 사람이 살고 있다고 되어 있다. 이러한 지리적 설명 때문에 도이(島夷)를 현재의 제주로 보는 견해도 있다. 『삼국지』와 『후한서』의 동이전에는 "주호가 마한(馬韓)의 서해 가운데 큰 섬에 있다. 그들은 대체로 키가 작고 말도 한과 같지 않다. ……배를 타고 왕래하며 한중(韓中)에 와서 매

---

53 『後漢書』卷80 東夷列傳 韓.
54 全海宗의「古代中國人의 韓國觀」, p.71에는 朝貢關係 記事를 분류하고 있고, p.75에는 지리·산물에 대한 기사가 나와있다.
   동덕모의「韓國對外關係의 歷史的 背景」, 『朝鮮朝의 國際關係』, 박영사, 1970에는 전통외교 조공에 대한 약간의 이론과 내용을 소개하고 있다.
55 『三國志』魏書 東夷傳 韓傳 …… 又有州胡在馬韓之西海中大島上, …… 乘船往來, 市買韓中 …… (李丙燾,「州胡考」,『韓國古代史研究』, 1976).

매한다……"라고 되어 있다.[56] 이 내용은 제주도가 동아시아의 질서 속에 편입되고 있었으며, 중국인들의 관심영역에 속해 있었음을 알려준다. 서로간에 교역이 이루어졌음을 알 수 있다. 그런데 이러한 삼한 주호 등 남부지역은 중국지역뿐만 아니라 북방의 조선과도 밀접한 해양교류를 했을 것이다.

이 시대 직후의 상황을 기록한 것이지만 해양을 매개로 일본열도 교역활동이 활발했다. 왜라는 정치단위가 중국(中國) 삼한(三韓) 각국과의 교섭과정이 중국의 문헌과 일본의 고고학적 유물들을 통해서 그 전모가 드러나고 있다. 『한서(漢書)』 지리지(地理志)에는 왜(倭)란 명칭으로 "……夫樂浪海中有倭人分爲百餘國 以歲時來獻見云……"라고 되어 있고, 『후한서(後漢書)』 제기편(帝紀編)에는 "……東夷倭奴國王遣使奉獻(倭在帶方東南大海中 依山島爲國)……"라고 기록되어 있어 왜(倭)의 노국(奴國)이 한(漢)과 교섭하였음을 보여준다. 또한 『삼국지(三國志)』 동이전(東夷傳)에는 "舊百餘國 漢時有朝見者, 今使譯所通三十餘國……"라는 기록이 나온다. 『후한서(後漢書)』 동이전(東夷傳)에서 "……倭在韓東南大海中 依山島爲居凡百餘國 自武帝滅朝鮮 使譯通於漢者三十許國 國皆稱王 世世傳統 其大倭王居邪馬臺國……"라는 기록을 보면 일본열도의 수많은 소국들은 조선·한 및 중국지역과 교섭을 하였다. 한반도 남부를 통한 간접교역의 형태도 있었고 직접교역도 있었던 것 같다. 당시의 수입품 중에는 전한경(前漢鏡), 후한경(後漢鏡) 등이 있으며 관옥(管玉), 곡옥(曲玉) 등이 적지 않은 것으로 보아 교역의 양을 짐작할 수 있다. 1세기 후반 경에는 전한경(前漢鏡)을 다량으로 매장한 왕묘(王墓)들이 조성되었다.[57] 이러한 문헌자료와 고고학적 유물을 볼 때 양 지역간의 교류는 활발했던

---

56 『三國志』권30, 위서 동이전 한전.
'又有州胡在馬韓之西海中大島上 其人差短小 言語不如韓同 ……其衣有上無下 略如裸勢 乘船往來 市買韓中'
57 후쿠오카縣 이토시마군(伊都國)의 미구모 미나미쇼우지(三雲 南小路)遺蹟 一帶에서는 2개의 大形甕棺을 비롯한 유물들이 발견되었다. 야요이 후기(1~2세기)에는 後漢鏡, 琉璃玉, 巴形銅器 등이 발견되고 점차 신상(神像)과 신수(神獸)로서 신선사상을 표현한 三角神獸鏡이 많이 발견이 된다.

것으로 보인다.[58]

　이러한 당시 동아지중해지역에서 전개된 상황이 진나라의 대외정책 내지는 해양에 대한 인식에 영향을 끼쳤을 것이다. 기존의 고조선인들을 비롯한 토착세력과 중국 내의 정치적 변동에 의해 황해동쪽 연안으로 포진한 동이인들은 연합하여 새로운 문화와 정치세력을 결성했을 것이고 그들은 경제력의 토대를 해양활동과 교역에서 구했을 가능성이 있다. 따라서 이미 확대되고 있었던 황해서부 연안의 활동권은 특정한 성격을 가진 집단의 역할에 의해서 정치적인 성격을 병행하면서 황해전체와 남해로 해서 일본열도로 이어지는 거대한 활동권, 교역권이 형성되는 단초를 열어놓았다.

　이렇게 동아시아 지역에서 교역권이 확대되고, 모든 나라들이 참여하는 과정에서 교역권 내지 경제적 이익을 둘러싸고 갈등이 발생하였고, 결국 신질서의 수립과 정착을 원하는 세력들 간에는 어떠한 형태로든 경쟁과 충돌이 있었을 것이다. 그것은 통일한 진에게도 중요한 문제였을 것이다. 진시황은 12년 집권하는 동안에 순해(巡海)를 4번 한다. 그런데 그 중에서 3번이 산동 이북에 집중되었다는 것은 秦의 정치 경제적인 관심의 소재를 알려준다. 진시황은 황해를 건너 동쪽으로 진출하는데 관심을 기울였다. 진시황이 선약(仙藥)을 구한다는 명분으로 선단(船團)을 파견한 것은 당시의 해양활동이 활발했으며, 그 범위가 한반도나 일본열도에까지 미치고 있었다는 사실을 반영한다. 동아시아에서 해양을 매개로 전개된 국제관계를 고려할 때 서복(徐福)의 함대를 파견한 것은 불로초를 구한다는 목적 외에도 동방개척 사업 내지 교역권의 확대라는 측면이 있었을 것이다. 또한 궁극적으로는 정치적인 입지를 강화시키는 것이었다.

58　王仲殊, 『中國からみた古代日本』, 桐本東太 譯, 學生社, 1992 참고.

4. 徐福 선단의 활동과 항로

『사기(史記)』의 진시황본기(秦始皇本紀)에 따르면 진시황은 제나라의 방사(方士)인 서복(徐福)이 바다 가운데 세 신산(神山)이 있어서 선인(仙人)들이 살고 있는데, 그 곳에 동남동녀(童男童女)를 데리고 가서 선인과 불로초를 구해오겠다고 글을 올리자 동남동녀 3천을 주어 동방으로 출발하게 하였다.

서복은 진시황 28년(기원전 219)에 1차 동도하였다. 자치통감의 진시황 순수조에 따르면 1차 순행인 기원 219년 랑야에 머무르고 있었다. 이때 서불 등이 동남동녀 수천을 거느리고 출발하였다. 물론 이들은 빈배로 귀환하였다. 서복은 제나라 사람이며, 랑사(琅邪)·함양(咸陽) 등에 살았다고 전해져 왔으나, 실존이 의심 받았고, 서복의 행각도 전설로 치부되어왔다. 그런데 최근에 중국의 나기상(羅其湘) 교수가 서복의 고향을 발견하였는데, 그 지역은 강소성(江蘇省) 감유현(贛楡縣)의 서부촌(徐阜村)이었다. 그런데 이 감유는 전국시대에는 제나라에, 진(秦)시대에는 랑야에 속했다.[59]

그의 활동과 항로를 구체적으로 살피기 전에 먼저 그 바탕이 되었던 진 시대의 해양능력을 살펴보기로 하자.

진 시대는 항해사업이 발전했고, 특히 북양항선인 산동반도와 한반도 일대의 해상교통이 빈번했다. 누선관(樓船官)을 설하고, 선박의 일을 관장했으며, 선대의 조직이 컸다. 남방해상교통이 시작되었고, 『회남자(淮南子) 인간훈(人間訓)』에 따르면 당시에 남방의 특산물들을 구해서 이익을 얻었다.[60] 해양활동은 진(秦)시대에 들어오면 더욱 빈번해지고 규모도 커진다. 1974년에는 광주(廣州)시 주강(珠江) 북안(北岸)에서 진대(秦代)의 대규모 조선공장(造船工場)을 발견되었다. 30ton을 적재할 수 있는 배가 만들어졌

---

59 洪淳晩, 「徐福集團의 濟州渡來說」, 『제주도사 연구』 2, 1992, p.34.
60 汶江, 『古代中國與亞非地區의 海上交通』, 四川省 社會科學院 出版社, 1989, p.14.

다.[61] 당시의 해운산업이 매우 활발하였음을 알 수 있다.

『사기(史記)』에 따르면 기원전 219년에 진시황은 누선함대로 월국을 공격하였고, 번우(番禹)〈광주(廣州)〉를 통해서 일남(日南)〈월남(越南)〉과 해상교역을 실시하였다. 진의 해군은 몽념(蒙恬)이 황하 이남의 44개 현을 수복한 후에 군대를 주둔시키고 있을 때에 대형선대가 산동 연해의 항구를 출발하여 발해를 건너 황하(黃河)로 들어와 북하(北河)를 향하여 양식을 운송했다. 중국에서 최초의 해상조운(海上漕運)이었다.[62] 서복의 불로초 구하는 작업은 앞장에서 언급한 국제질서, 정치 경제적인 목적을 배경으로 삼고, 이러한 해양활동능력과 경험, 주변세계들에 대한 정보 등을 토대로 추진된 국가사업이다.

그러면 당시 서복의 선대가 이용했던 항로는 어떠했을까?

서복의 출발항구에 대해서도 다양한 주장이 있지만, 경유지점이나 도중의 행적 도착지점, 그 후의 결과에 대해서는 베일에 쌓여 사실을 알기가 쉽지 않다. 특히 바닷길인 항로를 알기란 더욱 지난한 작업이다. 따라서 시론적인 입장에서 몇몇 흩어진 자료와 구전 설화 등을 통해서 새구성하고자 한다.

『사기(史記)』 봉선서에는 삼신산에 대하여 기록이 나오고 있다. 그러나 실재 여부를 알 수는 없다. 다만 발해(渤海)라든가 해중(海中) 등의 용어, 또 멀지 않다는 거리 묘사 등으로 보면 중국의 범주를 크게 벗어나지 않은 듯한 생각도 든다. 하지만 구체적으로 거론되고 있는 것을 보면 원거리 항해가 이루어졌고, 그 활동범위도 매우 광범위했을 것으로 추정된다.

앞에서 살펴보았듯이 이 무렵 남해와 황해의 주변지역간에는 정치·경제적인 교섭이 활발하였으므로 당연히 항로도 빈번하게 사용됐을 것이다. 동아시아 지역의 황

---

61 李永采·王春良 盖莉, 魏峰 著, 『海洋開拓爭覇簡史』, 海洋出版社, 1990, pp.52~57 참조.
62 張鐵牛·高曉星, 『中國古代海軍史』, 八一出版社, 1993, pp.18~19.

해와 남해해역에는 다음과 기본항로가 사용되고 있었다.

가장 일반적으로 사용된 항로는 환황해연근해항로(環黃海沿近海航路)[63]이다. 중국의 남쪽인 절강성 해안을 출발하여 산동반도를 거쳐 요동반도로 북상한 다음에 압록강 유역인 서한만(西韓灣)에 진입한다. 이어 대동강 하구와 경기만을 지나 계속 남하한 다음에 서남해안, 남해안의 일부, 대마도, 규슈북부로 이어진 긴 항로이다. 크게 보면 4개구역으로 이루어졌으나 기본적으로는 환상형(環狀形)의 항로(航路)이므로 특정한 출발지와 도착지가 없고, 다만 경유지가 있을 뿐이다.

남양반도 지역, 인천만, 강화만, 해주만, 강령만 등의 범 경기만과 금강하구 유역, 영산강 하구, 해남 등, 또한 황해북부의 대동강 하구, 압록강하구, 요동반도의 끝, 노철산수도(老鐵山水道) 등도 이 항로의 중요한 경유지이다. 중국연안에서는 요동반도의 여순(旅順), 산동반도의 봉래(蓬萊, 登州)과 영성(榮城, 赤山), 회하(淮河)하구 유역, 양자강 하구유역, 절강성의 항주만과 주산군도 및 영파지역 등이다. 일본열도는 대마도, 규슈북부의 하카다(博多)지역, 우사(宇佐)지역 등 서북부의 지역 등이 이 항로상에 위치한다. 이 항로는 항해거리가 대단히 멀고, 중간중간에 성격과 이익을 달리하는 집단들이 항해를 방해하고 심지어는 약탈 등을 할 수 있는 등 위험부담이 다소 있다. 하지만 항해자체로서는 위험성이 비교적 적은 가장 안전한 항로이다. 비록 항선(航線)의 처음과 끝이 일률적으로 연결되지 않고, 중간중간에 몇몇 거점들을 연결하는 불연속적인 항로임에도 불구하고 역사의 초창기부터 이용이 되었다. 그런데 이 연근해항로 가운데에서 의미가 있고, 다른 항로와도 구별되며, 중복되지 않는 것은 노철산(老鐵山)항로이다. 산동반도의 동북단인 봉래에서 요동반도의 여순(旅順)까지는 소위 묘도군도(廟島群

---

[63] 이 용어에 관해서는 연구자에 따라 약간의 차이가 있으나 항로나 항해범위 등은 대체로 일치하고 있다. 그러나 엄격하게 말하면 연안항로가 아니라 연근해항로라고 해야한다. 동일한 지역 내에서의 이동이나, 짧은 거리에서는 연안항해가 가능하다. 그러나 먼거리이면서, 선박이 크고, 또 우호적이지 못한 집단이 영향력을 행사하는 해역을 통과할 때, 국제항해에는 근해항로를 택해야 한다.

島)가 점점히 이어지고 있다. 발해와 황해를 가르고 있으므로 발해해협(渤海海峽)이라고 부르는데 수심이 얕고 섬들 간의 거리가 매우 짧아 초보적인 항해술과 조선능력만 갖추어도 항해가 가능했다.[64]

황해중부 횡단항로는 한반도의 중부지방,[65] 즉 경기만일대의 여러항구에서 횡단성 항해를 하여 산동반도의 여러 지역에 도착하는 항로이다. 신라 하대에 가장 많이 이용되었을 것으로 추정되는 항로이다.

한반도 쪽의 출발지로서는 경기만의 여러 항구이다. 경기만에는 대외항로의 기점이고 출발점이며 동시에 경유지로서 자격을 갖춘 곳이 여러군데 있었다. 인천만 지역, 강화도와 주변 지역, 그리고 남양만 일대이다.

황해서안에서 가장 대표적인 항구는 산동성 북부해안의 등주항(登州港)이다. 등주 외에도 芝罘(연대)산동반도의 동쪽 끝인 성산(成山, 城山), 청도만(靑島灣)의 밀주(密州) 등 여러 지역에서 출발하여 횡단하다가 백령도(白翎島) 현재의 연평군도 등 황해도 근해의 섬들을 멀리서 보면서 서해근해를 남항하다가 중간에 영산강 하구의 무주(武州) 등을 경유하여 청해진에 도착한다. 그리고 각사의 복적지를 향해갔다. 그런데 황해중부 횡단항로는 1개가 아니라 2개로 분류된다.[66] 첫째는 잘알려진 대로 황해도를 출발하여 산동반도의 동단 혹은 북단에 도착하는 항로이다. 황해중부횡단항로는 항해거리가 가장 짧고 안정성이 비교적 많이 있었지만 역시 환황해 연근해항로보다는 위험부담이 더 있었다.

---

64 이 부분에 대해서는 尹明喆, 「黃海文化圈의 形成과 海洋活動에 대한 연구」, 『先史와 古代』, 한국고대학회, 1998, p.142 참조.
65 엄격하게 지리적인 기준으로 구분하면 한반도 남부해안에서 산동반도 하단부로 이어지는 해역도 황해중부에 해당한다. 그러나 한반도를 기준으로 분류를 할 경우에는 서해중부해역만을 황해중부로 인식하고자 한다.
66 윤명철, 「徐熙의 宋나라 使行航路 탐구」, 『徐熙와 고려의 高句麗 계승의식』, 고구려연구회 학술총서, 학연출판사, 1999, pp.209~214.

동중국해 사단항로(東中國海 斜斷航路)는 절강 이남지역을 출발하여 동중국해와 제주도 해역, 황해남부를 거쳐 신라의 영토로 들어오는 항로이다. 이 항로의 일부는 남중국과 일본열도가 교섭하는 데에도 사용이 되었다.

이 항로에서 주요한 출발항구는 절강성 명주항(明州港, 寧波)과 그 외곽인 주산군도이다. 절강지역은 항주만(杭州灣)과 주산군도(舟山群島), 양자강 하구를 끼고 있다. 이 항해는 늦봄에 남풍계열의 바람(남서풍이면 더욱 좋다.)을 타고 해류의 흐름을 이용하여 항주만 혹은 양자강 하구에서 한반도 남부까지는 항해가 자연스럽게 이루어진다. 그런데 역시 주산군도해역을 출발하여 북상하다가 동으로 방향을 틀면 제주도권을 경유하여 일본열도로 간다. 중국 강남지역과 일본열도 간에 사용되던 항로이기도 하다.

그 외에 서복과 관련해서는 제주도~일본열도항로가 있다. 제주도는 서쪽으로 일본열도의 대마도 혹은 오도열도를 거쳐 규슈까지 가는 직접 항로를 가지고 있었다. 일본서기(日本書紀)에서 보이듯 탐라국은 때때로 일본열도의 국가와 독자적으로 교섭을 하였다. 또 수서(隋書)에는 일본을 오고가는 사신들은 남으로 제주도를 보면서 항해하였다고 하였다. 그것은 일본과 당나라를 오고가는 사신들도 마찬가지였다.

양 지역간의 해양조건을 분석해보면 이미 역사시대의 이전부터도 교류가 가능했었을 것이다. 탐라는 일본열도와 일찍부터 교섭이 있었다. 제주도와 대마도는 255km이다. 거리수는 멀지만 물길로는 좋은 편이다. 그래서 그런지 옛날부터 현재까지 사람들이 오고갔다. 성산포 등 제주도 동부지역에서 흑조(黑潮, 쿠로시오)와 바람 등을 활용하면 대마도나 규슈의 서북부지역 혹은 고토(五島)열도까지 항해가 가능하다.

그렇다면 서복은 이러한 기본항로들 가운데에서 어떤 항로를 사용했을 가능성이 높을까?

먼저 출발지를 살펴보기로 한다. 서복이 동쪽으로 건너간 출발항구에 대해서 중국의 학계는 현재 연운항, 교남의 랑야, 영성의 성산, 연대의 지부 등 견해가 다양한 견해의 논쟁이 일어나고 있다.

가장 대표적인 곳이 랑야(琅邪)이다. 『자치통감(資治通鑑)』의 진시황 순수조에 따르면, 그는 1차 순행인 기원 219년에 랑야를 방문하고, 진시황이 삼신산과 불노불사의 선약 이야기를 들은 곳은 이 랑야였다. 그리고 이때 서불 등이 불사약을 구하기 위하여 동남동녀 수천을 거느리고 출발하였다. 그러나 빈 배로 귀환하여 준비를 한 후에 다시 출항하였다. 첫 출항지는 랑야인데, 현재 교남현의 서산이라는 주장이 있다. 2차 동도는 37년(기원전 210년)인데, 이때는 랑야 근처인 해주만의 람산두(嵐山頭) 또는 연운항(煙雲港)으로 추정된다. 연운항 등은 서복의 고향인 강소성 자융현 서복촌에서 가깝다. 그러나 랑야는 고대부터 항구였다. 기원전 473년 월왕 구천은 로우야산(琅邪山)터에 도읍을 정하고 1세기 반에 걸쳐서 번영했다. 랑야는 산들의 남측에 있으므로 겨울에는 서북풍이 불어와도 5도 이상 따뜻해진다. 거기다 산동반도의 끝에서는 난류가 부딪치기 때문에 고기가 풍부하여 월인들에게는 살기 좋은 터전이었다. 그러나 기원전 333년 경 초(楚)에 멸망되어 월인은 사방으로 흩어졌다. 그 후에도 랑야는 중요한 항구였다. 고슈만(膠洲彎)에서 교주하(膠州河)를 사용한다면, 배로 산동반도의 밑부분을 서쳐 발해만으로 갈 수 있다. 산동의 제(齊), 하북의 연(燕)과도 무역이 가능하고 또한 등주부터는 묘도군도(廟島群島)의 섬에서 섬을 따라가 요동반도의 여순구로 갈 수가 있다. 거기서부터 한반도의 연안으로 항해가 가능하다.[67] 랑야 지역은 황해중부를 직항해서 한반도의 경기만을 중심으로 한 주변 모든 지역에 도착할 수 있고, 금강하구 등과도 직횡단으로 연결될 수 있다. 교주만은 후대에 재당 신라인들은 물론이고, 고려와 북송이 교섭할 때 많이 이용되던 항구지역이다. 이러한 해양전략적 가치 때문인지 진시황은 3차에 걸쳐 이곳에 순행하였으며, 이곳에 궁전을 지은 후에 3만 호의 사람들을 이주시켰다. 이것은 진(秦) 등 중국세력이 한반도 혹은 일본열도를 대상으로 하는 해양활동의 전진기지로 삼고 있음을 알려준다.[68]

---

67 岡田英弘, 「倭人とシルクロ-ド」, 『東アジアの古代文化』 17號, 大和書房, 1978 秋, pp.7~10.

다음으로 주장되는 지역은 봉래 등 산동반도 북부 해안지역이다.

용구(龍口)와 봉래(蓬萊) 사이에 서복고리유지(徐福故里遺址)가 있다고 한다. 봉래는 당나라 시기의 등주(登州)이다. 고구려 신라가 사용하던 항구였다. 후에 발해가 732년에 공격하였고, 빈해여진(瀕海女眞), 정안국(正安國), 고려(高麗) 등의 사신들이 모두 이곳에 도착하였다. 발해관이 있었고, 엔닌(圓仁)의 기록에 따르면 신라관도 있었다.[69] 의상(義湘)은 『송고승전(宋高僧傳)』에 따르면 '…附商船達登州岸'라고 하여 등주에 도착한 것으로 되어 있다.[70] 그 후 고려가 중국지역과 교섭할 때 가장 많이 사용되던 고대 항로의 기점이었다. 『신당서(新唐書)』권43 지리지(地理志)에 인용된 가탐(賈耽)의 도리기(道理記)에는 이 항로에 대한 상세한 묘사가 있다. 즉, '登州東北海行, 過大謝島, 龜歆島, 末島, 烏湖島 三百里……浿江口 椒島 得新羅西北之長口鎭, 又過 秦王石橋, 麻田島, 古寺島, 得物島, 千里之鴨綠江 唐恩浦口, 東南陸行,七百里至新羅王城.' 이것을 이용하여 손광기(孫光圻)는 지부(芝罘)에서 봉래두(蓬萊頭)를 거쳐 묘도군도(廟島群島) 요동반도 남단의 노철산(老鐵山), 압록강구, 조선반도 서해안, 조선반도 동남연해(부산, 거제도), 대마도(對馬島), 충도(沖島), 대도(大島), 북구주연안 관문(關門)해협 뇌호내해(瀨戶內海), 대판만(大阪灣), 화가산신궁정(和歌山新宮町) 웅야탄(熊野灘)으로 논증하고 있다.[71] 이 항로는 소위 환황해연근해 항로와 거의 일치하고 있다.

세 번째로 주장되는 지역은 영파(寧波) 등 절강 해안지방이다. 진시황은 4차 순행 때에 절강성지역인 회계(會稽, 소흥) 전당(錢塘, 항주)를 비롯하여 강소성인 오(吳, 소주)를 거쳐 북상하여 산동남부의 항구인 랑야에 이르렀고, 바다로 나가 노산(嶗山)에 이르러,

---

68 『中國航海史』, 古代編, pp.35~41 참조.
69 『入唐求法巡禮行記』권2 開成 5년 3월 2일조.
70 『宋高僧傳』권4의 상전.
71 郭汾溪, 「中韓海上絲路與板橋鎭 市舶司」, 『海洋文化硏究』제2권, 海洋出版社, 靑道大學校 海洋文化硏究所, 2000, 12, p.53.

성산(成山)에서 지부(芝罘), 즉 산동반도의 동부를 배로 일주한 후에 함양(咸陽)으로 귀환하였다. 기원전 210년의 일인데, 회계는 오늘의 영파와 근접해 있고, 소흥과 영파 사이의 하모도는 바로 바다와 연결된 지역이었다.

『영파부지(寧波府志)』나 『은현통지(鄞縣統志)·식화지(食貨志)』를 보면 영파는 서주 춘추시기에 중국 연해에 있는 9개 주요항구 가운데 하나이다. 『영파부지(寧波府志)』, 『자계현지(慈溪縣志)』에 보면 서복은 영파자계달봉산해역(寧波慈溪達蓬山海域)에서 돛으로 바다를 건너 봉래선도(蓬萊仙島)를 찾아 장생불로약을 얻을 기도를 하면서 서복의 선대는 한국 제주도 남안(지금 서귀포시 교외)에 상륙하여 일단 시간을 갖고 휴식하면서 보급을 받은 후에 최종적으로 일본에 도달하였다.[72] 영파지역에서 한국으로 건너가는 방법 등에 대해서 기술하고 있는데, 씨는 중세기에 영파에서 한국으로 건너갈 때 북상하여 등주 장산도 등 10개 지방을 경유하여 오골성(烏骨城, 현재 안동시)을 지나 남으로 내려오는 것으로 이해하고 있다. 하지만 영파지역에서는 이미 그 이전 시대 또는 선사시대에도 동중국해와 황해남부를 사단하여 교류했을 가능성이 높다.

이상에 언급한 지역 가운데에서 그 당시에 전개된 역사적인 상황과 한반도 및 일본열도와의 관련성, 그리고 전설 유적 등을 고려할 때 가장 현실성이 있고, 가능성이 높은 곳은 랑야로 여겨진다.

그러면 경유지는 어떤 곳이었을까?

한반도에는 서복과 관련된 전설 및 서각이 있던 곳이 몇 군데 있다. 경남(慶南) 남해군(南海郡)의 이동면(二洞面) 양하리(良河里), 즉 금산 부소암(扶蘇庵)에는 가로 7m, 세로 4m의 평평한 바위 위에가로 1m, 세로 50cm 넓이로 각자가 있는데, 서불각자(徐市

---

72 錢起遠,「中世紀寧波與韓國間的航海交住」,『海洋文化硏究』제2권, 海洋出版社, 靑道大學校 海洋文化硏究所, 2000, 12, p.63.

刻字), 남해각자(南海刻字) 등으로 불리워졌다. 이 글자는 1974년에 경남 기념물 6호로 지정되었다. 이 화상문자(畵狀文字)를 원광대 조수현 교수가 중국의 하추도에게 문의했는데, 이를 서불기배일출(徐市起拜日出) 이라고 해석(「서예술(書藝術)의 정신세계」, p.138)하였다. 이 지역의 향토사학자인 이청기(李淸基)도 동일하게 해석하고 있다.[73] 이 곳에서는 서시(서불)이 동남동녀 500인을 거느리고 이곳 금산에서 수렵을 즐기다가 떠나면서 남긴 것이라는 전설이 내려온다.

또 근처인 여수시의 삼산면(三山面) 동도리(東島里)에 속한 백도에도 서불 전설이 전해 내려온다. '서불은 짙은 안개의 바다위에서 몇 일 간을 헤매고 있었다.······어느 날 향기가 코를 찔러 가보니 겨울임에도 기암 절벽에 꽃이 피어있고, 그 꽃을 따니 안개가 사라지면서 이름 모를 새가 서불의 뱃길을 안내하여 진나라까지 인도하였다고 한다.[74] 거제도의 해금강 절벽에는 해동한국(海東漢國)이라는 글자가 새겨 있다는 이야기가 전해져오고, 바로 옆의 소매물도에도 서불의 전설이 전해져 내려온다.[75] 분포지역을 보면 대체로 남해중부지역에 집중되어 있다. 일반적으로 가능성이 높은 경기만, 서남해안지역은 조사되지 않고 있다.

그리고 서복과 관련하여 가장 알려진 곳이 바로 제주도이다.『한국의 여로』제주편에서 김광협은 서귀포의 지명유래에 대하여, 서복이 제주에 왔다가 백록담에서 '시로미(암고란)' 라는 약초를 채집하고, ······ 한참을 체재하다가 정방폭포 암벽에 '서씨과차(徐氏過此)' 라는 네 글자를 새겨놓고 감으로써 "서씨가 서쪽인 중국으로 돌아간 곳' 이라고 해서 서귀포라고 부르게 되었다"고 기록하고 있다. 역시 유사한 이야기가 박영준이 편찬한『한국의 전설』제 2권에 정방폭포 바위벽에 새긴 서시과차(徐市過此)

---

[73] 이형석,「서복의 불로초 뱃길 따라」9회,『효도실버파워』, 2001, 6, 15자.
[74] 이형석, 같은 글, 12회.
[75] 이형석, 같은 글, 17회.

에 대해 이야기를 전하고 있다. 한국관광공사에서 발간한 『한국관광자원총람』, 1985 에도 이러한 마애각은 있었다고 쓰고 있다. 그래서인지 제주도에서는 서복이 제주도에 도착했을 가능성은 적지 않다고 보고 있다. 서복(徐福) 집단이 영주산(瀛洲山)을 찾아올 때 맨 처음 도착한 곳이 조천포(朝天浦)였으며, 돌아갈 때 떠난 곳이 서귀포라고 한다. 그들은 떠나기에 앞서 '서시과지(徐市過之)'(일설에는 徐市過此)라고 새겨놓았다고 한다.[76]

이러한 여러 가지 상황을 고려할 때 서복 선단의 항로는 산동반도의 남안인 랑야 주변을 출항하여 직접 한반도 남해안지역들을 살펴보며 상륙하였다가, 다시 제주도에 머물러 휴식과 식량 및 물보급, 그리고 정보를 습득한 후에 최종 목적지를 향하여 출항하였을 것이다.

제주도는 동아지중해의 전 지역을 연결할 수 있는 중간 해역에 있으므로 교류의 범위가 넓고, 지역이 다양했다. 따라서 제주(濟州)를 거점(據點)으로 하면서, 동시에 다양한 항로의 중간에 있는 경유항로이다. 동아지중해의 핵심에서 작지만 매우 효용성 있는 해양센타의 역할을 하는 것이 제주도이다. 또한 항해조건이 매우 좋았다. 지리적으로 보아도 북으로는 한반도 남부, 남으로는 오키나와의 여러 섬들, 서로는 중국의 산동성(山東省), 강소성(江蘇省), 절강성(浙江省) 등과 마주하고 있다. 그리고 동으로는 대마도 및 오도(五島)열도 일본열도와 해양으로 연결되고 있다. 육지들로 둘러싸인 바다 한가운데에 있는 유일한 섬으로서 모든 지역과 동시에 연결될 수 있는 중간정거장 기능을 할 만한 곳이다. 태풍, 폭풍 등을 만나 대피해야할 경우에 피항지(避港地)로서 가장 적합한 곳이며 장기적으로, 원양항해를 할 경우에는 물 식량 등 보급품을 얻는 장소로도 중요하였다. 무엇보다도 유리한 점은 해발 1995m의 한라산은 시인거리(視認距

---

76 洪淳晩, 앞의 논문, p.30.

離)가 약 100마일이나 되어[77] 주변 해역을 항해하는 선박들에겐 자기위치를 측정하고, 항로를 결정하는데 매우 이상적인 등대의 역할을 했다.

또한 해류와 계절풍을 합리적으로 이용할 경우에는, 혹은 특별한 계절에는 제주도의 주변 가까운 해역을 항해할 수밖에 없다. 즉 필리핀 북부에서 발생하여 동북상하는 흑조와 봄·여름에 걸쳐 부는 남풍계열의 계절풍을 활용하면 동남아시아, 오키나와, 중국의 절강 이남 등에서 제주도나 한반도 남부까지 항해가 가능하다. 때로는 동력이 없이도 무의지로 표류하여 오는 경우도 있다. 그리고 제주도를 경유하여 다시 사방으로 항해할 수가 있다.

그러므로 제주도는 진(秦)을 대표하는 서복(徐福)에게는 물론 동아시아의 해양활동과 교역권에 관심을 지닌 세력에게는 가치있는 대상이었다.

5. 맺음말

서복의 행위는 진시황의 명으로 불로초를 구하여 삼신산을 찾아 떠났다는 개인적인 목적이나 혹은 도교라는 종교라는 관점 외에 보다 실재적이고, 현실적인 관점에서 접근하는 시각도 필요하다. 진시황이 통일을 달성하고, 서복을 파견했던 시대는 이미 동아시아는 국제관계 속에서 해양을 매개로 각 지역 간에 교섭이 활발했고, 이는 정치적인 목적 외에 실질적으로는 교역이라는 경제적인 측면이 더욱 강했다. 따라서 서복선단의 출항은 진 또는 진시황의 동방개척의 일환이었고, 그 결과는 동아시아에 적지 않은 영향을 끼쳤을 것이다. 서복의 행위에 대해서 보다 적극적으로 파악하고, 그 실

---

[77] 시인거리는 바다에서 자기 위치를 확인할수 있는 거리로서 눈높이를 7m로 하여 필자가 계산했다.

체를 규명하는 작업이 이루어져야 한다. 하지만 이를 단순하게 중국적 시각에서 파악하고, 중국위주의 질서가 구축되는 행위로 이해해서는 안 된다. 당시 동아지중해 전체의 질서와 해양환경 속에서 파악하고, 중국·조선·한·왜의 상황과 입장을 고려하는 한편 이들 세력간의 기본 연결고리였던 동이의 문제도 고려해야 한다. 서복이 서언왕(徐彦王)의 29대 손이라는 주장은 그의 행적에 의미를 부여한다.

21세기 동아시아에 신질서가 수립되고 있다. 세계화가 속도감있게 이루어지는 국제현실 속에서 동아시아의 협력문제가 현실감있게 다가오고 있다. 특히 경제공동체의 설립은 당면과제이다. 이때 동아시아 각국의 공질성 회복과 해양문화의 중요성을 재인식하고 강조하는데 서복의 존재는 하나의 가능성과 계기를 제공하고 있다.

04
고대 동아지중해의 해양교류와 영산강 유역*

1. 서 론

동아시아는 일찍부터 해양문화가 발달했고, 국가와 종족들은 해양(海洋)을 매개로 역사를 발전시켜 왔다. 특히 황해(黃海)를 둘러싸고 경제, 문화 등의 교류와 정치외교적인 교섭이 활발하였으며 심지어는 군사전(軍事戰)도 전개하였다. 한반도의 소위 서남해안(西南海岸) 지역은 중국 시역의 산동남부(山東南部)와 절강성(浙江省), 그리고 일본열도(日本列島)가 만나는 일종의 삼각점(三角点)으로서 동아시아 전체를 연결시키는 해양교통(海洋交通)의 중요한 교차점이다. 한반도 서남해안에서 해양문화가 발달하였고, 또 그러한 해양조건을 잘 갖춘 곳은 영산강 하구(榮山江河口) 유역이다. 때문에 선사시대부터 해양과 관련한 유적과 유물이 출토되었고, 주변 외국 지역과 교류한 흔적들도 나타나고 있다. 근래에 들어서서 많은 유적들이 발굴되고 있다. 전방후원분(前方後圓墳)들이 발견되고, 백제 지역과는 차별성이 있는 문화현상들을 연구함으로써 마한문화(馬韓文化)의 새로운 성격을 정립하려는 시도들이 있다. 모두가 고대사에서는 예민한 문제들이다.

---

* 고대 동아지중해의 해양교류와 영산강유역, 『지방사와 지방문화』3-1, 2000.

그런데 이 지역의 역사발전과 문화현상은 해양과 불가분의 관계를 가지고 있다. 하지만 해양문화는 육지인의 시각, 육지질서(陸地秩序)로서 성격을 파악하고 체제를 이해해서는 오류를 범할 수 있다. 필자는 해양사를 전공하는 연구자로서 영산강 하구 유역의 성격을 규명하는 조그만 역할을 목표로 본고를 작성하고자 한다. 가능하면 역사적인 상황과 고고학적 유물의 성격을 해석할 수 있는 참고자료를 제공하였으면 하는 바람이다. 따라서 영산강 유역의 문화현상, 역사적 성격 등에 대해서 구체적이고 직접적인 언급을 피하려고 한다.

　2에서는 본고의 주제를 이해하기 위한 전제로서 해양문화의 일반적인 성격과 동아시아 해양환경을 언급하고, 3에서는 영산강 유역의 역사적인 환경을 해양적(海洋的) 관점에서 접근하고 분석하려고 한다. 그래서 해양문화발달의 당위성을 확보한 다음에, 4와 5에서는 각각 영산강 유역과 중국 지역, 영산강 유역과 일본열도 지역 간에 전개되었던 해양교류의 실상을 살피고자 한다. 물론 여기서는 항로에 관해서도 언급하려고 한다. 2에서 다룰 해양문화의 특성은 필자가 다른 지면에서 상세하게 언급한 바가 있으므로 약술하였다. 4와 5에서 다룬 항로 부분(航路部分) 가운데에서 논리의 전개상 불필요한 자연과학적 데이터는 생략하였음을 밝혀둔다.

2. 해양문화의 특성과 동아지중해의 이해

1) 海洋文化의 特性

　해양문화는 정주(定住)적 성격을 가진 농경민의 인식과 생활방식으로 해석하면 무리가 뒤따른다.

　해양문화는 첫째, 무정부성(無政府性) 내지 호족성(豪族性)을 지니고 있다.

해류(海流)·조류(潮流)·계절풍(季節風) 등으로 인하여 교섭통로가 일정하므로 일정한 장소, 일정한 시기, 일정한 형태로 형성될 수밖에 없다. 특정한 지역을 중심으로 외래문화가 수용되고, 특정한 지역에서만 외국을 향해 출발하는 것은 이러한 해양적 조건이 작용한 때문이다. 해로(海路)·수로(水路) 등 교통로의 확보를 위하여 각 국들이 갈등을 벌이는 것은 해양교통의 특수성 때문이다.

해양교류의 이러한 성격은 문화의 전파 및 교류는 물론 정치세력의 형성과도 밀접한 관련이 있다. 특정한 지역, 즉 해양거점(海洋據點)을 중심으로 형성된 정치세력은 교역(交易)의 중개지(仲介地) 역할은 물론 교역의 성격, 교역로, 교역품 등의 관리 및 통제기능을 한다. 때로는 국가간의 정치교섭에 마저 영향력을 행사할 수 있다. 그런데 해양세력들은 중앙에서의 통제가 용이하지 않으므로 독자적인 활동반경이 넓다. 해양세력들이 강한 지역성을 가지고, 정치적으로는 호족적 성격을 띠는 무정부성은 이러한 해양문화의 메커니즘 속에서 파악해야 한다.

둘째, 해양문화는 역동성(力動性)과 모방성(模倣性)이 강하다.

농경문화는 일정 지역에 거주하고, 안정성(stability)을 추구한다. 반면에 해양문화와 유목문화는 이동성(mobility)을 가지고 이동과 교류를 하는 경향이 있다. 때문에 다른 단위 사이의 교류가 빈번하기 때문에 주변문화와 공통성(共通性)이 많다. 특히 해양문화는 이동의 범주가 일정하고 해양을 공유(共有)하므로 유목문화와는 달리 주기성을 띤 왕복운동이 아니다. 상시성을 띠고 장(field)을 환류하는 특성이 있다. 때문에 해양을 공유한 집단들간에는 국경이 불분명하고, 교류를 할 때에 인접국가의 영토를 반드시 통과해야할 필요가 없다. 따라서 육지질서에 비하여 정치적인 제약이 덜하고, 교류가 비교적 자유롭다.

또한 자연조건, 즉 항해환경이 유사하므로 해양민(海洋民)들 사이에는 기술과 경험을 공유하며, 심지어는 기술모방(技術模倣)을 목적으로 인적, 문화적인 교류가 필요하다. 황해나 남해같은 좁은 범위의 지중해(Mediterranean-Sea)적 혹은 내해(內海, inland-sea)

적 성격을 가진 곳에서는 각 연안 지역(沿岸地域)들은 물론 대안 지역(對岸地域)들 간에도 교류가 활발하여 모방과 공유가 가능하다. 동아시아에서 해양을 매개로 활발한 교통이 이루어졌고, 공통의 문화권(文化圈)이 형성되었다고 주장하는 견해는 많이 있다. 신화나 설화의 유사성을 논리적 근거로 해서 주장하는 견해도 있다.[1]

셋째, 해양문화의 전파와 이동은 비조직성(非組織性)을 띠고 있다.

육지에서는 대규모의 보병이나 기병(騎兵)을 빠른 시간에 이동시키므로서 정치(政治)적인 점령(占領)과 문화의 강제적인 이식(移植)이 가능하다. 또한 목적이 분명하면 지속적인 진출이 가능하다. 반면에 해양교섭은 기술적인 한계로 인하여 소규모(小規模)적이고 비조직(非組織)적이며 연속(連續)적이지 못하다. 대규모의 인원이 특정 목적을 가지고 바다를 건너 조직적인 이동을 하는 것은 역사의 발전을 더 기다려야 했다.

야요이(彌生)시대의 소국(小國)들은 한반도 진출민들이 주를 이루면서 형성되었다. 그런데『후한서(後漢書)』,『삼국지(三國志)』위지 왜인전(魏志 倭人傳)에 기록된 소국들은 숫자가 많은 반면에 나라의 규모가 매우 적다. 강력한 집단이 조직적으로 진출한 결과가 아니라 소규모 선박에 의지한 소규모의 인원이 비조직적 혹은 비정치적인 목적을 가지고 정착했기 때문이다. 이러한 비조직성(非組織性)은 당시 국제관계 혹은 국내의 정치발달에도 영향을 끼쳤다. 또한 민간인들이 중앙의 정치세력에 예속되지 않으면서 독자적인 교역을 추진하고 이주하는 일을 가능하게 하였다. 그 외에 해양문화의 전파 수용은 인간과 집단의 의지의 소산인 경우와 함께 우발적 수동적으로 이루어진 경우도 적지 않다.

넷째, 해양문화는 '불보존성(不保存性)' 이라는 특성을 지니고 있다.

---

1 金在鵬,「古代南海貿易ルートと朝鮮 -上-」,『東アジアの古代文化』25號, 大和書房, 1980에서 對馬海流와 卵生神話의 분포를 비교하여 하나의 문화권, 즉 동해문화권을 설정하고 있다.
荒竹清光,「古代環東シナ海文化圈と對馬海流」,『東アジアの古代文化』29號, 大和書房, 1981은 뱀신앙 등과 관련시켜 그 범위를 확대하고 있다. 심청전, 우렁각시 설화 등 유사한 설화도 많다.

해양문화는 담당자가 중앙이나 지방의 관사(官吏)라기보다는 해양민이거나 지방 세력인 경우가 대부분이었다. 따라서 자신의 행적과 성격에 대해서 기록이나 유물 등을 남기는 경우가 드물다. 육지에서는 유물이나 유적이 어딘가에 남게 마련이다. 반면에 바다에서는 유형문화(有形文化)가 적을 뿐 더러, 바닷속에 있으므로 흔적을 확인하기 어렵다. 동해는 수심이 너무 깊어 유물의 조사 자체가 불가능하고, 서해는 수심이 낮은 반면에 물길이 복잡하고, 뻘층이 두터워 보존 상태도 나쁘고 인양도 어렵다.

요동반도(遼東半島)와 압록강 하구(鴨綠江 河口) 유역 등에서 선사시대의 선박유적들이 발견되었다.[2] 이는 조사환경과 발견조건이 좋은데도 이유가 있다. 이러한 해양문화의 특성인 불보존성을 감안하지 않은 채, 기록과 유물이 없다고 해서 해양문화가 부재했거나 발달하지 못했다고 주장하는 것은 무리가 있다.

이렇게 간략하게 해양문화의 특성을 살펴보았다.[3] 그런데 해양문화 내지 해양 역사상을 좀 더 구체적으로 규명하고자 할 때는 항해방법에 대한 이해 또한 필요하다.

인류의 역사 이래 보편적으로 사용되는 항해는 연안항해(沿岸航海)이다. 연안항해는 연안의 특수한 지형조건에 밝고, 관측능력(觀測能力)도 있어야 한다. 특히 성패를 가름하는 중요한 요소인 해·조류(海·潮流)의 움직임을 파악해야 한다. 흔히 연안항해를 가장 쉽고 안전한 항해로 오해하고 있다. 물론 연안항해는 그 해역(海域)의 물길에 익숙한 토착해양민들에게는 비교적 쉽다. 그러나 그 이외의 사람들, 특히 먼 지역이나 바다를 건너온 항해자들에게는 거의 불가능에 가까울 정도로 어려운 항해이다. 물길

---

2 孫光圻 著, 『中國古代海洋史』, 海洋出版社, 1989, pp.34~36에는 중국 지역에서 발견된 선사시대의 통나무 배(獨木舟) 유적지 일람표가 상세히 되어 있다.
3 해양문화의 특성에 대해서는 졸고,
「渤海의 海洋活動과 東아시아의 秩序再編」, 『高句麗研究』6, 학연문화사, 1998.
「西海岸 一帶의 海洋歷史的 環境에 대한 檢討」, 『扶安 竹幕洞祭祀遺蹟 研究』, 국립전주박물관, 1998.
「濟州道를 거점으로 한 고대 동아지중해의 해양교섭에 관한 연구」, 『제2회 법화사지학술대회』, 제주불교사회문화원, 2000, 3 등 참조.

을 몰라 헤맬뿐더러 암초와 뻘로 인하여 좌초되는 것은 흔한 일이다. 특히 본고의 연구주제가 되는 영산강 유역은 복잡한 해양환경으로 인하여 외부세력은 거의 진입할 수 없다.

항해과정을 기술할 때 사료(史料)에 나타난 기록(예를 들면 가탐(賈耽)의 『道理記』에 나오는 내용이다)이 육지의 지명을 인용했다고 해서 연안항해를 하였다고 생각하면 문제가 있다. 원거리 항해나 다른 나라의 해양을 항해할 때는 근해 항해(近海航海)를 하는 것이 원칙이다. 따라서 다른 나라들 간의 해양교류를 설명하는 데 이러한 개념으로 인식하고 용어를 사용하면 역사상을 잘못 이해할 수 있다.

근해항해는 육지와 일정한 거리로 떨어져 항해하는 방법을 말한다. 조류의 방향이나 조석의 높이, 육지풍의 영향 등 해안의 국부적(局部的)인 환경에 영향을 덜 받고, 해양 자체의 영향을 덜 받는다. 또한 바다 위의 선박은 먼 거리에 있는 육지나 높은 산을 보면서 항해하므로 자기위치를 확인하면서 항해할 수 있다.[4] 반면에 육지의 관측자는 선박을 관측할 수가 없으므로 비교적 안전한 상태를 유지하며 항해할 수 있다. 적선의 해양정찰 활동만 피한다면 적의 해역도 무사히 통과할 수 있다. 또한 연안항해에는 필수적인 조류에 익숙한 현지인을 고용할 필요성이 상대적으로 적다.

따라서 이 항해는 고대항해, 특히 외교 군사적인 항해에 많이 활용되었으며, 소규모 선박들의 항해나 상업을 목적으로 한 무역선들도 역시 많이 이용한 것으로 여겨진다. 그런데 이 항해도 결국에는 육지에 접안하고 상륙할 장소를 선정해야 하므로 항로 주변환경을 숙지한 안내자가 필요하다.[5] 원양항해(遠洋航海)는 육지나 물표(物標) 등이

---

4 이것은 시달거리를 말하는데 이 공식을 이용해서 필자는 황해와 동해의 근해항로 범위를 계산하고 도표화하였다.
윤명철, 「渤海의 海洋活動과 東아시아의 秩序再編」, 高句麗硏究 6, 학연문화사, 1998.
윤명철, 「黃海의 地中海的 性格硏究」, 『韓中文化交流와 南方海路』, 국학자료원, 1997 등 참고.
5 이들은 엔닌이 쓴 『入唐求法巡禮行記』에서는 暗海者라고도 불리웠다.

없이 대양의 한가운데를 항해하는 것으로서 천체나 태양을 관찰하는 기구를 사용해서 위치와 항로를 측정하는 천문항법(天文航法)을 사용해야만 한다. 그러나 해양민들은 일찍부터 경험이나 소박한 자연관측을 통해서 원양항해를 하였다.[6]

해양과 관련된 역사상은 위에서 언급한 이러한 해양문화의 특성 속에서 파악하는 것이 육지 위주의 편향된 시각을 교정할 수 있다.

2) 동아지중해(東亞地中海)의 성격과 해양환경

한반도를 중핵(中核)으로 일본열도와의 사이에는 동해와 남해가 있고, 중국과 한반도 사이에는 황해라는 내해(inland-sea)가 있다. 그리고 한반도의 남부와 일본열도의 서부, 그리고 중국의 남부 지역(양자강(揚子江) 이남을 통상 남부 지역으로 한다)은 이른바 동중국해를 매개로 하여 연결되고 있다. 이러한 자연적 조건을 고려할 때 동아시아는 내부적이나 대외관계에서 해양적 역할이 컸을 개연성이 있다. 특히 한반도는 동아시아를 이어주는 해양로(海洋路)의 중간에서 분절(分節)된 지역들을 연결하고 조정하는 역할을 하는 위치에 있었으므로 해양의 비중이 컸을 것이다.

황해는 중국과 한반도의 서부해안 전체, 그리고 만주남부의 요동지방(遼東地方)을 하나로 연결하고 인접한 각국들이 공동으로 활동하는 장(場, field)의 역할을 하고 있다. 서남해안은 동아시아 내지 황해문화의 남북 연결로(南北連結路) 외에 동서 연결로(東西連結路)의 구실을 겸하고 있으나 중부 이북의 해안보다는 정치 · 군사적 성격이 약하

---

6 물론 고대인들도 계기를 사용해서 천문항법을 하였다.
특히 발해인들은 항해를 할 때 '天文生'이라는 직능을 가진 사람을 태우고 항해했다.
동아시아 고대인의 항해술에 대해서는 필자의 논문들 가운데 특히 「高句麗發展期의 海洋活動能力에 대한 檢討(5~6세기를 중심으로)」, 『阜村 申延澈敎授停年退任論叢』, 일월서각, 1995.
「渤海의 海洋活動과 東아시아의 秩序再編」, 高句麗硏究 6, 학연문화사, 1998 등을 참고.

고, 활동의 폭은 적은 반면에 문화적으로는 복잡했다. 그런데 황해 같은 내해에서는 해양환경이 유사하므로 역사활동도 연관성을 지닌 채 이루어진다. 따라서 황해 주변의 역사상은 황해에 대한 이해와 함께 동아시아해양 전체를 전제로 해야 한다. 따라서 필자는 일국사적(一國史的) 연구가 가진 한계를 보완하면서, 동아시아 해양의 성격을 집약시키기 위하여 동아지중해(EastAsian-Mediterranean-Sea)라는 모델을 설정하고, 그 개념을 적용하고자 한다.

지중해는 일반적으로 2~3개의 육지로 둘러싸여 해양으로서는 독립성을 결여하였으며, 일반의 해양과는 몇 가지 다른 성격이 있다. 지중해는 육지질서(陸地秩序)와 해양질서(海洋秩序)를 공유하고 있다. 각국이 내해(inland-sea)를 공유하고 있으며 연안(沿岸)이 여러 나라로 갈라져 해양에 대한 이해 관계가 예민하며 해역지배권(海域支配權)의 대립을 둘러싼 갈등이 벌어진다. 또한 이동성(mobility)이 강하고 국경이 불분명하므로 힘의 균형(balance of power)이 질서구축의 축이 된다. 그리고 비조직적이고 불연속적인 교섭상의 특성으로 인하여 정치 군사보다는 교역 문화 등 이해관계를 중시한다. 물론 각각 다른 종족과 문화, 국가와 경제형태가 모이는 공간이므로 활발한 상호교류와 함께 정치집단의 갈등도 심각했다.

동아지중해는 다른 해양환경이나 해역과 비교할 때 몇 가지 특성을 지니고 있다.

먼저 자연환경을 살펴보자. 이곳은 바람이 계절에 따라 일정한 방향을 띠는 계절풍(季節風) 지역이고, 해류의 흐름도 늘 일정한 방향성이 있으므로 해양교류에도 이러한 모습이 반영되고 있다.[7] 또한 육지와 육지 사이의 거리가 가깝고,[8] 특히 황해는 내해이므로 교류가 용이했으며, 활발했다. 동아지중해는 해양환경을 둘러싼 육지환경

---

7 예를 들면 한반도 각국이 일본열도에 진출하여 정착하는 과정은 이러한 해류 등 자연환경의 영향을 절대적으로 받았음을 알 수 있다.
8 예를 들면 산동반도의 동쪽 끝인 성산과 황해도 장산곶은 불과 250km 정도에 불과하다.

도 지역에 따라 다양했다. 초원유목문화(草原遊牧文化), 수렵삼림문화(狩獵森林文化), 화북농경문화(華北農耕文化), 강남 해양·농경문화(江南 海洋·農耕文化), 한반도문화(韓半島文化), 일본열도(日本列島)와 동남아(東南亞)에서 올라오는 남방문화(南方文化) 등이 만났고,[9] 다른 종족들도 바다를 매개로 자주 접촉하여 왔다. 한편 정치·군사적인 면에서는 기마병(騎馬兵)을 동원한 유목종족과 보병(步兵)을 위주로 하면서 수군(水軍)을 활용한 농경민의 대결양상을 띠었다.

동아지중해 지역은 권력을 수반한 힘의 질서에도 특성을 가져왔다. 국가와 지역들은 힘의 균형을 잃고, 편중성(偏重性)을 지닌 경향이 있다. 소위 중국 지역이 중심부이고, 그 힘은 우리 지역을 거쳐 일본열도로 가면서 점점 주변부화(周邊部化) 되고 있다. 그러므로 정치력, 군사력 등은 북에서 남으로, 서에서 동으로 진행하는 일진성(一進性)의 경향을 띠고 있다. 결국 이 지역은 기본적으로 3힘의 대결구도이며, 축약하면 2강(强)과 1약(弱)의 구도로 되어있다.

그러나 문화는 반드시 그런 것은 아니고, 서로가 영향을 주고받았다. 즉 바다를 가운데 두고 바다 주변의 주민과 문화는 상호영향을 주는 환류(環流)시스템을 이루고 있었다. 즉 강한 문화력을 가진 A의 문화는 주변인 B에게 일정한 문화를 전수한다. 그런데 문화는 종류가 다양하다. 또한 시대와 상황에 따라 지향하는 문화가 다르다. B의 문화 또한 A에게 전수된다. 이 관계는 주(主)와 부(副)가 있고, 일종의 상호작용이라고 볼 수 있다. 그런데 A문화가 B로 갔다가 B의 영향으로 변형을 한 다음에 다시 A에게 와서 영향을 주는 경우가 적지 않다. 마찬가지로 B의 문화가 A에게 전해져서 가공과 변형을 거친 다음에 다시 A의 형태와 포장으로 전해질 수 있다.

---

9 이러한 전형을 보이는 것이 고구려 발전기의 모습이다. 이 시기의 동아지중해 중핵국가로서 고구려의 문화적 특성과 시대정신에 대해서는 졸고, 「高句麗人의 時代精神에 대한 探究」, 『韓國思想史學』7집, 한국사상사학회, 1996.

그런데 해양문화권에서는 이러한 관계가 더욱 빈번하고 자연스럽게 진행되며, 여러 지역과 국가들이 동시에 만날 수 있기 때문에 교류의 대상들이 A와 B뿐만 아니라 C와 D 등 다양하다. 그러므로 문화는 사실은 서로 영향을 주고 받는 것이며, 때로는 원형과 변형의 구분도 어려울 뿐더러, 거기서 가치의 경중을 논한다는 것은 매우 어렵다. 그러니까 흔히 이해하듯이 동아지중해의 문화는 정치나 군사력처럼 주(主)와 종(從), 중심부(中心部)와 주변부·변방(周邊部·邊方)의 구분이 뚜렷하며, 방향이 일진성(一進性)을 띤 것이 아니다.[10] 거기다가 생활에 필요한 물품 등 교역품들은 필요의 원칙에 따라 정치력과는 무관하게 이동을 한다. 이러한 해양문화의 성격은 자연환경에 영향을 받아 더욱 복잡하게 되었다.[11]

그러면 동아지중해의 역사상에 직접적으로 영향을 끼쳤던 해양환경은 어떠했을까?

바다에는 지역 간의 해양교통을 원활하게 해주는 분자로서 해류(海流)와 조류(潮流), 바람(風)이 있는데, 특히 동아시아(東亞)의 해양문화환경(海洋文化環境)에 영향을 미친다. 해류에는 쿠로시오(黑潮)와 그 본류에서 갈라져 나온 지류들이 있다. 동중국해에는 쿠로시오 외에 규슈서안의 쿠로시오 분파가 있고, 또한 이 해류에서 갈라져 황해 중앙부를 북상하는 것과 겨울(冬季)에는 중국해안을 남하하는 한류(寒流)가 있다. 그런데 황해, 동중국해의 해류는 바람의 영향, 중국대륙으로부터의 하천수(河川水) 유입량의 변화 등에 의하여 변화가 많다. 해류의 흐름은 인간을 일정한 장소에서 일정한 장소로 이동하는 데 도움을 준다. 때로는 의지와는 무관하게 인간과 문화의 이동을 가능

---

10 이것은 필자가 동아시아의 역사와 문화를 해석하는 틀로서 동아지중해이론을 설정하고, 그것을 보완하는 부차이론으로서 설정한 '環流시스템 이론'의 大綱이다.
11 동아지중해의 특성과 역사적인 해석에 대해서는 필자의 여러 논문이 있으나, 정치역학관계와 현재적 의미 등에 대해서는 「고구려의 남진정책과 東亞地中海戰略」, 『海洋戰略』, 한국해양전략연구소, 1999. 「고구려의 東亞地中海 모델과 21세기적 意味」, 『아시아 文化硏究』, 목포대학교 아시아문화연구, 2000. 「동아지중해모델과 21세기 동아시아의 국제관계」, 韓國政治外交史學會, 하계세미나, 2000 등.

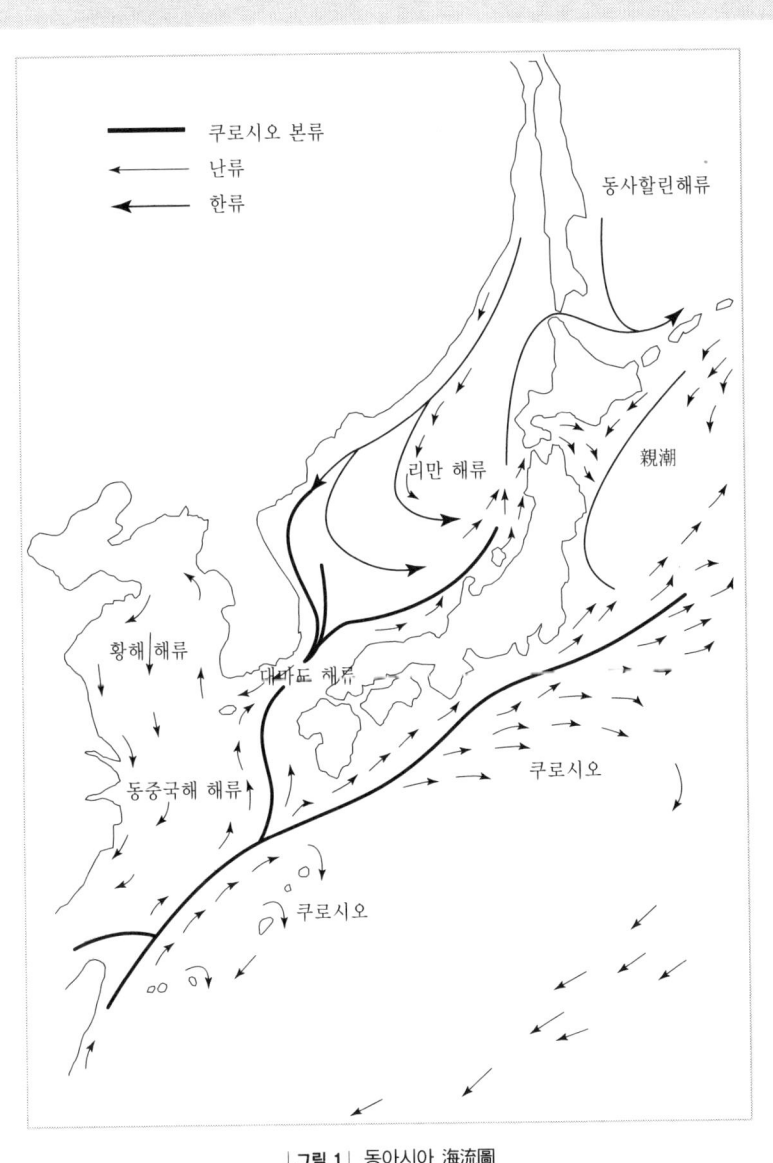

|그림 1| 동아시아 海流圖

하게 한다. 따라서 해류의 흐름을 이해하지 않고서는 문화의 이동현상을 정확하게 규명할 수 없다.

그런데 연안항해에서는 해류보다 중요한 역할을 하는 것은 조류이다. 특히 한반도의 서남해안과 중국의 동해안은 조류의 흐름이 매우 빠르고 방향의 지역적인 편차가 심하다. 조류의 움직임은 고대에는 황해나 남해안에서 절대적인 영향을 끼쳤을 것이다. 영산강 유역이 있는 한반도 서해안의 조류가 얼마나 복잡하게 움직이는가는 아래 자료에서처럼 몇몇 특정 지역을 보아서 알 수가 있다.

그러나 황해는 중간에도 조류가 작용하여 항해에 어려움을 준다.[12] 조류의 이러한 특성은 각 지역마다 개별적인 해양세력(海洋勢力)이 존재했을 가능성을 암시한다. 복잡한 지역물길에 익숙한 집단은 그 지역의 해상권(海上權)을 장악하고 세력화할 수 있다. 선사시대와 고대사회에서 해안근처에 집단분포의 흔적이 있는 것은 이러한 면에서도 살펴볼 만하다.[13] 특히 영산강 유역 및 영산만의 역사적 상황은 매우 깊은 관심을 요한다.

한편 항해 환경(航海環境) 가운데에서 바람은 절대적이다. 보통 해류의 영향을 강조하는 경향이 있지만, 해류도 폭풍 등 바람의 영향을 받는 경우가 많다. 특히 본고의 연구대상 시기에는 돛을 효과적으로 이용하는 수준에 이르렀으므로 바람의 이용이란 매우 중요하다. 연안항해는 물론 근해항해(近海航海) · 원양항해(遠洋航海)에서 바람의 이용이란 거의 필수적이다. 바람은 표류 등에 의하여 우발적인 교섭을 낳고, 지속적으로 접촉하는 계기를 만들어 문화의 교섭, 역사적인 사건을 발생시키게 된다. 이러한

---

12 尹明喆,「황해의 지중해적 성격연구1」,『한중문화교류와 남방해로』, 국학자료원, 1997, p.236.
13 尹明喆,「西南海岸의 海洋歷史的 環境에 대한 검토」,『扶安 竹幕洞 祭祀遺蹟』, 國立全州博物館 開館 5주년 기념 심포지엄, 1995, p.28.

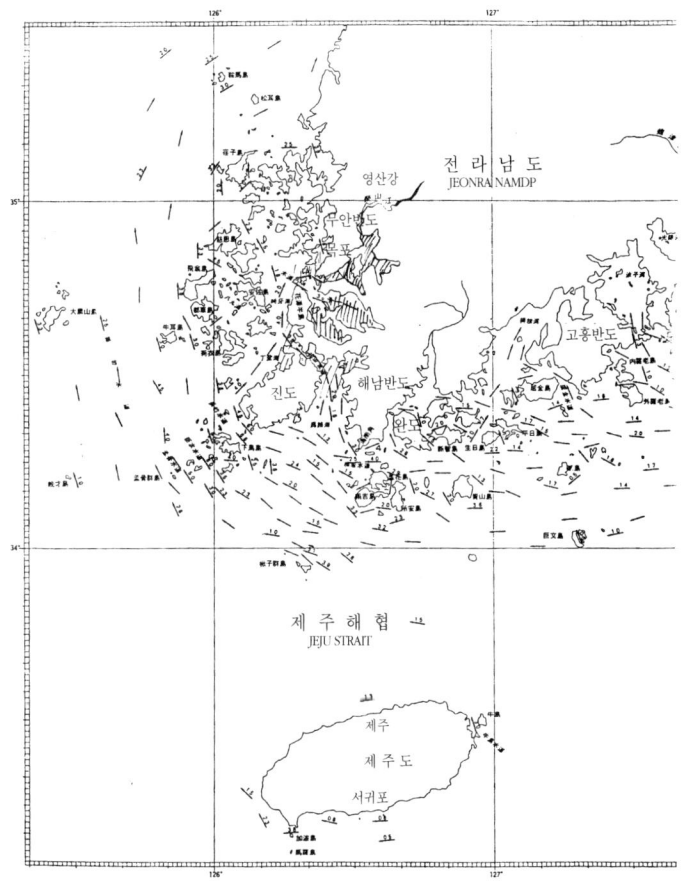

| 그림 2 | 서남해안의 조류도[14]

---

14 『대한민국 水路誌』 소재 본고와 관련 있는 지역의 潮流現況
  孟骨水道
  맹골수도의 조류는 서북 및 남동쪽으로 흐르며 북서쪽에서 흐르는 창조류는 하조도의 저조 후 약 2시부터 고조 후 약 2까지 흐르며, 남동쪽으로 흐르는 낙조류는 고조 후 약 2시부터 저조 후 약 2시까지 흐르며 최강 유속은 6.8노트이다.
  黑山諸島
  흑산제도에서의 漲潮流는 북~서북쪽으로 흐르고 落潮流는 南~南東쪽으로 흐른다. 창조류(낙조류)는 低

예는 역사상에서 많이 나타났다.[15]

특히 계절풍은 일정한 방향성이 있으므로 체계적으로 활용할 수 있다. 동아시아는 계절풍 지대이다. 황해나 동중국해는 겨울(冬季)에는 북서풍에 풍력(風力) 3~5이고, 때때로 편북(偏北)에서 편북동풍(偏北東風)이 된다. 여름(夏季)에는 편남(偏南) 또는 편남동풍(偏南東風)이 많고 풍력은 3~4이다. 그리고 4월 말에서 5월 초 및 9월에는 방향이 일정하지 않은 부정풍(不定風)이 많다. 그러나 때와 지역에 따라서 다른 것이 바다의 바람이다.

백제(百濟)의 대중교섭(對中交涉), 왜(倭)의 신라침입(新羅侵入), 발해(渤海)의 견일본사(遣日本使), 일본(日本)의 견발해사(遣渤海使)·견당사(遣唐使) 등을 보면 고대 항해에는 바람의 영향을 절대적으로 이용하고 있음을 확인할 수 있다.[16] 봄에서 여름에 걸쳐 부는 남풍계열의 바람은 중국 남부해안과 한반도 혹은 일본열도와의 교류를 가능하게 한다. 반면에 가을에서 겨울에 걸쳐부는 북풍계열의 바람은 한반도 북부와 중국의 중부 혹은 남부해안과의 교류를 가능하게 한다. 한편 남풍계열의 바람은 일본열도에서 한반도로의 교류를, 북풍계열의 바람은 한반도에서 일본열도의 남부와 서부해안과의 교섭을 가능하게 한다.

(高)潮 후 2~3시부터 고(저)조후 2~3시까지 흐르며 각 도서 사이의 狹水道에서는 유속이 매우 빠르다.
群山港
군산항 부근에 있어서의 漲潮流는 오식도 부근보다 약 20분 늦게 활류하고 落潮流는 약 30분 늦게 활류한다. 외항부근에 있어서의 최강유속은 창조류 때는 1.5~3.5kn로 흐르며 낙조류 때는 2.3~4.8kn로 흐른다.

15 백제 威德王 36년 隋의 戰船이 耽牟羅國(제주도)에 표착해서 외교교섭의 단초를 열었다. 고려때 상선 한 척이 표류하다 송 수군에 구조된 후 고려의 사정을 그들에게 알려주고 있다(全善姬,「明州古方志所見宋麗交流史事札記」). 張漢喆의『漂海錄』, 崔溥의『漂海錄』,『成宗實錄』卷105의 표류기사, 柳大用의『琉球風土記』, 그 밖에 崔斗燦의『江海乘叩錄』 등 이러한 것들은 그러한 우연의 교섭을 기록하고 있다.
16 尹明喆,「海洋條件을 통해서 본 古代韓日 關係史의 理解」,『日本學』15, 동국대 일본학연구소, 1995.
尹明喆,「渤海의 海洋活動과 동아시아의 秩序再編」, 고구려연구 6, 학연문화사, 1988 등에 도표 등이 자세하게 나와있다.

3. 영산강 유역의 해양 역사적 환경

영산강 유역을 배경으로 이루어진 역사는 내륙 하천(內陸河川)으로서의 영산강(榮山江) 하구 지역과 서해[17]와 이어진 만(灣)으로서의 영산강 하구 유역이라는 두 가지 면에서 동시에 살펴보아야 한다.

영산강은 노령산맥의 용추봉에서 발원하여 남서방향으로 내려와 목포로 해서 바다로 빠져나가는 큰 강이다. 본류(本流)는 89.7km로서 비교적 짧은 편이나 지류(支流)가 현재 322.5km가 된다. 지류는 황룡강, 화순천, 문평천, 고막원천, 삼포천,[18] 영암천 등이 있다. 이 하천들은 행정구역상으로 담양군, 장성군, 광주시, 나주시, 화순군, 함평, 영암, 무안 등 전남 지역 전체를 관류(貫流)하고 있다.[19] 이렇게 하계망(河系網)이 발달한 영산강의 하구를 장악하면 내륙으로 이어지는 물길을 장악할 수 있으므로 결국은 전남 내륙 전체에 영향력을 행사할 수 있다.

영산강은 지금은 댐공사, 간척지 개발(干拓地開發), 자연현상 등으로 인하여 하구 유역에 농도가 매우 넓다. 하지만 그 이전에도 서해안에 있는 큰 강의 하구 지역이 그러하듯이 평야가 발달하였다. 나주평야로 알려진 이 지역은 농업경제를 활성화시키고, 경제력을 강화시키기 위해서도 반드시 장악해야 할 지역이었다. 그런데 영산강은 평야 사이를 흘러온 지류가 많으므로, 필연적으로 지류(支流)와 본류(本流)가 이어지는 수계(水系)의 결절점(結節点)을 차지한 세력들 간에 경제권(經濟圈)을 둘러싼 갈등이 빈번했을 것이다. 특히 삼포강 등 본류와 지류의 중요한 지점에서 많은 수의 고분들과

---

17 西海라는 용어는 한반도와의 관계 속에서 사용하고, 黃海라는 용어는 동아시아 전체를 배경으로 하고, 특히 한중 관계에서 사용하는 것이 바람직하다.
18 三浦川은 조수가 밀고 올라오던 시절에 포구가 여러 곳에 있었는데, 남해포, 수문포, 석해포 등의 세포구에서 유래했다. 『榮山江流域史硏究』, 韓國鄕土史硏究全國協議會, 1997, p.43.
19 위의 책, p.13 참조.

성 등의 유적들이 발견되는 것은 이러한 배경들 때문이다.[20]

　이러한 몇 가지 특성을 지닌 영산강 하구를 장악하면 하계망과 내륙 수로(內陸水路)를 통해서 영산강 유역의 여러 강과 천변의 내륙들을 통합하는 계기를 마련할 수 있다. 그리고 후술하는 조건과 더불어 남부의 해상권까지도 장악할 수 있다.

　영산강 하구 유역의 역사적인 성격을 이해하기 위해서는 또 하나의 관점에서 살펴볼 필요가 있다.

　영산강 유역, 즉 영산만(榮山灣)은 남부 최대의 만(灣)이고, 해양활동의 핵심 지역이다. 따라서 해양지리(海洋地理)적으로 볼 때 매우 중요한 의미가 있다. 한반도 서안의 연근해항로를 이용하려면 반드시 이 해역을 거쳐가거나, 그 영향권을 통과해야 한다. 고대에는 원양항해의 능력이 부족했으므로 황해를 직항횡단하는 일은 용이한 것이 아니었다. 육지에 근접하여 항해하는 연안항해와 근해항해의 범위를 크게 벗어나지 못하였다. 그러므로 영산강 하구 해역은 한반도 남부에 있는 세력들과 제주도(濟州道), 그리고 일본열도를 오고가는 경우에는 반드시 통과해야 하는 해양교통의 길목이었다. 또 한반도 북부를 통해서 내려오는 길과 중국 강남(江南)에서 들어오는 길, 그리고 제주도에서 올라오는 길, 한반도의 남부동안에서 오는 길, 그리고 일본열도에서 오는 길, 이러한 모든 물길이 상호교차하면서 반드시 거쳐야 할 곳이 이곳이다.

　그래서 일찍부터 문화가 유입됐으며, 전달통로가 됐다. 고인돌이 집중 분포하고, 청동기문화가 발달한 사실은 이러한 해양적 배경이 있었기 때문이다. 고대문화의 통로로서 후대에는 신라의 대당교통로(對唐交通路)로 사용되었다.[21] 신라 말의 이 지역 해

20　姜鳳龍, 「3~5세기 영산강유역 '甕棺古墳社會'와 그 성격」, 『역사교육』69, 역사교육학회, 1999, 3장 참조.
21　『擇里志』全羅道 나주지.
　　李龍範, 「處容說話의 一考察」, 『震檀學報』, 1969.
　　李海濬, 「黑山島文化의 背景과 性格」, 『島嶼文化』6집, 1988, p.14.
　　권덕영, 『古代韓中外交史』, 일조각, 1997.
　　尹明喆, 「新羅下代의 해양활동 연구」, 『국사관논총』91집, 국사편찬위원회, 2000 참조.

상세력인 나주 오씨(羅州吳氏)는 조상이 중국에서 상인으로 성공한 후에 무역상들을 따라 신라에 건너온 세력이라는 견해도 있다.[22] 그 외에 영암 최씨(靈巖崔氏)도 결국은 이 지역을 기반으로한 해상세력이다. 바로 이 무렵 후백제와 고려의 전쟁이 이 지역에서 치열하게 해상전까지 벌이면서 격돌을 한 것은 영산강 하구 유역이 교역권과 관련이 있고, 대외교역의 창구가 되었기 때문이다. 고려의 대송교통로(對宋交通路)[23] 역시 이 지역과 관련이 있다.

영산강 유역인 서남해안은 매우 특이한 형태로 되어 있어 정치문화적인 성격의 형성에도 강한 영향을 끼쳤다. 해안선의 형태가 매우 복잡하므로 만(灣)과 포(浦), 곶(串) 등이 곳곳에 발달하였다. 신안군에 속한 크고 작은 무수한 섬들로 인하여 영산강 유역의 해양면적은 더욱 늘어났다. 연안을 따라 사람들이 쉽게 접촉할 수 있었으며, 많은 섬들을 징검다리로 삼아 반대편에 있는 사람들과 직접 혹은 간접접촉을 할 수 있었다. 예를 들면 중국 지역에서 출발한 이국선(異國船)들이 표류하였을 때 주로 신안군 내의 섬들에 표착하는 것은 이러한 성격을 반영한다.[24] 이런 점에서 신안군의 지도, 임자도, 암태도 등과 진도군 진도 등의 섬들은 해양교류나 해양방어에서 특별한 기능을 했을 가능성이 많다.

영산강 유역은 강력한 해양세력이 성장할 만한 환경을 지니고 있다. 해양토착세력들은 앞에서 언급한 바와 같이 기본적으로 무정부성(無政府性)과 호족성(豪族性)을 지니고 있다. 즉 중앙정부의 통제와 간섭을 받으려하지 않고, 현실적으로 중앙정부가 통

---

22 姜喜雄,「高麗 惠宗朝 王位繼承亂의 新解釋」,『韓國學報』7, 1977, p.69.
23 尹明喆,「徐熙의 宋나라 使行航路 探究」,『徐熙와 高麗의 高句麗 繼承意識』, 고구려연구회학술총서 2, 학연문화사, 1999.
　尹明喆,「黃海의 地中海的 性格硏究」,『韓中文化交流와 南方海路』, 국학자료원, 1997. 특히 徐兢이 쓴『宣和奉使高麗圖經』의 기술을 참고로 항로설명을 상세하고 있다.
24 異國船의 이 지역 漂着에 관해서는『備邊司謄錄』(신안군관계기사 자료집), 신안군, 목포대학교도서문화연구소, 1998에 상세하게 정리되어 있다.

제하기 힘들다. 그들이 발호하여 성장하려면 몇 가지 조건을 갖추어야 한다.

첫째, 해상로를 통제할 수 있는 물목을 장악할 수 있어야 한다.

서남해역은 남해서부의 해남(海南)을 포함한 화원반도(花源半島) 및 서해남부의 나주군도(羅州群島)·목포(木浦)·무안(務安) 일대를 비롯하여, 그 위로 군산 서부 지역(群山 西部地域)이 있다. 해남에서 목포(木浦)에 이르는 해역은 리아스식 해안과 섬들로 인하여 물길이 매우 복잡하고, 특히 강물과 바닷물이 섞이므로 조류의 흐름이 불규칙하다. 해류도 북동진하던 쿠로시오의 한 갈래가 부딪히면서 크고 작은 섬들에 걸려 각제 갈길을 찾아 움직이므로 물길의 방향이 일정하지 않다. 이 해역은 암태도, 기좌도 등이 하구(河口)를 막으면서 무수히 많은 섬들이 둘러싸고 있으므로, 그 사이를 뚫고 수로를 찾아 항해한다는 것은 무리이다.

그러므로 해역환경에 익숙한 토착세력이 아니고는 연안항해는 물론 해양활동 자체가 불가능하다. 서남해안을 단순 통과하고자 하는 선박들은 가능한 이 지역 내부, 혹은 근처를 통과하기보다는 멀리 돌아서 조류의 영향을 덜 받는, 최소한 연안수(沿岸水)를 이용할 정도의 근해(近海)로 빠져나가 북상을 하고자 할 것이다. 해상토호세력(海上土豪勢力)의 간섭 내지 방해를 피하기 위해서는 더욱 우회하고자 할 것이다. 하물며 외부세력은 감히 침범할 수가 없다. 그러므로 해양토착세력이 형성되고, 장기간 웅거하기에 좋은 조건이다.

둘째, 해양세력이 성장하려면 장기간 웅거할 수 있고 활동할 수 있는 넓은 공간이 마련되어야 한다. 남쪽의 진도부터 장산도, 기좌도, 암태도, 지도에 이르는 섬들은 육지의 함평, 무안, 목포, 화원반도와 마주보면서 바다를 감싸고 있어 안정적인 넓은 해양공간이 마련된 일종의 소지중해(小地中海)같다. 대단한 세력을 지닌 해양세력이 형성될 수 있는 환경이다. 뿐만 아니라 영산강 하구는 매우 특이한 형태로 되어 있다. 비교적 고대 지형의 원형(原形)을 표현하고 개념도의 성격을 지닌 『대동여지도(大東輿地圖)』, 『청구도(靑邱圖)』 등을 보면 매우 넓은 해역이었음을 알 수 있다.

넓은 하구는 내부로 들어오면서 휘어지다가 넓어져서 몇 갈래로 갈라진다. 화원반도, 무안반도가 양날개처럼 감싸고 있다. 그리고 영산강 하구는 내부에서 내륙으로 깊숙하게 이어지고 있다. 뿐만 아니라 해남으로 이어지는 만도 역시 영산강 하구 세력에 의하여 관리, 통제될 수 있는 지형이다.

또한 이 넓고 안정된 만은 밖에서는 관측이 도저히 불가능하다. 그러므로 대규모의 수군기지(水軍基地)를 설치할 수 있으며, 곳곳에 해양방어체제를 구축할 수 있다. 만안의 내부를 흐르는 물길이 복잡하므로 조류의 움직임을 숙지한 세력이 아니면 내부로 침입하기조차 힘들다. 갯뻘이 많아 선박의 진입과 접안이 어려우므로 군사적인 면에서는 매우 유리하다. 또한 수많은 선박들이 움직이면서 경제활동을 할만한 안정된 상업기지(商業基地)를 만들 수 있다.

또한 영산강 하구 유역은 해상세력이 경제적으로 성장하는데도 매우 유리하다. 연안어업과 근해어업 등을 통해서 경제적인 이익을 얻을 수 있다. 수륙교통(水陸交通)의 결절점(結節点)으로서 수로와 해로교통을 이용하여 물자를 교환하고, 다른 지역과의 교역 등에서 발생하는 이익이 크다. 그리고 유역의 내륙에는 나주평야가 있어 농경에 충분하다. 현재 나주, 광주, 영암, 강진, 해남 등이 다 이 영산강 유역의 배후지로서 좋은 조건을 골고루 갖추고 있어 정치세력들이 충분히 자립할 수 있는 경작공간이다.

셋째, 경제적인 이익이 발생하고 신속하게 오고가는 해양질서 속에서 해양세력들이 성장하고 장기간 발전하기 위해서는 군사적인 환경 또한 고려하지 않을 수 없다. 외부세력 혹은 중앙정부(中央政府)의 군사력(軍事力)을 방어하기에 좋은 전술적 이점이 있어야 한다. 먼저 안전을 위한 해양방어체제(海洋防禦體制)의 구축은 필연적이다. 해양방어체제는 해양에서 적의 水軍과 해상전투를 벌어질 때 보조역할을 하고, 섬 및 해안에서 선박으로 상륙하는 적을 저지하는 역할을 한다. 즉 주요임무는 '관측과 검문', '제어 및 저지', '공격과 격퇴' 이다.[25]

서해안은 리아스식 해안이므로 곶(串)과 포(浦), 만(灣)이 많다. 크고 작은 강과 바다가 만나므로 곳곳에 포(浦)와 나루(津)가 있다. 이른바 교통의 요지이고, 경제·문화가 집중되는 곳이다. 고대에는 이러한 곳에서 정치세력들이 형성되고 성장하였다. 이러한 곳을 점령당하면 적이 내륙으로 진격하는 것을 허용하고, 또 바다로 나가는 출구가 봉쇄당한다. 때문에 방어적 가치가 매우 높은 곳이다. 이 곳·포와 진을 지키기 위하여는 해안과 바로 접한 곳에 성을 쌓는다. 필자는 몇 편의 논문을 통해서 이러한 성들을 '곶성(串城)', '포구성(浦口城)', '진성(津城)'이라고 부르고자 하는 논리를 전개하고 있다. 하지만 더 깊숙한 곳, 즉 만 전체를 주변 지역과의 유기적인 관계 속에서 작전을 수행하기 위하여 내륙으로 더 들어간 곳에는 중심성(中心城)을 구축해야 한다. 특히 농경지를 감시하고, 수로를 관측하고, 물길을 장악하는 길목에는 반드시 큰 규모의 성이 있어야 한다.[26]

영산강 하구는 섬들이 많고, 해안선이 매우 복잡하므로 곶과 포가 많다. 따라서 방어시설을 설치할 필요성이 강하고, 또 설치하기에도 유리한 조건을 갖추고 있다. 그러므로 곳곳에 해양방어체제 혹은 하안방어체제(河岸防禦體制)가 구축되었을 것이며, 이러한 성들의 존재는 계속해서 밝혀지리라고 판단된다.[27] 특히 회진(會津)토성과 자미(紫薇)산성은 이 지역의 해양 역사적 성격을 규명하는데, 매우 중요하고 의미가 있는 성이다.[28]

---

25 尹明喆, 「江華 지역의 해양방어체제연구-關彌城 위치와 관련하여」, 『사학연구』 58·59합집, 1999.
_____, 「遼東지방의 해양방어체제연구」, 『정신문화연구』 겨울호(통권 77호), 1999에는 해양방어체제에 대한 상세한 설명이 있다.
26 이 부분에 대해서는 申瀅植·崔根泳·尹明喆 외, 『高句麗山城과 海洋防禦體制』, 백산문화사, 2000 참고.
27 會津토성(林永珍·趙黛先, 『회진토성』 1, 백제문화개발연구원 전남대박물관, 1995 및 徐程錫, 「나주 회진토성에 대한 검토」, 『백제문화』 28집, 공주대 백제문화연구소, 1999 참고)이 대표적이다.
기타 영산창성지·성틀봉토성·자미산성 등에 대해서는 역사적 상황과 관련하여 강봉룡이 「영산강유역 고대사회와 나주 지역」에서 이를 설명하고 분포도를 작성하였다.
28 현재의 지형을 근거로 고분 산성 등의 유적이나 유물을 판단하고 성격을 규정하는 일은 신중히 해야한

이렇게 살펴본 바와 같이 다양한 해양환경으로 보아 영산강하구 유역에서 성장한 세력은 한반도의 서남해안 전체를 장악할 수 있고, 남해서부인 강진 해남 진도 까지도 영향력을 행사할 수 있는 환경을 지니고 있다. 나아가서는 동아지중해의 해양교통이 이루어지는 중요한 길목으로서 국가에 결정적인 영향을 끼칠 수 있다.

역사적으로 보면 여수(麗水)·해남(海南)·목포(木浦) 등 다도해(多島海) 지역은 자체 내에서 해양활동이 있었을 가능성이 매우 많다. 이미 신석기시대부터 인간활동의 흔적이 나타난다.[29] 특히 목포 지역의 여러 섬들에서는 독자적인 해양세력이 존재해 있었을 가능성이 높다.[30] 가장 많이 집중되어 있는 고인돌의 존재는 이를 뒷받침한다. 최근에는 옹관묘(甕棺墓)와 거대한 고분군들의 존재로 인하여 소국의 존재, 위치, 크기, 성격 등을 규명하는 연구들이 진행되고 있다.[31]

소국들은 정치적으로 해양세력이거나, 아니면 교역을 주로하는 특수한 성격의 정치집단이었을 가능성도 있다. 삼한시대의 소국들의 상당수가 강 하구(江河口)나 해안가 가까이 위치해 있다는 사실은 소국들의 일반적인 성격과 함께 특히 이 지역 소국의 성격을 이해하는데 일정한 의미가 있다고 여겨진다.

초기의 소국들은 농경(農耕)과 어로(漁撈)의 실질적인 이익을 얻어야 하고, 주변의

다. 현재의 지형은 매우 많이 변했고, 특히 영산강 하구 유역은 상당한 부분이 원래는 바다이었거나, 바다로 이어진 물길로 연결된 곳이었다. 삼포강 유역은 상당히 상류까지도 바다와 물길로 이어진 곳이었으므로 최근에 논란을 불러 일으키고 있는 그 지역의 유적들은 해양적 관점을 염두에 두면서 해석하는 노력이 필요하다.

29 李海濬,「新安 島嶼地方의 歷史文化的 性格」,『島嶼文化』7, 1989, pp.60~64에는 삼국시대까지 이 지역 문화유적에 대한 종합조사를 정리하고 있다.
30 李海濬, 위 논문, p.63.
31 姜鳳龍,「3~5세기 영산강 유역 '甕棺古墳社會'와 그 성격」,『역사교육』69, 역사교육학회, 1999 및「5~6세기 영산강 유역 '甕棺古墳社會'의 해체」,『백제의 지방통치』, 학연문화사, 1998 등에서 이러한 관점을 피력하고 있다. 특히「3~5세기 영산강 유역 '甕棺古墳社會'와 그 성격」, p.81에서 옹관고분과 고대 성곽이 주로 서남해안과 영산강 본류 및 삼포강 연변을 따라 주목할 필요가 있다고 하였다.

소국이나 외국과 교섭을 위해서, 또 경제상의 이익은 외래문물의 수입 및 수출에 크게 의존했으므로 필연적으로 항구를 갖춘 해안가 가까이 있어야 했다. 더구나 해양을 통해서 들어온 이주민 집단(移住民 集團)으로 구성된 경우가 많으므로 1차적으로 해안가에 위치해 있었다. 그러므로 해양문화가 발달했고, 교역을 통해서 성장한 해안도시국가(海岸都市國家)의 성격을 가지고 있었다. 필자는 '나루국가'라는 용어의 선택을 시사한 일이 있었는데,[32] 이는 바다로 이어진 일종의 '해항도시(海港都市)' 또는 '하항도시(河港都市)'이다.

우리가 알고 있는 해양폴리스들은 반드시 해안가에 있는 것은 아니다. 초기 단계를 벗어나 조금 더 성장하고, 커진 도시국가(都市國家)는 오히려 바다에서 약간 내륙으로 들어간 곳에 있었다. 해안으로 침입해 온 적의 공격을 피할수 있고, 내륙으로 진출하는 교두보를 마련할 뿐만 아니라, 보다 넓게 하계망을 확보하여 경제적으로도 물류체계를 장악하는데 유리하기 때문이다. 대표적인 해양폴리스인 아테네도 피레우스라는 항구를 외항으로 가진 내륙의 해항도시이다. 트로이도 해안에서 언덕을 몇 개나 넘은 곳에 있는 도시국가였다. 삼한소국과 유사한 시기에 존재했던 일본열도의 소국들이 연안의 해양교통과 밀접한 관계가 있다는 것을 분석한 연구가 발표되었다.[33]

여러가지 환경을 고려할 때 영산강 유역에는 초기부터 독립된 소국이 존재했을 가능성이 충분히 있고, 그 후에도 중앙정부의 통제가 비교적 느슨한 지역세력이 오랫동안 존재했을 것이다. 다만 이 지역은 항구 기능 및 외부문화의 유입처, 혹은 출발지

---

32 尹明喆, 「西海岸 일대의 海洋歷史的 環境에 대한 검토」, 『扶安竹幕洞 祭祀遺蹟 硏究』, 국립전주박물관, 1998, p.120.
33 松枝正根, 『古代日本の軍事航海史』 上, カ+書房, 1994, pp.191~192.
즉 당시의 해양수준으로 1일 항해거리는 약 32마일(약 59km)로 잡았다. 그리고 이 거리를 중시한다면 首都라고 생각되는 지점에서 약 60km 마다에 港이 발전해야만 한다. 그러면서 위 계산법에 의거해 항로와 거리 일수 등을 열거하면서 유적의 분포와 일치함을 주장하였다.

의 구실, 즉 항해의 종착지나 출발지의 기능은 충분히 할 수 있다. 그러나 해양중계지(海洋中繼地)로서의 역할을 하거나 경유 항로(經由航路)의 역할을 하기에는 적합한 지역이 아니라고 판단된다.

4. 영산강 유역과 중국 지역의 교류

앞 장에서 언급한 자연조건과 해양환경을 갖춘 영산강 유역은 선사시대부터 해양교통의 요지였다. 서해연안과 남해연안을 이용한 연안 간의 교류는 활발하였으며, 시대가 내려올수록 그 활동의 빈도는 더욱 높아졌다. 항해술, 조선술의 발달과 역사발전의 필요성에 힘입어 장거리 항해가 시작되었으며, 이를 계기로 문화권이 다른 지역, 종족이 다른 지역과도 교류가 이루어졌다. 특히 황해에는 연근해항로가 개설되어 이른 시기부터 다른 지역과 교류와 이동이 있었다.

중국 황해서안 지역과 한반도 황해 농안 지역이 교섭을 가진 흔적은 여러가지 면에서 확인되고 있다. 최근에 다시 제기되고 있는 것이 쌀농사의 전파과정이다. 최근에 강화도(江華島)와 경기도(京畿道)의 김포(金浦), 일산(一山), 고양(高陽)에서 발견된 볍씨는 방사성 탄소연대측정의 결과 4000년을 상회하는 것으로 나타났다. 그런데 화북지방(華北地方)에서 육로 혹은 연안을 따라서 한반도의 북부로 해서 남부지방으로 전파되었다는 기존의 견해와 달리 경기만의 벼농사를 양자강 유역과 연관시키려는 견해들이 있다. 그 관계에 대해서는 알 수가 없으나 해류의 흐름, 계절풍 등을 감안할 때 양자강 유역과 한반도 서해안사이에 교류 가능성은 충분하다.[34]

---

34 필자는 이러한 가능성을 입증하기 위하여 1997년 황해학술탐험을 시도하고 성공하였다. 황해의 해양조건과 당시의 실제항로는 졸고,「황해의 지중해적 성격연구1」,『한중문화교류와 남방해로』, 국학자료원, 1997.

고인돌의 전파와 분포 또한 해양교류와 깊은 관련이 있다. 고인돌은 황해연안을 따라서 환상형(環狀形)으로 분포되어 있다. 근래에는 절강(浙江)에서 한반도로 직접 전파되었다는 주장도 있다.[35] 이렇듯 해양을 매개로 유사한 문화권이 형성되어가는 현상은 일본열도와 중국 지역과의 교섭에서도 확인된다.[36]

황해를 통한 중국 지역과의 교섭은 역사시대에 들어오면 더욱 빈번해진다. 고조선은 해양활동이 활발했다.[37] 전남 강진(일설에는 務安)에서 명도전(明刀錢) 두 개가 발견되었고,[38] 전한시대의 오수전(五銖錢), 왕망이 세운 신(新)의 포전(布錢) 등이 제주도(용담동 산지항)에서까지 발견되고 있다.[39] 연(燕)의 명도전이 동아시아 지역에 광범위하게 분포된 사실을 근거로 연(燕)의 경제권(經濟圈)으로 설명하는 견해도 있다.[40] 그러나 명도전이 연인(燕人)의 것이므로 교역활동의 주체를 연인으로만 파악하는 것은 무리가 있다.

한(漢)나라가 성립한 이후에는 황해를 매개로 하는 동아시아(東亞)의 문화권(文化圈)이 급격하게 확대되고, 각국 간의 교류가 활발해졌다. 서남해안에서 발견된 중국계의 도씨검(刀氏劍)은 춘추시대(春秋時代) 후기부터 후한(後漢) 때까지 사용이 되었는데 이 지역의 주민들이 수입했으며 황해를 직항해서 강남지방과 이 지방이 교역을 했을

---

35 毛昭晰,「浙江支石墓의 形態와 韓半島支石墓 比較」,『中國의 江南社會와 韓中交涉』, 집문당, 1997.
　毛昭晰,「선진시대 중국강남 지역과 한반도의 해상교통」,『한중문화교류와 남방해로』, 국학자료원, 1997.
36 安志敏,「先史時代における海上の中日交流」,『古代日本海文化の源流と發達』, 森浩一 外, 大和書房, 1985.
37 尹明喆,「黃海文化圈의 形成과 海洋活動에 대한 연구」,『先史와 古代』11호, 1998, 3장 참조.
38 李基東,「馬韓史 序章」,『馬韓文化研究의 諸問題』, 10회 마한백제문화학술회의, 1989, p.113에서 명도전의 출토가 일본 備後, 備前 지방을 비롯하여 오키나와의 那覇(나하) 등지에서 나온 것을 중시하여 康津의 明刀錢 발견을 韓半島 西南海岸의 산물로 이해하고 있다.
39 崔夢龍,「上古史의 西海交涉史 研究」,『國史館 論叢』3집, 1989, p.13, pp.20~21.
　池健吉,「南海岸地方 漢代 貨幣」,『昌山 金正基博士華甲紀念論叢』, 1990, p.535 등.
40 江上波夫,「古代 日本의 對外關係」,『古代日本의 國際關係』, 朝日新聞社, 1990, p.58.

것이라는 주장도 있다.[41]

『후한서(後漢書)』, 『삼국지(三國志)』 등에 기록된 "……其後遂通接商賈, 漸交上國……"[42] 등을 통해서 삼한(三韓) 각국과 중국 지역이 이루어진 관계를 알 수 있다. 삼한을 구성한 78개국의 각국은 자율성을 유지하고 그 내부에서도 소규모의 개별 집단으로서 상대적인 독자성을 유지한 채 활동하였을 것이다. 그러나 국가와 국가간의 공적 교섭을 매개로 한 교역 외에도 지방세력, 혹은 규모가 크고 일정한 경제력을 갖춘 상인(商人)들에 의해 민간교역이 활발하게 일어났다.

주호국(州胡國)이 배를 타고 왕래를 하면서 한(韓)의 국중(國中)에서 물건을 사고 판다는 기록이 있다. 그리고 진한(辰韓)이 생산한 철(鐵)을 교역하고 철을 화폐로 사용하는 무역을 하였으며, 소금의 매매 사실 등의 기록들은 활발한 상업활동이 이루어졌음을 보여준다. 정치적인 교섭의 흔적과 빈도수에 대한 기록이 부실함에도 불구하고[43] 한계(漢系)의 유물들이 다량으로 발견되는 것은 정치적인 교섭 외에 민간인들에 의한 사무역(私貿易)이 이루어졌을 가능성을 보여준다.[44] 당시 삼한사회(三韓社會)는 중국 지역과 교역을 활발히 하고 있었으며, 또한 외래 상인집단(外來 商人集團)이 거주하는 공간이 형성되었을 가능성을 암시한다.

위만조선 역시 한과 일정하게 교섭을 가졌다. 위만조선이 삼한 각국과 혹은 왜의 세력과 교섭을 했다는 직접적인 기록은 없다. 그러나 해당 지역 간에는 이미 전 시대부터 교섭을 했다는 고고학적 증거들이 많이 나타나고 있다. 또한 명도전 등 화폐의

---

41 權五榮, 「고고자료를 중심으로 본 百濟와 中國의 文物交流」, 『진단학보』 66, pp.181~182에서 인용.
42 『後漢書』 卷80 東夷列傳 韓.
43 三韓과 중국측의 공식적인 교섭을 보여주는 자료는 『三國志』 東夷傳에 景初 년간에(魏 明帝의 年號 237~239) "…… 여러 한국의 臣智에게는 邑君의 印綬를 더해주고 그 다음 사람에게는 邑長을 주었다"고 나와있다.
44 江上波夫는 위의 논문, p.59에서 國語와 戰國策, 史記 등의 기록과 明刀錢 등의 분포도를 근거로 하여 황해를 무대로 하는 燕의 광범위한 경제권을 이야기하고 있다.

광범위한 분포는 위만조선(衛滿朝鮮)을 매개로 원거리 무역(遠距離貿易)이 이루어진 상황을 나타낸다.[45]

이 무렵 일본열도 내에서 왜(倭)라는 정치단위가 등장하고, 중국(中國) 및 삼한(三韓) 각국과 교섭하는 과정이 중국의 문헌과 일본의 고고학적 유물들을 통해서 전모가 드러나고 있다. 『한서(漢書)』 지리지(地理志)에는 일본열도에 B.C. 2세기 무렵부터 100여 개의 나라가 있었다고 한다. 편찬 당시에 중국인들의 지리적인 인식이 미치는 범위의 일단을 보여주고 있다. 『후한서(後漢書)』에는 한(漢)과 통하고자 한 나라가 30여 국에 달한다고 하며 그 중에 가장 큰 나라가 야마대국(邪馬臺國)임을 말하고 있다.

일본열도에서 한(漢)이나 위(魏), 대방(帶方) 등과 교섭을 하고자 할 때는 반드시 한반도 서해연안을 거슬러 올라가서 요동만을 거쳐 들어가는 길밖에 없다. 물론 중국 지역과 직접 교섭을 했다는 주장을 하기도 한다. 그러나 당시의 항해술 수준으로는 한반도 서안을 이용하는 길이 가장 보편적이다.[46] 『삼국지』 왜인전(倭人傳)에는 왜로 가는 수행(水行)의 길이 한반도의 서해안을 경유한다고 기록하고 있다.[47] 이처럼 왜와 중국 지역이 교섭하는데 한반도의 서해안은 중요한 길목의 역할을 하였다.

그 후에도 역시 동일하였을 것이다. 그래서 『양서(梁書)』 백제전에는 "왜국과 가까우며 문신한 자가 많다. ……언어가 중국과 비슷하다. 진한의 남은 습속이라고 한다('其言參諸夏. 亦秦韓之遺俗云.')"고 하였다. 또 『수서(隋書)』에는 백제에는 왜와 중국사람들도 많이 있었다고 기록하고 있다. 사비성(泗沘城)시대의 백제는 황해남부 횡단항로

---

45 필자는 위만조선의 해양활동 및 교역에 의미를 부여하고, 한나라와의 전쟁 원인 가운데 중요한 하나를 거기서 찾고 있다.
尹明喆,「黃海文化圈의 形成과 海洋活動에 대한 연구」, 4장 참조.
46 이 부분에 대해서는 尹明喆,「西海岸 一帶의 海洋歷史的 環境에 대한 檢討」 참고.
47 『三國志』 魏志 東夷 倭人傳에는 韓半島 西海岸을 떠나 南海岸을 거쳐 日本列島에 닿아 야마다이國까지 가는 길과 거리 수, 그리고 거쳐야 되는 小國들을 명시해 놓았다. 왜인전에 나타난 行程에 대해서는 松永章生,「魏志 倭人傳 行程」,『東アジアの古代文化』 秋53, 大和書房, 1987.

와 황해남부 사단항로를 이용하였다. 해양교류를 통해서 국제화가 되고, 수준 높은 다양한 문화를 발전시켰음을 알 수 있다. 이렇게 중국 지역, 특히 남쪽 지역과 교섭을 할 때에 영산강은 매우 중요한 발착 항구(發着港口) 지역이었다.

그러면 영산강 유역이 고대에 중국 지역과 교섭을 하였을 때 사용한 항로는 무엇이었을까?

우선 황해남부(黃海南部) 횡단항로(橫斷航路)가 있다.

경기만의 이하에서 영산강 하구 유역에 걸친 해역에서 직횡단하면 역시 남풍계열 혹은 동풍계열의 바람을 이용하여 산동반도 남단 안쪽에 있는 청도만으로 진입할 수 있다.[48] 주로 밀주의 판교진(板膠鎭, 당시에는 膠西)으로 들어갔는데 교주만(膠州灣)에 근접해 있어서 대외무역 교통의 주요한 항구가 되었다.[49] 후에 후백제는 중원지방에 있었던 후당과도 교섭을 하였다. 심지어는 남서해안의 지방호족에 불과한 왕봉규(王逢規)도 후당과 교섭하였다.[50] 이들은 기본적으로 황해중부 횡단항로를 이용하였으며,[51] 이것은 경기만 이하 충청도와 전라도 지역에서 출발한 항로였을 것이다.[52]

산동의 청도만(靑島灣) 지역에서 한반도 남단으로 직접 횡단항해가 가능하며, 반대로 한반도 남단에서 산동이나 회하(淮河) 유역 해상으로도 항해가 가능하다. 필자가 시

---

48 청도만의 連雲항과 영산강 하구유역은 위도상으로 동일하게 35도 바로 아래에 있다.
49 朱江, 「통일신라시대 해외교통 逃要」, 『장보고와 청해진』, 손보기 엮음, 혜안, 1996년, pp.122~123. 朱江은 우리가 통상 황해남부항로로 인식하고 있던 남부출발의 항로를 흑산도를 거쳐 밀주의 大珠山에 도착 다음에 남쪽으로 내려가 海州·楚州·揚州 등에 도착하는 것으로 이해하고 있다.
50 『三國史記』권12 신라본기 景明王 8년조, 『册府元龜』後唐 明宗 天成 2년 3월조. 이 부분에 관해서는 金庠基, 「羅末地方群雄의 對中通交」, 『東方史論叢』, 서울대학교 출판부, 1984 참조.
51 산동반도의 남부인 청도만은 폭이 넓어서 한반도 중부에서 남부까지 이어지는 넓은 지역과 마주하고 있다. 崔溥는 그의 표류기인 『漂海錄』에서 흑산도에서 정서로는 서주 지역에 닿는다고 하였다. 그러니까 그 당시에도 역시 서남해안과 청도만 주변 지역이 거의 횡단에 가깝다는 사실을 알고 있었다.
52 이 항로에 대해서는 尹明喆, 「徐熙의 宋나라 使行航路 探究」, 『徐熙와 高麗의 高句麗 繼承意識』, 고구려학술총서 2, 학연문화사, 1999, p.211.

도했던 1996년 항해는 흑산도에서 동풍 내지 남동풍을 활용할 경우에 산동 지역을 비롯한 중국 동안의 어느 지역이든지 접안이 가능함을 보여주었다.[53] 『대동지지(大東地志)』에 따르면 "위도(蝟島)에서 바람을 이용해 배를 띄우면 중국으로 갈 수 있다"[54]고 하였는데, 이 중국이란 역시 절강(浙江), 강소(江蘇), 산동(山東) 등 광범위한 지역이었을 것이다.

그 다음에는 황해남부(黃海南部) 사단항로(斜斷航路)가 있다.

이는 전라도 등의 해안에서 출발하여 사단으로 항해한 다음에 강소성(江蘇省), 절강성(浙江省) 등의 해안으로 도착하는 것이다. 양자강 유역의 이남으로 가는데 주로 사용이 되었다. 서남해안에서 항구로서 적합한 조건을 갖추고 있는 곳은 영광(靈光), 영산강 하구의 회진(會津), 그 아래인 청해진, 해남, 강진 등이 해당된다. 백제가 남북조시대에 남조국가들과 교섭할 때에는 기본적으로 이 항로를 사용했다. 다만 문주왕 동성왕대에는 부분적으로 중부횡단항로를 이용했을 것으로 여겨진다.

도착항구로서는 강소성의 연운(連雲)을 중심으로 한 해안지방, 절강성의 항주(杭州), 영파(寧波, 옛 明州), 주산군도(舟山群島)이다. 삼국시대에 백제는 주로 강소 지역에 도착하였으나 절강 지역도 백제인들과 관련이 있는 듯 하다. 『주서(周書)』권49 백제전에는 "晉 이래로 宋・齊・梁시대에는 현재 양자강의 左에 있었다"고 되어 있으며, 『북사(北史)』권94 백제전에는 역시 "진 이래로 江의 左右에 거하고 있었다"고 기록하고 있다. 『삼국사기(三國史記)』열전 최치원(列傳 崔致遠)전에는 그가 당에서 벼슬을 하면서 태사시중에게 상소한 글에 "백제가 전성했을 때에는 강병이 100만이며, 남으로 吳와 越을 침범하고, 북으로 幽・燕・齊・魯를 흔들었다"는 기록을 하고 있다.

그 후 통일신라시대와 고려시대에는 이 항로를 이용하여 승려, 상인, 사신, 유학생

---

53 尹明喆,「황해의 지중해적 성격연구(1)」,『한중문화교류와 남방해로』, 국학자료원, 1997, p.237.
54 『大東地志』卷11 全羅道 18邑 扶安.

들이 도착하고 출발하였다. 『삼국사기』와 『구당서(舊唐書)』에는 "816년에 흉년에 굶주림을 견디다 못한 사람들이 170여명이나 절강지방으로 건너갔다"는 기록이 있다.[55] 이 항로를 사용할 경우에 남해서부의 해남을 포함한 화원반도(花源半島) 및 서해남부의 나주(羅州), 목포(木浦), 무안(務安) 일대, 그 위로 군산(群山) 서부 지역 등 한반도 서남해안은 반드시 거쳐야 할 지역이었다.

한편 중국과의 교섭에서 빼놓을 수 없는 것이 '동중국해 사단항로(東中國海 斜斷航路)'이다.

이는 한반도에서 출발하여 중국 지역으로 들어가는 데 사용되기보다는 절강 이남 지역을 출발하여 동중국해와 제주도 해역, 황해남부를 거쳐 서남해안에 도착하는 항로이다. 이 항로의 일부는 남중국과 일본열도가 교섭하는 데에도 사용이 됐다. 후대에 일본의 견당사선들이 사용한 소위 남로가 그것이다. 주요한 출발항구는 명주항(明州港)(寧波))이다. 경유지는 주산군도, 흑산도 등이며, 주요한 도착지점은 전라남도 해안의 항구들, 예를 들면 회진, 청해진, 해남, 영광, 부안 등이다.

절강 지역은 우리와 관련된 역사적 사실 및 유적과 유물이 많이 있다. 최근에는 이 지역의 고인돌과 한반도의 고인돌의 관계성을 제기하는 견해가 있다.[56] 나주군 다시면 가흥리(多侍面 佳興里)에서 발견된 화분(花粉)은 이 지역과 화중(華中) · 화남(華南)지방

---

[55] 이 항로와 관련된 재당신라인들의 활동과 거점, 그리고 고려시대 양 지역간의 활발한 교섭 등에 대한 기록과 연구성과들이 있다.
金文經, 「9~11세기 신라사람들과 강남」, 『장보고와 청해진』, 혜안, 1996.

[56] 金秉模가 최근에 이러한 설을 강력하게 주장하고 있다.
「韓半島 巨石文化源流에 관한 연구」, 『韓國考古文化』 10 · 11합집, 1981.
「黃海沿岸의 支石墓」, 『黃海沿岸의 環境과 文化』, 1994.
毛昭晰, 「浙江支石墓的形制與朝鮮半島支石墓的比較」.
_____, 「선진시대 중국강남 지역과 한반도의 해상교통」, 『한중문화교류와 남방해로』, 국학자료원, 1997.

과의 문화적 접촉관계에 대해서 일정한 시사를 하고 있다.[57] 강남 지역과 일본열도 간의 교섭이 일찍부터 시작되었다는 견해도 있다.[58] 동중국해 사단항로의 실상에 대해서는 후대의 기록과 필자의 실험항해를 통해서 어느 정도는 복원해 낼 수 있다. 서긍(徐兢)은 『선화봉사고려도경(宣和奉使高麗圖經)』의 卷34 '해도(海道)'에서 항로를 기술하고 있다. 사신단은 영파 외곽의 진해(鎭海)의 초보산(招寶山)을 거쳐 배로 심가문(沈家門)에 도착한 다음 에 다시 배로 보타도(普陀島)로 가서 바람(信風)을 기다렸다.

이곳에서 늦봄에 남풍계열의 바람(남서풍이면 더욱 좋다)을 타고 해류의 흐름을 이용하면 항주만 혹은 양자강 하구에서 한반도 남부까지는 항해가 자연스럽게 이루어진다. 양자강 유역에서 군산(群山)까지 수로(水路)로 435해리이고, 각도가 55도이다. 따라서 해류의 흐름을 자연스럽게 이용하고 바람만 제대로 받으면 빠른 시간 내에 연안을 벗어나서 원시적인 수단으로서도 3~4일 정도면 근해권(近海圈)에 진입할 수 있다. 『송사(宋史)』에는 순풍일 경우에는 흑산도 까지 건너는데 5일이 걸린다고 하였다. 필자는 1997년 6월 하순에 뗏목 '동아지중해호'를 타고 이 항로를 답사하였다. 서긍의 기록과 항로가 일치하였고, 흑산도까지 17일이 걸렸다.

동중국해 사단항로는 항해거리가 멀고 중간에 지형지물이 없어 고난도의 천문항법(天文航法)을 이용하는 원양항해를 해야한다. 그러나 이러한 악조건과는 달리 해조류와 바람 등의 자연조건과 항법(航法)상으로 보아서는 한반도 남부로 항해하기에 좋은 조건을 갖추고 있다. 반대로 한반도 남부 지역(제주도, 해남, 영암, 나주, 군산 등)을 출발하여 흑산도를 경유할 경우에는 초가을부터 초봄까지 부는 북동(北東)계열의 바람을 이

---

57 李榮文, 「全南地方의 先史文化」, p.83.
58 佐佐木高明의 『照葉樹林文化』, 『續 照葉樹林文化』. 그 외에도 金關丈夫의 『南方文化誌』 등이 있고, 최근에는 江上波夫 등도 長江 유역과의 관련성을 주장하고 있다.
樺山紘一 編著, 『長江文明と日本』, 福武書店, 1987에는 각 분야별로 장강문화와 일본과의 관련성을 언급하고 있다.

용해서 양자강 하구나 항주만 지역에 도착할 수 있다. 제주도 근해나 흑산도 근해에서 표류한 배들이 절강성과 복건성 지역에 도착하는 것은 다 이런 이유 때문이다.[59] 결론적으로 양 지역간의 교류는 계절에 따라 자연환경을 이용하여 매우 넓은 지역에서 광범위하게 이루어졌음을 알 수 있다.

5. 영산강 유역과 일본열도의 교류

한반도와 일본열도의 교류는 선사시대부터 활발하였다. 특히 삼국시대에는 정치 경제적인 목적을 지니고 조직적으로 일본열도에 진출하였다. 물론 일본열도에서도 교류민(交流民)들이 오거나 군사적인 침략을 하기도 하였다. 일본열도와 이루어진 교류는 대한해협(大韓海峽)이라는 독특한 해양환경 속에서 이루어졌으므로 해양질서의 이해 즉 교섭의 기본틀을 인식하는 작업이 필요하다.

한·일 양 지역 간의 관계는 일반적인 국가간의 관계 또는 단일국가와 단일국가 간의 관계가 아니며, 관계가 이루어지는 무대 역시 일반적인 것이 아니다. 양 지역의 교섭은 다음 두 가지 조건의 영향을 받으며 전개되었다. 첫째는 동아시아 및 한반도의 정치정세(政治情勢)이고, 두번째는 자연조건 특히 교통의 수단이 되는 항해술(航海術)의 문제이다. 이 두 가지 조건은 상황에 따라 때로는 각각, 때로는 중첩되면서 복잡한 국면을 발생시킨다. 결국 이 두 가지 조건이 구체적으로 작용하면서 상호작용하는 것이 이 시기의 교섭관계의 기본성격을 규정했다. 그런데 이 두 가지의 근본 조건은 양 지

---

59 尹明喆, 「황해의 지중해적 성격연구1」, 『한중문화교류와 남방해로』, 1997 참조.
尹明喆, 「濟州道를 거점으로 한 고대 동아지중해의 해양교섭에 관한 연구」, 『제2회 법화사지 학술대회』, 제주불교사회문화원, 2000.

역간의 교섭을 군사력을 배경으로 하고 조직적이며 연속성을 가진 국가와 국가간의 교섭보다는 비조직성(非組織性), 불연속성(不連續性), 다지역성(多地域性), 그리고 다목적성(多目的性)을 특징으로 하였다.[60]

1) 비조직성

초기단계의 교섭은 정치집단의 군사력이나 조직적인 지원을 받지 못하였다. 따라서 교섭주체의 성격이 명확하지 못하였다. 때로는 국가 간의 교섭형태와 유사한 경우도 있었으나 일반화되지 않았고, 그러한 교섭은 열도 내에서 정치세력이 성장하는 초기과정에 큰 부분을 차지하지는 못했다. 양측의 역사기록이나 신화에서 나타나듯 교섭은 비조직적이고 소규모로 행해진 경우가 많았다. 조선술과 항해의 능력으로 보아 그것은 당연한 현상일 수도 있다. 한편 정치집단이 아닌 민간인들이 주체가 되어 교섭한 경우도 많이 있었으며, 특히 경제, 교역, 문화는 민간인들이 적극적으로 주도했을 가능성이 높다. 항해상의 이점이 있는 지역에서는 항상 진출과 정착의 과정이 지속되었고 동시에 선점세력(先占勢力)과 신세력(新勢力) 사이의 갈등이 항상 있었을 것이다.

2) 불연속성

양 지역 간의 교섭은 그 시기가 일정하거나 규칙적이지 않았다. 교류(交流)가 조직적이면 시기 또한 일정하고, 연속적으로 이루어진다. 그러나 성격이 비조직적인 만큼 교류하는 집단의 필요, 주어진 상황에 따라 진출과 정착이 수시로 이루어졌다. 육로나

---

60 이하의 내용은 尹明喆, 『동아지중해와 고대일본』, 청노루, 1996, pp.160~165 참조.

교통조건이 좋은 지역간의 이동은 비조직적이라해도 연속적으로 이동과 진출이 가능하나 해양교섭은 불규칙적일 수밖에 없다. 그러나 역시 꾸준히 지속적으로 진출이 이루어졌을 것이다.

3) 다지역성

양 지역 간의 교섭은 매우 비효율적이고 위험을 수반한 항해를 통해서 이루어졌다. 진출과 정착은 반드시 항해환경(航海環境)과 선택하는 항로에 따라서 강한 영향을 받을 수밖에 없었다. 당시의 조선술과 항해능력으로 보아 자연조건을 무시할 수는 없었기 때문이다. 예를들면 부산에서 출발한 세력은 규슈 북부나 혼슈(本洲) 남단 지역으로, 거제도 서쪽 지역에서 출발한 세력은 쓰시마를 거쳐 역시 규슈 북부나 서부 지역으로 도착했을 것이다. 물론 이들은 가야계일 가능성이 높다. 한편 전라도 해안 지역에서 출발한 세력들은 남해를 사선으로 횡단하여 규슈 서부의 고토(五島)열도 지역이나 서북 지역 혹은 아리아케해(有明海)로 진입하여 중부 지역으로 파급됐을 것이다. 이들은 백제계이다. 또 동해남부인 울산이나 포항 등지에서 출발한 세력들은 대한해협의 북부를 횡단하여 혼슈남단의 이즈모(出雲)나 쓰루가(敦賀) 지역으로 들어간다. 물론 신라인들의 항해루트이다. 이들 지역에서 신라계와 관련된 신화

| 그림 3 | 삼국 이전의 고대항로

와 유물들이 발견되는 사실은 다 이때문이다.[61] 이렇게 자연조건에 영향을 받아가면서 진출하는 다지역성을 보여주는 것이 아래의 자료이다.

　목적지점에 도착한 이들은 경제적 이점과 선진문화의 수입을 위해서 일정기간 동안은 그곳을 거점삼아 독자적으로 교섭을 가졌을 것이다. 야마도 조정이 형성되어 가는 이 시기에는 지방세력의 성장과 독자적인 대외교섭을 감시, 통제할 능력을 가진 강한 국가가 존재하지 않았기 때문이다.

4) 다목적성

　양 지역 간의 교섭은 정치를 기초로 하는 국가간의 형태만이 있는 것은 아니므로 특정한 목적으로 일관되지는 않았다. 중국과의 교섭은 접촉과정의 난이도로 인하여 특정한 목적을 가지고 특정한 경우에 특정한 사람들의 주도에 의해 이루어졌다. 그러나 한류도와 일본열도 간의 교섭은 위에 열거한 두 가지의 기본조건과 몇 가지 특성에 의하여 비교적 자유스럽게 진행되었다.

　교섭은 때로는 침략의 형태를 띠기도 했고, 진출의 성격을 가지기도 했다. 그런가 하면 신 영토의 개척이나 선점집단의 세력권에 귀화를 목적으로 삼기도 했다. 심지어는 기존의 질서속에서는 존립이 어렵거나 불가능한 집단들의 도피라는 형태가 되기도 했다. 이처럼 여러가지 다양한 목적으로 진행됐고, 그러한 목적들이 부분적으로 성취되면서 양 지역 간의 역사가 이루어졌다.

　그렇다면 이러한 성격을 지니고 일본열도에 정착한 집단과 진출국가와의 관계는 어떠했을까?

61　尹明喆, 『동아지중해와 고대일본』, p.49 참조.

일본열도 내의 소국세력들은 점차 야마도 조정을 중심으로 한 몇 개의 세력들로 재편되었고, 더욱 성장하는 과정에서 내부의 조건을 토대로 한반도와의 관계를 재조정하면서 교섭을 하였다.

일본열도에 진출한 정치집단들이 기본적으로 모국(母國)에 대하여 갖는 태도는 일반적으로 서로 상반됐다. 첫째는 종속(從屬)과 협력(協力)의 관계이다. 이는 뿌리의식과 실리추구의식이 결합하여 만들어낸 관계이다. 둘째는 경쟁(競爭)과 독립(獨立)의 관계이다.

경쟁과 독립의 관계는 대내외적으로 정치적 사건을 야기시키며, 무력충돌까지 가져온 관계로서 진출한 이후 어느 정도 입지를 확보하고 강화된 세력에 의해 주도되었다. 이 같은 태도는 종속되지 않으려는 인식을 기본으로 하고 있었으며, 성격이 다른 대상을 통해서 각각 다르게 표현되었다. 예를 들면 자기 동족집단(同族集團) 간의 관계와 적대집단(敵對集團)과의 관계이다.

이 같은 상반된 모습과 성격을 변화하는 객관적 상황에 따라 조정해 나가며 독자적인 정치체제로 발전시켜가는 과정이 일본열도의 고대사이다. 결론적으로, 당시 왜와 한반도의 관계는 한집단과 상대집단과의 단순한 대외관계로 파악해서는 안된다. 동아지중해(東亞地中海)의 특수한 역학관계(力學關係)와 양 지역간에 진행된 역사적 교류의 형태, 그 주체자들의 뿌리깊은 인식을 기초로 이해되고 분석되어야 한다.

그러면 한반도 서남해안 지역과 일본열도 간에 사용된 항로는 어떠했을까?

양 지역간에 가장 일반적으로 사용되던 항로는 남해동부를 출발하여 쓰시마(對馬島)를 경유한 다음에 규슈북부에 닿는 항로이다. 흔히 낙동강 하구 지역을 고대 대외항로의 가장 유리한 기점으로 인식하고 있다. 쓰시마와 거리가 가장 가깝고, 시인거리(是認距離) 안에 있으므로 항해물표(航海物標)의 확인이 가능할 뿐만 아니라, 항해 도중에도 심리적(心理的)인 안정감이 있다.

또한 변진(弁辰)의 구야한국(狗邪韓國)부터 금관가야(金官伽倻)에 이르기까지 문화의 중심 지역이었다. 특히 다호리(茶戶里)·대성동(大成洞)·양동리(良洞里)에서 발견된 유적 유물들은 이 지역이 교역의 중심지였음을 알려주고 있다. 특히 왜와 관련된 유물이 발견되었다. 그러나 물길의 이용문제에 대해서는 문제가 있다.

대한해협을 통과하는 해·조류 및 바람의 기본적인 특성에 대해서는 필자의 여러 논문에서 언급하였다.[62] 당시의 초보적인 조선술과 항해술로서는 김해를 출발하여 직접 쓰시마로 항해하고 다시 규슈 지역으로 항해하는 일은 불가능하다. 남해동부의 해안에서 고대항로의 기점으로서 좋은 조건을 갖춘 곳은 거제도(巨濟島)이다. 거제도는 김해 세력의 외항(外港)역할을 했거나 아니면 독자적인 해상세력 집단의 거점일 가능성이 크다.[63]

해협을 건넌 세력에게 가장 적합한 도착지점은 항해상으로 보아 규슈 북서부의 요부코(呼子付)나 가라쓰(唐津)만이다. 『후한서(後漢書)』나 『삼국지(三國志)』 위지(魏志) 등에 나오는 이도국(伊都國), 말노국(末盧國) 등 입구국의 위치는 이토시마 반도, 마쓰우라(松浦) 등 북부해안지대이다. 왜인전(倭人傳)에 기록된 말로국(末盧國)의 상륙지점은 보통 동송포(東松浦)반도 북단의 요부코(呼子付)든가 가라쓰(唐津) 근처로 말해진다.[64] 이 지역은 벼농사가 발달됐고 소국가의 형성이 일찍부터 시작된 곳이다. 해양환경은 소국이 형성되는 과정에도 강한 영향을 끼쳤다. 『삼국지』 변진전(卞辰傳)과 『通典』 진한전(辰韓傳)에는 왜와 한반도 남부 간에 교역이 있었던 사실을 기록하고 있다. 한반도 남부를 통한 간접교역 혹은 직접교역의 형태로 중국과 교역했던 것으로 판단된다.

---

62 尹明喆, 「海路를 통한 先史時代 韓·日 양 지역의 文化接觸可能性檢討」, 『韓國上古史學報』2집, 한국상고사학회, 1989 등 해류·조류·도표 등의 자료가 있다.
63 교역의 관점에서 수입항적 성격보단 수출항적인 성격을 띠었다. 신경철은 대성동, 양동리 등의 倭系遺物들은 本加耶의 鐵에 대한 대역품으로 받은 것이란 견해를 보였다(「최근 加耶地域의 考古學的 成果」, 『加耶史論』, 고려대 한국학 연구소, 1993, pp.114~118).
64 森 繁弘, 『發見 邪馬臺への 航跡』, 講談社, 1987, p.41.

그런데 분명하게 인식해야할 사실이 있다. 일본열도에서 대륙으로 향하는 출발지는 역시 가라쓰만이 많이 사용됐다.[65] 그리고 일본열도 내지 쓰시마에서 출발했을 경우에는 해·조류 및 계절풍 등 해양조건을 이용하여 자연스럽게 김해 지역 등 남해동부 및 동해남부 지역에 도착할 수 있다. 가야 지역이 왜인(倭人)들의 집단적인 거주가 상정될 정도로 관계가 깊었으며, 전기 가야연맹권 전역과 왜가 당시 매우 긴밀한 친연관계(親緣關係)에 있었다는 표현은[66] 이러한 해양환경과 깊은 관련이 있다. 아마 동해남부 지역에서도 이러한 현상이 나타날 가능성이 많다.

서남해안 혹은 남해서부 해안에서 출발하여 규슈 서북부로 직항하는 항로도 있다. 이 항로는 마한(馬韓)을 거쳐 4세기 이후에 백제계가 본격적으로 활용하였다. 『일본서기』에 따르면 백제인들의 최초 진출은 응신(應神) 년간에 봉의공(縫依工, 283), 아직기(阿直岐)와 양마(良馬, 284), 왕인 박사(王仁 博士, 285) 등이 온 것이다. 백제계 세력들은 영산강 하구, 해남, 강진 등 한반도의 서남해안이나 남해서안에서 출발하거나 혹은 그 곳을 경유항구로 사용하였다. 이들은 남해안을 따라 연안항해 내지 근해항해를 하였을 것이다. 그런데 효과적인 일본열도 진출을 위해서, 또 가야의 구해상세력(舊海上勢力)들이 잔존해 있으므로 근해항로를 택했을 가능성이 크다.

그들은 쓰시마를 경유하여 규슈 북부에 상륙하거나, 또는 제주도를 우현(右舷)으로 바라보면서 해류와 바람 등을 이용하여 규슈의 서북쪽으로 자연스럽게 항진한다. 고토(五島)열도 같은 엄청나게 많은 섬들을 만나는데, 거기서 갈라져 북으로 동진(東進)하면 규슈북부에 있는 가라쓰(唐津) 등의 육지에 닿고, 남쪽으로 동진하면 아리아케해

---

65 遣隋使의 행로는 唐津-値嘉島-쓰시마-한반도 가까이 간 다음에 다시 연안항해를 하였다. 이는 당시도 역시 조류를 이용했음을 알려주고 있다.
66 申敬澈, 「古代의 洛東江과 榮山江」, 『韓國의 前方後圓墳』, 百濟硏究 韓·日 學術會議, 충남대학교 백제연구소, 1999, p.24.

(有明海)라는 호수같은 커다란 만(灣)과 만난다. 백제인들은 이곳에 많이 닿았다. 해방 후에도 제주도나 남해안에서 몰래 떠난 밀항선들이 가장 많이 도착하는 일본땅이 바로 그 근처이다. 그래서 밀항자들을 수용하던 오무라(大村) 수용소가 오랫동안 그 만에 있었다. 백제인들이 가장 자연스럽게 도착하는 곳이 바로 유명해 연안 지역이었다.

그들은 아리아케해(有明海) 안으로 들어온 다음에, 여러 강들을 역류하여 내륙으로 진입해 들어갔다. 현재 나가사키(長崎)현, 구마모도(熊本)현, 사가(佐賀)현의 서부 지역 등이 한반도의 서남해안을 출발한 세력들의 도착지였다. 특히 다마나(玉名) 지역은 축자(筑紫)평야와 기쿠치(菊池)천 등 강을 끼고 있어 항해민들이 정착하기에 적합한 곳이다. 또한 주변에 평야가 발달해 있고 기쿠치천을 따라 올라가면 아소산으로 연결되어 이주민들이 규슈 북동부 지역의 오이타(大分) 지역 등으로 진출하기에 적당한 조건을 갖추고 있다.

이 지역에서 후나야마(船山)고분 등 전방후원분과 장식고분(裝飾古墳)들이 많이 발견되는 것은 바로 이러한 지정학적인 조건을 반영한다. 구마모토현 다마나(玉名)에 있는 후나야마고분에서 발견된 유물들은 물론 백제 지역에서 발견된 것들과 유사한 점이 많이 있다. 백제인들은 일본열도에 조직적으로 진출하였다. 즉 정치적·군사적으로 침략을 한 것이다.

장식고분은 전국에 400기 이상이 있는데 규슈에 280기, 특히 구마모토현에 186기가 분포되어 있다.[67] 그런데 초기의 장식고분은 후쿠오카현, 구마모토현 등 주로 아리아케해(有明海)와 마주한 지방에 많다. 내륙으로 들어간 장소나 하천 유역, 특히 축후천(筑後川)과 국지천(菊池川)의 유역에 많이 분포되있다. 또한 횡혈(橫穴)에 장식이 보여지는 것은 다마나군(玉名郡)에서 국지군(菊池郡)에 걸쳐서 넓은 평야부인 국지천 유역에

---

67 國立歷史民俗博物館, 『裝飾古墳が語るもの』, 吉川弘文館, 平成 7년.

많다. 장식고분 가운데서 배가 그려져 있는 것이 양 현(兩縣)에만 47기가 된다.[68]

그런데 한 가지 중요한 사실이 있다. 적어도 자연조건을 활용한 고대항해에 있어서 전라도 해안에서 일본열도 지역으로 항해하는 일은 그다지 어려운 일이 아니다. 그러나 그 반대의 경우, 즉 일본열도에서 서남해안으로 항해하는 일은 쉬운 일은 아니다. 기본적으로 해류의 흐름을 거슬러야 하고, 조류의 흐름도 효과적으로 이용하기가 힘들다. 가장 자연스러운 항해라면 남해의 동부에서 서부해안을 향하여 근해항해(近海航海)한 다음에 서남해안으로 접근해가는 것이다.

그리고 또 하나의 항로는 제주도를 중요한 물표로서 활용하는 것이다. 고토열도 북부의 우구도(宇久島), 소치하도(小値賀島)에서는 가을날의 쾌청한 날에 한반도의 서남부의 해상에 있는 제주도의 한라산을 보는 것이 가능하다.[69] 『일본서기(日本書紀)』에서 보이듯 탐라국은 때때로 일본열도의 국가와 독자적으로 교섭을 하였다. 『수서(隋書)』에는 일본을 오고가는 사신들은 남으로 제주도를 보면서 항해하였다고 하였다.[70] 일본과 당나라를 오고가는 사신들도 마찬가지였다. 이는 제주도가 한반도 서남해안과 일본열도 사이에 이루어진 항해에서도 동일한 역할을 하였음을 알려준다.[71] 한·일 양 지역은 이러한 특수한 조건 속에서 교섭이 이루어졌고, 자연환경에 강한 영향을 받는 항로를 사용하였다. 고대에 영산강 유역을 중심으로 하는 항로를 재구성하면 앞 도면과 같다.

---

68 그런데 양국영은 『조선초기 문화가 초기 일본문화 발전에 미친 영향』, 집문당, pp.37~41에서 장식고분들이 고구려의 영향을 받았다는 견해를 보이고 있다. 國分直一·大林太良 등은 이와 다른 견해를 주장하고 있다.
69 江坂輝彌, 「朝鮮半島南部と西部九州地方の先史原史時代について-交易と文化交流」, 『松阪大學紀要』 第4, 1986, p.7.
70 『隋書』 권81 倭國傳.
71 윤명철, 「제주도를 거점으로한 고대 동아지중해의 해양교섭에 관한 연구」, 『신해양시대 제주도 국제자유도시 건설에 따른 법화사지 복원의 현대적 의미』, 제주 불교사회문화원, 2000. 제주도의 해양문화적 역할과 주변 각 지역과의 항로가 기술되어 있다.

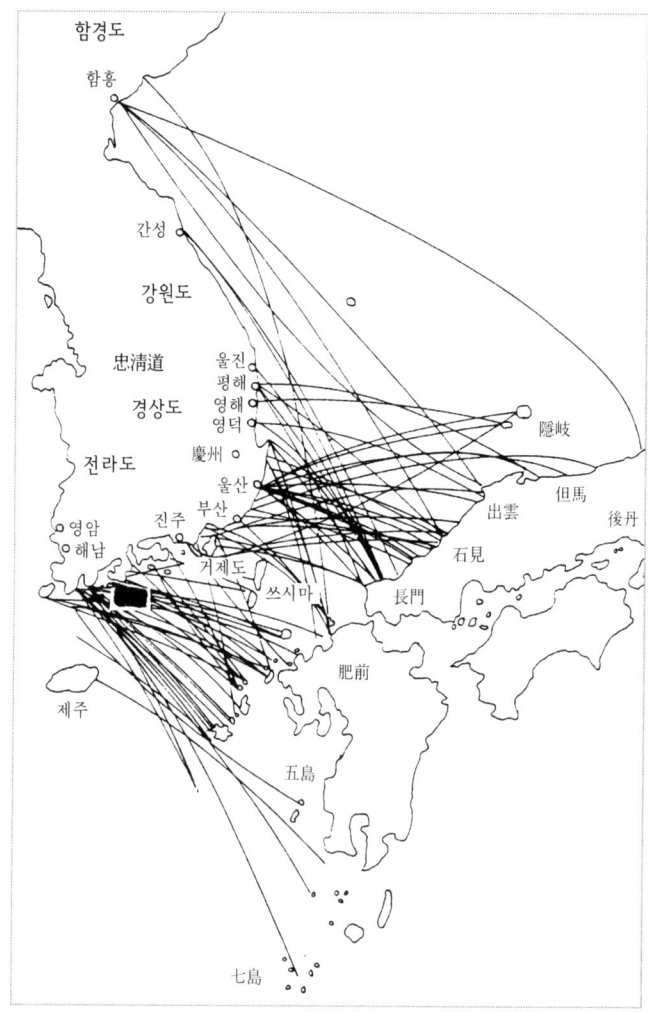

| **그림 4** | 삼국 이전의 영산강을 중심으로한 항로도

　　이 자료는 일본 『通航一覽』 卷 3·4 및 『通航一覽續輯』 卷 1에 기재된 1629년부터 1840년까지 약 200년 동안 조선에서 일본으로 표착한 배 중에서 발착지가 분명한 104개의 예로써 작성한 것이다(柴田惠司·孫泰俊이 작성한 『朝鮮半島 周邊의 古代航路』란 자료에서 인용).

영산강 유역에서 발견된 유적들, 특히 전방후원분들은 이러한 다양한 양 지역간의 해양환경과 독특한 메커니즘을 고려하면서 해석되는 것이 보다 신중하리라 생각된다.

6. 결 론

동아시아는 초기부터 해양문화가 발달하였고, 그 형태와 성격, 역사의 전개과정을 볼 때 지중해(地中海)적 성격을 가졌다. 황해는 동아지중해에서 활동의 핵심에 해당하는 중심부이었고, 서남해안은 거기서도 매우 중요한 지역이었다. 황해, 남해, 동중국해가 만나는 유일한 해역이었고, 남북 연근해항로(南北沿近海航路), 동서 황해중부 횡단항로(東西黃海中部 橫斷航路), 동중국해 사단항로(東中國海 斜斷航路), 그리고 일본항로(日本航路)가 만나는 해양교통(海洋交通)의 로터리였다. 또한 내부의 해양환경을 살펴보면 영산강의 발달된 하계망을 통하여 내륙으로 진출할 수 있고, 무엇보다도 해양세력(海洋勢力)이 성장하고 웅거할 수 있는 환경을 갖추었다.

해양세력은 무정부성(無政府性), 호족성(豪族性)을 띠고 있으며, 중앙정부에 대하여 상대적인 독립성(獨立性)을 유지하려는 속성과 능력이 있다. 적어도 전 근대시대에는 이러한 면이 강했다. 초기에 옹관묘(甕棺墓)를 축조한 집단은 해양과 밀접한 관련이 있으며, 위치로 보아 해항도시국가(海港都市國家)·하항도시국가(河港都市國家)일 가능성이 있다. 그 후 보다 규모가 큰 옹관고분군을 만든 세력도 역시 해양과 불가분의 관계를 맺었을 것이나 정치적 성격은 알 수가 없다. 만약 마한세력(馬韓勢力)이 백제에 대해 상대적인 독립성을 오랫동안 지속했다면 이는 해양세력의 도움을 많이 받았을 것이다. 이 지역이 성장하는 실질적인 배경인 대외교류는 중국의 여러 지역과 또 일본열도의 여러 지역을 대상으로 하였다.

그런데 해양교섭에서는 육지와는 다른 몇 가지 성격이 있다. 이를 일본과의 관계에서 고려하면 영산강 유역 세력은 규슈서부 지역의 유명해 연안(有明海 沿岸)으로 진출을 하였을 것이고, 후나야마(船山) 고분은 그러한 해양 역사적 배경의 산물로 볼 수 있다. 물론 이 지역에서 발견된 전방후원분들도 그러한 맥락에서 이해하고 있다. 해양과 관련하여 필자는 몇 가지 견해를 밝히고자 한다.

첫째, 해·조류, 계절풍 등의 해양조건, 항로, 해양문화의 성격, 한일(韓日) 지역에 전개된 교섭의 특성을 고려할 때 영산강 유역 집단과 일본열도 집단의 관계는 중심부(中心部)와 주변부(周邊部)가 명확하다는 것이다. 둘째, 해양질서, 특히 내해(內海)나 지중해(地中海)적 질서(秩序) 속에서는 정치적인 교섭보다는 경제문화적인 교류가 더욱 빈번하다. 그래서 상대 지역에 상업 지역(商業地域)이나 상업기지(商業基地)를 설치하는 것이 가능하다. 셋째, 해양민들은 서로 왕래하면서 교류를 하고, 거주할 수 있다. 그러나 점차 단순한 이주활동(移住活動, settlement)에서 식민활동(植民活動, colony)으로 발전하는 경향이 있다. 그러나 바다를 가운데 두고 만들어진 정치체제는 결속력이 약해서 결국은 분리된다. 다만 처음부터 교섭을 가능하게 한 자연조건으로 보아 친연성(親緣性)은 계속 유지되는 속성이 있다.

본고는 머리말에서 언급하였듯이 영산강 유역의 역사적 활동과 성격에 대해서는 직접적인 견해를 밝히지 않았다. 이는 필자의 능력부족과 함께 일단은 해양적 입장에서 기본이해를 하려고 하였기 때문이다. 그리고 해양의 성격을 통해서 지역연구에 도움이 되리라 믿으면서 주제를 한정시켰다. 해양의 특성이나 해양환경 등을 논할 때는 필요한 부분만 간략하게 설명하였다. 이는 필자의 다른 논문들에 충분하게 언급되어 있기 때문이었다. 앞으로 고대사에서 대외관계사를 연구할 때에는 해양문화의 독특한 메커니즘을 염두에 둘 필요가 있다는 것을 주장하고 싶다. 해양문화는 육지위주의 질서나 육지인의 인식으로 접근해서는 잘못 이해할 가능성이 많다. 또한 해양 역사상의 개념이나 용어 등을 사용할 때에도 신중한 태도를 갖는 것이 필요하다.

05
장보고 시대 동아지중해의 해양활동과 국제항로*

1. 凡신라인들의 해양활동과 국제항로

1) 凡신라인들의 해양활동

　동아시아의 역사상은 자연환경과 역사 문화적인 조건을 포괄적으로 이해해야 한다. 아시아 대륙의 동쪽 아래에 있으면서 대륙적 성격과 해양의 특성을 함께 가지고 있다. 한반도와 일본열도는 동해와 남해로 밀접하게 연결되었고, 중국은 황해 연안은 물론이고 남방과도 해양과 긴밀한 관계를 맺고 있다. 따라서 한국사나 동아시아사를 구체적으로 이해하려면 전체를 하나의 유기적인 단위로 보고, 모두를 이어주는 황해와 남해, 동해 등 해양을 이해하는 일이 필수적이다. 특히 국제적인 역학관계는 해양의 특성을 부각시킬 필요가 있다.
　먼저 지리적 특성을 살펴보기로 하자. 그 동안 주목하지 못했던 사실이지만 동아시아는 대륙과 한반도, 일본열도 및 제도들이 황해, 남해, 동해, 동중국해 등을 둘러싸고 있는 지중해적인 형태와 성격을 갖추고 있다. 그런데 지중해는 나름대로 육지와는

---
* 장보고시대 동아지중해의 해양활동과 국제항로, 2000.

다른 특성들이 있다. 특히 주변의 여러 나라들이 내해(inland-sea)를 공유하고, 길고 긴 연안(沿岸)이 여러 나라로 갈라져 있으므로 국경이 불분명하고, 또 때에 따라 변화가 심하다. 이 때문에 이해(利害)도 대립되기 쉬워서 해역 지배권(海域支配權)을 둘러싼 국가 간의 다툼이 벌어져 해양력(sea-power)이 중요하다.

한편 지중해는 정치 군사적인 면보다는 교역이나 문화 같은 실질적인 이해관계를 중시하는 경향이 있다. 바다이므로 항상 개방적이고 싫든 좋든 다양한 문화를 전파하고, 또 받아들일 수밖에 없다. 또 그렇기 때문에 자기 문화를 독특하게 하고, 교역의 이익을 많이 남기려고 문화를 늘 새롭게 창조한다. 따라서 국경이나 종족보다는 문화나 경제개념이 질서를 이루는 중요한 인자로 작용하였다.

그런데 동아시아는 다국간지중해의 형태로서 한민족과 한족, 일본열도, 북방종족들 사이의 교섭은 대체로 해양을 통해서 이루어졌다. 이 지역은 수천 년 동안 지정학적(Geo-politics)으로 협력과 경쟁, 갈등과 정복 등의 상호작용을 되풀이하면서 공동의 역사 활동권을 이루어 왔다. 예를 들면 한 국가나 왕조의 흥망은 이 지역의 국제질서 재편과 맞물려 일어났다. 고조선과 한의 전쟁, 고구려와 백제 등의 갈등이 그러하며, 고구려와 수, 당의 전쟁은 동아지중해의 패권을 둘러싼 국제대전이었다. 그 결과로 발해와 일본국이 탄생한 사실은 이 지역의 질서를 이해하는 데 의미심장한 단서를 제공한다.

한편 이 지역은 지경학적(Geo-economic)으로도 경제교류나 교역 등을 하면서 서로를 필요한 존재로 인식하여 왔다. 그러므로 정치적으로는 적대관계에 있더라도 늘 교역을 해 왔다. 지리 문화적(Geo-cultural)으로도 국가들 간에 문화의 공유범위가 의외로 넓었다. 유교, 불교 같은 종교뿐만 아니라 정치제도, 경제양식, 한자, 생활습관 등 유사한 부분이 많았다. 필자는 과거 동아시아의 역사를 이해하고, 향후 동아시아에 바람직한 공동권을 설정하는 틀로서 '동아지중해(東亞地中海, EastAsian-Mediterranean-Sea)' 모델을 제시한다.

동아지중해 모델은 동아시아 각국 혹은 각 지역의 역사를 해양을 매개로 하여 형성된 동아시아라는 큰 단위 속에서 파악하고 이해하는 것이다. 신라, 발해, 당, 일본은 각각 개별적으로 분립되어, 내부적인 요인, 혹은 내부를 주체로 한 대외교섭의 입장에서 역사발전을 이룩해 왔다. 그러나 한편으로는 각 국가 간의 교류와 교섭은 상호 유기적으로 활발하게 관련을 맺어왔고, 또한 이 지역의 특성과 시대적인 상황을 고려하여 각국들을 포함하는 동아시아라는 더 크고 복잡한 단위 속에서 역사를 발전시켰다. 즉 해양을 매개로 이루어지는 질서 속에서 자기의 역할과 위치를 찾아가며 공존을 모색하는, 일종의 '환류(環流) 시스템' 속에서 국가를 발전시켜 온 측면이 강하다. 따라서 장보고 시대에 이루어진 국제질서의 본질과 진행 등을 이해하는 데 동아지중해 모델과 장보고의 해양활동은 매우 중요하고 의미가 있다.

본고는 '장보고 시대 동아지중해의 해양활동과 국제항로'라는 제목을 갖고 당시 동아시아의 역사적 상황과 장보고 세력의 시대적 역할을 해양활동과 국제항로의 추적을 통해서 보다 구체적으로 이해하고자 한다. 그리고 주체인 장보고 세력뿐만 아니라 신라, 발해, 낭, 일본 등 동아지중해의 모든 나라들에 대하여 본고의 주제 및 연구목적의 범위 내에서 살펴보고자 한다. 특히 발해의 해양활동과 항로는 그 동안 연구가 매우 부족했던 분야로서 본고에서 상세하게 언급하고자 한다. 각국들의 국제항로는 나라별로 중요한 부분만 언급하고, 중복되는 부분은 역할의 비중에 따라 조절하면서 기술할 예정이다.

그런데 항구의 선택과 입지조건, 항로의 사용은 국가의 흥망성쇠에 결정적인 영향을 끼치는 경우가 많다. 항로의 중요성은 삼국이 일본열도로 진출하는 과정과 일본의 고대국가 형성되는 과정에서 알 수 있다. 실제로 사용했던 항로가 어떠한 것이었는가를 설정하는 데에는 몇 가지 유의사항이 있다.

첫째, 항로를 설정할 때 출발항구는 반드시 하나가 아니라는 점을 인식해야 한다. 수도나 큰 도시에서 출발할 경우에 항로는 대부분 강을 통해서 바다로 나간 다음에 출발한다. 때문에 출발지인 하안도시(河岸都市)나 해항도시(海港都市)와 실제로 바다로 출발하는 항구는 꼭 동일한 것이 아니다.[1] 더구나 바람을 절대적으로 이용해야 하는 고대 항해는 일단 바다, 혹은 원양으로 나가기 직전에 항해에 적합한 바람과 좋은 날씨를 기다리면서 피항(避港)할 수 있는 외항(外港)에 대기하였다. 이 외항은 주항(主港)가까이에 있거나 그 연결선상에 있는 경우도 있지만, 먼 곳에 있는 경우도 적지 않다. 예를 들면 신라인들과 고려인들이 자주 사용했던 보타도(普陀島)는 명주(明州, 영파)에서 진해(鎭海)를 거쳐 바다로 나간 후에 주산군도(舟山群島)의 보타도에서 바람을 기다렸다가 출발하였다.

둘째, 출발항이라고 언급한 곳을 곧 항로의 기점으로 이해하는 것은 신중히 해야 한다. 출발항구에서 도착항구까지 항로가 직선(直線)으로 이어지는 것은 절대 아니다. 항해는 주어진 해양환경에 따라 연안항해, 근해항해, 원양항해를 상황에 맞춰서 골고루 사용해야 한다. 따라서 외항을 출발하였다 해도 원양으로 나가는 해역은 그 곳과 전혀 다른 곳일 경우가 많다. 그러므로 실제 항로를 찾기가 매우 힘들다.

셋째, 사료에도 몇 가지 항로에 대한 표현들이 나타나고 있다. 그런데 이 표현들은 추상적이고 일정한 기준이 없다. 역사적인 성격이 담겨 있으므로 '교섭로(交涉路)' 라는 표현은 될 수 있을지라도 '항로(航路)' 나 '해로(海路)' 라고 표현하기에는 부적합하다. 항로를 정확히 파악해야 교섭의 성격 또한 깊게 이해할 수 있다. 또한 사신들에 의한 공식적인 항로뿐만 아니라 교역선 혹은 민간인들에 의한 항로도 있다. 이러한 몇 가지 점과 현실적인 어려움을 전제로 하면서 당시 동아시아의 항로를 살펴보고자 한다.

장보고 시대에 해양에서 활동하던 신라인들은 크게 보면 두 가지 종류가 있다. 신

---

[1] 이러한 예는 고대나 현대를 막론하고 쉽게 찾아볼 수 있다. 그리스의 도시국가인 아테네는 피레우스라는 외항을 갖고 있다. 미케네나 트로이도 바로 해안가에 위치한 도시가 아니었다. 독일의 함부르크, 한자동맹의 도시들, 말레이시아의 쿠알라룸프르 등은 바다에서 내륙으로 들어와서 형성된 곳에 항구를 가진 도시들이다.

라가 삼국통일을 이룩한 이후에 시대적인 상황이 바뀌면서 동아시아에는 해양의 발달을 필요로 하는 시대가 되었다. 군사적 대결에서 경제협력 중심으로 변화하였고, 교역이 질서변동의 핵(核)이라는 것을 인식하였다. 지방간에 교역이 성행했고, 특히 실크로드를 이용한 도서교역(東西交易), 바다를 이용한 남북교역(南北交易)이 활발했다. 지중해와 페르시아의 물품들이 대상(隊商)길과 해상(海上)길을 통해서 중국에 수입되었고,[2] 서역인들은 장안이나 양주 등에 거주하면서 상업활동을 하는 한편 관로에 진출하기도 하였다.

이러한 시대적인 상황 속에서 당나라의 경제계에 등장한 사람들이 '재당신라인(在唐新羅人)'들이다. 이들은 1차적으로 북경을 잇는 대운하의 주변에 정착하여 내륙의 물류체계와 관련산업을 관장하면서 운하경제를 장악해가기 시작했다. 그래서 운하주변과 해변가에다 신라방(新羅坊) · 신라소(新羅所) · 신라촌(新羅村) 등 정착촌을 건설하였다. 수륙교통(水陸交通)의 요지이며, 신라나 일본으로 출발하는 석도(石島(赤山浦)) · 문등(文登(乳山浦)) · 연운(連云(宿城村)) · 초주(楚州), 양자강 유역의 양주(揚州) · 소주(蘇州), 절강성의 영파(寧波) · 주산군도(舟山群島) · 황암(黃岩) 등 항구도시가 그 곳이다.[3]

그런데 당의 경제는 내부뿐만 아니라 대외교류에서도 문제점이 있었다. 동서남북의 물자들이 모두 모여들고, 서로 오고가면서 환류(環流)해야 물류 시스템이 활성화되고, 정치 경제적으로도 안정되며, 국가의 수입도 증대한다. 그런데 이러한 '환류 시스템'에 하나의 장애가 있었다. 한 지역, 즉 동쪽의 물류 시스템이 제 기능을 발휘하지 못했다.

이 지역은 비우호적 관계인 신라 · 발해가 남북국을 이루고 있었으므로 육로는 폐

---

[2] 이 부분에 대해서는 무함마드 깐수의 『新羅 西域交流史』, 단국대학교 출판부, 1992, 4장 및 6장의 일부를 참고.
[3] 金文經, 「7~10세기 新羅와 江南의 文化交流」, 『중국의 강남사회와 한중교섭』, 집문당, 1997, pp.146~147 참고. 「9~11세기 신라사람들과 강남」, 『장보고와 청해진』, 혜안, 1996 참고.

쇄된 길이었고, 정작 열린 길은 해로(海路)뿐이었다. 그런데 해로는 그 독특한 메커니즘으로 인하여 황해의 양쪽 내지는 동아시아 해양 전체의 환경에 익숙한 사람들이 아니면 모든 나라들 간의 물류망(物流網)을 장악하고, 해양력을 강화하는 일이 불가능했다. 그런데 황해의 서쪽은 재당신라인들이, 동쪽과 그 나머지 지역은 '본국신라인'들이 해양에서 활동하고 있었다. 이들 황해 주변에 포진한 범신라인들을 곳곳에 점(點)으로 있고, 느슨하게 이어진 민간조직이었다.[4] 그런데 재당신라인들은 내륙수운에 머물지 않고, 다시 황해를 건너 신라를 경유하여 일본으로, 또 절강지방에서 동중국해를 횡단하여 신라나 일본으로 삼각중계무역을 하였다.

장보고는 당시에 전개된 이러한 국제질서의 본질을 꿰뚫고 있었다. 그리하여 당시의 역동적인 국제환경이나 신라 내부의 필요성을 명분으로 삼아 828년에 귀국하여 '청해진대사(淸海鎭大使)'라는 독특한 직책으로 해양과 관련한 전권을 부여받았다. 그는 환황해권(環黃海圈)에 요소요소에 포진해 있는 거점도시들을 유기적으로 연결하였고, 조직적으로 역할분담을 시키면서 군사력을 동원, 신라 정부와 국적이 다른 민간상인 조직을 연결시켰다. 그리고 본거지를 군항(軍港)이며, 자유무역항으로 만든 청해진에 두어 재당신라인과 본국신라인을 동시에 관리하고, 역할분담을 조정할 수 있었다.

장보고의 이러한 능력과 활동은 바로 신라의 해양활동 능력과 국제적인 위치를 질적으로 향상시켰다. 재당신라인들과 장보고 세력들은 당나라 중심의 동아질서에 일방적으로 편입된 것이 아니라 해양활동을 통하여 미흡한 물류체계를 이어주였고, 능동적으로 한 부분을 담당했다. 또한 일본열도와 교류를 활발하게 하였고, 물품과 문화를 수출하였다.

신라인들은 조선술이 매우 뛰어났다. 660년에 나당연합군이 수륙양면작전을 활

---

4 윤명철, 「凡신라인들의 해상교류와 중국 강남지역의 신라문화」, 『8-9세기 아시아에 있어서의 신라의 위상』, 한국사학회, 2000, 10에서 이러한 용어와 개념을 사용하였다.

용하여 백제의 사비성을 함락시킬 당시에, 신라 태자 김법민(金法敏)은 병선 100척을 거느린 채 덕물도에서 소정방의 수군을 맞이하고 해양연합작전을 펼쳐 백제 정벌을 성공적으로 끝마쳤다. 그 후인 671년 10월에는 당나라와 전투를 벌이면서 조선(漕船) 70여 척을 격파하였다. 또 673년에는 당나라의 침입을 경계하기 위하여 문무왕은 대하찬(大阿湌)인 철천(徹川)을 파견하여 병선 100척을 거느리고 서해를 지키게 하였다.[5] 이로 보아 신라는 해군력과 조선술이 발달하였음을 알 수 있다.

한편 신라는 752년에 일본 조정이 도다이사(東大寺)의 완공과 나라대불(奈良大佛)을 조영한 것을 축하할 목적으로 대규모의 사신과 상인들을 보냈다. 이때 700명의 인원이 7척의 배에 나누어 타고 갔다. 이로 보면 평균 1척 당 100명이 승선했음을 알 수 있다. 물론 사신선 등은 평균치보다 컸을 것이다. 신라 배의 우수성은 일본 조정에서도 분명하게 인식하였으며, 때문에 국가적으로 건조사업을 벌였다. 839년에는 대재부(大宰府)에 명하여 '신라선(新羅船)를 만들어 능히 풍파를 감당할 수 있게 하라'라는 기록이 나온다.[6] 역시 같은 무렵인 840년에는 쓰시마의 관리가 신라 배의 우수성을 말하고, 대재부가 가진 신라 배 6척 중에서 1척을 나누어 달라고 요청하였다.[7] 이를 보면 일본 조정이 신라 배를 소유하고 있음을 알 수 있다.

일본은 국내에서뿐만 아니라 대외교섭을 하는 데에도 신라 배를 활용하였다. 839년에 일본의 견당사가 귀국할 때에는 자국의 배가 아닌 초주(楚州)에 있었던 신라 배 9척을 얻어 타고 왔다.[8] 신라 배를 이용하여 환국하는 일은 상인이나 승려 등 민간인은 말할 것도 없었다.[9] 입당구법승려인 엔닌(圓仁)은 재당신라인들의 도움을 받고 생활하

---

5 『삼국사기』권7,「신라본기」, 문무왕 13년.
6 '令大宰府 造新羅船 以能堪風波也'
　『續日本後紀』권8, 承和 6년(839년) 秋 7월 丙申.
7 『續日本後紀』권9, 承和 7년 9월.
8 『續日本後紀』권8, 承和 6년 8월.
9 『日本書紀』권26, 齊明 4년 658년, 승려들이 신라배를 타고 당나라에 간 기록이 있다.

였으며, 적산(赤山) 법화원에서 머물다가 그 앞의 막야구(莫耶口)에서 신라 배를 타고 귀국하였다. 신라 배가 현재 교토부의 히에이산에 있는 명덕원(明德院)에 그림으로 남아있다. 쌍돛대에 활대가 9개, 사각돛과 누각이 있고 돛은 물레를 이용하여 조정하고 있다. 규모가 크고 선박공학적으로도 발달한 배임에 분명하다. 이를 뒷받침하듯 당시 엔닌은 자신이 타고 온 배에 대하여 여행기인 『입당구법순례행기(入唐求法巡禮行記)』에서 상세하게 묘사하고 있다. 예를 들면, 6월 6일은 돌을 매단 닻을 올리고, 돛폭을 가지런히 하였으며, 또 6월 23일에는 닻돌(碇) 돛대(桅) 등 선박에 대한 나열을 하고 있다. 이러한 우수성 때문인지 본 조정에서도 늘 성능이 뛰어난 신라 배를 구하려고 노력하였고, 또 몇 척은 소유하고 있었다. 때로는 신라 배를 타고 다녀야 했던 같은 시대의 일본 견당사들은 4척 정도가 1개 선단을 이루었는데, 보통 1척당 100명에서 150명 남짓 타고 있었다. 그 크기는 추정할 수밖에 없는데 전장은 20여m, 폭은 7m 전후이고, 총 톤수로서 백수십 톤 정도로 추정한다.[10] 그렇다면 장보고의 신라 배는 어느 정도의 크기였는지 짐작할 수 있다.

2) 凡신라인들의 국제항로

범신라인들은 어떠한 항로를 이용해서 당나라와 교섭을 하였으며, 동아시아의 물류체계를 장악해 나갔을까? 신라인들은 동해 북부를 제외한 동아지중해의 전역에서 활동하였으나, 당시 정치와 교역과 문화 등 국제환경으로 보아 황해에 비중을 두었다. 황해는 내해(inland-sea) 혹은 지중해(Mediterranean-Sea)적 성격을 갖고 있다. 양 육지 간의 거리가 짧아 대부분이 근해항해지역에 해당한다.

또한 황해는 대체적으로 파도가 약하고 리아스식 해안이 많아 유사시 대피할 항

---

10 茂在寅男, 「遣唐使概觀」, 『遣唐使と史料』, 東海大學 出版部, 1989, p.26 참고.

구가 많다. 항해에 영향을 많이 끼치는 계절풍의 편중성도 약하고, 또한 항해 거리가 짧아 국지풍(局地風)을 이용할 수가 있으므로 항해 시기나 항로가 비교적 다양하다.

(1) 환황해 연근해항로

고대에 한국지역과 중국지역 간에 사용되었던 항로는 대체로 3개 혹은 4개로 구분하고 있다. 그러나 본고에서는 당시에 전개되었던 역사적인 상황과 자연환경 등을 고려하여 좀더 구체적으로 세분하였다.

| 그림 1 | 근해항해범위도[11]

가장 일반적으로 사용된 항로는 환황해 연근해항로(環黃海沿近海航路)[12]이다. 중국의 남쪽인 절강성 해안을 출발하여 산동반도를 거쳐 요동반도로 북상한 다음, 동으로 방향을 틀어 압록강 유역인 서한만(西韓灣)에 진입한다. 이어 대동강 하구와 경기만을

---

11 이에 대한 연구와 계산방법 등은 윤명철,「高句麗發展期의 海洋活動能力에 대한 檢討 -5~6세기를 중심으로-」,『阜村 申延澈敎授停年退任論叢』, 일월서각, 1995.
A 부분 안에서는 일기가 좋을 때 목표를 관측하며 항해할 수 있다.
각 ●은 목표확인 최대지점을 의미한다.

12 윤명철,「新羅下代의 해양활동 연구」,『국사관논총』91집, 국사편찬위원회, 2000 등 참고.
이 용어에 관해서는 연구자에 따라 약간의 차이가 있으나, 항로나 항해범위 등은 대체로 일치하고 있다. 그러나 엄격하게 말하면 연안항로가 아니라 '연근해항로' 라고 명명해야 한다. 동일한 지역 내에서의 이동이나 짧은 거리에서는 연안항해가 가능하다. 그러나 먼 거리이면서 선박이 크고, 또 우호적이지 못한 집단이 영향력을 행사하는 해역을 통과할 때나 국제항해에는 근해항로를 택해야 한다.

지나 계속 남항한 다음에 서남해안, 남해안의 일부, 대마도, 규슈 북부로 이어진 긴 항로이다. 크게 보면 4개 구역으로 이루어졌으나 기본적으로는 환상형(環狀形)의 항로(航路)이므로 특정한 출발지와 도착지가 없고, 다만 경유지가 있을 뿐이다.

남양반도 지역, 인천만, 강화만, 해주만, 강령만 등의 범경기만과 금강 하구 유역, 영산강 하구, 해남 등, 또한 황해 북부의 대동강 하구, 압록강 하구, 요동반도의 끝, 노철산수도(老鐵山水道) 등은 이 항로의 중요한 경유지이다. 중국 연안에서는 요동반도의 여순(旅順), 산동반도의 봉래(蓬萊登州)와 영성(榮城赤山), 회하(淮河) 하구 유역, 양자강 하구 유역, 절강성의 항주만과 주산군도(舟山群島) 및 영파 지역 등이다. 일본열도는 쓰시마, 규슈 북부의 하카다(博多) 지역, 우사(宇佐) 지역 등 서북부의 지역 등이 이 항로 상에 위치한다.

이 항로는 항해거리가 대단히 멀고, 중간중간에 성격과 이익을 달리하는 해양집단들이 항해를 방해하고 심지어는 약탈 등을 할 수 있는 등 위험 부담이 다소 있다. 하지만 항해 자체로서는 위험성이 비교적 적은 가장 안전한 항로이다. 비록 항선(航線)의 처음과 끝이 일률적으로 연결되지 않고, 중간중간에 몇몇 거점들을 연결하는 불연속적인 항로임에도 불구하고 역사의 초창기부터 이용됐다.

그런데 이 연근해항로 가운데에서 의미가 있고, 다른 항로와도 구별되며, 중복되지 않는 것은 노철산(老鐵山)항로이다. 산동반도의 동북단인 봉래(蓬萊등주)에서 요동반도의 여순(旅順)까지는 소위 묘도군도(廟島群島)가 점점이 이어지고 있다. 발해와 황해를 가르고 있으므로 발해해협(渤海海峽)이라고 부르는데, 수심이 얕고 섬들 간의 거리가 매우 짧아 초보적인 항해술과 조선 능력만 갖추어도 항해가 가능했다.[13]

『신당서(新唐書)』권43「지리지(地理志)」에 인용된 가탐(賈耽)의 『도리기(道理記)』에는

---

13 이 부분과 이 지역의 해양문화 수준에 대해서는 尹明喆,「黃海文化圈의 形成과 海洋活動에 대한 연구」, 『先史와 古代』, 한국고대학회, 1998, p.142 참조.

| 그림 2 | 환황해 연근해항로

이 항로에 대한 상세한 묘사가 있다. 즉 "登州東北海行, 過大謝島, 龜歆島, 末島, 烏湖島 三百里-浿江口 椒島 得新羅西北之長口鎭, 又過 秦王石橋, 麻田島, 古寺島, 得物島, 千里之鴨綠江, 唐恩浦口, 東南陸行, 七百里至新羅王城."이다. 그런데 이 기사로 인하여 마치 신라인들이 사용한 중요한 항로처럼 인식하고 있다. 이 항로는 요동반도 남부해안을 지나 반드시 한반도 북부의 서한만 유역과 연근해를 통과해야 한다.

하지만 그 시대에 그 해역은 신라인들이 항해할 수 없는 발해인들의 활동영역이었다. 732년 당발(唐渤)분쟁이 일어났을 때, 장문휴(張文休)가 지휘한 발해의 수군은 등주를 공격하여 자사(刺使)인 위준(韋俊)을 죽이고 점령한 적이 있었다. 또한 그 뒤에도 고구려 유민계인 이정기(李正己) 세력이 당과 갈등을 일으키면서 산동지역을 장악했을 때에 발해와 마필(馬匹)교역을 하였다. 더구나 신라와 발해 사이에 벌어진 소위 60년간의 남북대립기[14]에는 이 해역에서 신라인들이 연안항해를 하는 일은 불가능하고, 근해항로를 사용하는 일도 매우 위험을 감수해야 한다. 그 후의 일이지만 엔닌(圓仁)이 쓴『입당구법순례행기(入唐求法巡禮行記)』에는 개성(開成) 4년에 발해의 교관선이 산동의 청산포에 머무르고 있었다고 기록하고 있다. 더구나 발해는 해양활동 능력이 뛰어난 나라였다.[15] 따라서 신라인들은 당의 도움을 받는다 해도 이 연근해항로를 거의 사용하지 못했을 것으로 여겨진다. 가탐의 이 항로에 대한 기록은 당선이나 민간상선이 이용하였던 당시의 일반적인 상황을 기술하였을 것으로 판단된다.

(2) 황해 중부 횡단항로

황해중부 횡단항로는 한반도의 중부지방,[16] 즉 경기만 일대의 여러 항구에서 횡단

---

14 韓圭哲 「발해의 대외관계」,『한국사』10, 국사편찬위원회, 1996, p.100.
15 발해의 해양활동에 대해서는 尹明喆,「渤海의 海洋活動과 동아시아의 秩序再編」,『高句麗硏究』6집, 고구려연구회, 1998에서 종합적으로 정리되어 있다.
16 엄격하게 지리적인 기준으로 구분하면 한반도 남부해안에서 산동반도 하단부로 이어지는 해역도 황해

성 항해를 하여 산동반도의 여러 지역에 도착하는 항로이다. 신라 하대에 가장 많이 이용되었을 것으로 추정되는 항로이다.

한반도 쪽의 출발지로서는 경기만의 여러 항구이다. 경기만에는 대외항로의 기점이고 출발점이며 동시에 경유지로서 자격을 갖춘 곳이 여러 군데 있었다. 인천만 지역, 강화도와 주변지역, 그리고 남양만 일대이다.[17]

그 당시 황해 서안에서 가장 대표적이었던 항구는 산동성 북부 해안의 등주항(登州港)이다. 발해가 732년에 공격하였고, 그 후대에 빈해여진(瀕海女眞), 정안국(正安國), 고려(高麗) 등의 사신들이 모두 이 곳에 도착하였다. 발해관이 있었고, 엔닌(圓仁)의 기록에 따르면 신라관도 있었다.[18] 가탐(賈耽)이 쓴『도리기』에도 역시 신라로 가는 출발 항구로 되어 있다. 의상(義湘)은『송고승전(宋高僧傳)』에 따르면 "附商船達登州岸"라고 하여 등주에 도착한 것으로 되어 있다.[19] 반면에『삼국유사』에는 그가 양주에 도착하였다고 되어 있다. 하지만 당시의 역사적인 상황을 고려하고, 출발 항구가 남양만의 당은포(唐恩浦)였으므로 항로나 항해조건을 고려할 때 의상은 등주로 도착했을 가능성이 많다.

등주 외에도 산동반도의 동쪽 끝인 성산(成山·城山), 동남쪽인 적산포(赤山浦), 유산포(乳山浦) 등도 신라인들이 거주하면서 항구로 사용된 지역이다. 엔닌은 847년 9월 2일에 적산포 앞의 막야구(莫耶口, 현재 石島 앞에 모야도가 있다)를 출발하여 신라 해역을 거쳐 일본으로 돌아갔다.

이처럼 이 항로는 산동반도의 적산(赤山), 등주(登州)와 청도만(靑島灣)의 밀주(密州)

중부에 해당한다. 그러나 한반도를 기준으로 분류를 할 경우에는 서해 중부해역만을 황해 중부로 인식하고자 한다.
17 이 지역의 해양환경과 해양전략적인 가치, 방어시설 등에 대해서는 신형식·최근영·윤명철·오순제·서일범 공저,『고구려산성과 해양방어체제』, 백산출판사, 2000에서 필자가 기술한 경기만 지역을 참고.
18 『入唐求法巡禮行記』권2, 開成 5년 3월 2일조.
19 『宋高僧傳』권4,「의상전」.

등 여러 지역에서 출발하여 횡단하다가 백령도, 현재의 연평군도 등 황해도 근해의 섬들을 멀리서 보면서 서해 근해를 남항하다가 중간에 영산강 하구의 무주 등을 경유하여 청해진에 도착한다. 그리고 각각의 목적지를 향해갔다.

이 항로는 신라의 뒤를 이어 고려시대의 전기에도 활발하게 사용되었다. 고려는 건국 직후인 태조 천수(天授) 6년(923)에 후양(後梁)과 교섭하였고, 그 곳에서 오백나한(五百羅漢)을 가져왔다. 926년에는 후당(後唐)과 교섭하였다.[20] 후당의 장흥(長興) 연간(930~933)에도 후당에 사신을 보냈다.[21] 계속해서 후한(後漢)·후주(後周)와 교섭하였다. 모두 이 항로를 사용한 것이다. 이러한 공적인 외교교섭 외에도 상업활동 등 다양한 목적으로 이 항로를 이용하였다. 태조 7년(924년) 7월에는 고려의 상선이 후당의 등주에서 시역(市易)을 행하였다. 같은 해인 7년 10월에는 고려의 사박(使舶)이 후당에 건너가 청주(青州)(산동)에서 무역을 행하였다.[22]

이 항로의 구체적인 실상을 아는 기록이 있다. 후대의 일이지만 993년(고려 成宗 12년) 2월에 진정(陳靖) 등은 동모(東牟)(등주)) 근처의 팔각해구에서 고려의 사신단을 만난 다음, 지강도(芝岡島, 현재 烟臺台)에서 출발하여 순풍을 타고 이틀 후에 고려의 옹진(甕津)항에 도착했다[23]고 한다. 엔닌이 타고 온 배와 마찬가지로 이 항로를 이용할 경우에는 신라의 육지에 도착하는 것이 2일이 채 안 걸리는 거리이다.

그런데 황해중부 횡단항로는 1개가 아니라 2개로 분류된다.[24] 첫째는 잘 알려진 대로 황해도를 출발하여 산동반도의 동단 혹은 북단에 도착하는 항로이다. 황해도의

---

20 『高麗史』권1, 세가 태조 6년조, 9년조.
21 『宋史』권487, 「高麗傳」.
22 『册府元龜』권99, 「互市조」에 이와 관련된 기사가 있다.
  金庠基, 『新編 高麗時代史』, 서울대 출판부, 1996, p.166.
23 『宋史』권487, 「고려전」.
24 윤명철, 「徐熙의 宋나라 使行航路 탐구」, 『徐熙와 고려의 高句麗 계승의식』, 고구려연구회학술총서 2, 학연출판사, 1999, pp.209~214.

| 그림 3 | 황해 중부 횡단항로

육지에서 산동까지는 직선거리로 약 250km이다. 옹진반도(甕津半島) 앞 쪽에 백령도 등이 있는데, 이 곳은 고구려 때 혹도(鵠島)였고, 후삼국시대에도 황해 중부 횡단항로에서 매우 중요한 물표 역할을 하였던 섬이다.[25] 백령도를 지나 그 다음에는 먼 바다로 나아가 직횡단을 하면 산동반도에 닿는다.

두 번째 항로는 경기만의 하단지역, 예를 들면 남양만이나 그 이하에서 출발하여 직접 횡단성 항해를 한 다음에 등주지역이나 그 아래인 청도만의 여러 항구로 도착하는 항로도 있다. 항로는 백제인들이 한성백제(漢城百濟) 시대에 동진(東晋) 등과 교섭하던 항로와 동일하다고 판단된다. 늦봄에 부는 남풍계열의 계절풍을 이용하면 옹진반도(甕津半島) 끝에서 직횡단 하는 것보다 시간은 더 걸릴 수 있는 반면에 효율적이고 안전하게 항해할 수 있다. 또한 직횡단하면 역시 남풍계열 혹은 동풍계열의 바람을 이용하여 산동반도 남단 안쪽의 청도만으로 진입할 수 있다. 고려시대에는 주로 밀주의 판교진(板橋鎭, 당시에는 膠西)으로 들어갔는데, 교주만(膠州灣)에 근접해 있어서 대외무역 교통의 주요한 항구가 되었다.[26]

그런데 장보고 선단의 항로에 대하여 보다 구체적으로 살펴볼 필요가 있다. 장보고 선단이 기동성을 확보하고, 황해의 해상권을 장악하려면 몇 가지 조건이 충족되어야 한다. 즉 선단은 산동해역에서 직횡단을 한 뒤에 청해진 해역까지를 연근해항로를 이용하여 남항하는 것 외에 산동지역에서 한반도의 남단으로 직접 사단(斜斷)항해가 활발해야 한다. 또한 반대로 한반도의 남단에서 산동해역이나 회하(淮河)유역의 해상으로 항해가 가능해야 한다. 그래야 전 해역을 제어할 수 있다. 『대동지지(大東地志)』에 따르면 변산반도의 바깥인 위도(蝟島)에서 바람을 이용해 배를 띄우면 중국으로 갈 수

---

25 윤명철, 「후백제의 해양활동과 대외교류」, 『후백제 견훤정권과 전주』, 주류성, 2001, pp.331~332.
26 송은 1083년, 元豊 6년에 文宗이 승하하자 弔慰使를 보냈는데, 이들은 다음 해인 7월에 密州의 板橋를 출발하였다. 송대는 북방의 상업 무역항으로서 등주보다 훨씬 더 중요했다 祁慶富, 10~11세기 한중 해상교통로『한중문화교류와 남방해로(曹永祿 편)』, 국학자료원, 1997, pp.169~171.

있다고 한다.[27] 이는 이러한 가능성을 입증한다. 그런데 황해 중부 횡단항로는 항해거리가 가장 짧고 안정성이 비교적 많이 있었지만 역시 환황해 연근해항로보다는 위험 부담이 더 있었다.

(3) 황해남부 사단항로

황해남부 횡단항로는 전라도 등의 여러 해안에서 출발하여 사단으로 항해한 다음, 강소성·절강성 등의 해안으로 도착하는 것이다. 당나라 남부지역으로 가는 데 주로 사용되었다. 영광(靈光), 영산강 하구의 회진(會津), 그 아래인 청해진, 해남, 강진 등이 출발항구로 사용됐다.[28]

영산강은 일찍부터 고대문화의 통로로서 신라의 중요한 대당교역로(對唐交通路)였다.[29] 신라 말에는 해상세력들이 성장하고 발호하는 근거지였다. 영산강 해역의 해상세력인 나주 오씨(吳氏(多憐君))는 조상이 중국에서 상인으로 성공한 뒤 무역상들을 따라 신라에 건너온 세력이라는 견해도 있으나[30] 결국은 목포에서 거주한 만큼, 해상교역을 기반으로 성장한 해상세력임에 틀림없다.[31] 도선(道詵)의 출신지이기도 한 영암(靈巖)은 서해가 영산강과 인접해 있고, 덕진포(德眞浦, 현재의 무안)라는 항구를 가진 대당교통의 중심지였다. 최지몽(崔知夢)을 배출한 영암 최씨(崔氏)는 이 곳을 기반으로 성

---

27 『大東地志』卷11, 全羅道 18邑 扶安.
28 權悳永, 『古代韓中外交史』, 일조각, 1997, pp.90~191 참조.
29 『擇里志』 全羅道 나주지.
　李龍範, 「處容說話의 一考察」, 『震檀學報』32, 1969.
　李海濬, 「黑山島文化의 背景과 性格」, 『島嶼文化』6집, 1988, p.14.
　영암 덕진 구림(영산강)~黑山島~揚州 明州로 이어지는 길이 있었다. 이 부분은 권덕영의 『古代韓中外交史』, 일조각, 1997에 언급되어 있다.
　尹明喆, 「新羅下代의 해양활동 연구」, 『국사관논총』91집, 국사편찬위원회, 2000 참조.
30 姜喜雄, 「高麗 惠宗朝 王位繼承亂의 新解釋」, 『韓國學報』7, 일지사, 1977, p.68.
31 鄭淸柱, 『新羅末高麗初 豪族硏究』, 일조각, 1993, p.31.

장한 육두품(六頭品)출신의 낙향한 가문으로 여겨진다.[32]

그런데 전북 해안지역의 여러 항구들도 당시에 국제항구로서 사용되었을 가능성이 높다. 이 곳은 금강 하구와 만경강·동진강이 만나 커다랗고 안정된 만을 이루고 있다. 남쪽에서 영산강 하구해역 등 다도해 지역을 통과하여 북상한 선박들이 처음 부딪치는 곳은 서쪽으로 돌출한 변산반도(邊山半島)와 그 북쪽의 군산 서부해역이다. 또한 양자강 하구유역에서 출발하여(寧波 부근의 해양) 황해를 사단해 온 선박들도 이곳을 목표로 항해하거나 도착하기에 유리하였다.

변산반도 앞에는 상왕등도(上旺登島), 하왕등도(下旺登島), 위도(蝟島), 계화도(界火島) 등의 조그만 섬들이 있다. 북쪽에도 고군산도(古群山島) 등 몇 개의 조그만 섬들이 있다. 하지만 이 섬들은 항해에 방해받을 정도로 많거나 물길을 심할 정도로 복잡하게 하지는 않는다. 위도의 망월봉(望月峯)은 해발 255m이므로 항해민들에게 위치를 확인하거나 항로를 설정하는 지형지물의 구실을 했다. 때로는 폭풍이나 불의의 사고를 당했을 때 피항지(避港地)가 되기도 하고, 식량, 물 등의 공급처 구실도 하였을 것이다.

이러한 조건으로 인하여 전북 해안지역은 고대에 남북을 연결하는 항로의 중계지 역할을 하였으며, 황해를 건너온 중국 남방문화가 유입되는 입구의 구실도 하였을 것이다. 특히 부안 지역의 풍속이 남쪽의 단자(蛋子)와 같다는 기록은 이러한 상황을 말해준다.[33] 김정언(金廷彦)이 찬술한 옥룡사(玉龍寺) 동진대사비명(洞眞大師碑銘)에 의하면, 동진대사(洞眞大師) 경보(慶甫)는 921년 여름에 중국으로부터 임피현(臨陂縣)에 도착하였다고 한다. 개경 봉암사의 정진대사 경양(兢讓)은 924년에 희안현(喜安縣) 연안의 항구를 통하여 중국으로부터 귀국하였는데[34] 현재의 부안군의 변산반도 남단이다.[35]

---

32 鄭淸柱, 위의 책, p.32 및 pp.158~159.
33 『新增東國輿地勝覽』卷34, 扶安縣.
34 權悳永, 『古代韓中外交史』, 일조각, 1997, pp.190~191 참조.

| 그림 4 | 황해 남부 사단항로

전북 해안지역은 항로상의 중계지 역할뿐만 아니라 수로를 통해서 내륙으로 연결되는 교통의 요지였다. 동진강(東津江)을 통해서 정읍·김제·고창 등 내륙의 평야지대로 쉽게 연결된다. 또한 군산지역을 통해서는 금강 하구로 연결된 하계망(河系網)을 이용해서 전북 일대 및 충남 일대 전체로 깊숙이까지 교통이 가능하다. 따라서 물자의 교역 및 운송에 적합하다.[36] 금강 하구 유역은 현재의 지형과는 달리 하구에서 만경강(萬頃江)이 합세하고 있으며, 현재의 군산 지역은 상당한 부분이 바다였다고 한다.[37] 대동여지도(大東輿地圖)를 보아도 현재의 지형과는 매우 달랐으며, 하구가 내륙 깊숙하게 들어왔음을 알 수 있다.[38] 실제로 만경강 하구가 대외교역의 장소로서 사용되었을 가능성은 전북 옥구군 임피면(臨陂面)의 금강 하구에 진포(鎭浦)가 있던 것으로 확인된다.

도착 항구로서는 강소성의 연운을 중심으로 한 해안지방, 절강성의 항주, 명주(明州, 영파)·주산군도(舟山群島)이다. 초주(楚州) 근처 회수의 북안인 연수향(漣水鄕)에는 집단 거류지인 신라방(新羅坊), 자치기구인 신라소(新羅所)가 있었다. 일본의 15차 견당사는 초주에서 신라선 9척을 빌리고, 신라 수부(水夫) 60여 명을 고용하여 바다를 건넜다.[39] 우여곡절 끝에 모두 귀환한 견당사들이 이때 사용한 항로는 황해 남부 사단항로였다. 신라에서는 공식적인 외교교섭 외에도 비공식적인 민간들 간의 교류가 빈번했던 것으로 보인다. 예를 들면 843년 신라인 장공정(張公靖) 등 26명이 당 초주를 출발하여 나가도국(長門國, 현재의 시모노세키 지역)에 도착하였다(『入唐求法巡禮行記』). 918년과

---

35 이 지역의 중요성에 대해서 필자는 「西南海岸의 海洋歷史的 環境에 대한 檢討」, 『扶安 竹幕洞 祭祀遺蹟 학술회의』에서 지중해적 성격의 규명과 아울러 이 부분에 대해서 언급하였다.
36 羅壽承, 「錦江水運의 變遷에 關한 地理學的 硏究」, 『公州敎大論文集』 16, 1980, pp.74~80.
37 이 부분에 대한 지리지질적 조사와 유적은 김중규, 『잊혀진 百濟, 사라진 江』, 신아출판사, 1998, pp.74~80.
38 이 지역의 해양역사적 환경에 대해서는 윤명철, 「후백제의 해양활동과 대외교류」, 『후백제 견훤정권과 전주』, 주류성, 2001, pp.331~332 참조.
39 圓仁, 『入唐求法巡禮行記』 권 1.

927년에는 후백제의 견훤이 항주(杭州)에 수도를 둔 오월국(吳越國)과 교섭을 하여 사신을 연이어 파견하였다.⁴⁰ 이때 갈 때는 이 항로를 사용했을 것이다.

(4) 동중국해 사단항로

동중국해 사단항로는 절강 이남지역을 출발하여 동중국해와 제주도 해역, 황해 남부를 거쳐 신라의 영토로 들어오는 항로이다. 고려시대에는 이 항로를 이용하여 승려, 상인, 사신, 유학생들이 도착하고 출발하였다.

이 항로의 일부는 남중국과 일본열도가 교섭하는 데에도 사용됐다. 일본의 견당사선들이 사용한 소위 남로(南路)가 그것이다. 그 외 상인들도 사용을 했다. 819년 홍인(弘仁) 10년, 신라인이 대당월주인(大唐越州人) 주광한(周光翰)·언승칙(言升則) 등과 함께 왔다(『일본기략(日本紀略)』). 또 같은 해에 당나라의 상인인 장각제 등이 무역을 위하여 형제 2인과 함께 신라인 왕청 등과 함께 같은 배를 타고 당을 출범하였다. 그들은 3개월간을 표류한 끝에 결국은 일본 동북부의 해안지대인 출우국(出羽國)에 표착하였다. 847년에는 신라인 김자백(金子白), 흠량휘(欽良暉), 김진(金珍) 및 당나라 강장(江長) 등 43명이 소주(蘇州)를 출발하여 대재부에 왔다. 이들은 역시 동중국해 사단항로를 부분적으로 이용한 것으로 보여진다.

이 항로에서 주요한 출발항구는 절강성 명주항(明州港(寧波))과 그 외곽인 주산군도이다. 절강 지역은 항주만(杭州灣)과 주산군도(舟山群島), 양자강 하구를 끼고 있다. 항주만은 중국 연안의 남과 북을 이어주던 항해상의 물목이었고, 운하의 종점이면서 시발점이었다. 때문에 남방과 북방으로 상호교환하는 물자들이 이 곳에서 만났다. 주산군

---

40 『삼국사기』권50, 「甄萱傳」.
『고려사』권2, 세가 태조 10년 12월조 및 11년 1월조 참조. 李基東은 「後三國·高麗 初期 韓中 海上交易 現況」, 『장보고 대사 해양경영사』, 제3차 국제학술회의, 1995, pp.62~64에서 현재 중국 복건지방에 근거를 둔 閩國과의 교섭 가능성을 언급하고 있다.

도는 중국 최대의 군도이고, 항주만의 입구에 있다. 북쪽의 승사열도(嵊泗列島)에서 부터 남쪽의 육횡도(六橫島)에 이르기까지 600여 개의 섬이 활모양으로 항주만을 감싸고 있다.[41]

이 해역을 벗어나 사단으로 북상하다가 흑산도 등을 경유하며, 주요한 도착지점은 전라남도 해안의 항구들, 예를 들면 회진·청해진·해남·영광·부안 등이다. 이 항로는 북송 말에 서긍(徐兢)이 쓴 『선화봉사고려도경(宣和奉使高麗圖經)』권34 '해도(海道)'에서 상세하게 기술하고 있다. 즉 배는 영파를 출발하여 보타도에서 항해에 적합한 바람을 기다렸다. 그 다음에 북상하여 상해만의 바깥 바다까지 온 다음에 거의 사선으로 항해하여 흑산도로 향했다. 그 다음에 고군산도(古群山島), 자연도(紫燕島) 등을 거쳐 북상하다가 예성강 하구에 도착하였다.

이 항해는 늦봄에 남풍계열의 바람(남서풍이면 더욱 좋다)을 타고 해류의 흐름을 이용한다면 항주만 혹은 양자강 하구에서 한반도 남부까지는 항해가 자연스럽게 이루어진다. 양자강유역에서 군산까지 수로로 435해리이고, 각도가 55도이다. 따라서 해류의 흐름을 자연스럽게 이용하고 바람만 제대로 받으면 빠른 시간 내에 연안을 벗어나서 원시적인 수단으로서도 3~4일 정도면 근해권에 진입할 수 있다. 『송사(宋史)』에는 순풍일 경우에는 흑산도까지 건너는데 5일이 걸린다고 하였다. 필자는 1997년 6월 하순에 뗏목 '동아지중해호'를 타고 이 항로를 답사하였다. 서긍의 기록과 항로가 일치하였고, 흑산도까지 17일이 걸렸다.

한편 한반도 남부지역(제주도, 해남, 영암, 나주, 군산 등)을 출발하여 초가을 부터 초봄까지 북동계열의 바람을 이용하면 양자강 하구나 항주만 지역에 도착할 수 있다.[42] 제주도 근해나 흑산도 근해에서 표류한 배들이 절강성과 복건성 지역에 도착하는 것은

---

41 윤명철, 「黃海의 地中海的 性格研究 1」, 『韓中文化交流와 南方海路』, 조영록 편, 국학자료원, 1997. 毛昭晣, 金井鎬, 曺永祿 등이 각각의 발표에서 이 지역의 해양환경을 말하고 있다.
42 尹明喆, 「황해의 지중해적 성격연구」1, 『한중문화교류와 남방해로』 참조.

|그림 5| 동중국해 사단항로

다 이런 이유 때문이다. 전남 다도해의 사람들이 바다에서 북동풍을 만나 표류하면 남쪽으로 밀리다가 쿠로시오(黑潮)의 저항을 받아 주산군도 해역에 표류한다.[43]

그런데 역시 주산군도 해역을 출발하여 북상하다가 동으로 방향을 틀면 제주도권을 경유하여 일본열도로 간다. 중국 강남지역과 일본열도 간에 사용되던 항로이기도 하다. 범신라인들은 제주도를 중간거점으로 활용해서 일본열도로 오가기도 했을 가능성이 높다.[44] 제주거점(濟州據點) 항로(航路)는 출발항구와 도착항구를 이어주는 단선의 항로가 아니라 다양한 항로의 중간에 있는 경유항로이다. 『수서(隋書)』에는 일본을 오고갈 때 제주도를 남쪽으로 보고 항해했다는 기록이 있다.[45] 일본의 견수사 및 견당사들은 이 항로를 부분적으로 이용했을 것이다. 특히 장보고 선단들은 청해진을 중간거점으로 삼아 황해연근해 항로를 장악하였으므로 이 항로의 실질적인 주인이었으며, 나중에 이 항로는 고려 등이 사용했다. 물론 제주도가 항상 이 항로의 주요한 거점지역은 아니었지만 경유지이거나 기항지로서 매우 중요한 기능을 하였을 것이다.

절강과 제주도 간의 계절풍은 봄, 여름에는 강남지방에서 제주도까지 항해가 가능하며, 역으로 가을부터 겨울을 거쳐 초봄까지는 제주도에서 강남쪽으로 항해가 가능하다. 조선조 때 최부(崔溥)는 제주도에서 육지로 가다가 흑산도 근해에서 폭풍을 만나 29일간을 표류하다가 절강성의 영파(寧波)에 다다랐던 경험을 『표해록(漂海錄)』에 기록하고 있다. 그런데 남해나 서해남부에서 표류한 선박들은 대부분 절강지방에 도착하고 있다. 물론 반대로 절강, 복건 등에서 표류하면 흑산도나 제주도에 표착한다.[46]

절강지방의 주산군도는 장우(지)신(張友(支)信) 등 재당신라인들의 선단이 활동하던

---

43 김정호, 「신라시대 한중항로」, 『장보고와 청해진』, 혜안, 1996, p.155.
44 이 부분에 대해서는 윤명철, 「제주도를 거점으로 한 고대 동아지중해의 해양교섭에 관한 연구」, 『제2회 법화사지 학술대회』, 제주불교사회문화원, 2000에 상세하게 언급하고 있다.
45 '使於倭國 度百濟行之竹島 南望 舺羅國', 『隋書』 열전 倭國傳.
46 이러한 예는 『備邊司謄錄(신안군관계기사자료집)』, 신안군·목포대학교 도서문화연구소, 1998 참조.

지역이었으므로 장보고 세력은 제주도를 국제해상활동의 중요거점으로 삼았을 가능성이 높다. 또한 고려시대에는 탐라에서 송의 영토로 표류한 사실들이 자주 나타나고 있다.[47] 그 직후인 예종 때에는 진도에서 제주로 가다 표류하여 송의 명주로 표착하기도 하였다.[48] 이렇게 절강지역과 제주도가 교섭했던 예는 매우 많이 나타나고 있다.

(5) 동해남부 횡단항로

동해남부 횡단항로는 경주의 외항인 울산, 감포, 포항 등 동해 남부의 해안을 출발하여 일본열도의 혼슈 남부 해안지역에 도착하는 항로이다. 해양환경으로 인하여 이 항로는 신라 초기부터 사용되었다. 즉, 울산, 포항, 감포 등지를 출발하여 동해 남부를 횡단한 다음에 일본열도의 혼슈 남부지역인 산음지방의 도토리(鳥取)현의 다지마(但馬)・호키(伯耆), 시마네(島根)현의 이즈모(出雲)・오키(隱岐), 야마구치(山口)현의 나가도(長門) 등에 도착했다. 그 다음에 목적에 따라 연안 혹은 근해항해를 이용하여 북으로는 후쿠이(福井)현의 쓰루가(敦賀) 지역으로, 남으로는 규슈 지역으로 들어가기도 했다.

'연오랑(延烏郞)과 세오녀(細烏女)'의 설화[49]는 신라세력이 진출하여 일본 소국가의 왕이 되는 당시 양 지역의 정치적인 상황을 반영한다. 또한 바위로 상징되는 항해수단을 이용했으며, 신라 세력의 진출거점이 동해안 영일만 부근이었음을 알려준다. 그런데 점차 울산이 경주의 외항(外港)으로 중요해졌다. 울산은 헌강왕 때 처용이 도착한 곳이었는데, 당나라의 양주나 명주와 이어지는 국제항구였다.[50] 울산은 비단 이 항로뿐만 아니라 경주와 이어지는 모든 항로의 출발점이었고, 도착항구이었다. 그래서 이

---

47 『고려사』권11, 숙종 4년 등.
48 『高麗史』권13, 예종 8년.
49 『三國遺事』卷1, 紀異 2.
50 李龍範, 「處容說話의 日 考察-당대 이슬람상인과 신라」, 震檀學報 32, 1969, pp.23~26.
　崔在錫, 「7세기 중국파견 일본사신 학문승과신라」, 『韓國學報』84, 1996, pp.2~7.

곳에는 헌강왕대에 호족세력이 있었다는 견해도 있다.[51]

도착 항구의 하나인 이즈모(出雲) 지역은 경상남도 울산이나 포항지방과 위도상(북위 35,5도)으로 보아 거의 비슷한 위치에 있다. 양 지역 사이에는 항로가 2개 있었다. 제1항로는 동해 남부 또는 남해로부터 리만한류를 타서 북위 30도 부근에서 대한난류 서파(西派)를 횡단하여 본류에 올라타서 이즈모(出雲) 서안에 도달하는 직접항로이다. 제2항로는 한반도 동안에서 출발하여 오키(隱岐)에 도착하고, 다시 시마네 만두(島根灣頭) 혹은 이나바(因幡) 해안에 도착하는 것이다.[52] 즉 쿠로시오(黑潮)에서 분파된 해류는 동해 남부나 중부에서 출발한 선박을 일본 해안으로 자연스럽게 밀어붙이므로 물길과 계절풍을 활용한다면 항해는 성공할 수 있다. 반대로 이즈모(出雲) 해역에서 출발하는 경우는 규슈 북안까지 쓰시마 해류의 반류에 타서 연안을 올라간 뒤, 규슈 북서부에서 이키, 쓰시마를 경유해서 쓰시마 본류에 타서 '海의 北道'를 탄다면 한반도의 동남부 또는 동부에 도착한다.[53]

또 하나 주목해야 할 지역은 쓰루가(敦賀)이다. 와카사만(若狹灣)은 동해쪽에 면한 몇 개 안 되는 큰 만의 하나이다. 해안선은 전형적인 리아스식 해안으로서 복잡하고 작은 만들이 많이 있다. 쓰루가(敦賀)는 머리에 뿔이 난 사람들이 왔으므로 고대에는 '츠누가(角鹿)'라고 불렸는데, 이것은 투구를 쓴 가야인들이 왔기 때문이다. 그러나 신라계와 관련이 깊었으므로 지금도 신라계 지명 및 신사가 곳곳에 남아 있다.[54] 가장 큰 만인 와카사 만에는 40여 호 남짓한 조그만 마을에 신라를 나타내는 시라기 마을(白木浦)이 있고, 시라기(白木) 신사가 있다. 쓰루가에는 이곳 말고도 '白石신사', '白城신사', '信露貴彦신사' 등 한자는 달라도 발음은 '시라기'이고, 신라 조신(祖神)을 모신

---

51 李佑成,「三國遺事 所在 處容說話의 一分析」,『金載元博士 回甲論叢』, pp.89~127.
52 中田 勳,『古代韓日航路考』, 倉文社, 1956, pp.123~127.
53 松枝正根, 위의 책 上, pp.109~111.
54 武藤正典,「若狹灣とその周邊の新羅系遺跡」,『東アジアの古代文化』, 大和書房, 1974, pp.88~94 참조.

| 그림 6 | 동해 남부 횡단항로

신라 신사들이 많다.⁵⁵ 쓰루가는 예전에는 신라인들, 가야인들, 고구려인들이 들어온 항구였다. 특히 발해인들은 이 곳을 주요한 도착거점으로 삼고 몇 개월씩 머물면서 장사를 하곤 했다.

814년에는 혼슈의 제일 남쪽인 현재 야마구치현의 나가도국(長門國, 현재 시모노세키시)의 토요우라군(豊浦郡)에 신라 상인 31명이 표착한 일이 있었다.⁵⁶ 이는 동해 남부항로를 이용했을 가능성이 높다. 그런데 발해사들도 이 해의 9월 하순에 나가도국의 바로 위인 이즈모(出雲)에 도착하였다. 이는 신라와 발해 간의 교역 가능성을 시사하고 있다.⁵⁷

(6) 남해항로

남해항로는 남해(南海)의 어떤 해역을 출발하여 쓰시마(對馬島)를 경유하거나 통과 물표로 삼으면서 규슈 북부에 도착하는 항로이다. 이 항로의 출발지는 일반적으로 낙동강 하구지역을 항로의 기점으로 인식하고 있다. 쓰시마와 거리가 가장 가깝고, 시인거리(視認距離) 안에 있으므로 항해하는 도중에도 물표의 확인이 가능하고, 심리적인 안정감도 있다. 고대에는 가야세력을 중심으로 양 지역 간의 교섭에 최대한 활용한 항로였다가 신라가 통일하면서 신라의 영역 안에 흡수되었다. 따라서 신라에서 일본열도로 가기에는 가장 안정되고 거리가 짧으며 심리적으로도 부담이 적은 항로이다.⁵⁸

그러나 해양적 조건을 구체적으로 살펴보면 약간의 문제가 있다. 대한해협은 협수로이므로 조류가 해류의 방향에 영향을 끼친다. 부산이나 그 동쪽 혹은 북쪽에서 출

---

55 이 지역과 신라 신사들에 대한 모습은 윤명철, 『일본기행』, 온누리, 1987에 기술되어 있다.
56 『日本後紀』권24, 弘仁 5년 10월.
57 윤명철, 「발해의 해양활동과 동아시아의 질서재편」, p.179.
58 尹明喆, 「海洋條件을 통해서 본 古代 韓日關係史의 理解」, 『日本學』14, 동국대 일본학연구소, 1995, p.84 참고.

발하여 목적지를 쓰시마(대마도)로 잡을 경우에는 해조류의 흐름에 역행하므로 실패할 확률이 매우 높다.[59] 오히려 남해 동부해안에서 고대항로의 기점으로 적합한 조건을 갖춘 곳은 거제도이다. 설사 부산 해역을 출발하였다 해도 해양환경을 이용한 항법을 고려할 때 거제도권을 경유하여 쓰시마(대마도)로 항진해야 바람직하다.[60]

이 항로는 남해 동부에서 출발했을 경우에는 쓰시마를 경유했다. 다시 쓰시마에서 출발했을 경우에는 항해환경을 고려할 때 가장 적합한 도착지점이 규슈 북서부에 있는 요부코(呼子付)나 가라쓰(唐津) 만이다. 그러나 최종 도착지는 역시 하카다(博多) 만이다. 그 곳에는 서경(西京)이 있었고, 대외교섭과 무역을 관장하는 대재부(大宰府)가 있었기 때문이다. 신라 상인들은 물론 장보고가 파견한 회역사(廻易使)들이 도착해서 교역활동을 편 곳도 바로 이 지역이다.

한편 서남해안 혹은 남해 서부해안에서 출발하여 규슈 서북부로 직항하는 항로(航路)도 있다. 이 항로는 마한(馬韓)을 거쳐 4세기 이후에 백제계가 본격적으로 활용하였다. 장보고가 활동하던 시기에 장보고의 청해진 세력은 물론 기타 해상세력들이 활발하게 이용하였을 것이다. 즉 영산강 하구, 해남, 강진 등 한반도의 서남해안이나 사천 등 섬진강 하구, 및 중간에 있는 큰 섬들은 이 항로에서 매우 중요한 역할을 하였을 것이다. 장보고의 사후에 군소 해상세력들이 등장하는 과정을 보면 이 남해안 일대에 이미 해양활동이 활발하였음을 알 수 있다.

범신라인들은 남해안을 따라 연안항해를 하거나 근해항해를 하였을 것이다. 쓰시

---

59 『津島記事』 1703년 조선 譯官使 일행 108명이 와니우라(鰐浦) 바로 앞 바다에서 참변을 당했다. 1976년 고대항해를 시험한 野生號도 이 항로를 택해 결국 실패하고 말았다.
60 이 부분에 대한 상세한 언급은 졸고, 「海路를 통한 先史時代 韓・日 양지역의 文化接觸可能性檢討」, 『韓國上古史學報』 2집, 한국상고사학회, 1989 참조.
 필자는 1983년 8월 뗏목 '해모수' 호를 타고 이 항로를 탐사하였으며 쓰시마 북부의 佐護항까지는 44시간이 소요됐다.

| 그림 7 | 남해항로

마를 시인거리 안에 두고 항해하거나, 직접 경유한 후에 규슈 북부로 상륙하였다. 또는 제주도를 우현(右舷)으로 바라보면서 해류와 바람 등을 이용하여 규슈 서북쪽으로 자연스럽게 항진하면 고토(五島)열도 같은 엄청나게 많은 섬들을 만나게 된다. 거기서 갈라져 북으로 동진(東進)하면 규슈 북부에 있는 가라쓰(唐津)등의 육지에 닿고, 다시 대재부가 있는 하까다까지 연안항해를 할 수 있다. 물론 남으로도 항해를 할 수 있지만 그것은 허용되지 않았을 것이다.

『일본기략(日本紀略)』에 따르면 818년(홍인 9년)에 신라 상인인 장춘(長春) 등 14인이 대재부에 왔으며, 검은 말(驪馬) 네 마리(四頭)를 헌상하였다고 한다. 엔닌의『입당구법순례행기(入唐求法巡禮行記)』에 따르면 824년(天長 1년)에 신라인인 장보고(張寶高)가 대재부에 왔다. 역시『속일본기(續日本記)』에는 840년(승화 7년)에 장보고가 사신을 보내 방물을 받쳤다고 한다. 9세기에 이르면 신라의 해적들이 일본해안에 자주 출몰하였는데, 이는 남해항로를 적극적으로 활용한 예들이다.

2. 발해인들의 해양활동과 국제항로[61]

1) 발해인들의 해양활동

발해는 고구려를 계승한 국가로서 복잡한 종족구성과 역학관계의 장 속에 있었다. 동아지중해 국제대전이 끝난 이후 국제질서가 전면적으로 재편(再編)되었다. 이 과정에서 발해는 주변국들과 역학관계(力學關係)를 조정하면서 나름대로 자기 위치를 설정하고 보다 유리한 위치를 확보할 필요가 있었다. 군사력이 강하지 못했던 당시의 현

---

61 이 부분에 대해서는 윤명철, 「발해의 해양활동과 동아시아의 질서재편」 참조.

실과 소강상태인 국면에서 외교와 경제의 비중은 더욱 높아졌다. 이때 해양은 외교적 위치를 강화시키고 국가의 이익을 추구하는 효용성 있는 수단이었다. 발해는 동해와 황해를 활동무대로 하면서 해양활동을 활발히 할 수밖에 없는 당위성이 있었고, 실제로 활발했었다.

발해는 고구려를 계승하였으므로 최소한도 국가의 인적 구성원, 문화, 영토 등을 수용했으며 당연히 해양정보를 비롯한 해양활동 능력 또한 답습하였을 것이다.[62] 거기다가 말갈의 여러 부족을 통치함으로써 연해주 일대에 거주하였던 기존 해양민들의 능력마저 흡수하였으므로 고구려에 비해서 발달했을 것은 필지의 사실이다.

발해는 732년의 등주 공격에서 나타나듯이 거대한 군선과 파괴력이 강한 수군을 보유하였다. 해양문화는 모방성이 강하다. 특히 서로에게 선박을 건조해 주는 여러 사례로 보아 동아시아 각국 간의 조선술에는 큰 차이는 없었을 것이다. 발해는 매우 뛰어난 것으로 평가받는 통일신라와 비슷한 정도의 조선술과 해양능력을 갖추었을 것으로 추정한다.

그런데 발해의 조선술에 대하여 회의적이고, 오히려 일본의 영향을 받은 것이라는 견해도 있다. 발해 사신들은 귀국할 즈음에 일본에 선박증여를 요청한 일이 있었다. 777년에는 배를 만들어 사신을 본국으로 보냈다는 기록이 있다.[63] 2년 후인 779년에는 일본 사신인 고려조신전사(高麗朝臣殿嗣) 등을 위해 배 2척을 만들고 장선수(張仙壽) 등을 보냈다.[64] 그 해 12월에는 검교발해인사(撿校渤海人使)가 발해의 사신 고양죽(高洋粥)을 위해 배 9척을 내려줄 것을 요청한다.[65] 또한 발해선들이 타고 온 선박은 초기

---

62 윤명철, 「高句麗 발전기의 海洋活動能力에 대한 검토(5~6세기를 중심으로)」, 『阜村 신연철교수정년퇴임논총』, 일월서각, 1995 참고.
63 『續日本紀』권34, 寶龜 8년 5월.
64 『續日本紀』권35, 寶龜 10년 봄 정월.
65 『續日本紀』권35, 寶龜10년 12월.

에는 20명 전후가 승선한 소선이었는데, 후기인 9세기에 들어가면서 비로소 100명이 넘는 사절을 승선시킨 큰 선박을 정기적으로 파견한다.

이러한 몇 가지 상황을 놓고, 이는 일본이 준 배를 가지고 기술혁신을 거쳐서 가능해진 것이라고 주장한다.[66] 그러나 일본열도의 조선술은 한반도에서 건너왔으며, 이 당시도 일본인들은 신라선(新羅船)을 건조하고, 신라선을 이용하여 당나라와 교섭을 하였다. 무재인남(茂在寅男)을 비롯하여 일본인들은 견당사선(遣唐使船)의 우수함을 열거하고 있으나 그 한계는 필자가 다른 논문에서 지적한 대로 문제가 많다. 또한 이러한 견해는 해양환경과 조선술(造船術)의 상관성에 대한 오해에서 비롯된 것이다.

일본이 발해에게 조선기술을 가르쳐 주었을 것이라는 견해의 문제점을 살펴보자.

동해의 겨울 황천항해(荒天航海)와 장기간 동안 원양항해를 수행한 발해의 선박이 출발할 당시와 똑같이 온전할 리는 없다. 더구나 도착한 발해선들은 장기간 동안 연안항해(沿岸航海) 내지 근해항해(近海航海)를 통해서 수도권 내지 규슈(九州)까지 접근해야 한다. 또한 귀국하기 까지의 수개월 이상을 물에 띄워 놓아야 하다. 그러므로 필수적으로 수리가 필요하고 때로는 해체(解體)와 복원(復原)의 과정이 뒤따라야 한다. 파손이 심하거나 보존상태에 문제가 있는 심각한 경우에는 다시 건조해야 한다. 이것은 원양항해의 경우에 당연히 거쳐야 할 단계이다. 그래서 하나의 바다를 둘러싼 해양민(海洋民)들 간에는 기술(技術)의 모방(模倣)과 이전(移轉)이 이루어지는 것이다. 따라서 발해인들은 일본열도에서 선박을 수리 또는 건조해야 한다.

그런데 한 가지 지적할 것은 일본인들은 당시 동해의 겨울바다는 물론 여름바다를 건너본 경험이 거의 없었다는 사실이다. 고구려가 동해를 직항하여 월(越) 등 지역에 들어올 때에도 왜는 고구려에 갈 수가 없었다. 7세기에 들어서야 비로소 연안항해를 통해서 오늘의 동북지방에 있는 하이(蝦夷)를 공격할 정도였다.

---

66 酒寄雅志,「日本と渤海・靺鞨との交流」,『先史와 古代』9, 한국고대학회, 1997, pp.86~87.

※ A 부분 안에서는 일기가 좋을 때 목표를 관측하며 항해할 수 있다.

| 그림 8 | 근해항로 범위도

그러므로 동해를 건너기에 적합한 배를 건조하는 데에는 기술적으로 한계가 있다. 일본의 기록에 나타난 선박의 건조 내지 증여한다는 기사는 오히려 발해인들의 기술지도와 기술이전의 가능성을 시사하고 있다. 최종의 출발 항구인 노토반도(能登半島)의 후쿠라(福良)에 조선소가 있었던 사실은 기존의 선박을 수리하는 작업과 함께 새로운 배의 건조가 때로는 필요했기 때문일 것이다(필자는 1998년 7월 초 후쿠라를 답사하였다. 현재 조선소는 2개가 있는데 하나는 현대의 것이고, 다른 하나는 고대의 것이라고 한다).

발해선의 규모가 작은 데에는 몇 가지 이유가 있다.

첫째로 정치적인 상황을 지적하고 싶다. 8세기 전반에는 발해가 아직 안정기에 들어서지 못했다. 뿐만 아니라 신라와 관계가 매우 적대적이어서 고구려인들이 사용했던 기존항로를 자유롭게 활용할 수는 없었다. 뿐만 아니라 고구려의 일본 항해가 끝난 뒤 이미 60여 년이 지났으므로 항로는 물론 동해의 해상상태와 항해환경, 항해술, 조선술 등에 익숙하지 못했을 것이다. 일본열도에 도착한 후의 상황도 매우 불투명하고, 위험부담도 컸을 것이다. 특히 첫 사신인 고제덕(高齊德) 일행이 하이인(蝦夷人)들에 의하여 다수가 희생당한 사실은 대규모의 교섭을 방해하는 중요한 요인이었을 것이다.

이러한 문제점이 있으므로 위험부담을 분산시키기 위하여 사신단은 소규모의 선박으로 선단을 구성하는 것이 바람직했다. 그러나 점차 정치적인 환경이 개선되고 항로가 개척되면서 선박도 대형화되고 사신단의 규모도 커지게 된 것이다. 전 기간을 통해서 볼 때 발해 사신선들은 대체로 5척으로 선단(船團)을 이루고 있었다.[67]

두번째로 자연환경을 생각해 볼 필요가 있다. 일본의 견당사선이 크고, 설사 효율적이라고 하여도(물론 필자의 생각은 다르다) 동해는 황해와는 여러 면에서 항해조건이 다르다. 겨울철의 동해는 바람이 불고 파도가 높아 황천항해일 가능성이 많다. 따라서 기동성(機動性)이 약하고 무거운 대형선박인 것보다는 작고 빠른 배가 효용성이 클 수 있다. 또한 발해 선박이 작은 것은 조선재료의 한계도 있다. 796년에 발해왕이 보낸 국서에는 선박조선용의 큰 나무는 토질 때문에 자라기 어려워 부득이 작은 배를 띄운다고 되어 있다.[68] 아한대(亞寒帶)지방이므로 침엽수들이었고, 때문에 나무가 단단한 반면 부력(浮力)이나 크기에는 제한이 있었을 것이다.

필자는 항해의 경험과 조선술에 대한 이해를 바탕으로 전혀 알려져 있지 않은 발해선의 구조와 성격을 자연조건에 비추어 몇 가지 특성을 추론해 보고자 한다. 첫째, 능파성이 좋아서 험하고 높은 파도를 가르면서 항진(航進)할 수 있어야 하며, 겨울의 편계절풍을 활용해야 하므로 내구력이 좋고 튼튼한 돛이 있어야 한다. 지중해의 배들은 삼각돛을 사용했으나 북해의 배들은 사각돛을 사용했다. 이는 바람의 상태와 돛의 이용방법이 달랐기 때문이다. 동해에서 운행한 발해 배도 주로 사각에 가깝고 황해나 동중국해의 범선보다는 상대적으로 단순한 형태의 돛을 사용했을 것이다.

동해는 수심(水深)이 깊고, 출발항이나 도착항의 해안선이 비교적 단순하여 조류의 영향도 적고, 암초도 적다. 따라서 배는 항해의 평저선(平底船)보다는 홀수가 깊은

---

67 리대희,「발해의 대일 교통로인 〈일본도〉」,『력사과학』4, 1990, p.58.
68 『日本後紀』권5, 延曆 15년 겨울 10월.

첨저선(尖底船)에 가까웠을 것이다. 강한 바람을 견디며 운행하기 위하여 용골과 키도 발달했을 것이다. 또한 늘 거센 파도와 바람을 맞아야 하므로 선체는 내구력(耐久力)이 강하고 튼튼해야 한다. 따라서 단단한 목재를 사용해서 건조했을 것이다. 이처럼 동해와 황해의 배는 다를 수밖에 없는 것이다. 이러한 여러 가지를 고려할 때 발해는 조선술이 발달했다고 판단된다. 발해의 배들이 절강성 해안까지 가서 교역을 한 것은 그러한 능력이 없으면 불가능하다.

발해는 특히 일본 등과 대외교섭(對外交涉)을 할 때에 현실적이고 직접적인 힘은 바로 해양능력(海洋能力)에서 비롯되는 면이 많다. 727년부터 929년까지 약 200여 년 동안에 발해사가 일본에 온 것은 총 35회(마지막 1회는 東丹國 사자이다. 그 밖에 1회는 민간교섭일 가능성이 많다)이다. 그것을 시기와 횟수, 장소의 특성 등을 토대로 유형화시켜 분류하면 전기와 후기의 두 형태로 나눌 수 있다. 전기는 727년부터 818년(18차 항해)까지이고, 후기는 819년부터 919년(34차)까지이다.

이하에서 논리를 전개하고 이해를 돕기 위하여 우선 발해사들과 관련된 도표를 제시한다.

장보고 시대에는 발해의 사신들이 산음 등 남쪽지역에 도착한다. 이유는 9세기 경의 동아정세(東亞政勢), 특히 일본의 대신라(對新羅), 대당관계(對唐關係)에서 비롯됐을 가능성이다. 9세기에 이르면 신라와의 관계가 매우 험악해진다. 견신라사도 836년을 끝으로 더 이상 보내지 않았으며, 신라사 역시 8세기에 들어오면 받아들이지 않고 방환(放還)시켰다. 그나마 9세기 들어오면 없다고 봐야 할 정도다. 842년에 대재대무등원위(大宰大武藤原衛)는 신라인의 입국을 일체 금지할 것을 상주하여, 정부는 상인·표류자의 특례를 제외하고 이것을 받아들였다.[69] 견당사의 파견도 838년(承和 5)으로 사실상 정지되어 버렸다.

---

69 『續日本後紀』 권12, 承和 9년.

횟수	연대		출발		도착		사신	인원수	선박수	귀국		출전	비고
	서기	일본연호	장소	시기	장소	시기				장소	시기		
1차	727	神龜 4년			出羽	9월 21일 着, 12월 20일 入京	首領 高齊德	24명 이상	1척		728년 6,5	續日本紀	蝦夷땅에 표착. 大使 高仁義는 죽고, 首領 高齊德 등 8人이 도달
2차	739	天平 11년			出羽	7월 13일 着, 10월 27일 入京	대사, 胥要德(死亡) 副使, 己珍蒙	40명 이상	1척 이상		740년 12, 2일	續日本紀	대사등 40인이 탄 배가 1척 전복
민간	746	天平 18			出羽	10월	渤海 鐵利人	1100여 명				續日本紀	
3차	752	天平 勝寶 4년			佐渡嶋	9월 24일 入京	慕施蒙	75	3척		753년 6월	續日本紀	
4차	758	天平 寶字 2년			越前	9월 18일 入京	大使 楊承慶 副使 楊泰師	23	1척		759년 2월	續日本紀	
5차	759	天平 寶字 3년			對馬	10월 18일 着, 12월 24일 入京	大使 高南申 副使 高興福				760년 2월	續日本紀	
6차	762	天平 寶字 6년			出羽	10월 1일 着, 윤12월 19일 入京	大使 王新福 副使 李能本	23	1척		763년 2월 20일	續日本紀	
7차	771	龜寶 2년			出羽 野代湊	6월 27일 着, 12월 21일 入京	大使 壹万福 副使 慕昌祿	325	17척, 1척당 약 19명		772년 2월 29일	續日本紀	
8차	773	龜宝 4년			能登 (放還)	6월	烏須弗	40	2척	能登	773년 6월	續日本紀	
9차	776	龜寶 7년	南海府 吐號浦		越前 加賀漂着	12월 22일 着, 777년 2월 20일 入朝 777년 4월 9일 入京	大使 史都蒙 大判官 高祿思	166			777년 5월 23일	續日本紀	南海府 吐號浦를 출발. 187인 중에서 46인만 생존. 越前國 賀國에 안치
10차	778	龜寶 9년			越前 三國湊 着	9월 21일 着	張仙壽		2척		779년 2월 2일	續日本紀	
11차	779	龜宝10년			出羽 着	9월 14일 着	押領 高洋粥 通史 高說昌	359			779년 12월 23일	續日本紀	渤海와 鐵利人이 함께 옴. 귀국선 9척을 줌
12차	786	延曆 5년			出羽 漂着	9월 18일 着	大使 李元泰	65명	1척		787년 2월 19일	續日本紀	65인 중 표류하다가 12명이 蝦夷에게 죽고, 41명이 생존 越後國의 배 1척을 줌
13차	795	延曆 14년			出羽志 理波村 漂着	2월 3일 着, 796년 4월 27일 拜朝	呂定琳	68명			796년 5월 17일	類聚國史, 日本紀略	
14차	798	延曆 17			隱岐 着	12월 27일 着, 799년 정월 拜朝	大昌泰				799년 4월	類聚國史, 日本後紀	
15차	809	大同 4년				10월, 810년 4월 入京	大師 高南容				810년 4월 8일	類聚國史, 日本紀略	越中에 안치

횟수	연대		출발		도착		사신	인원수	선박수	귀국		출전	비고
	서기	일본연호	장소	시기	장소	시기				장소	시기		
16차	810	弘仁 원년				9월 29일	大使 高南容				811년 4월 27일	日本後紀	
17차	814	弘仁 5년			出雲 着	9월 30일 着, 815년 정월 入京	大使 王孝廉 副使 高景秀 判官 王昇基				816년 5월	類聚國史, 日本後紀, 文華秀麗集	
18차	818	弘仁 9년					大使 慕感德				불명	類聚國史	배 1척을 줌
19차	819	建興 원년				11월 20일	大使 李承英					類聚國史, 日本紀略	
20차	821	弘仁 12				11월 13일	大使 王文矩				822년 1월	類聚國史	
21차	823	弘仁 14			加賀	11월 22일	大使 高貞泰 副使 璿璋	101			824년 5월	類聚國史, 日本紀略	
22차	825	天長 2			隱岐	12월 3일 着, 5월 8일 入京	大使 高承祖 副使 高如岳 判官 王文信	103			826년 5월	類聚國史, 日本紀略	
23차	828	天長 5			但馬	12월 着	大使 王文矩	100			828년	類聚國史, 日本紀略, 類聚 三代格	大使 王文矩完船을 요구
24차	841	承和 8			長門	12월 22일 着, 842년 3월 7일 入京	大使 賀福延 副使 王宝璋 判官 烏孝愼	105			842년 5월	續日本後紀	
25차	848	嘉祥 元年			能登	12월 30일 着, 848년 4월 28일	大使 王文矩 副使 烏孝愼	100			849년 5월	續日本後紀	
26차	859	貞觀 元年			能登	1월 22일	大使 烏孝愼 副使 周元伯	104			859년 7월	三代實錄	
27차	861	貞觀 3			出雲	1월 20일	大使 李居正	105			861년 5월	三代實錄	
28차	871	貞觀 13			加賀	12월 11일 着, 872년 5월 15일 入京	大使 楊成規 副使 李興晟	105			872년 5월	三代實錄	
29차	876	貞觀 18			出雲	12월 着	大使 楊中遠	60			877년 6월	三代實錄	渤海遺唐使 薩摩甑嶋漂着
30차	882	元慶 6			加賀	11월 27일 着, 4월 28일 入京	大使 裵頲 副使 高周封	105			883년 5월	三代實錄	
31차	892	寬平 4			出雲	1월 8일 着	大使 王龜謀	105			892년 8월	日本紀略	
32차	894	寬平 6			伯耆	5월 着, 895년 5월 7일 入京	大使 裵頲	105			895년 5월	日本紀略, 扶桑略記	
33차	908	延喜 1			伯耆	1월 着, 4월 8일 入京	大使 裵璆	105			908년 8월	日本紀略, 扶桑略記	
34차	919	延喜 11			若狹	11월 18일 着, 5월 8일 入京	大使 裵璆	93			920년 6월	日本紀略, 扶桑略記	
35차	929	延長 7			丹後	12월 24일 着	大使 裵璆	105			930년 8월	日本紀略, 扶桑略記, 扶桑集	東丹國使

이후 이렇게 해서 일본은 당, 신라와의 국교를 끊고 발해와만 국교를 계속하는 시대에 들어섰다. 일본 정부는 이로 인한 외교상의 공백을 발해를 통해서 보완하려고 하였을 것이다. 더구나 고대의 교섭은 교역 등 경제 문화의 수입을 동반하였으므로 신라 당과의 관계가 끊어진 사실은 대재부를 중심으로 한 남쪽 지역에 적지 않은 타격을 입혔을 것이다.

반면에 발해는 9세기에 들어오면 중부지역에 도착하고 있다. 신라와 일본의 외교적 공백상태를 최대한 활용했을 것이다. 특히 교역의 측면에서 활동범위를 남쪽으로 넓히고, 신라, 당의 상인들을 직접 만나서 보다 국제적인 교역행위를 추진했다.

신라의 사무역선(私貿易船)이 들어오고 814년에는 나가도국(長門國)에 신라상인 31명이 표착하였다.[70] 그런데 발해사들은 9월 하순에 나가도국 바로 위인 이즈모(出雲)에 도착하였다. 무엇인가 가능성을 시사하는 부분이다. 장보고(張寶高(保皐))의 죽음을 전후한 시기에도 역시 발해선과 대규모의 사절단들이 나가도국에 도착한다. 819년에는 당의 월인(越人)인 주광한(周光翰)이 발해선을 타고 귀국하기도 한다.[71] 발해선들은 908년까지 산음(伯耆)지역에 도착하였는데 민간무역을 금지하는 움직임이 있음에도 불구하고 발해선들은 꾸준히 이 지역을 중심으로 도착하였다.

발해인들과 말갈인들은 중앙정부와는 별도로 독자적인 교역이나 교섭을 많이 했을 것이다. 특히 지방세력들이 교역, 즉 대일교섭(對日交涉)에 깊은 관심을 갖고 있었던 것은 발해사 가운데 수령(首領)들이 동행하였던 사실에서 알 수 있다. 『속일본기(續日本紀)』에는 발해인들과 철리인(鐵利人)이 8세기 중엽에 출우국(出羽國)에 도착한 사실이 나타나있다. 특히 746년에 출우에 도착한 1,100여 명은 물론 민간인들이었을 것이다.

---

70 『日本後紀』권24, 弘仁 5년 10월.
71 이들을 둘러싼 교역활동에 대해서는 小嶋芳孝, 「唐越洲人周光翰に見る九世紀の日本海交易」, 『石川考古研究會ノマ誌』33, 石川考古研究會, 1990.

주석(朱錫)과 철(鐵) 교역을 중심으로 전개된 민간교섭(民間交涉)에 대하여 주목을 기울이는 견해도 있다.[72]

2) 발해인들의 국제항로

발해선의 해상활동(海上活動)의 길, 즉 항로(航路)는 어떤 것이었을까? 그들은 어디서 출발하였으며, 어디를 경유하여, 어느 지역에 도착하였을까? 아래 글에서는 당시의 국제역학관계와 자연적 조건, 항해수준 등을 고려하여 발해의 대일 교섭항로(對外交涉航路)를 재구성하고자 한다.

발해는 황해에서 활약을 하여 황해항로가 있었다. 하지만 역시 일본과의 관계 때문에 해양활동은 동해에서 많이 이루어졌다. 사료에 항로로 표현된 것은 '자축선(紫築線)', '북선(北線)', '남해부선(南海府線)' 세 곳이다. 그러나 이 표현들은 추상적이고 일정한 기준이 없다. 역사적인 성격이 담겨 있으므로 교섭로(交涉路)라는 표현은 될 수 있을지라도 항로(航路)나 해로(海路)라고 표현하기에는 부적합하다. 항로를 정확히 파악해야 교섭의 성격 또한 깊게 이해할 수 있다. 다음 견해를 뒷받침하기 위한 보조 자료로서 자연조건과 표류지역의 관계를 살펴볼 수 있는 자료를 제시한다.

(1) 동해 북부 횡단항로

이 항로는 청진, 나진 등 두만강 하구와 그 위인 연해주 남부의 포시에트 만 사이의 항구에서 출발하여 동해 북부를 횡단한 다음에 일본의 동북지방인 월후(越後) 이북

---

[72] 小嶋芳孝,「日本海の島ノマと靺鞨 渤海の交流」참조.
「環日本海交流史から見渤海と北陸道」,『波濤をこえて』, 石川縣立歷史博物館, 1996.
古代日本と渤海 참조.

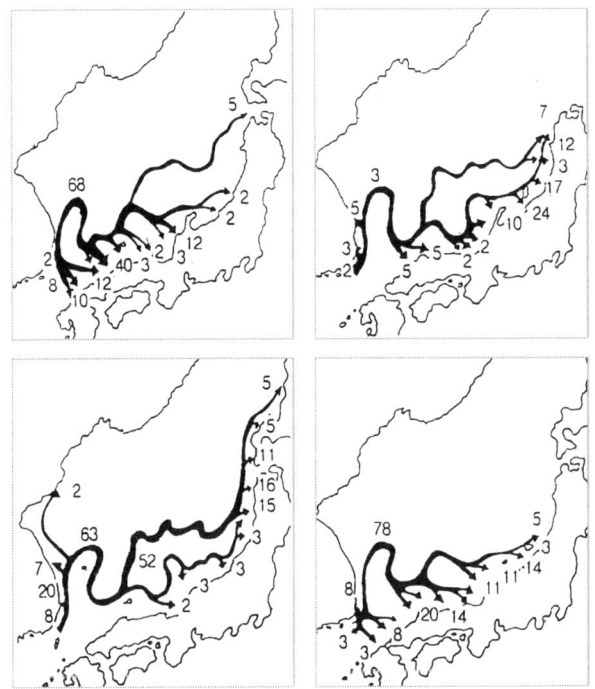

| 그림 9 | 대마도 해협에서 투입한 해루병의 표착 상황
〈자료〉「日本全局 沿岸海洋誌」, 日本海洋學會沿岸海洋研究會編, 東海大學出版社, pp.925~926.

의 출우국(出羽國)인 아키다(秋田), 능대(能代) 등의 항구에 도착하는 항구이다.

『신당서』,「발해전」에는 발해인들의 대외 교통로가 아래와 같이 기술되어 있다.

"龍原東南瀕海, 日本道也, 南海, 新羅道也. 鴨綠 朝貢道也, 長嶺 營州道也, 扶餘 契丹道也."

이 기록을 보면 일본도의 출발지는 동경 용원부와 밀접한 관계가 있음을 알 수 있다.

용원부의 위치와 출발항구에 관해서는 여러 설이 있다. 그러나 이 글에서는 항해 조건과 관련하여 일부만 언급하고자 한다. 상경(上京)의 동남에 있는 동경(東京) 용원부

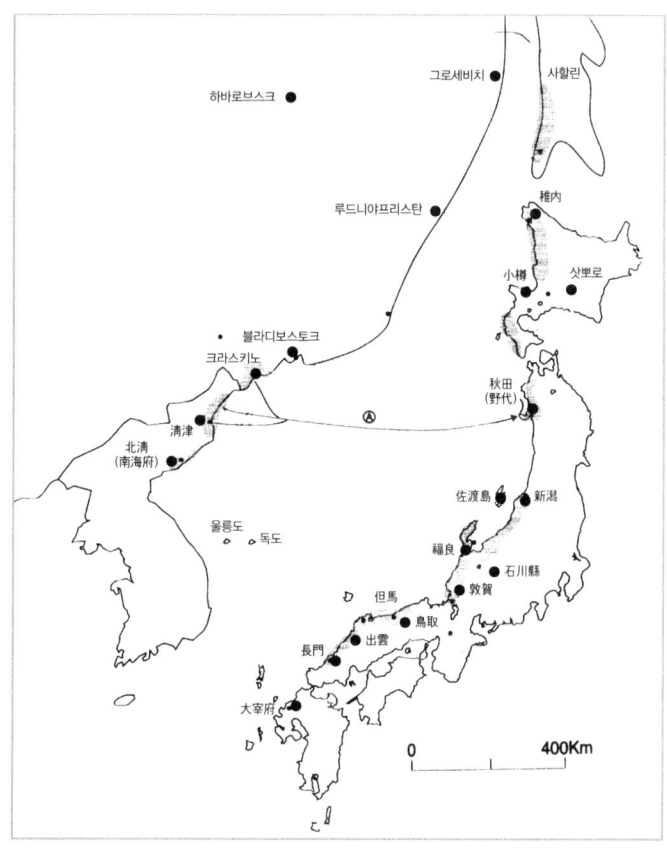

| 그림 10 | 동해 북부 횡단항로

는 일반적으로 현재의 혼춘현(琿春縣) 팔련성(八連城(半拉城))으로 보고 있다.[73] 일본과의 관계를 맺는 데 유리하고, 두만강 유역을 적극적으로 경영할 목적으로 동경 용원부로 천도했다는 견해도 있다.[74] 남경(南京) 남해부 역시 일본도(日本道)라고 하였지만 『속일

---

73 후리민·리강 저, 정영진 역, 「발해초기 일본으로 통하는 육로로선」, 『발해사 연구』 5, 연변대, 1995 등.
74 李龍範, 「渤海의 成立과 그 文化」, 『한국사』 3, 1981, pp.70~74.

본기(續日本紀)』의 기록대로 제9차 항해인 776년에 출발한 실제 항구는 남해부의 토호포(吐号浦)였다. 즉 용원부의 동경은 팔련성이었지만 출발항은 상황에 따라 약간의 변화가 있었다.[75]

그들은 이 항로를 이용해서 전기에 해당하는 8세기 대에는 거의 출우(出羽) 등 동북지역으로 도착한다. 첫 사신인 고제덕(高齊德) 일행이 727년에 이 지역에 도착했으나 대사인 고인의(高仁義) 등 대부분이 하이(遐夷)들에 의하여 처참하게 희생당하였다. 그 다음 2차 때도 이 곳이었으며 13차 항해까지 도합 6회 이상에 걸쳐 이 출우 지역에 도착하였다. 놀라운 사실은 746년에 발해와 철리인(鐵利人) 1,100여 명이 도착한 것이다. 이들은 물론 정식교섭단이 아니고 민간인들에 의한 일종의 망명 내지 집단진출이며 정식 항구를 출발하지 않았을 가능성이 크다. 그러면 발해사들에게 가장 중요한 역할을 한 이 항로는 어떻게 연결될까?

포시에트 만(북위 42도 30분)이나 함경북도 해안에서 일본열도의 동북 지역(秋田 북위 40도)을 연결하면 약간 사선(斜線)으로 이어진다. 10월 11월은 비교적 북서풍이 약하게 부는 계절이다. 또한 동해의 북서부에서 한반도의 동안에 연해서 리만한류, 북한한류가 남하하고, 동해를 반시계 방향으로 순환하고, 중앙부인 39도~40도 부근에는 극전선(極前線)이라고 불리우는 현저한 조경(潮境)이 동서방향에서 형성되고 있다.

이러한 자연조건과 돛을 활용하여 바람을 사선(斜線)으로 받고 동으로 항진한다면 출우 지역에 자연스럽게 도착할 수 있다. 그러나 쉬운 항해는 아니어서 많은 사신선들이 침몰하고 있다. 그런데 중요한 사실을 하나 지적하고자 한다. 배들은 바다 한가운데에서 조난당하기보다는 연안 혹은 근해에서 침몰하는 일이 의외로 많다. 사서에서

---

75 특히 가장 가깝고 중요한 항구는 현재 포시에트 만에 있는 크라스키노 성(城)으로 보고 있다. 필자의 답사에 따르면 깊숙한 만과 안정된 수역, 육로교통과의 연결이 용이한 점 등 항구로서 좋은 조건을 갖추고 있다. 그러나 현재의 지형을 감안하면 성이 습지대의 한가운데 있고, 겨울에는 만의 일부가 언다는 약점이 있다.

'표착(漂着)'이라고 기록되어 있는 것들은 대부분 이런 경우에 해당한다.

(2) 동해북부 사단항로

이 항로는 원산 이북인 남해부(南海府)에서 두만강 하구를 지나 블라디보스토크의 남쪽인 포시에트만 지역까지 걸친 여러 항구를 출발하여 동해 북부를 사단한 다음에 일본의 월(越)지역인 현재의 쓰루가(敦賀), 북륙인 이시가와(石川)현의 가하(加賀) 노토(能登)반도, 니가타(新潟)현 등에 도착하는 항구이다. 전 기간을 통하여 무려 12번이나 도착하고 있다.

출발항구는 두만강 하구의 나진항(羅津港), 청진항(淸津港), 그리고 원산이 있는 김야만(金野灣), 흥남(興南)이 있는 함흥만(咸興灣)이다. 특히 원산은 조류는 불규칙적이지만 조석의 차이가 별로 없어 안정된 환경인데다 동해안의 난류와 한류가 만난 지점으로서[76] 어항의 조건이 좋을 뿐 아니라 항해에도 물길을 탈 수가 있어 항구로서 매우 유용하다. 고구려는 이러한 항구들에서 일단 연안항해 내지 근해항해를 해서 내려온 다음에, 삼척(三陟) 혹은 그 아래에서 먼바다로 나가 사단(斜斷)으로 일본열도 혼슈(本州) 중부의 이북지방으로 항진했을 것이다.

발해는 고구려보다는 조건이 약간 좋지 않았다. 영토의 남방 한계 때문이다. 『속일본기(續日本紀)』 보귀(寶龜) 8년(777년)에는 "發弊邑南海府 吐号浦 西指對馬嶋 竹室之津"라는 기록이 나온다. 따라서 발해 5경 중의 하나인 남경 남해부는 중요한 출발지였음이 분명하다. 동시에 『신당서(新唐書)』 북적(北狄) · 발해전(渤海傳)에 기록된 대로 신라도이므로('南海 新羅道也') 신라와의 접경 지역이었다. 남해부는 몇 가지 한계에도 불구하고 해양 전략적 위치는 매우 중요하다. 발해인들은 남해부를 출발하거나 혹은 북쪽의 어느 항구에서 출발한 다음에 그 근해를 남하하다가 신라 수군의 견제를 안 받는

---

76 大韓民國 水路局, 『韓國海洋環境圖』, 1982, p.61 참조.

최남단 해역(海域)에서 원양으로 뜨는 항로를 사용했을 것이다. 아니면 염주(鹽州) 등 북부 항구에서 출발하여 사선으로 항해했을 것이다. 그러니 고구려인들보다는 훨씬 북쪽에서 원양으로 나갔다.

그러면 이 항로를 이용하여 발해사들이 도착한 지역과 항구는 어느 곳일까?

발해선이 북륙(北陸)지방에 도착한 것을 보면 에이젠(越前) 3회, 가하(加賀) 5회, 노토(能登) 3회, 아카사(若狹) 1회로 총 12회이고, 시대적으로도 골고루 분포되어 있다. 『일본서기(日本書紀)』에는 고구려인들이 계체천황(繼體天皇) 10년조, 흠명천황(欽明天皇) 원년 31년조, 민달천황(敏達天皇) 2년 3년 조에 월국(越國) 혹은 월(越)의 해안에 도착했다고 되어 있다.[77] 그런데 이 지역에는 고구려 외에 백제, 신라 등 한반도계 사람들이 진출하였다. 고마츠(小松)지역은 발굴이 진행되고 있다. 특히 액견유지(額見遺址)는 엄청난 범위이다.[78] 이 지역에서는 중국계의 도자기 등이 출토되었는데 10~11세기에 교류되던 것들이다. 그 후에 발해인들은 북륙(北陸)의 가하(加賀) 등에 도착하였으며, 자연조건상으로 보아 가장 적합한 도착지가 되었다. 776년에 남해부를 출발한 사도몽(史都蒙)은 가하에 도착하였다. 유일하게 출발지와 도착지가 분명한 교섭이다. 하지만 이 항해는 187명 중에서 46명만 생존하는 대참사로 끝을 맺었다. 이것이 소위 북로이다.[79]

가하에는 발해인들을 위한 건물을 지었다. "가하국에 금월 14일 105명이 닿으

---

[77] 齊藤 忠, 金達壽 外, 「高句麗と日本との關係」, 『古代の高句麗と日本』, 學生社, 1988, pp.22~23의 도표 참조. 越 지역과 고구려와의 관련성은 高瀨重雄, 「越の海岸に着いた高句麗使」, 『東アジアと日本海文化』, 森浩一 編, 小學館, 1985, p.217, 小嶋芳孝, 「潮の道 風の道」, 『松原客館の謎にせまる』, 氣比史學會, 1994.

[78] 小嶋芳孝, 위 논문, pp.72~77 참조. 『額見町遺跡』, 石川縣 小松市 敎育委員會, 1998 등. 필자가 조사할 당시에도 발굴이 진행되고 있는 이 유적지에서는 백제 혹은 신라계로 보여지는 거주지의 구들, 화덕 등이 발굴되고 있다.

[79] 『續日本紀』권34, 寶龜 8년.

니……가하국에 명하여 변소(便所)에 발해객을 안치하고"라는 기록[80]이 바로 그것이다. 이러한 객원 같은 곳은 '安置於便所' 혹은 '安置於便所 依例供給'으로 기록하고 있다. 사신이 도착하면 대사(大使) 등은 수도로 가고 일부는 남아서 편소(便所)를 거점으로 귀국준비 겸 교역을 하였으며 각종의 문화를 전파하였다. 8세기 후반의 철(鐵) 생산 기술도 발해가 전해준 것이다.[81]

또 하나 중요한 지역은 노토반도이다. 한반도 동해안의 어느 지역에서 출발해도 도착할 수 있는 지리·해양조건을 갖추었다. 고구려·발해 등과 관련된 동해 중부 이북의 해상에서 출발할 경우에는 노토를 가운데 둔 북륙지방에 도착할 확률이 제일 많다. 참고로 언급하면 동해·삼척 등과 노토반도는 북위 37도로서 비슷한 위도에 있다. 노토반도에는 3회 도착하였는데 이들을 위하여 객원을 지었다.[82] 859년 1월에 주주군(珠洲郡)에 도착한 사절은 2월에는 노토국(能登國)에 도착한다. 이어 가하국(加賀國)으로 옮겨 편한 곳에 안치하게 하였다.[83] 이것은 당시의 항해 모습과 함께 노토가 중간 경유지(中間經由地) 역할도 하였음을 알려준다. 그러니 당연히 객원이 있는 것이다.

이 지역은 고구려 고분의 말각조정양식을 가진 하이혈(蝦夷穴) 고분도 있어 고구려와도 깊은 관계에 있었음을 알려준다.[84] 이 고분은 대륙으로 이어지는 바다를 바라보는 언덕에 있어 피장자가 해양과 깊은 관련이 있음을 알려준다.

한편 일본의 견당사가 북로를 택할 때에 발해는 중간기지 역할을 하였는데 노토(能登)은 이러한 북방외교 루트의 거점이었다. 763년에는 처음으로 발해에 파견되었던

---

80 『日本三代實錄』권42, 元慶6년.
81 小嶋芳孝,「日本海の島ノマと靺鞨 渤海の交流」, p.36.
82 『日本後紀』권12, 延曆 23년 '比年渤海使來着 多在能登國 停宿之處 不可疏陋 宜早造客院'.
83 『日本三代實錄』권2, 貞觀 원년.
84 양 고분의 공통점 등 성격규명에 대해서는 王俠「集安 高句麗 封土石墓與日本須曾蝦夷穴 古墓」, 『博物館研究』42期, 1993, 2期. 그리고 『古代能登と東アジア』, 蝦夷穴古墳國際シンポジウム實行委員會, 1992 참조.

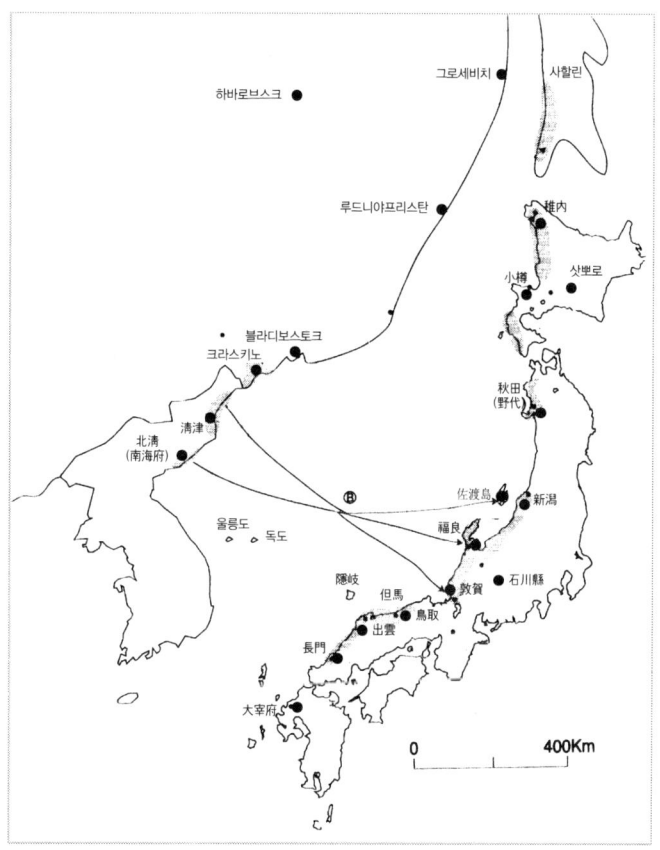

| 그림 11 | 동해 북부 사단항로

배들을 '能登號'로 명명하기도 하였다.[85] 귀국할 때도 쓰루가의 송원(松原) 등을 출발한 발해선들은 연안항해를 통해서 북상하다가[86] 후쿠라(福良)에서 이른바 신풍(神風)인 봄의 남동풍을 기다리는 것이다. 사신들은 후쿠라진(福良津(石川縣 富來町 福浦))에 안치

---

85 『續日本紀』, 天平 寶字 7년.
86 바람의 방향도 이용하지만 나가토(長門)와 이시미(石見)을 거친 해류가 북상하면서 쓰루가를 거쳐 노토 반도로가 흘러가기 때문에 그러한 것이다.

되었다.[87] 특히 7회째의 사신단인 일만복(壹萬福) 일행은 이곳에서 수개월 동안을 체류했다.

또 하나 주목해야 할 지역은 쓰루가(敦賀)이다. 와카사 만(若狹灣)은 동해쪽에 면한 몇 개 안 되는 큰 만의 하나이다. 단후반도(丹後半島)에서 쓰루가 만(敦賀灣)으로 해서 아래로 이어진다. 고구려인들의 도착 지점은 기상상태의 변화가 없는 경우에는 현재의 쓰루가를 중심으로 한 지방이었다. 후대의 발해 사신들도 역시 이 지역을 도착지점으로 하였다.[88] 심지어는 발해의 사무역선들과 신라의 사무역선들도 이 곳에 도착하였다.[89] 신라, 가야와도 관계가 깊다. 해양교통의 조건도 좋았지만 육로교통의 조건도 매우 좋았다. 이곳에서 교토나 나라까지는 비파호(琵琶湖)를 거쳐 일직선으로 이어진다.

10세기 초엽에는 송원객관이 있었다.[90] 758년에 온 발해대사 양승경(揚承慶)은 에니젠국에 약 3개월간 머물렀는데, 아마 쓰루가의 송원객관으로 여겨진다.[91] 이 곳의 중요성은 훗카이도에 도착한 발해 사신들도 아키다(秋田)·야마가타(山形)를 경유하여 니가타(新潟)·도오야마(富山)·이시가와현(石川縣)을 통과하여 이곳 후쿠이(福井)의 쓰루가(敦賀)에 들어왔을 것이라고 주장할 정도이다.[92] 그래서 그런지 많은 교역들이 이루어졌는데 『후쿠이현사(福井縣史)』의 실린 자료에 의하면 이곳에는 발해인과 송인(宋人)들도 살고 있었다고 한다. 이 객관을 중심으로 비공식적인 무역을 했다.[93]

---

87 772년『續日本紀』寶龜 3년.
88 門脇禎二,『日本海域の古代史』, 東京大學出版會, 1986, p. 17.
89 門脇禎二, 위의 책, p.90~93. 신라는 일본과 국교를 맺고 있지 않았으나 현실적 필요에 의해 정부는 묵인해주고 있었고, 그런 비공식성 때문에 私貿易船들은 표착을 많이 했던 것으로 판단된다.
90 『延喜式』雜式의 '越前國松原館, 氣比宮司檢校'. 특히『扶狀略記』권24, 延喜 19년(919) 12월 24일조에는 '客狀申云, 遷送松原館 而閉門戶…' 라고 하여 발해국사들을 위해 송원객관을 지었음을 밝히고 있다.
91 川村俊彦,「松原遺跡を掘る」,『松原客館の謎にせまる』, 氣比史學會, 1994에는 송원객관의 역사적 배경과 발굴과정, 후보지 소개 등이 있다.
   高瀬重雄,「古代の日本海交通」,『발해사의 이해』, 임상선 편역, 신서원, 1990, p.366.
92 鈴木靖民, 앞 논문, p.32.
93 鈴木靖民,「古代敦賀をめぐる對外關係」, p.49. 발해가 멸망한 이후에도 이곳은 주요한 국제교류의 장이

그런데 참고할 만한 사실이 있다. 후쿠이현의 '三國の浜'을 출발한 일본의 배가 있었다. 58명이 탄 배는 홋카이도를 향하여 가다가 폭풍우를 만나 우연히 포시에트 만에 도착하였다. 그 후 심양과 북경을 거쳐 서울, 부산을 통해 오사카에 도착하였다 (1646년 6월 17일)고 한다. 후쿠이현의 삼국 성해사(三國の性海寺)에 기록이 있다. 이 사실은 양 지역 간의 교섭이 이미 오래 전부터 있어왔음을 시사하고 있다. 그 외에 니가타(新潟)현과 사도섬(佐渡嶋)이다.

이 항로는 발해사들에게 가장 중요했고, 정치적으로도 의미가 있었다. 두만강 하구(북위 42도 30분 전후)나 그 이하에서 이곳(쓰루가 만은 북위 35도 30분, 사도섬은 북위 38도)으로 선을 그으면 거의 사선(斜線)에 가깝다. 발해인들은 결국 동해 북부를 사단(斜斷)으로 길게 횡단하거나 남으로 내려온다. 북풍 내지 북서풍을 이용할 경우에는 북청의 이북선이 최종 라인이다. 그 이하로 내려가면 노토에는 도착하기가 힘들다. 물론 중간에는 지형지물이 없으므로 울릉도와 독도를 우(右)로 보면서 방향을 측정했을 것이다.[94] 그 다음에 다시 일본 쪽으로 붙어 강한 북서풍을 이용하여 직항하거나 아니면 아래로 내려갔다가 북상하는 흐름을 택해 혼슈 중부의 여러 지역에 도착했던 것이다.

(3) 동해 종단항로

이 항로는 역시 동해에 면한 발해의 여러 항구를 출발해서 남으로 종단해서 내려오다가 산음(山陰)지방과 나가도(長門) 등 여러 지역에 도착하는 항로이다.

었다.
94 필자의 계산에 의하면 측정하는 눈 높이를 10m로 했을때 울릉도의 시인거리는 133km이고, 독도는 63km이다.

출발항구

출발항구는 동해사단항로에서 언급한 것과 거의 유사하여 동해북부해안의 항구가 다 해당이 된다. 『속일본기(續日本紀)』에는 "……發弊邑南海府 吐号浦 西指對馬嶋 竹室之津……"라는 기록이 나온다.[95] 그러므로 발해 5경 중의 하나인 남해부의 토호포가 산음으로 도착하는 일본도 항로의 기점이 된 것은 확실하다. 동시에 『신당서』 「북적 발해전(北狄 渤海傳)」에 기록된 대로 신라도이므로(南海 新羅道也) 신라와의 접경지역이기도 하였다.

토호포를 출발하여 산인(山陰)지방 내지 그 이하를 목표로 항해를 한 다음에 근해권에 접근한 다음에는 연안에 바짝 붙어서 남으로 항진해야 한다 그러나 겨울철에는 매우 어려운 항해이다. 산음에 도착하려 한다면 적어도 동해안을 연안항해 내지 근해항해로 타고 가능한 한 남쪽으로 내려오다가 먼 바다로 떠서 동진해야 한다.

반면에 포시에트나 두만강구 등을 출발하는 경우에는 강한 북풍을 타고 남진하면 된다. 이 곳에서 산음까지는 경도상으로 동일하여(동경 132도에서 134도 사이) 거의 일직선에 가깝다. 9세기에 이르러 대체로 1, 2월에 산음에 도착하는 것은 강한 북풍을 이용한 동해종단 항로를 선택한 때문이다.

동해종단항로에서 주로 도착을 하는 지역은 산음인 도토리현의 다지마(但馬)·호키(伯耆), 시마네현의 이즈모(出雲)·오키(隱岐), 그리고 그 이하인 야마구치현(山口縣)의 나가도(長門) 등이다. 그런데 발해선들은 왜 이 지역으로 많이 도착하였을까? 9세기에 들어오면 발해와 신라의 긴장관계가 풀려서 전 시대에 비하여 근해항해를 많이 하는 등 비교적 안전한 항로를 취했기 때문이다.[96] 또 다른 이유는 당 상인이나 신라선이 서

---

95 『續日本紀』, 寶龜 8년(776년).
96 물론 9세기 초에 양국 간에 긴장이 높아져서 신라는 발해와 무력 대결을 각오했을 정도이다. 韓圭哲, 「新羅와 渤海의 政治的 交涉過程」, 『渤海史硏究論選集』, p.189.

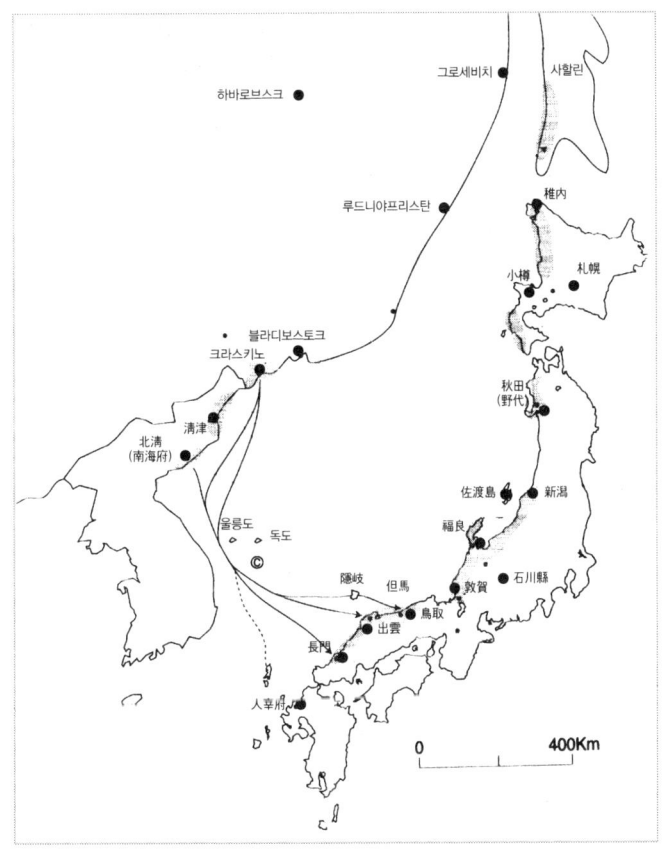

| 그림 12 | 동해 종단항로

일본에 자주 들어오고, 교역활동을 활발히 하면서 발해는 강남교역권과 접촉을 목표로 하였기 때문이다. 발해선들은 908년까지 산인(伯耆)에 도착하였는데 민간무역을 금지하는 움직임이 있음에도 불구하고 발해선들은 꾸준히 이 지역을 중심으로 도착하였다.

사실 이 지역은 해양조건상 신라계와 관계가 깊었으며, 가야는 물론 고구려도 진출하였다. 이즈모(出雲) 등에 고구려 문화의 흔적이 있고,[97] 해류의 흐름 등을 감안하면 동해 남부를 출발한 고구려인들은 이 곳으로 진출하였을 것이다. 그래서 호키(伯耆)에도 고려와 관련된 지명(地名)과 신사(神社) 등이 있다.[98] 발해인들은 산음지방 앞에 있는 오키제도에 1번 도착하였고, 이즈모에 4번 등 자주 도착하였다.

이 지역에 도착한 발해사들의 동해 종단항로는 신라의 예를 통해서 추정할 수 있다. 이즈모 지역은 경상남도 울산이나 포항지방과 위도상(북위 35.5도)으로 보아 거의 비슷한 위치에 있다. 양 지역 사이에는 항로가 2개 있었다. 하나는 동해 남부 또는 남해로부터 리만한류를 타서 북위 30도 부근에서 대한난류 서파(西派)를 횡단하여 본류에 올라타서 출운 서안에 도달하는 직접항로이다. 제2의 항로는 한반도 동안에서 출발하여 오키(隱岐)에 도착하고, 다시 시마네 만두(島根灣頭) 혹은 이나바(因幡) 해안에 도착하는 것이다.[99] 즉 쿠로시오(黑潮)에서 분파된 해류는 동해 남부나 중부에서 출발한 선박을 일본해안으로 자연스럽게 밀어붙이므로 물길과 계절풍을 활용한다면 항해는 성공할 수 있다.

또 다른 항로는 포시에트 만이나 두만강 하구에서 직항하여 산음지방에 도착하는 항로이다. 포시에트와 산음은 경도상으로 거의 직선에 가깝다. 해류의 영향을 감안하지 않고 강한 북풍을 활용한 항해이다. 그 실제적인 예는 1998년에 시도한 뗏목 발해호의 역사탐사에서 찾아볼 수 있다.

(4) 연해주 항로

이 항로는 북으로는 하바로브스크와 비교적 가까운 항구인 그로세비치로부터 남으로는 블라디보스토크 · 크리스키노 등에 이르는 연해주 지역에서 출발하여 사할린

---

97 조희승, 『초기조일관계사』하, 사회과학출판사, 1989, pp.303~304.
98 三上鎭博, 「山陰沿岸の漂着文化」, 『東アジアの古代文化』, 大和書房, 1974 秋, pp.82~83.
99 中田 勳, 『古代韓日航路考』, 倉文社, 1956, pp.123~127.

(高項島)과 홋카이도(北海道) 남단에 이르는 장소로 도착하는 항로이다. 9세기가 되어서 흑수말갈 전체가 발해의 영향권 아래에 든 이후에는 흑수말갈이 독자적으로 오호츠크 해역과 접촉하는 것은 점차로 규제되었다.[100] 물론 이 항로를 발해가 장악했을 것은 필지의 사실이다. 때문에 정리부(定理府), 안변부(安邊府) 등 이러한 연해주의 여러 해안과 항구를 거점으로 홋카이도 혹은 사할린에 도착하였을 것이다. 이들이 도착한 지역 혹은 항구는 어디일까?

7, 8세기에 한해서 말한다면 대륙에서 도래한 유물이 오늘의 일본열도에서 가장 많은 곳은 홋카이도이다. 북쪽에서는 도코로(常呂)유적 등 이른바 오호츠크해 문화의 유적이 많이 발견되고 있다.[101] 특히 대천(大川)유적에서 발견된 동령(銅鈴)은 고구려에서는 마구(馬具)의 장식으로 이용되었고, 집안시(국내성) 만보정(万寶汀) M242号墓 등에서 출토되고 있다.[102] 결국은 고구려가 직접 왔거나 말갈이 중간교역을 하여 이 지역에 왔을 가능성이 많다. 그러나 그 당시에 말갈은 고구려의 소속 내지 영향권 하에 있었음을 생각해야 한다. 그 외에도 난도(蘭島) D유적(小樽市) 유물 등도 관련성이 검토되고 있다. 발해가 멸망한 이후에도 대천(大川) 유적에서는 발해 말(渤海末) 내지 여진 초기(女眞初期)라고 생각되는 흑색호형 토기(黑色壺形土器)가 출토된다. 이 사실은 연해주와 홋카이도의 교류는 늘 개연성이 있음을 확인시켜 준다.[103]

동해 북부와 타타르 해협을 가운데 두고 연해주와 홋카이도 일대 간의 교섭이 있음은 입증되고 있다. 그러면 그들이 사용한 항로는 어떤 것이었을까?

포시에트 혹은 블라디보스토크, 그리고 그 위 지방에서 타타르 해협을 건너 사할린 또는 홋카이도의 오타루(小樽市)까지는 항해가 가능하다. 우선 블라디보스토크와 오

---

100 酒寄雅志,「日本と渤海靺鞨との交流」, p.104.
101 小嶋芳孝,「潮の道 風の道」, pp.77~79.
102 小嶋芳孝,「古代日本と渤海」, p.21.
103 小嶋芳孝,「日本海の島ノマと靺鞨 渤海の交流」, p.36.

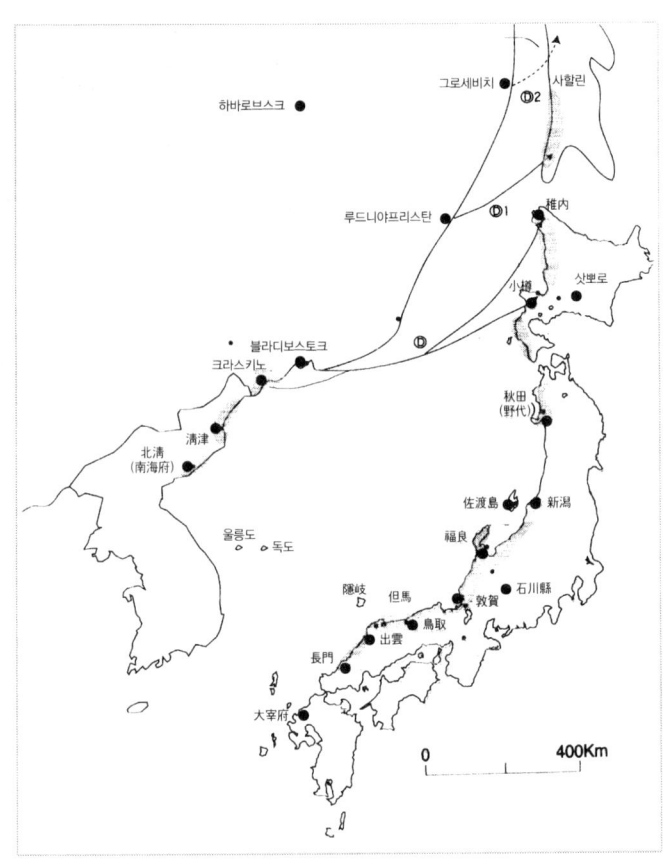

| 그림 13 | 연해주 항로

타루는 동일한 위도상에 있어 지리적으로 매우 조건이 좋다. 또한 이 항로는 겨울이 아니라 봄, 여름에 사용하는 항로라는 데 주목할 필요가 있다. 그렇다면 봄, 여름에는 남풍계열의 바람을 이용하면 쉽게 북상할 수 있다. 6월, 7월, 8월에는 편남풍이 분다. 이 시기는 천기(天氣)도 매우 좋아 항해에 유리하다.[104] 그 지역의 해류는 북에서 남류하고

---

104 『근해항로지』, 대한민국 水路局, 1973, p.22.

| 그림 14 | 황해 종단항로

있는데 홋카이도 남부나 동북지방의 경우에는 이것을 활용하면 거의 직선거리로 접근할 수가 있다. 이렇게 연해주 항로는 바다를 바로 건너서 홋카이도에 상륙하거나, 가까이 다가온 후에 연안항해를 통해서 출우(出羽) 등 혼슈 북부지역에 도착할 수 있다.

연해주 남부항로뿐만 아니라 북부항로도 있었을 것이다. 사할린은 발해의 북부 영토인 안변부나 정리부에서 북동방향으로 항진할 수 있다. 만약 하바로프스크까지 발해의 영향력이 끼쳤다면 발해의 해상활동 범위도 더욱 북상할 것이다.

이 밖에 발해인들은 황해에서도 해양활동을 활발하게 하였다. 732년에 당나라와

분쟁이 일어났을 때에는, 수군을 동원하여 등주성을 공격하여 자사를 죽이고 점령한 적이 있었다. 그 후 산동의 절도사인 이정기(李正己) 일가가 세력을 장악하였을 때 마필 교역을 하였고, 후에는 사신들이 빈번하게 도착하였으므로 등주(登州)에는 발해관이 있었다. 그런데 『여지기승(與地紀勝)』(권11 兩浙東路 慶元府 明州 景物 下)에서는 명주 창국현(昌國縣)의 매잠산(梅岑山)이 고려・신라・발해・일본 등의 선박이 바람을 기다리던 곳이라고 기록하고 있다.[105] 이를 보면 발해 상인들이 절강 등에까지 내려가서 교역을 했을 가능성이 높다. 실제로 해양질서 속에서는 특별한 일이 아니다.

3. 일본의 해양활동과 국제항로

1) 일본의 해양활동

8세기에 들어오면서 일본은 신라 및 발해, 그리고 당과 외교관계 및 교역 문화교류 등을 활발하게 전개하였다. 먼저 신라와의 관계를 살펴보자. 신라와 일본 간의 관계는 기본적으로 갈등관계였다. 소위 60년 동안의 남북대립기[106]에 신라와 발해는 전쟁을 모색하는 정도로까지 매우 긴장된 관계에 있었다. 일본도 신라와 전쟁을 준비하면서[107] 발해와 정치 군사적인 외교관계를 맺고 있었다. 때문에 두 나라는 일종의 군사동맹을 맺어 공동의 적이었던 신라를 남북에서 압박하였으며, 8세기 중반에는 신라를 공격하려는 시도를 하면서 국제전의 긴장이 조성되기도 하였다.

---

105 金文經, 「장보고 시대의 해상활동과 교역」, 『한중문화교류와 남방해로(조영록 편)』, 국학자료원, 1997, p.140.
106 韓圭哲, 「발해의 대외관계」, 『한국사』10, 국사편찬위원회, 1996, p.100.

그러나 때때로는 필요에 따라서 교섭을 활발하게 하였다. 일본은 성덕왕(聖德王) 2년(703년)에는 204명이라는 대규모 사신단을 파견하였다. 반면에 신라는 752년에는 나라의 도다이사(東大寺)에 조영된 대불(大佛)의 개안(開眼)을 계기로 7척의 배에 700명이라는 대규모 사절단을 파견하였다. 그러나 753년인 경덕왕 12년에는 일본국 사절이 왔지만 왕은 이를 만나주지조차 않았다. 이처럼 이 시기에는 신라와 일본 간의 관계가 매우 험악했다.

한편으로는 학문승은 여러차례 보냈는데, 백봉(白鳳)문화기에 신라에 14차에 걸쳐 학문승을 보내기도 하였다. 애장왕(哀莊王) 5년(804)에는 일본이 금 300냥 등을 보내기도 하였다.[108] 하지만 9세기에 이르면서 관계가 다시 험악해졌다. 견신라사도 836년을 끝으로 더 이상 보내지 않았으며, 신라가 보내는 사신 역시 들어오면 받아들이지 않고 방환(放還)시켰다. 일본은 쇄국정책을 추진하면서 견당사도 838년을 마지막으로 사실상 정지되어 버렸다.

여기에는 신라 해적의 발호도 한 원인이 되었을 것이다. 866년에는 신라의 침입을 두려워했고, 869년에는 신라의 해적선 2척이 일본의 하카다를 습격하여 풍전국(豊前國)의 견면(絹綿)을 약탈하였고, 같은 해 7월에는 신라의 해적들에게 강탈당할 것을 두려하고 있다. 870년에는 역시 신라 해적이 풍전국(豊前國)의 공물선에 실린 견면(絹綿)을 약탈하였다. 893년에는 히젠국(肥前國)·히고국(肥後國)을, 894년에 쓰시마를 습격하였다. 매우 왕성하게 신라민들의 해적활동이 일어나는 상황을 보여준다.[109] 그런데 말기에 해당하는 헌강왕(憲康王) 8년(882)에는 금과 명주 등을 보내는 등 우호적인 관계였다.

---

107 『續日本紀』권22, 天平寶字 3년 3월.
108 申瀅植, 『新羅史』, 이화여자대학교출판부, p.213.
109 이 부분에 대해서는 崔在錫, 「9世紀 新羅의 西部日本進出」, 『韓國學報』69, 1992에 상세하게 연구되어 있다.

공식적인 양국 간의 관계가 이렇게 변화무쌍한 데 반하여 상인들을 비롯한 민간인들 간의 교섭은 비교적 원만했던 것 같다. 9세기는 견당사들이 파견되지 않았던 일종의 비교 교섭 공백기였다. 이러한 시기에 견당유학생들은 신라를 경유하여 귀국하기도 하였다. 842년에는 규슈의 대재부(大宰府)에서 신라인의 입국을 일체 금지하자고 상주하였는데, 정부는 상인, 표류자의 특례를 제외하고 이것을 받아들였다. 이러한 상황은 상인들의 이익은 물론 이들의 무역활동이 현실적으로 필요했기 때문이었다.

상인들이 활동한 구체적인 예가 있다. 일본의 쇼쇼인(正倉院)에는 신라에서 수입한 물건들이 많이 있는데, 그 가운데 몇몇 유리제품들은 신라인들이 아라비아 상인들과 직접 교류한 것을 보여준다. 그런데 일본 역시 나라시대에 페르시아인들이 직접 왔다고 한다.[110] 또 노토(能登)에서 850년(延曆 24) 주주군(珠洲郡)에 표착한 배는 국명을 써놓지 않은 채 선상의 잡물(雜物)이 점검되고 있다. 아마도 정식의 국교관계를 갖지 않았던 신라의 사무역선일 것이다. 824년(天長 원년)에도 노토국에는 표착한 신라금 2면, 수한서(手韓鋤) 등이 중앙으로 보내져 왔다. 이러한 실예들은 신라에서 표착한 배나 물건들이 적지 않았던 상황을 나타낸다.

헤이안의 귀족들은 정부의 정책과는 별도로 자신들의 상업적인 실리를 위해서, 혹은 당물진중(唐物珍重)의 기호 때문에 신라와의 사무역을 할 수 있었던 것이다. 노토 해안에 표착한 것은 배나 물건들, 도래인들이 이러한 사무역의 과정에서 생겼을 가능성이 높다. 장보고가 840년(承和 7)에 국교를 요구했을 때에 비록 거부되었으나 하카다에는 무역지점을 두고, 축전국사(筑前國司)와 거래를 계속해 왔다. 이러한 상황 등을 고려할 때 일본 상인들이 신라 교섭에 활동한 일은 별로 없는 것 같다.

한편 일본과 발해의 관계는 신라와는 처음부터 달랐다. 발해는 고구려를 계승하

---

110 石原力,「來日したペルシア人」,『東アジアの古代文化』17號, 大和書房, 1978 秋.

였으며, 지리적으로도 동해를 사이에 두고 떨어져 있었으므로 일본과 적대국이 될 이유가 없었다. 더구나 신라를 적대국으로 삼는 발해는 일본에게 정치적 동맹관계를 맺을 필요성이 강한 존재였다. 8세기경에 신라와 발해는 전쟁을 모색하는 정도로까지 매우 긴장된 관계에 있었다. 일본도 신라와 전쟁을 준비하면서 발해와 정치 군사적인 외교관계를 맺고 있었다. 따라서 초기에는 양국 간의 교섭이 정치 군사적인 목적을 띠면서 진행되었다. 하지만 세월이 흐르면서 이러한 역학관계에 변화가 생겼다. 동아시아 전체 질서는 안정되고, 각 지역들 간의 적대적이고 갈등을 빚는 관계들이 점차 희석되어 갔다.

일본은 9세기 들어오면서 신라와 교섭이 없어졌고, 견당사를 파견하는 일도 838년(承和 5)으로서 사실상 정지되어 버렸다. 이렇게 해서 일본은 당, 신라와의 국교를 끊고 발해와만 국교를 계속하는 시대에 들어섰다. 이로 인한 외교상의 공백을 발해를 통해서 보완하려고 하였고, 두 나라 간에는 정치적인 교섭뿐만 아니라 문화 경제적인 형태에 비중을 많이 두게 되었다. 일본에서 당으로 가려는 사신이나 승려, 상인들은 동해를 건너 발해를 거쳐서 가는 경우가 많았다. 일본은 발해를 통해서 대륙에서 이루어진 다양한 문물들의 자양분을 섭취하였다. 특히 중요한 것은 무역이었는데, 거의 발해의 주도로 이루어졌다.

발해가 파견한 사신선에는 관리들뿐만 아니라 상인들도 탔고, 수령(首領)이라는 지방의 토호들도 동행하여 수십 명 혹은 수백 명씩 건너가기도 하였다. 상인들을 태운 민간 배들도 독자적으로 왔다. 746년에는 발해와 철리인(鐵利人) 1100여 명이 온 때도 있었다. 이들은 대부분이 장사를 해서 이익을 남기려는 사람들이었다. 그 외에 기록되지 않은 민간상인들도 건너와 비공식적으로 교역을 수없이 하였을 것이다.[111]

---

111 발해인들의 대일본 교섭상황은 윤명철, 「발해의 해양활동과 동아시아의 질서재편」, 『고구려연구』6, 고구려연구회, 1998, pp.471~472 도표를 참고.

이들은 전국 각지에서 모은 담비가죽, 호랑이가죽, 말곰가죽, 꿀, 인삼 등 주로 토산품을 수출하였다. 발해인들이 장사한 규모는 실로 엄청났다고 한다. 871년에 양성규가 사신으로 왔을 때에는, 일본 왕정에서 지불한 대금만도 40만 냥에 달하였다고 한다. 발해 상인들은 판 물건의 대금으로 일본에서 면·비단·수은·석유 등을 수입하였다. 이렇게 해서 심각한 무역 역조현상이 나타나자 일본 조정은 발해사에 대해 비판적이었고, 일본인들이 사무역을 하는 일을 금했다. 심지어는 9세기 초 이후에는 파견 횟수를 규제 하였다. 즉 사신은 12년마다 오고, 인원도 105명으로 정하는 등 발해선이 오는 횟수와 장소를 제한하고, 이를 어겼을 경우에는 추방까지도 하였다. 819년에는 당의 월인(越人)인 주광한(周光翰)이 발해선을 타고 귀국하기도 했다. 일본은 신라나 당보다는 발해와 더욱 밀접한 관계를 맺고 있었다. 발해에 사신을 파견한 횟수는 13회였는데, 이는 물론 발해사들의 귀국하는 데 동행했거나 혹은 발해인들의 항로를 그대로 이용한 것이다.

그러나 일본으로서는 당시 동아시아의 정치적인 중심부이며, 문화의 중심지인 당나라와 교섭을 맺지 않을 수 없었다. 일본의 대당외교는 승려 민간인들도 있었으나 결국은 견당사를 중개로 해서 이루어졌다. 견당선의 내부에는 항해 담당자들은 물론이고, 상인·의사·사수·역어·겸인 등 30여 종에 달하는 직종의 사람들이 타고 있었다.[112]

일본이 수나라에 사신을 파견한 것은 600년이다. 당나라에는 623년 가을(秋) 7월에 유학생인 혜일(惠日)이 간 것을 필두로 빈번하게 건너갔다. 견당사는 문헌에 따라서 약간의 차이가 있으나 실제로는 15회 혹은 16회 파견되었다. 총 20회를 파견하였으나 11회, 14회, 15회는 중지하고, 20회는 계획 뿐이었다. 제2회는 653년 5월에 파견하였는데, 654년 7월에 귀국하였다. 그 후에 꾸준히 파견하였으나 점차 견당사들이 입당을 꺼려하는 풍조가 생겼다. 초기와는 달리 8세기 이후에는 사절단이 대규모로 확대되고,

---

112 武在寅男,「遣唐使概觀」,『遣唐使と日本』, 東海大學出版會, 1989, p.28.

항로도 동중국해(南路)를 택함으로써 위험도가 증가하였으며, 거의 매회 조난을 당하였기 때문이다.[113] 특히 남로는 왕복(往復) 모두 무사한 때가 13차 견당사 때 단 1회뿐이었다. 총 40척(隻) 가운데 12척이 조난당하여 꼭 30%의 실패율을 나타냈다. 결과적으로 국가적 인재의 손실이 생기고, 경제력을 상실하게 되었다. 마지막 견당사는 894년에 파견하였다. 견당사는 210년 동안 평균 16년간의 1회 정도로 파견한 정도였다.[114]

일본은 항해조건이 불리했고, 정치적으로도 주변부 국가였기 때문에 문화 경제적 이익 외에는 정치적으로 국제사회에 진입할 의사가 적었던 것 같다. 더욱이 현실적으로 필요한 이익은 일본의 견당사나 상인들의 역할을 대신하는 존재가 있었던 탓도 중요하게 작용하였다. 즉 신라사, 발해사, 신라상인 및 발해상인들의 활약으로 당의 선진문물이 대량으로 운반되므로 위험부담이 큰 견당사를 파견하는 일은 절실한 것이 아니었다.

당은 일본에 대한 관심이 아주 적어 일본에 사신을 보낸 적이 별로 없었다. 존속기간 내내 총 8회에 불과했다. 그것도 초기단계에, 즉 삼국통일전쟁의 결과가 분명하지 않은 상태에서 일본에 대한 내정간섭과 정치적인 영향력을 강화시키기 위하여 몇 차례 사신을 파견한 정도였다. 1차는 630년이었는데, 2차, 4차, 5차, 6차는 당나라의 중앙이 아닌 웅진도독부(熊津都督府)가 사자를 보낸 것이었다. 3차는 본국에서 같이 보냈다. 결국 당은 동아시아의 질서가 안정되자 정치적으로나 경제적으로 일본이란 존재를 비중있게 생각하지 않았다.

---

113 池田溫, 『唐と日本』, 吉川弘文館, 平成 4년, p.80.
114 池田溫, 『唐と日本』, p.73.

2) 일본인들의 국제항로

그러면 당시에 일본인들이 대외교류에 사용한 국제항로는 어떠한 것이 있었을까? 항로는 여러 개가 있었으며, 신라와 발해를 대상으로 한 것과 당나라를 대상으로 한 것이 있다. 그러나 기본적으로 일본열도는 대외적으로 교류가 활발한 편이 아니었다. 또 신라와의 교섭에 사용한 항로는 신라가 일본과 교섭한 항로와 거의 유사하다. 또 같이 발해선들이 활용하던 항로와 항구는 일본이 발해와 교섭한 그것과 동일하다. 그러므로 이 글에서는 일본이 당과 교섭한, 주로 견당선들의 교섭항로를 중심으로 살펴보고자 한다.

건당선들이 항해한 항로는 해역에 따라서 대체로 3개로 구분하고 있다(일본에서 부르는 용례를 그대로 따르면서 문장에서는 자연환경을 고려하여 보편성 있는 용어를 더불어 사용하려 한다). 그런데 앞에서 언급한 바와 같이 항로 선택은 자연환경과 당시의 역사적 환경을 고려하여 이루어지므로 견당선들의 항로 역시 시대에 따라 달라지는 모습을 보이고 있다.

건당사들은 현재 오사카의 남구인 나니와항(難波港)을 출발하였다. 그리고 길고 복잡한 세토(瀨戸) 내해를 항해하여 간몬(關門)해협을 통과한다. 그 다음에 규슈 북부해안을 연안항해하여 축자(筑紫)에 이르러 오오츠우라(大津浦)에 정박한다. 즉 현재 후쿠오카의 하카다 남쪽인 대재부(大宰府)의 문호(門戸)이다. 대재부는 나당연합군의 일본 침공을 방어하기 위하여 설치하였으나 일본의 서경(西京)으로서 당시에는 유일한 대외교섭창구였다. 이 곳에서 항해에 적합한 바람을 기다리다가, 각각 선택한 항로에 따라 출발을 하였다.

(1) 北路

북로는 규슈의 북안을 출발하여 이키(壹岐)와 쓰시마(對馬島)를 경유하여 거제도의

| 그림 15 | 북로

가리산을 지형지물로 삼아 한반도의 남부해안과 제주도 사이의 해역을 통과하여 서해근해를 따라 북상하다가 경기만의 먼바다에서 산동반도를 향하여 횡단하는 항로이다. 이 북로에 대해서는 다소 다른 견해가 있다. 즉 서해 중부에서 직횡단을 하지 않고, 계속해서 서해 근해를 북상한 다음에 요동반도의 남동해안(南東海岸)에서 발해해협을 횡단하여 산동반도에 상륙하는 항로라고 이해하는 것이다.[115] 물론 이러한 항로를

---

115 木宮泰彦 著 陳捷 역, 『中日交通史』, 三人行出版社, 중화민국 63년, p. 102.

사용한다는 것은 당시의 정치적인 상황으로 보아 불가능한 일이었다. 설사 그렇다 해도 비효율적이며, 항해환경을 고려해도 오히려 위험성이 많다. 신라와 관계가 악화되었을 때에는 그나마 이 북로 자체를 사용할 수가 없었다. 북로는 주로 교섭 초기에 사용되었다.

2차 견당사는 653년 5월에 파견하였는데, 1차와 마찬가지로 만일을 대비하여 북로(北路)에는 121인을, 남도로(南島路)에는 120인이라는 2개조를 파견하였다. 그런데 남도로 파견된 조는 사츠마(薩摩)의 다케시마오키(竹島沖)에서 큰바람을 만나 배가 전복됨으로써 모두가 죽고 5명만 살아 남았다. 반면에 북로로 갔던 견당선은 654년 7월에 백제사, 신라사와 함께 무사히 귀국하였다.

3차 견당선은 645년 2월에 2척이 모두 북로를 이용하여 갔다가, 655년 8월에 다시 북로를 이용하여 귀국함으로써 왕복 모두 성공했다. 4회는 659년 8월 11일에 2척이 항구를 출항하여 북로를 선택했으나, 황해횡단을 하다가 9월 15일에 폭풍을 만났다. 결국 남해로 흘러 들어가다가 도적들을 만나 사신단은 거의 다 피살되고, 5명만 생존했다. 돌아올 때에는 동중국해를 횡단하여 백제의 남단을 경유하는 항로를 선택했는데, 1척만이 9일 만에 귀국에 성공했다. 그 후 5차(665년 12월 출발), 6차(667년 11월), 7차(669년) 견당사는 모두 북로를 이용하였다. 대체로 성공률이 높았으며, 왕복 모두 무사했다.

(2) 南道路

견당선들은 남도로를 사용할 때 일본의 대재부 해안의 오츠우라(大津浦)를 출발하여 당시 히젠국(肥前國) 마츠우라군(松浦郡)의 히라도도(平戸島)에 기항하였다가 규슈 서해안을 남하하여 다네가시마(種子島)·야쿠시마(屋久島)·아마미대도(奄美大島)를 경유하여 현재 오키나와 제도의 남단인 이시가키지마(石垣島) 부근까지 항해한다. 그리고

武在寅男, 「遣唐使槪觀」, 『遣唐使と日本』, 東海大學出版會, 1989.

| 그림 16 | 남도로

동중국해를 횡단하여 복건성·절강성 등의 근해를 항해하면서 북상하다가 양자강구의 양주(揚州)에 상륙했다. 이러한 항로는 천평(天平) 승보 5년에 소주(蘇州)를 출발하여 일본으로 돌아온 기록에 분명하게 나타나고 있다.

　남도로는 702년 6월에 출발한 7회 째부터 사용하였다. 7차 때에는 입당하는 데에 성공하였으며, 귀국할 때는 704년 7월에 남도를 택해서 무사히 성공하였다. 그 후 8차 항해 때인 717년 3월에는 모두 4척이 557명이라는 대규모의 인원을 싣고 이 항로를 이용하여 당나라로 갔다. 그들은 모두 무사히 귀국하였다. 이때부터 견당선들은 4척씩을 파견하였다. 그러나 그 다음차인 733년에 파견한 견당사는 4척에 무려 594명이 파견되었다. 가는 데는 성공하였으나 귀국하는 도중에 2척은 성공하였고, 2척은 실패하였다. 이때 사신들의 일부는 발해선을 타고 귀국하였다.

10차인 752년에 파견한 견당사는 4척에 120여 명이 파견되어 모두 무사히 도착하였다. 그러나 다음 해에 귀국할 때에는 1선은 안남에 도착하였고, 2선, 3선, 4선은 늦게 도착하였다. 이 항해들은 결코 순탄하지 못했다. 그 다음인 759년의 견당사는 1척에 99명이 발해도(渤海道)를 타고 발해를 거쳐 입당하였고, 귀국할 때에 남해도를 이용하여 성공적으로 귀환했다. 756년의 견당사도 제1선이 조난당하여 중지하였고, 762년 견당사는 순풍을 얻지 못해 결국은 파견을 중지하였다.

남도로를 사용할 경우에 일본열도의 해역에서는 중간중간에 섬들에 기착하므로 어느 정도의 안전성이 확보가 된다. 하지만 동중국해역으로 들어서면 중간에 폭풍 등을 만날 확률이 크고, 육지와도 거리가 매우 멀어 사고가 일어날 경우에도 피항을 하기가 힘들다. 또한 왕복 모두 북동진하는 쿠로시오의 방향을 거스르는 항해이므로 바람을 철저하게 활용하는 항해술이 뒷받침되지 않으면 안된다.

(3) 南路

일본은 점차 신라와 관계가 악화되어 북로를 사용할 수 없었으므로 남도로나 남로를 사용할 수밖에 없었다. 어느 항로라도 출발항구는 똑같았다. 규슈 북부를 출발하여 서쪽으로 나아가다가 고토 열도(五島列島)의 북쪽인 지카노시마(値嘉島)에 닿은 다음에 남하하여 상자전(相子田), 하원포(河原浦)를 기항하였다가, 먼 바다로 나가 동중국해를 횡단하여 절강성의 해안에 닿은 다음, 다시 양자강 하구로 들어가는 항로이다. 그런데 중간에 위치한 제주도(濟州道)를 중요한 물표로서 활용할 수 있다. 고토열도의 북부에 있는 우구도(宇久島), 소치하도(小値賀島)에서는 가을날 쾌청한 날에는 제주도의 한라산을 보는 것이 가능하다.[116]

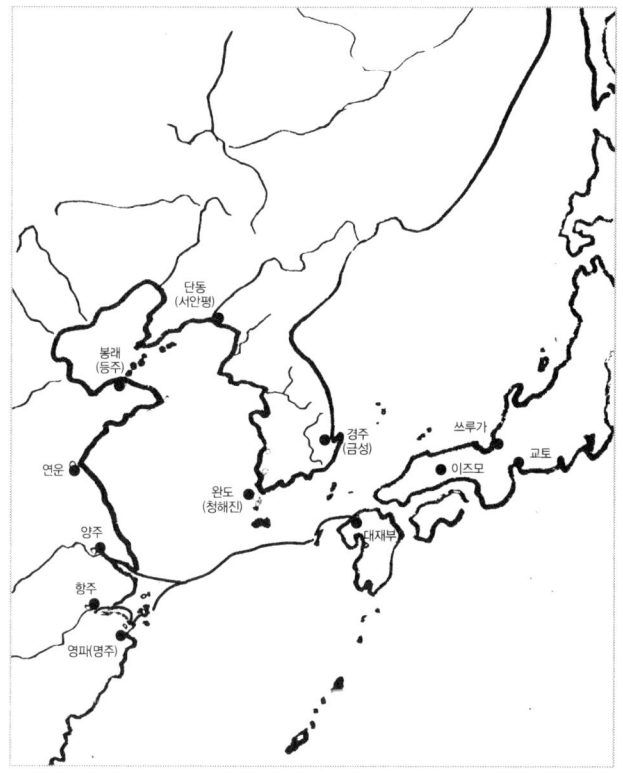

| 그림 17 | 남로

남로라고 불리운 이 항로는 비교적 항해거리가 원거리이고, 위험성과 고난도의 항해술을 필요로 하는 원양항해를 해야 하는 해역이 넓다. 신라인들이 사용한 동중국해 사단항로와 부분적으로 일치하는 해역이 넓다. 그래서 가능하면 제주도는 항법상으로 보아 경유하거나, 항로관측에 필수적인 지역으로 이용했을 것이다.

『일본서기(日本書紀)』에서 보듯이 탐라국은 때때로 일본열도의 국가와 독자적으로

---

116 江坂輝彌,「朝鮮半島南部と西部九州地方の先史原史時代について―交易と文化交流」,『松阪大學紀要』第4, 1986, p.7.

교섭을 하였다. 이미 오래 전부터 항로가 개발되어 있었던 것이다. 609년에는 80여 명의 백제인을 실은 백제선 한 척이 구마모토 해안에 표류한 적이 있었다. 이들은 양자강 유역의 오(吳)지방에 파견되었다가 전란으로 입경하지 못한 채 귀국하다가 폭풍을 만나 표류한 끝에 도착한 것이다.[117] 이때도 선박들은 역시 제주도권을 통과하였을 것이다.

『수서(隋書)』에는 일본을 오고가는 사신들은 남으로 제주도를 보면서 항해하였다고 하였다.[118] 따라서 일본과 당나라를 오고가는 사신들도 마찬가지였다. 이는 제주도가 한반도 서남해안과 일본열도 사이에 이루어진 항해에서도 동일한 역할을 하였음을 알려준다.[119] 장보고가 생존했던 당시에 절강에는 장우신(張友信)이라는 대항해가가 일본을 오고 갔는데,[120] 그는 물론 제주도를 자신의 놀랄 만한 항해에 이용했을 것이다. 고려시대에는 일본에서 관인, 승려, 속인 등이 송나라로 들어가다 표류하여 일행 가운데 일부인 265명이 군산(群山)과 추자(楸子) 두 섬에 피했다.[121] 이 남로를 이용하여 절강 지역으로 가려던 항해였던 것으로 추정된다.

남로도 남도로와 마찬가지로 위험해서 사신선들이 표류한 일이 여러 번 있었다. 남로는 777년 6월에 처음으로 사용하였다. 4척으로 구성되었는데, 고토열도에서 바람을 기다리다가 출발하여 항해에 성공하였다. 그러나 귀국할 때에는 성공하지 못하였

---

117 『日本書紀』, 推古 17년.
118 『隋書』권81, 倭國傳.
119 윤명철, 「제주도를 거점으로한 고대 동아지중해의 해양교섭에 관한 연구」, 『신해양시대 제주도 국제자유도시 건설에 따른 법화사지 복원의 현대적 의미』, 제주 불교사회문화원, 2000. 제주도의 해양문화적 역할과 주변 각 지역과의 항로가 기술되어 있다.
120 절강 지방에서의 신라인들의 활동 및 이 부분에 대해서는 金文經, 「7~10世紀 新羅와 江南의 문화교류」, 『중국의 江南社會와 韓中交涉』, 집문당, 1997 및 「張保皐시대의 해상활동과 교역」, 『한중문화교류와 남방해로』, 국학자료원, 1997 등 참고.
121 『高麗史』권25, 원종 4년조.

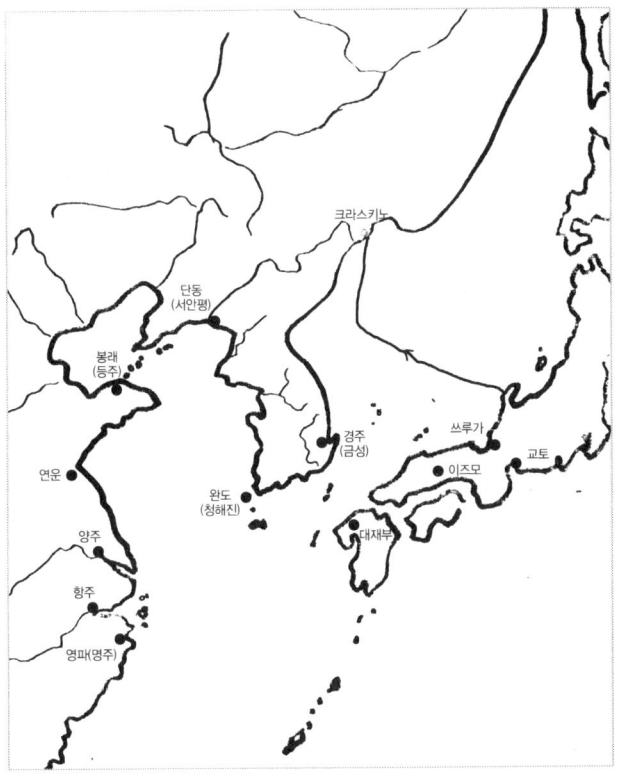

| 그림 18 | 발해로

다. 1선은 조난을 당하였고, 2선은 778년 11월에 규슈 남부인 사츠마(薩摩)에 표착하였다. 3선은 778년 10월에 규슈 북서부인 마츠우라(松浦)에 표착하였다. 그리고 4선은 같은 해 11월에 고시키지마(甑島)에 역시 표착하였다. 이때 많은 환자들이 생겼고, 부사(副使)인 소야석근(小野石根)은 대사를 대행하였다. 그가 탄 배는 폭풍 때문에 배가 파손되었고, 일본인 38명, 당인 35명은 익사하였고, 41명은 히젠(肥前)에 표착하였다. 그리고 일부는 다른 배에 구조되었다. 이 항해의 과정을 통해서 당시 견당선들의 항로 등 항해 실상을 알 수 있다.

견당선은 777년 6월 24일에 고토열도를 출범하여 7월 3일에 양주에 도착하였다. 그러니까 항해 일수는 10일 정도 걸린 셈이다. 거리는 약 500해리, 즉 930km 정도이다. 그러나 최후의 135해리, 즉 250km는 하천을 항행하는 것이므로 실질적인 해상 항해거리는 365해리, 즉 675km이다.[122] 매우 빠른 속도로 항해하였음을 알 수 있다.

첫 항해가 이렇게 실패했음에도 불구하고 이 남로는 계속해서 사용됐다. 다행히 779년 5월에 출발한 13차 견당선은 왕복 모두 성공하였다. 그런데 다음 803년에 파견된 14차 견당선은 매우 사연이 많았다. 출발한 지 얼마 안되서 배가 파손되자 연기하였다가 다시 804년 7월 6일에 축자를 출범하였다. 제3선, 4선은 중간에서 조난당하였다. 제2선은 무사히 당나라에 도착하였지만, 1선은 가까스로 도착하였고, 4선은 아예 행방불명이 되어버렸다. 귀국은 805년 6월이었는데, 1선·2선 모두 무사히 귀국하였다. 그 뒤 견당선의 파견은 오랫동안 이루어지지 않았다가 15차 견당사는 836년 5월에 600여 명의 대인원을 태우고 4척의 배로 출항하였다. 배를 건조하는 데 3년이 걸렸으나, 3선은 출발항구 앞에서 파손되었고, 다음 해에 수리를 마치고 또 출항하였으나 조난을 당해 또 연기되었다. 결국 838년에 이르러 세 번째로 출항한 끝에 목적지인 당에 무사히 도착하였다. 하지만 그들은 돌아올 때에 신라선 9척을 구하고 신라 상인들을 고용한 후에 북로를 이용하여 귀국하였다. 이때도 2선은 남해에 표착하였다. 이 항해를 끝으로 견당선은 더 이상 파견되지 않았다. 894년에도 견당사를 파견하려 하였으나 시도하지 않았으므로 결국은 836년의 견당사가 마지막이었다.[123]

이 항로는 신라인들을 중심으로 해서 정치인들 외에도 상인들이 비교적 활발하게

---

122 武在寅男, 『古代日本の航海術』, 小學館, 1982, p.185.
123 武在寅男, 『古代日本の航海術』, 小學館, 1982, pp.186~188.
　　武在寅男 外, 「遣唐使槪觀」, 『遣唐使と日本』, 東海大學出版會, 1989.
　　松枝正根, 『古代日本の軍事航海史』下, カヤ書房, 1994, pp.110~121 등 참고.

이용한 듯하다. 819년(홍인 10년)에는 신라인이 대당월주인(大唐越州人) 주광한(周光翰), 언승칙(言升則) 등과 함께 왔다(『일본기략(日本紀略)』). 또 843년에는 신라인 장공정(張公靖) 등 26명이 당의 초주를 출발하여 현재 야마구치현의 남쪽인 나가도국(長門國)에 도착하였다(『입당구법순례행기(入唐求法巡禮行記)』). 847년에는 신라인 김자백(金子白), 흠량휘(欽良暉), 김진(金珍) 및 당인 강장(江長) 등 43명이 소주를 출발하여 대재부에 왔다. 819년에 당의 상인인 장각제 등이 무역을 위하여 형제 2명과 함께 신라인 왕청 등에 동선하여 당을 출범하여 3개월을 표류한 끝에 출우국에 표착하였다.

건당사와 다수의 일본인들을 실은 건당선은 '북로(北路)', '남도로(南島路)', '남로(南路)'의 3항로를 사용했다. 북로는 신라의 해역을 통과하므로 비교적 안전한 데 반하여 남도로와 남로는 자연조건상 매우 험난한 항해이다. 그럼에도 불구하고 일본은 위험성이 높은 항로를 사용할 수밖에 없었다. 건당사를 파견한 것 가운데에서 모두 이상 없이 왕복에 성공한 것은 채 50%가 안되었다. 그만큼 동아지중해의 항해는 힘들고 위험했다.

해양환경의 이러한 불리한 조건 때문에 일본은 건당사를 파견하는 일이 어려웠다. 따라서 국제사회에 진입하여 활발한 외교활동을 할 수 없었으므로 주변부 국가로서 만족할 수밖에 없었다. 다만 문화적인 욕구가 있었고, 경제적인 이익을 얻고자 하였는데, 이러한 부분은 신라와 발해의 상인들이 동아지중해의 해역에서 활발하게 활동하고 빈번하게 접촉함으로써 어느 정도 충족될 수 있었다. 당시 신라와 발해의 사신 및 상인들은 동아지중해에서 이러한 일본의 고립과 한계를 최대한 활용하여 국가적인 성장을 이룩하였다.

이상과 같이 장보고 시대 동아시아의 해양활동과 국제항로에 대해서 살펴보았다. 동아시아는 자연환경을 고려하면 바다가 육지에 둘러싸여 있는 지중해적 형태와 성격을 지니고 있다. 또한 역사의 발전과정을 볼 때 육지질서와 함께 해양질서의 영향이 컸다. 특히 중심부가 되는 현재의 한국, 중국, 일본지역은 동아시아의 중핵(core)이었고, 이들 지역과 국가를 연결하는 유일한 통로는 해양이었다. 그러므로 해양활동의 능력과 방식에 따라서, 또한 정치 군사 문화와 함께 물류체계인 항로를 어떻게 개발하고 장악하느냐에 따라 해양력(sea-power)과 국가발전의 정도가 결정되었다.

이러한 동아지중해(EastAsian-Mediterranean-Sea) 질서 가운데에서 우리 역사의 활동무대는 중핵에 위치하여 대륙과 해양을 동시에 장악하고 있었으므로 모든 지역들 간의 관계를 조정할 수 있는 유리한 이점이 있었다. 이러한 동아지중해 중핵조정 역할을 효과적으로 수행하여 동아시아의 강국이 된 나라가 고구려였다.

그 후 남북국 시대에 통일신라에는 장보고라는 인물이 역사에 등장하였다. 그는 당시 국제질서의 본질을 파악하고, 이를 신라의 내부 현실과 연관시켜 청해진을 설치한 뒤 재당신라인과 본국신라인을 조직화시킨 '범신라인'들을 통해서 동아지중해의 해상왕으로서 독특한 지위를 누렸다.

그가 생존하고 활동했던 시대는 동아지중해에서 지중해적 성격이 활발해진 동아시아 역사의 번영기이며, 평화의 시기였다. 범신라인·발해인·일본인들은 필요조건과 충분조건을 고려하여 선택한 바다에서 해양활동을 활발하게 하였다. 주역인 범신라인들은 황해와 동중국해 및 남해에서 다양한 항로를 개설하여 교역 및 문화교류에 힘썼다. 고구려의 해양활동 능력을 계승 발전시킨 발해는 동해를 건너 국가적으로는 물론 민간적으로도 일본열도와 교섭을 활발하게 하였다. 뿐만 아니라 당나라의 산동이나 심지어는 그 남쪽으로도 교역을 하였다. 반면에 비교적 주변부였던 일본은 당이나 신라·발해와 정치적인 교섭을 하는 일에 덜 적극적이었고, 교역은 신라 상인들이나 발해 상인, 때로는 당 상인들에게 의존하였다. 그러나 소극적이지만 나름대로의 항로는 운영하고 있었다.

장보고 시대의 동아지중해 질서는 동아시아가 시급하게 추구해야 하는 미래질서의 의미있는 모델이 된다. 또한 장보고의 능력과 활동은 해양의 유효성과 국가발전 전략의 구체적인 지표를 제공한다.

06 비류(沸流) 집단의 이동과정과 정착에 대한 검토*

1. 서론

　백제의 공동시조인 비류(沸流)에 대한 연구는 많은 문제점들이 있다. 비류의 성격 여부, 부여의 위치, 부여와 고구려의 관계성, 주몽과 비류의 혈연성 여부, 또 비류국의 위치, 비류와 온조의 관계, 소위 비류백제의 존재여부 등 이루 헤아릴 수 없을 정도이다. 그만큼 비류의 문제는 삼국시대 초기 혹은 백제국가 성립의 성격을 규명하는 데 절대적인 역할을 하기 때문이다. 또한 그러한 역할과 위치에 비하여 그의 존재는 알려진 바가 적고, 그에 관한 자료도 거의 없기 때문에 그 역사적 실존마저 의심받는 경우도 있다.

　필자는 이러한 배경 속에서 비류의 실체에 접근하는 한 시도를 해양적인 관점에서 하려고 한다. 즉 출발지역, 이동경로와 정착 지역을 가능한 한 해양질서와 해양문화의 메커니즘 속에서 찾아보고자 한다. 그러나 앞에서 언급한 기본문제들이 해결되지 않은 상태이므로 필자의 논리는 출발부터 오류를 범할 가능성도 배제할 수 없다.

---

* 「沸流集團의 移動過程과 定着에 대한 검토」, 『상고시대 인천의 역사탐구』 9회, 가천문화재단 학술발표회, 2000.

2. 출발지역에 대한 검토

비류에 관한 기록은 극히 단편적으로 남아있을 뿐이다.

『삼국사기』백제본기에 기록된 내용을 요약하면 다음과 같다. 주몽(朱蒙)은 북부여(北夫餘)에서 난을 피하여 졸본부여에 이르러 왕의 사위가 되었다가 나중에 왕이 되었다. 그는 아들을 낳았는데 비류(沸流)와 온조(溫祖)이다. 그런데 동부여에 두고온 아들인 유리가 찾아와 태자가 되자, 비류와 온조는 어머니인 소서노(召西奴)와 따르는 신하들을 거느리고 남으로 이동하였다. 그들은 한산(漢山)에 이르러 부아악(負兒嶽)에 올라 땅을 살핀 다음에, 형인 비류는 자신을 따르는 백성들을 거느리고 미추홀(彌鄒忽)에 가서 살았다. 그런데 미추홀은 땅이 습하고 물이 짜서 편하게 살 수 없었다. 결국 비류는 후회하면서 죽고 그 백성들은 온조에게 복속하였다.

이러한 비류의 가계와 행적에 대해서는 논란이 많다. 이미 『삼국사기』에도 이설(異說)을 집어넣어 그 출자와 행위가 범상치 않았으며, 백제사에 끼치는 파급효과가 매우 컸음을 알려주고 있다. 그럼에도 불구하고 분명한 사실은 그는 부여계이며, 온조와 함께 졸본부여, 즉 초기 고구려 지역을 출발하여 남으로 이동한 다음에 경기만의 어느 지역에 정착하였다는 사실이다.

그러면 비류집단은 어느 곳을 출발하였을까? 출발한 지역과 초기에 통과했을 지역은 어떤 환경이었으며, 역사적으로 어떠한 의미를 지녔을까? 비류 등 백제집단은 처음부터 수상활동능력을 갖추었을 가능성이 많다.

소서노가 거주했으며, 비류와 온조가 태어난 곳은 주몽이 처음으로 정착한 졸본부여 및 초기의 고구려 지역일 수밖에 없다. 고구려가 건국한 연대, 초기의 수도가 어느 지역인가에 대해서는 여러 설이 있다. 부여와 고구려에 관계에 대해서도 많은 설들이 있다. 『위서(魏書)』 백제전에는 백제가 부여에서 근원하였다고 하였다. 『북사(北史)』에서는 색리국(索離國)의 동명(東明)으로부터 나왔다고 되어 있다. 『수서(隋書)』 또한 마찬가지이다.[1] 부여의 위치에 대해서는 시기에 따라, 주체에 따라 다른 설들이 있다. 그런데 분명한 것은 큰 강을 끼고 활동하였으며, 이동경로도 큰강과 깊은 관련이 있다는 사실이다. 그렇다면 부여집단은 강에서 활동능력을 키워야 하고, 이 능력은 해양활동의 시작과 강화로 바로 전환될 수 있다.

먼저 범(凡) 부여 지역에 있는 강의 성격을 살펴보자.

흥안령에서 내려오는 눈강(嫩江)은 부여인의 활동과 관련이 있는데, 매우 길고 수량도 풍부하여 수상활동을 하기에 매우 유리한 조건을 갖추고 있다.[2] 송화강(松花江)은 유하(柳河)・휘발하(輝發河) 등과 만나면서 북으로 흘러들다가 대안(大安)에서 눈강과 만난 후에, 다시 동류하여(東流松花江) 흐르다가(통항거리가 1,890km 물론 겨울에는 운항할 수 없다) 흑룡강(黑龍江, 1,892km)과 만난다. 그리고 북만주를 휘감고 돌다가 동해이북으로 빠져 나온다.[3] 이러한 강들은 주변의 지류 등을 포함하면서 초기 부여를 비롯해 북방 종족들의 성장과 깊은 관련을 맺었다. 이러한 강들에서는 강상수군(江上水軍)이 있었을 가능성이 매우 높다.[4]

또 더 남쪽의 강들은 내륙 산간부와 평야지대, 그리고 해안지대를 연결시켜 주며 바다로 흘러 들어간다. 압록강은 혼강(渾江)과 만나고, 중류 이하에선 수심이 깊고 수로가 길다. 또한 강하류에는 많은 하상도서(河上島嶼)가 있고 끝나는 곳에는 만(灣)이 발달되어 황해로 접어든다.[5] 경제생활에 많은 이점을 제공한다.

---

1 동명과 주몽의 관계에 대해서는 吳舜濟, 「百濟의 東明과 高句麗의 朱蒙」, 『실학사상연구』12집, 1999 참고.
2 이 부분의 실제적인 모습에 대해서는 윤명철, 『말타고 고구려 가다』, 송산, 1997, pp.54~55 참고.
3 윤명철, 「고구려 전기의 해양활동과 고대국가의 성장」, 『한국상고사학보』18호, 1995, pp.250~251.
4 윤명철, 앞 논문, pp.255~259 참조.
5 『漢書地理志』卷28 地理志 下에는 황해북부로 흘러들어가는 강들에 대해서 본문과 주를 통해서 상세하게 설명하고 있다. 특히 玄菟郡 西盖馬縣 註에 "馬訾水, 西北入監難水, 西南至西安平入海, 過郡二, 行二千一百里……"라 하여 압록강에 대하여 상세하게 설명하고 있다.
  그 당시에 서안평이었던 단동 지역에는 靉河 등의 강이 흘러들고, 위화도 등 섬들이 많다.

고구려가 초기에 발생한 지역은 『삼국사기』 고구려본기에 주몽이 비류수(沸流水) 가에 집을 짓고 살았으며, 고구려를 세웠다고 되어 있다. 또 광개토대왕릉 비문에는 "……於沸流谷忽本西城山上而建都……"라고 하여 첫 도읍지가 비류수였음을 알려주고 있다. 또한 『삼국지』 고구려전과 『후한서』 고구려전에 의거해[6] 고구려는 현재의 압록강(鴨綠江)인 대수(大水)와 그 북지류(北支流)인 소수(小水)인 혼강(渾江) 유역의 홀승골(紇升骨)에서 건국하였다고 한다.[7]

소수와 대수의 위치비정에 대해서는 소수가 혼강이 아니라는 견해도 있으나 현재로서는 보통 혼강(渾江) 중류인 환인(桓仁) 지역으로 이해하고 있다.[8] 동가강(佟佳江, 현 渾江)은 많은 지류와 깊은 계곡으로 둘러싸여 있으며 평야도 발달해 있다.[9]

주몽은 건국 2년째에 비류수의 상류에 있었던 송양(松讓)의 비류국(沸流國)과 전쟁을 벌여 나라를 복속시키고 송양을 다물도(多勿都)의 도주로 삼았다. 신화의 내용을 보면 이때 수상전이 벌어졌을 가능성도 있다. 그런데 건국 19년에 유리(琉璃)가 부여로부

---

6 『三國志』 卷30 魏書30 東夷傳 高句麗.
  "又有小水貊 句麗作國 依大水而居 西安平縣北有小水, 南流入海, 句麗別種依小水作國, 因名之爲小水貊,"
  『後漢書』 卷85 東夷列傳 75. 句驪
  "句驪一名貊 有別種 依小水爲居 因名小水貊."
7 이와 달리 李龍範은 桂婁部가 鐵産地인 豆滿江 유역에서 佟佳江 유역으로 팽창하였다고 주장하였다(「高句麗의 成長과 鐵」, 『韓滿交流史』, 동화출판공사, 1989, p.106).
8 그 동안의 발굴성과로 보면 고구려족은 이미 기원전 3~2세기 경에 요동지방, 압록강 중류 지역, 한반도 북부 지역에서 철기를 사용하면서 농업경제가 매우 발전한 국가단계로 진입했다고 한다. 그리고 주몽이 건국하기 이전에 이미 2개의 고구려 국가가 있었다고 주장하고 있다(「최초의 高句麗 國家」, 『백산학보』 40, pp.78~79). 그런데 고구려가 건국한 위치가 현재의 환인이 아니라고 주장한 견해도 있다.
9 동가강은 현재의 渾江인데 길이는 445km로서 상류에는 비류수인 富爾江을 비롯하여 6개의 지류가 흘러들어오고 하류에선 압록강과 합류한다. 수심이 2.76m이고 최대 수심은 4.4m이다(李金榮 主編, 『桓因之最』, 1992, 桓因縣 蠻族自治縣地方志辦公室).
  1994년 8월의 필자 답사에 의하면 인삼 농사 등으로 인하여 산에 나무가 거의 없는 실정에도 불구하고 현재 혼강은 홀수가 낮은 고대의 선박들은 충분히 활동할 수 정도의 수심이다. 수심이 더욱 깊었을 가능성이 크다.

터 왔고, 그를 태자로 삼은 그 해에 주몽은 죽었다. 즉 유리는 오자마자 태자가 되었고, 이어 왕이 된 것이다. 이 우연하고 격동적으로 일어난 교체과정에서 어떠한 일들이 일어났는지는 구체적으로 알 수 없다. 하지만 백제본기에서 '태자로 용납되지 않을 것을 두려워하여' 라는 기록으로 보아 이들 간에 갈등이 있었음은 틀림없다. 결국 소서노와 비류와 온조는 그 무렵에 졸본부여를 떠났다. 물론 그들은 이미 강상에서의 수상활동능력을 충분히 갖추고 있었을 것이다.

그들은 어떠한 경로를 이용하였을까?

압록강 이북에서 성장한 정치세력이 한강 유역과 경기만 주변으로 이동하는 길은 육로와 수로(水路)가 있다. 당시 한반도 북부와 중부 지역에서 전개된 정치적인 상황을 고려할 때, 그들 집단이 육로를 이용해서 남하했을 가능성은 별로 없다. 또한 첫 출발지인 비류수가 현재의 혼강일 경우에는 일단 압록강 중류 지역까지 수로 또는 육로를 동시에 이용하였을 것이다. 이 지형은 매우 험악하여 신속하게 이동하기가 힘들다고 판단된다. 그들이 신속하게 도망하는 상황이었다면 수로를 이용하는 것이 바람직했나. 그렇다면 그들은 우선 압록강을 이용하였을 것이다.

압록강은 백두산에서 서남방향으로 흐르다 안평성(安平城)에 이르러 바다로 들어간다.[10] 중류 지역에서 명도전이 다량으로 발견됨으로써[11] 일찍부터 상업교역의 중요한 통로가 되었음을 알려준다. 하류에 이르면 수로(水路)가 깊고 길어서 수운(水運)과 경제생활에 많은 이점을 가지고 있으며, 강 하구(河口)에는 많은 하상도서(河上島嶼)가 있고, 하구가 끝나는 곳에는 만(灣)이 발달되어 황해로 접어든다.[12] 따라서 통항거리가 길

---

10 『通典』 卷186 邊防二 東夷 下 高句麗傳.
　"……馬訾水一名鴨綠水東北水源出靺鞨白頭……西南至安平城入海……所經津濟皆貯大船……"
11 李殿福·孫玉良 著, 앞의 책, p.187.
　현 단동시 振安區 九連城鑪 靉河上尖村인 서안평성에서 오수전 등이 발견됐다.
12 梁泰鎭, 『韓國邊境史研究』, 법경출판사, 1990, pp.94~100 및 『韓國의 國境研究』, 동화출판공사, 1981 참조.

고(750km) 큰 규모의 선박이 항행(航行)할 수 있고 많은 선박들이 동시에 운행할 수가 있다. 압록강은 해양통로로서 이미 수상세력이 존재해 왔을 것이다. 단동시 동구현 마가점향 삼가자촌 후와(東溝縣 馬家店鄉 三家子村 後注)유지 아래층(6,000년 이상 된 곳)에서 배 모양의 도기(陶器, 舟形도기) 3개가 발견되었다.[13] 이는 이 지역이 선사시대부터 해양교통이 발달한 지역이었음을 알려주는 사례이다. 그 후에는 고조선이 이 지역에서 해양문화를 발전시켰다.[14] 말왕(末王)인 준왕(準王)은 위만에게 나라를 빼앗기자 자신의 지지세력을 거느리고 남쪽으로 이주하여 한왕(韓王)이 되었다.[15] 준왕(準王)의 남천과 남쪽 지역에서의 국가적 성장은 일정한 해양세력의 토대가 없어서는 불가능한 일이다.

그 후에 위만조선 역시 한(韓)과 일정하게 교섭을 가졌다. 삼한 각국, 혹은 왜의 세력과 교섭을 했다는 직접적인 기록은 없다. 그러나 해당 지역 간에는 이미 전 시대부터 교섭을 했다는 고고학적 증거들이 많이 나타나고 있다.[16] 당시의 항해능력이나 사회발전 단계로 보아서 한반도 남부 또는 일본열도의 문화적 능력은 황해를 직접 건너서 중국 지역과 교섭할 정도의 단계는 안되었다. 따라서 교섭은 반드시 서해 연근해를 따라서 북상한 다음에 압록강 하구인 서한만 등 위만조선(衛滿朝鮮)의 영향권을 통과해야만 했다. 위만조선은 유리한 지정학적인 위치를 활용하여 중국지역의 세력과 한반도 중부 이남 세력간의 교섭에 해양교량(海洋橋梁)역할을 했을 것이다.

---

13 汶江,『古代中國與亞非地區的海上交通』, 四川省 社會科學院 出版社, 1989, pp.5~6. 內藤雋輔 역시 濱田 박사의 고고학적인 해석을 수용하여 남만주와 요동반도 사이에 항로가 있었다고 주장을 하고 있다(『朝鮮史研究』, 東洋史研究會 刊, 1962, pp.378~378에서).
孫光圻 著,『中國古代海洋史』, 海洋出版社, 1989에서는 pp.34~36까지 중국 지역에서 발견된 선사시대 통나무 배(獨木舟) 유적지 일람표가 상세히 되어있다.
14 윤명철,「황해문화권의 형성과 해양활동에 대한 연구」,『선사와 고대』11호, 1998, 3장 2절.
15 『三國志』, 東夷傳 韓傳에는 準王과 관련된 "……將其左右宮人走入海 居韓也 自號 韓王……" 기록이 있다.
16 윤명철, 위 논문, 4장 참조.

압록강 하구 지역이 얼마나 중요하였고, 해상세력과 밀접한 관련이 있었는가에 대해서는 그후에 전개된 역사과정이 웅변해준다. 고구려는 황해진출의 출구인 압록강 하구(河口)의 서안평을 점령하려는 시도를 했다.[17] 태조대왕(太祖大王)은 요동군(遼東郡)에 침입하여 신안거향(新安居鄕)과 서안평(西安平)을 공격하여 대방령(帶方令)을 죽이고 낙양태수(樂浪太守)의 처자를 잡아왔다.[18] 이는 육로 진출로(陸路進出路)의 확보와 중국세력 간의 연결고리를 끊는다는 차원과 함께 해로(海路)의 중요성을 인식하여 황해로 진출하려는 출구를 확보하려는 전략적 목적이 있었다고 판단된다.[19]

압록강 하구는 3세기 전반에 들어와서 오(吳)나라와의 교섭 창구였다. 『오서(吳書)』는 당시 사신들이 도착한 항구를 압록강 하구에 있는 안평구(安平口)라고 기록하였다. 중국의 사서들은 서안평(西安平)을 설명하면서 안평구와 서안평이 동일한 지명임을 말하고 있다.[20]

비류와 온조집단은 바로 이러한 해양환경과 치열한 역사적 배경을 지닌 압록강 하구에서 출발한 것이다. 강변의 수상세력을 회유하면서, 압록강 하구에서는 그 지역 해상세력과 결탁하거나 도움을 받아 주변의 해상세력을 끌어 모았을 것이다. 또한 해상세력들에게서 항해에 관한 기술적인 도움은 물론 경유지점, 도착지점, 정착거점, 해양을 활용한 국가운용에 대한 자문 등을 구했을 것이다. 그들은 목적지점을 파악하고 출

---

17 『三國史記』卷15 高句麗本紀 太祖大王 94年.
18 『三國史記』卷15 高句麗本紀 太祖大王 94年.
19 李萬烈, 앞 논문, p.489에서 "西安平 공격은 숙원인 해양진출을 단행하고……"라고 하여 보다 적극적인 표현을 사용하고 있다.
20 『漢書』卷28 地理志 下
  西安平을 설명하면서 "……案卽吳志所謂安平口也"라고 하여 안평구와 서안평이 동일한 지명임을 말하고 있다.
  같은 책에서 현도국을 설명하면서 "馬訾水西北入鹽水 西南至西安平入海……"라고 하였다.
  한편 『後漢書』에는 吳의 使臣이 도착한 安平口는 北縣海口라고 되어 있다.

발하여 준왕과 마찬가지로 선단을 이루면서 남진했을 것이다. 이들이 압록강 하구 유역을 출발하였다면 이미 해양질서의 특성과 해양을 매개로 한 교역상의 이점 등을 확실하게 인식하였고, 국가건설에서 해양이 가지는 유효성도 충분히 인식하였을 것이다. 결국은 비류 집단은 그러한 인식과 토대 위에서 국가를 건설하였을 가능성이 크다.

3. 이동경로와 경유과정 검토

압록강 이북이나 요동 지역에서 한반도의 내부, 즉 서해안 내륙지방으로 들어오는 길은 크게 육로와 해로의 2가지가 있다.

육로는 의주·용천·동림·선천·안주로 이어지는 해안통로와 의주·구성·태천·영변·안주로 이어지는 내륙통로의 두 길이 있다.[21] 이곳에는 주로 고구려 시기에 축성된 성들이 분포되어 그 양상을 짐작할 수 있다.[22] 후대에도 대체적으로 이 길을 이용하여 교통이 이루어졌고, 북방에서의 침략도 이 길을 따라 이루어졌다. 따라서 비류집단이 만약 육로를 이용했을 경우에는 이 길을 이용할 수밖에 없다.

또 하나는 해로이다. 비류집단은 압록강 하구 유역을 출발한 다음에 항해를 통해서 한반도 중부의 어떤 지역으로 들어가는 방법이 있다. 동아지중해(東亞地中海)에는 이미 선사시대부터 해양활동이 활발했다. 기원을 전후로 한 시기에 이르면 환황해전체를 하나의 원(circle)으로 연결하는 권(field)이 형성되었다.[23] 산동반도·묘도군도(廟島

---

21 서일범, 『북한 지역 고구려산성연구』, 단국대 박사학위논문, 1999, p.19.
22 서일범, 위의 책, p.18.
23 이 부분에 대해서는 尹明喆, 「黃海文化圈의 形成과 海洋활동에 대한 연구」, 『先史와 古代』11호, 한국고대학회, 1998, p.142 및 152 등 참조.

群島)·요동반도 남단·서한만·대동강 하구·경기만·한반도 서남해안·한반도의 남동해안·쓰시마·일본열도로 이어지는 황해의 동안, 즉 서해의 연근해를 항해하는 환황해 연근해항로(環黃海沿近海航路) 혹은 남북연근해 종단항로(南北沿近海縱斷航路)가 있었다.

　이 항로가 얼마나 유기적이고 조직적이었는지는 분명하지 않지만 시대가 내려오면서 더욱 빈번하게 사용된 동아지중해의 기본 항로였다. 다만 시대에 따라, 또는 항해 내지는 교류 주체에 따라 출발항구와 경유항구, 도착항구 등의 차이가 나타날 뿐이었다. 예를 들면 대동강 하구를 출발하여 황해연안을 따라 남항하는 항로는 청동기문화의 분포권에서 확인되듯이 이미 빈번하게 사용됐다. 준왕(準王)이 남천한 이후에 조선(朝鮮)이 한(漢)과 삼한(三韓) 지역 사이의 통교를 방해했다고 한 사실은 이미 그 전부터 황해 연안항로, 혹은 근해항로를 통해서 인문(人文)의 이동이 활발했었다는 사실을 반영한다.

　이 육로와 해로 가운데에서 비류집단은 후자의 교통로를 선택하였을 가능성이 높다. 당시의 정치적인 상황을 고려하면 평안남북도에는 기존의 선점세력들이 있었다. 특히 평양 지역과 그 아래, 즉 대동강의 하계망(河系網)을 끼고 있는 지역에는 낙랑세력이 있었으므로 그 곳을 통과하기는 무리였을 것이다. 그런데 해로를 이용하면 육지 내부에 있는 적대집단이나 상대집단의 방해를 크게 받지 않고도 우회하여 내부에 정착할 수 있는 이점이 있다. 더구나 이미 항로가 개척되어 있으므로 육로보다는 보다 유리한 조건이었을 것이다.

　그런데 서해안은 기본적인 연근해 항해를 한다 해도 초행자들에게는 결코 용이한 지역이 아니다. 매우 복잡한 조류의 흐름에 따라 물의 방향이 달라지고, 해안선이 복잡하여 항해와 접안시기, 그리고 접안장소를 선택하는데에는 고도의 지식과 함께 숙련된 경험이 절대적으로 필요하다. 더구나 소수의 잠입이 아닌 일정한 정치세력의 진출일 경우에 그 도착지점을 선정하는데 엄청난 어려움이 따른다. 그 지역의 해양조건에 능통하지 않으면 안되는 것이다.

그런데 비류집단의 남천 기사는 너무나 단편적이어서 그들의 항해과정과 도착에 대한 언급이 없다. 즉 갈등이 없었거나 미약했을 가능성도 있다. 이는 저항세력의 토대가 전반적으로 약하거나, 혹은 저항의 필요성을 강하게 갖지 않았을 경우이다. 또한 비류세력이 강한 군사력을 동반했을 경우이다. 그런데 비류세력은 강한 군사력을 동반한 것 같지는 않다. 해로를 이용할 경우에는 선박으로 다수의 군사운송이 어렵다. 온조가 처음의 국명을 '십제(十濟)'로 했다는 표현은 그들을 따르는 사람들이 적고, 따라서 대규모의 군사를 거느리지 않았음을 간접적으로 보여준다. 하지만 단순한 피난이 아닌, 목적을 지닌 정치거점의 이동인 만큼 반드시 군사적인 작전은 병행되었을 것이다.

이동집단은 선단을 구성하여 압록강 하구 유역을 출발하여 의식적으로 연근해항해를 하다가(필요에 따라서는 연안항해도 병행하였을 것이다) 도중에 몇 군데 상륙하였을 것이다. 유사시에는 피항(避港)을 했고, 또 물자의 보급 혹은 정치군사적인 목적 등을 고려했기 때문이다. 특히 주변 지역에 대한 정탐도 하였을 것이다.

그들은 청천강 하구에 상륙했을 가능성이 크다. 안주(安州) 지역은 북으로 의주와 이어지고, 동으로는 개천·순천 등을 거쳐 함경남도와 강원도로 통하며, 서쪽으로는 서해, 남쪽으로는 평양을 통하여 그 이남 지역과 연결되며, 주변에는 안주벌·박천벌·열두 삼천벌 등 기름진 옥토들이 있어 그 이점을 취할 수 있는 유리한 곳이다.[24] 이 지역을 떠난 다음에는 남항하다가 낙랑세력이 장악하고 있었을 대동강 하구 유역을 멀리서 우회한 다음에 경기만의 가장 유리한 지점으로 상륙하였을 것이다.

경기만은 동아지중해에서 가장 의미있는 역학관계의 핵(核)이고, 실제로 힘의 충돌과 각축전이 벌어진 곳이다. 황해도와 충청도 사이에 있는 한반도 최대의 만이다.

---

24 서일범, 앞의 책, p.60.

일본열도를 출발하여 압록강 하구와 요동반도를 경유하여 산동까지 이어지는 남북연근해항로의 중간 기점이고, 동시에 한반도와 산동반도를 잇는 동서횡단항로와 마주치는 동아지중해 해양교통의 결절점(結節点)이다. 또한 강화도를 거쳐 해주 지역이나 옹진 지역으로 북상하고, 남으로는 남양만·아산만을 지나 충청도 지역으로 내려가는 서해연안항로의 중간 경유지이기도 하였다. 더구나 농경지가 발달하여 경제적으로도 매우 유리한 위치에 있었다. 만약 이 해역과 지역을 장악한다면 한반도 중부 전 지역에 대한 영향력을 행사할 수 있는 최소한의 조건을 갖출 수 있다. 이러한 지리적인 위치로 인하여 정치세력들이 일찍부터 터를 잡았다.

새로운 국가건설을 꿈꾸는 비류집단은 경기만을 목표로 항진하였을 것은 자명하다. 그런데 이러한 개연성 외에도 이들의 이동경로를 구체적으로 알려주는 유일한 표현이 있다. 백제본기의 이설(異說)에는 비류가 동생과 따르는 무리들을 이끌고 패수와 대수를 건너서('渡浿帶二水') 미추홀에 정착하였다고 하였다. 이어 『북사(北史)』와 『수서(隋書)』의 예를 들며 구이(仇台)의 존재를 언급하고, 그가 처음에 대방의 고지에서 나리를 세운 것(初入國十帶方故地)으로 기술하고 있다.

이때 패수의 위치는 일반적으로 예성강으로 추정하고 있다.[25] 당시의 상황, 특히 후에 전개된 고구려·백제의 갈등이 벌어진 과정을 고려할 경우에 패수는 예성강일 가능성이 농후하다. 『삼국사기』에 따르면 온조왕은 영역을 확대하여 즉위 13년에는 북쪽 국경이 패하(浿河)에 이르렀다. 이 후에 온조왕 즉위 37년, 38년 등 계속해서 패하와 관련된 기록이 나오고 있다. 특히 37년조에는 '패대지간(浿帶之間)'이라는 표현이 나와서, 당시에 패수가 백제의 북방이었음을 알려주고 있다.[26] 한편 또 다른 지명인 대

---

25 李丙燾, 「百濟의 建國問題와 馬韓 中心勢力의 變動」, 『韓國古代史』, 박영사, 1976, p.470.
26 패하 및 패수에 대한 성격과 위치에 관해서는 박찬규, 「『삼국사기』를 통해 본 백제전기통치영역」, 『백제의 지방통치』, 학연문화사, 1998, pp.48~57에서 상세하게 다루고 있다.

수의 위치를 이병도는 임진강으로 보고 있다.

비류는 대수(帶水)를 건너 미추홀(彌鄒忽)에 거(居)하였다고 되어 있다. 적어도 비류가 주체가 되는 이설에서는 한산(漢山)이나 부아악(負兒嶽)에 관한 표현은 없다. 만약 비류가 처음부터 한산이나 미추홀을 간 것이 아니라면, 또 미추홀이 인천 지역일 경우에는 대수는 임진강이라기보다는 차라리 임진강과 조강(祖江)을 포함한 광범위한 한강 하류 지역일 가능성이 크다.[27] 패수인 예성강은 강화도와 교동도 사이의 소지중해 같은 만으로 흘러 들어오기 때문이다.[28] 결국 이설의 기록에 따른다면 비류집단은 남하할 때에 압록강·대동강·재령강 등의 알려진 강들을 도하하지 않고, 막바로 예성강 등을 건너서 황해도 지역에 도착한 것이다.

황해도는 강화도를 가운데 두고 남양반도와 함께 남과 북에서 경기만을 감싸고 있다. 동시에 평양 지역 등 대동강 하구로 진입하는 턱의 역할을 하기도 한다. 지리적으로도 한반도의 중부와 북부를 가르면서 완충지대에 있다. 또한 해양질서의 관점에서 본다면 황해 동안의 남북을 종단하는 연근해항로가 반드시 거쳐가고 통제를 받아야하는 지역이다. 그리고 산동반도와 가장 가까운 거리에 있으므로 황해중부 횡단항로를 이용한 세력들이 늘 이용하는 해양통로에 있다. 황해도 앞 바다에서 남항하면 경기만의 영향권으로 들어가고, 북항하면 바로 대동강 하구로 들어간다.

황해도는 이러한 해양전략적인 위치에 있으므로 일찍부터 주목의 대상이 되었으며, 북진하는 세력과 남진하는 세력 간에 교섭과 충돌이 빚어지는 곳이었다. 그 후에 위(魏)나라와 한반도의 해안 지역, 일본열도의 북부를 이어주는 중계지 역할을 하였던

---

27 金聖昊,『沸流百濟와 日本의 國家起源』, 지문사, 1984, pp.42~43에서 몇 가지의 기록과 상황을 통해서 이때 帶水를 祖江으로 보고 있다.
28 이 해역의 해양적 환경과 역사적 전개에 대해서는 윤명철,「江華 지역의 해양방어체제연구-關彌城 位置와 관련하여」,『사학연구』58·59합집호 참조.

대방(帶方)은 이 황해도 지역에 있었다. 이 지역에 토대를 둔 세력들은 정치집단이건 상인이건 간에 상당한 이점을 누리면서 오랫동안 번성을 하였다. 그 후에 축성된 고구려 성들도 예성강 유역과 해주만 지역에서 평양을 올라오는 주요 통로와 황해남도 해안 지역에 분포되어 있다.[29]

비류와 온조 집단은 항로상으로 상륙하기에 유리하고, 내륙으로 진출하기에도 유리한 이 황해도 지역에 일시 거주하였을 가능성이 있다. 백제본기에는 온조왕 37년에 고구려로 도망하여 패대(浿帶) 사이가 비어 거주하는 사람이 없었다는 기록이 있다. 이미 이 지역에 백제와 관계깊은 주민이 살고 있었음을 확인할 수 있다. 비류가 '初入國于帶方故地'라고 한 기술은 어느 정도 역사적인 사실을 반영한 것으로 생각한다.

천관우는 백제족이 한강 하류에 도달하기 전에 한 동안 황해도 방면에 자리잡았던 상태였다고 해석하고 있다.[30] 물론 이것은 타당성이 있는 주장이다. 하지만 그들은 육로가 아닌 해로를 통하여 황해도 지역에 정착한 것이다.[31] 그곳에서 한산 혹은 미추홀 지역으로 처음부터 각각 따로 갔거나 아니면 같이 움직이다가 어느 한 쪽이 떠나 새로운 곳으로 갔을 것이다.

---

29 서일범, 앞의 책, p.16.
30 千寬宇, 「삼한의 국가형성」하, 『한국학보 3집』, 1976, p.113.
31 김성호는 앞의 책, pp.49~53까지 다물계지명의 분포도를 작성하고 비류집단이 육로를 통해서 남하한 것으로 파악하고 있다. 그런데 이들 지명은 해안가와 가까이 위치해 있다. 오히려 이들의 이동경로가 해양과 밀접한 관련이 있음을 반영하고 있다.

4. 정착과정과 지역 검토

1) 인천 지역의 성격

비류가 정착한 지역은 어디일까? 백제본기의 본문에는 비류가 온조와는 달리 하남(河南) 지역에 정착하지 않고, 해빈(海濱)으로 가서 살고자 하였다고 되어있다. 이어, 그 곳인 미추홀은 땅이 습하고 물이 짜서 편히 살 수가 없었고, 결국은 후회하면서 죽었으며 백성들은 온조에게 복속되었다고 기록되어 있다. 물론 이설에는 처음부터 미추홀로 간 것으로 되어 있다. 미추홀의 현재 위치에 대해서는 대체적으로 인천 지역을 가리키는 것으로 이해한다. 필자 또한 기록과 역사전개과정, 그리고 해양환경등을 고려할 때 미추홀은 현재 인천의 한 지역으로 이해하고 있다.

미추홀을 인천으로 비정한 것은 『삼국사기』의 지리지이다. 즉 "邵城縣 本高句麗 買召忽縣 景德王改名 今仁州(一云 慶原 買召一作彌鄒)"[32]라고 되어 있다. 광개토대왕릉비문에 따르면 광개토대왕은 병신년(丙申年)에 친히 수군을 이끌고 백제군을 토벌하였다(王躬率水軍 討伐殘國軍……). 그때 58성 700여 촌을 점령하였는데, 점령한 성들의 이름이 릉비문에 음각되어 있다. 그 가운데 하나가 바로 미추홀(彌鄒忽)과 동일한 것으로 여겨지는 미추성(彌鄒城)이다. 인천으로 상륙한 고구려 수군은 미추성을 공격하였고, 결국은 함락시켰다. 이 지역은 장수왕 대에 들어와 완전하게 고구려의 영토가 되었다.

『삼국사기(三國史記)』에는 제차파의현(齊次巴衣縣), 매소홀현(買召忽縣)을 각각 '미추홀(一云 彌鄒忽)'이라고 하였다.[33] 『세종실록지리지』, 『동사강목』, 『여지도서』 등은 물론 『대동지지(大東地志)』에도 인천(仁川)은 본백제매소홀(本百濟買召忽(一云 彌鄒忽國))라

---

32 『삼국사기』권35 지리지.
33 『三國史記』권37 지리지 고구려.

고 하였다.[34] 이어 『인천부읍지(仁川府邑誌)』에도 역시 유사한 기록이 있다. 그런데 김성호(金聖昊)는 몇 가지 논리적 근거를 제시하며 미추홀은 충남 아산군의 인주면(牙山郡 仁州面)으로 비정하고 있다.[35]

그러면 비류는 왜 인천 지역에 정착하였을까? 온조와는 왜 다른 선택을 하였고, 경쟁에서 패배하였을까?

비류집단은 출발부터 경기만 지역을 목표로 한 것이 아닌가 생각한다. 압록강 하구 유역의 세력들과 밀접한 관련을 맺었던 세력이었다면 해양교통의 유리함을 활용하여 초기국가로 성장하고자 하였을 수 있다. 따라서 해양적 성격이 강한 이 지역을 가치있게 평가했고, 이곳에서 정착하려 했을 것이다.

『삼국사기』에는 미추홀의 땅이 습하고 물이 짜서 편히 살 수 없었고, 결국은 후회하면서 죽었다고 되어 있다. 이 이야기는 인천 지역이 국가가 성립하고 농경을 하는 데는 적합한 곳이 아니었음을 알려준다. 그러나 이것은 육지질서의 관점에서 파악한 것이다. 해양과 관련해서는 오히려 유리한 조건을 갖추고 있다. 인천은 조수 간만의 차가 매우 심한 곳으로서 약 8.2m에 달하기도 한다. 해안선의 굴곡이 매우 심한 리아스식 해안으로 되어 있다. 그런가하면 인천만의 안 쪽에는 월미도(月尾島)·작약도(芍藥島) 등이 있고, 바깥에는 영종도(永宗島)·영흥도(靈興島) 등 큰 섬이 있어 파도의 흐름을 안정시키고, 항구로서의 양호한 조건을 갖추게 한다. 반면에 물길이 매우 복잡하여 현지의 해양민들이 아니면 항로를 거의 알 수 없다. 이러한 조건은 해상토착세력의 등장과 성장을 가능하게 한다.

이들은 단순한 어업 뿐만 아니라 염전이 발달하여 경제적으로 부를 축적할 수 있다. 그러나 그보다는 물길을 장악하면서 물류체계를 영향권 아래에 넣고 갖가지 경제

---

34 『大東地志』권4 인천 연혁.
35 金聖昊, 앞의 책, pp.55~57.

적인 이익을 챙겼을 것이다. 인천만처럼 매우 특이한 지형에서 발호하는 세력들은 육지나 바다, 어느 방면에서도 공격과 토벌이 불가능하다. 국가가 발달하기 이전에 이러한 지역에서 소국들이 발전한 것은 당연한 일이다.

인천 지역이 다른 지역과 달리 또 하나 더 중요한 배경은 서울과의 관련성이다. 고대사회에서 해양을 통해서 현재의 서울로 진입하는 길은 여러 갈래가 있다. 현재 인천시 연수동과 안산 사이의 만으로 진입하여 내륙으로 들어가는 곳에 소래포구(蘇來浦口)가 있다. 물론 현재는 육지로 메꾸어졌고, 거의 항구로서의 기능을 상실하고 있으나 과거에는 중요한 항구였다. 이 소래포구를 내려다 보고 있는 산이 소래산(蘇來山)이다. 소래포구로 들어오면 안양 혹은 시흥을 통과하여 한강 주변의 서울권으로 진입할 수 있다. 이 길은 대규모의 병력을 거느린 외부 침입자가 해양을 활용할 경우에는 효율성이 높다.

또 하나, 인천만에서 주안(朱安)으로 상륙하여 시흥과 부천사이로 빠져나가 광명(光明)을 지나 한강 이남의 서부 지역으로 들어가는 길이 있다. 이 길을 제어하고 관리하는 기능을 하는 방어시설들이 문학산성을 비롯한 인천 지역의 성들이고, 광명에는 도덕산에 도덕산성이 있다. 그리고 비교적 북부에 해당하는 통로인 공촌동(孔村洞) 지역에 상륙하여 '장명이고개'를 지나 현재의 강서 지역으로 들어갈 수 있다.

이렇게 경기만은 한반도 내에서도 지정학적(地政學的)·지경학적(地經學的)·지문화적(地文化的) 입장에서 보아 필연적으로 각 국간의 질서와 힘이 충돌하는 현장이었다. 즉 해양교통과 육로교통의 요지였다.[36] 인천은 소위 해항도시로서 발전의 조건을 갖춘 곳이다. 적어도 해양을 지향하고자 할 때 가장 유리한 조건을 갖춘 지역이 현재의 인천 지역이다.

---

36 윤명철, 「문학산성의 해양방어체제적 성격 검토」, 『박물관』 3, 인하대박물관, 2000, pp.33~34.

2) 문학산성의 검토

비류가 도읍했던 미추홀은 인천 지역에서도 현재의 문학산 지역에 비정하고 있다. 현재의 인천은 매립이 되어 과거의 모습과 매우 다르다. 해안가에 가까운 저지대는 바다였다고 생각하면 별 무리가 없다. 문학산성은 인천시 남구의 문학동과 청학동의 경계인 문학산 위에 있다. 해안가에 솟아 올라서 '배꼽산'이라고 불렀으며, 봉화가 있었기 때문에 '봉화뚝산'이라고도 하였다. 『세종대왕실록(世宗大王實錄)』, 『신증동국여지승람(新增東國輿地勝覽)』 등에 이 성에 대하여 비교적 상세하게 기록이 나와 있어 오래 전부터 이 성의 존재가 알려진 것을 알 수 있다. 실록에는 "南山에 石城이 있는데 郡의 남쪽으로 2리 되는 곳에 있다. 둘레가 160보, 사방이 높고 험하며, 안에는 작은 샘물이 있다"고 하였다. 『신증동국여지승람』의 고적조(古跡條)에 남산고성은 석축의 둘레가 430척이고, 『대동지지』에는 고성(古城)은 문학산에 있으며 둘레가 430척이라고 하였다.[37]

문학산성의 이름을 미추홀고성(彌趨忽古城)이라고 하였다. 이 근처에는 비류정(沸流井)이라고 불리우는 우물이 있다. 또한 『인천부읍지(仁川府邑誌)』 분묘조(墳墓條)에 의하면, 이 근처를 지적하면서 미추왕릉(彌鄒王陵)이라고 하는 고분이 있었다고 기록하고 있다. 『조선보물고적조사자료(朝鮮寶物古蹟調査資料)』(p.51)에 의하면 성문(城門)의 가장 높은 곳에 지름이 약 200간(徑 約二百間)되는 토만두(土饅頭)가 있고 사람들은 이를 봉화대 또는 미추왕릉이라고 불렀다. 이러한 기록들을 볼 때 문학산성이 과거부터 '미추홀고성'으로 불리운 것은 틀림없다. 연수동 278번지에는 백제우물터라고 불리우는 우물이 있다. 이 우물은 『동사강목』, 『대동지지』에서 언급한 비류정일 가능성이 있는

---

37 『大東地志』권4 인천 고적.

데, 주변에서 삼국시대의 것으로 추정되는 고분이 2기가 발견되었다.[38] 또 지표조사 결과 삼국시대 초기에 축조되었을 가능성이 크다고 하였다.[39]

　문학산성 혹은 미추성은 현재 알려진 문학산의 정상부만으로 한정된 것은 아니다.[40] 인천 지역의 중심부에 위치한 중심성으로서, 동쪽의 목쟁이 일부분만을 제외하고는 사방이 해안과 밀접하고 심지어는 거의 마주치는 곳도 있다. 그러므로 산군 전체가 하나의 통일된 시설이 되지 않으면 안된다. 문학산성은 초기단계를 벗어나면 단순한 해안방어 뿐만 아니라 내륙을 방어하기 위한 전초성(前哨城)의 역할도 하였으며, 특히 공동작전을 수행하였을 것이다. 그래서 주변에 부평의 계양산성(桂陽山城), 공촌동(孔村洞)의 허암산성(許巖山城, 시대불명), 검단(黔壇)의 노고산성(시대불명), 기타 영종도(永宗島) 등에 있는 다른 방어체제를 거느렸다.

　그러므로 문학산성의 방어체제는 알려진 문학산 정상을 둘러싼 조그만 테뫼식 산성이 아니라 그 주변 일대를 하나의 방어망으로 연결한 복합적인 방어체제이었다.[41] 다만 문학산 정상의 성은 초기에 소규모 집단인 비류가 정착해서 방어를 위주로 하면서 수도로 삼았을 가능성이 높은 곳이다. 이를테면 주몽이 흘승골성의 위에서 궁궐을 짓고 정치를 했던 고구려의 초기 모습과 유사하다고 생각된다. 더구나 문학산성 아래에 관교동 성지가 있는 사실은 고구려가 산성과 평지성을 세트로 삼아 중요한 치소로

38　이 조사에는 이형석이 참여하였다. 경기일보 1999년 12월 1일, 2일 자 참고.
39　인천광역시,『문학산성 지표조사보고서』, 1997, pp.98~99.
　　인하대학교 박물관, 인천광역시,『문학산일대 문화유적 지표조사 보고서』, 1999, p.22에서는 앞으로 문학산 일대에서 더 많은 백제유물들이 발견될 것으로 보인다고 하였다.
40　韓宗燮은『위례성 백제사』, 집문당, 1994에서 계양산에 비정하고 있다.
　　문학산성 주변 지역과 계양산 주변 지역 등의 역사지리적인 검토(해방체제와 관련하여)에 대해서는 필자가『고구려산성과 해양방어체제』(신형식·윤명철 등 공저), 백산, 2000에서 상세하게 다루고 있다.
41　윤명철,「문학산성의 해양방어체제적 성격 검토」, 4장 해양방어체제적성격 참고.
　　이러한 견해는 윤용구,「목지국 미추홀설에 대하여」,『황해문화』3, 1994, pp.244~245에서도 유사하게 언급하고 있다.

삼거나 수도를 건설했던 방식과 유사하다.

이후에도 미추홀은 백제의 역사에서 매우 중요한 역할을 하였다. 특히 백제의 중심인 한성 지역을 수호하는 해방체제란 면에서 매우 의미있는 역할을 하였다. 인천 지역에는 해안가에 있는 방어체제들 뿐만 아니라 만 안의 섬들이나 외곽의 해양에도 방어체제들이 있었다. 월미도·영종도 등의 섬들에는 해방체제들이 있었다. 특히 삼목도(三木島)에서 발견된 섬은 매우 특이한 형태로 되어 있다. 이 섬에 대해서는 이미 오래 전에 존재가 확인되었고, 삼국시대의 테뫼식 산성으로 보고되었다.[42] 필자는 최근에 이곳을 수 차례 답사하였다. 백제 것으로 보이는 연질 회백색 토기편을 성 내부에서 수습하였다. 그리고 주변 지역에서 후대의 것으로 보이는 경질 토기편들도 수습하였다. 이 성은 해발 30여 m의 약 200m 정도로 정상을 둘러싸고 있다. 3단으로 되어 있고, 본격적인 토성은 높은 담 안에 공간이 있고, 그 가운데에는 또 다시 점장대 혹은 건물지로 추정되는 공간이 있다. 매우 특이한 형태를 지니고 있는 토성으로 필자가 개념화한 해양방어체제[43] 가운데 섬의 외곽 돌출부에서 관측과 초계임무를 수행하는 곶성(串城)에 해당한다. 가상 전형적인 해방체제의 형태를 지니고 있다. 현재는 섬이 파헤쳐지고, 한 부분이 잘려져 나가고 있어 시급한 보호가 요청된다.

한편 건너편 용유도(龍流島)에는 조천대(朝天臺) 유지가 있다. 이곳은 영종도를 경유하여 인천만으로 접근하는 물길을 관리하는 초소의 기능을 한것으로 판단된다. 이 지역은 중국으로 가는 물길이 있어 『청구도』 등에 '고조당로(古朝唐路)'로 표시되어 있다. 이곳은 정상부 바다와 가까운 벼랑 위에 넓게 흔적이 남아 있다. 높이 1m, 길이 3m의 석단이 남아 있는데, 필자는 그곳에서 신라의 경질 토기편들을 다수 수습하고, 시대를 알 수 없는 기와편들을 관찰하였다. 이곳은 수로를 초계하고, 신호기능도 하면

---

42 인천광역시립박물관, 『영종 용유 지역 문화유적 지표조사보고서』, 1994.
43 윤명철, 「遼東지방의 해양방어체제연구」, 『정신문화연구』 겨울호(통권 77호), 1999 등 참고.

서 동시에 항해민들의 신앙장소 역할도 하였을 것으로 추정된다. 이 외에도 인천만 주변 지역에는 초기 백제의 흔적들이 많이 남아 있다.

5. 결론

이상과 같이 비류의 활동에 대하여 해양적인 관점에서 살펴보았다. 머리말에서 언급한 바와 같이 비류의 문제는 역사상에서 매우 미묘한 위치에 있다. 특히 고대의 해양활동과 관련하여는 더욱 그러하다.

비류집단은 부여를 원향으로 계승성을 지니고 있으며, 성장한 지역 역시 부여와 밀접한 관련이 있다. 비류집단은 부여적인 환경 속에서 일찍부터 만주 지역의 강을 이용한 수상활동을 하였을 개연성이 크다. 더구나 당시의 한반도 북부에서 전개된 역사적 상황과 지리적인 환경으로 미루어 비류집단은 남천을 할 당시에 육로보다는 수로를 이용했을 가능성이 크다. 압록강을 따라 내려온 다음에 하구에서 해상세력들의 도움을 받거나 공동으로 해양력을 강화시킨 다음에 연근해항로를 이용하여 남진하였을 것이다. 일단은 경기만으로 진입해온 다음에 대방계로 추정되는 지역으로 상륙하여 일시적으로 정착하였다가, 전개되는 상황과 목적에 따라 비류와 온조의 두 세력으로 나뉘어 다시 이동하였다.

해양적 성격이 강한 비류집단은 인천 지역으로 판단되는 미추홀을 선택하여 정착한 후에 국가를 건설하였다. 인천은 해양 역사적인 환경으로 보아 소국의 초기 발전에는 매우 적합한 지역이었다. 대외교역이 원활하게 이루어질 수 있는 해안가이고, 내륙과의 교통 또한 편리하며, 군사적으로도 방어에 매우 유리한 곳이었다. 이곳에서 출발한 비류국은 일종의 해항(海港)도시국가적인 성격을 띠었을 것이다. 미추홀은 인천의 문학산성 지역일 가능성이 크다. 이 지역은 문학산 정상뿐만 아니라 주변 지역을 총망라 하는 비교적 넓고, 군사상으로도 요충지였다.

  시간이 흐르고, 역사활동의 범위가 확대될수록 인천 지역은 유효성이 떨어져간 것으로 여겨진다. 반면에 온조가 도읍한 한성 지역은 한강 하류에 있는 일종의 하항(河港)도시국가이었다. 초기에는 불리할 수 있지만 내륙으로 어느 정도 들어가 있으면서도 바다와 연결되며, 내륙의 하계망을 직접 활용할 수 있는 이점이 있어 시간이 흐를수록 오히려 유리하다. 인천 지역은 해양폴리스가 아닌 고대국가의 중심수도로서는 불리한 환경이었으므로 비류세력은 온조세력에게 흡수될 수 밖에 없었을 것이다. 그러나 그들은 초기 백제의 해양활동에 상당한 역할을 하였을 것이다.

07 울릉도와 독도의 해양역사적 환경 검토*

1. 서 언

독도는 울릉도의 부속도서이다. 육지인의 시각으로 이해할 때 이 두 섬은 매우 멀리 떨어져 있고, 바다를 항해해야 하는데다가 주민이 상주하지 않으므로 울릉도와 무관한 것으로 생각할 수 있다. 하지만 해양문화의 시각이나 해양민(항해자와 어민들 모두를 포함한다)의 입장에서 볼 때는 울릉도와 불가분의 관계를 맺고 있는 일종의 생활공동체이다. 어업을 주업으로 삼는 울릉도인들의 삶과 직결되는 생산활동의 영역이고, 항해민들에게는 피항(避港)이나 항로를 관측하는 데에 절대적으로 필요한 공간이다. 따라서 독도의 정치적, 역사적 성격에 대한 이해는 울릉도와 같이 연계해서 생각하는 것이 타당하다.

특히 독도의 영유권 문제를 논할 때에는 울릉도에 사람이 거주하지 않았다는, 일종의 공도(空島)였다는 것을 하나의 한계로 지적하고 있다. 예를 들면 울릉도는 오랫동안 버려져 있다가 마치 조선시대 말기에 이르러 개척되었다는 인식이다. 하지만 이는 역사적인 접근을 도외시했거나 역사적 사실을 전혀 고려하지 않은 미시적인 접근의

---

* 「독도와 해양정책-울릉도와 독도의 해양 역사적 환경검토」, 『1회 해양정책세미나 논집』, 2001.

소산이다. 울릉도가 활발하게 역사활동을 해왔으며, 한민족의 역사에서 중요한 위치를 담당하였고, 일정한 역할을 담당해온 공간이었다는 사실이 입증되고, 인식된다면 문제는 달라진다. 즉 울릉도의 부속도서이면서 생활공동체인 독도에 대하여 제기되는 복잡한 문제는 거론의 여지가 없다. 따라서 본고에서는 울릉도의 역사활동과 위치를 구체적인 사료와 고고학적인 연구성과를 중심으로 살펴보고자 한다. 이 부분에 대해서는 기존의 연구가 많이 있어 이들 자료를 참조하였다. 항로 및 해양질서와 관련된 부분은 필자의 연과성과를 바탕으로 작성하였다.

2. 울릉도·독도의 역사적 환경

울릉도는 넓이 72.56km, 해안선의 둘레는 44km이다. 그리고 부속도서로서 바로 옆에 죽도와 독도가 있다. 울릉도와 독도가 하나의 역사활동권이었음을 이해하기 위하여 어떤 인식을 지니고 있었으며, 어떤 역사적 활동이 있었는가를 검토해볼 필요가 있다.

울릉도는 육지에서 비교적 많이 떨어진 한계가 있으나 한반도와 일본열도 사이에는 최소한 7000년 전 이전부터 대마도를 경유하여 교섭이 있었다. 또한 기원을 전후한 시기에 이미 동아시아의 여러 지역에서는 바다를 건너 주민들이 활발하게 이주활동을 하였으며, 일종의 해양폴리스들 간에는 교역이 활발하게 이루어지고 있었다. 특히 동해중부 이남의 지역을 출발하여 일본열도의 서부해안지역에 도착한 경우도 많았다.

혼슈남단의 야마구치(山口)현의 하기(萩)시 바깥 바다 먼 곳에는 미시마(見島)가 있는데 이 역시 기원을 전후한 시대의 한반도와 관련이 있는 유적들이 발견되고 있다. 일본신화에 등장하는 스사노 노미코토와 관련이 있을 것으로 추정된다. 신라 8대 아달라왕 때(158년)에 일본으로 건너가 왕이 되었다는 연오랑(延烏郎), 세오녀(細烏女)의 설화나 스이닌(垂仁) 3년에 일본에 건너간 신라왕자 아메노히보코(天日槍) 등의 이야기는 동해남부 지역의 활발한 해상활동상황을 반증한다.[1] 해양환경이나 고대에 이루어진 해양활동을 감안한다면 해양민들에게 울릉도와 독도는 교섭을 단념하게 할 정도로 먼 거리가 아니다.[2]

울릉도에는 이미 선사시대부터 사람이 거주하고 있었다. 일제시대부터 일본학자인 도리이 류조(鳥居龍藏)를 비롯하여 석기시대의 흔적을 주장하였다. 최근에 토기들이 발견되었는데, 본토의 철기시대 전기 말경(기원전 300년경), 아무리 늦어도 서력기원 전후의 전형적인 무문토기이다. 또 남서동(南西洞)의 성혈(性穴)이 있는 바위는 지석묘(支石墓)의 덮개석일 가능성이 있는데, 현포동(縣浦洞)에서 수습된 무문토기와 같은 시기에 형성되었을 가능성이 높다.[3] 물론 이 설에 대해서는 약간의 이견도 있고, 전에는 고인돌 등이 발견되지 않는다고 하였다. 그러나 최근의 조사(1998년)를 통하여 고인돌을 비롯하여 선돌 제사유적지들이 발견된 것으로 보아 이미 역사시대 이전부터 인간이 살았던 것은 틀림없을 것이다. 특히 해양민들의 습성과 문화, 당시 동아지중해(東亞地中海, EastAsian-Mediterranean-Sea)[4]의 해양문화 전반을 고려한다면 충분히 가능성이 있다.

---

1 이 지역을 통해서 일본열도에 진출하는 역사적 과정과 항해와 관련된 부분은 졸고, 「海洋條件을 통해서 본 古代韓日 關係史의 理解」, 『日本學』15, 동국대 일본학연구소, 1995 참고.
2 1986년에 한국탐험협회는 독도가 울릉도 주민들의 생활권역임을 입증하기 위하여 '가산도' 라는 뗏목을 만들어 독도까지 항해하였다. 윤명철과 장철수가 기획하고 이경남이 대장이었던 이 탐사는 한국탐험협회와 외국어대 독도연구반이 주관하였다. 이때 대원이었던 장철수와 이덕영은 1998년 1월 24일 발해뗏목 탐험대를 조직하였다. 1997년 12월 31일 러시아의 블라디보스토크를 출발하여 종단항해하면서 울릉도 해역을 거쳐 남진하였으나 풍랑에 밀려 동진하다가 1월 24일 새벽 6시 30분경 오키제도의 도고섬 고가무라 앞에서 좌초하여 전복되었다. 이들의 항로에 대해서는 윤명철, 「발해의 해양활동과 동아시아의 질서재편」, 『고구려연구』6, 1998, p.508 참조.
3 鬱陵島 地表調査 報告書 1, 서울대학교 박물관학술총서 6, 1997, p.48.
4 한민족의 역사는 대륙의 일부분으로서 대륙의 일방적인 영향을 받으면서 형성되어온 것은 아니다. 따라서 一國史적인 관점을 지양하고, 동아시아 전체사와 유기적인 관계 속에서 파악해야 한다. 특히 東아시아는 韓半島를 중심축(core)으로 일본열도와의 사이에는 東海와 南海가 있고, 중국과 한반도 사이에는 黃海라는 內海(inland-sea)가 있다. 그리고 한반도의 南部와 일본열도의 西部, 그리고 중국의 남부지역(양자강

해양민들이 동해에서 바다를 매개로 우연이나 의도적으로 교섭을 했던 사례가 있다. 3세기 전반에 고구려 동천왕(東川王) 때의 일이다. 관구검(毌丘儉)과 싸움을 벌이다가 패한 동천왕은 북옥저(北沃沮)로 도망을 했다. 이때 왕기(王頎)가 추격하여 동해가에 이르렀을 때 그곳에서 바닷가의 노인에게서 동쪽바다의 한 섬에 대한 이야기를 들었다. 『삼국지(三國志)』 위지(魏志) 동이전(東夷傳)에 기록되어 있는 이야기이다. 그런데 여러 가지 정황을 고려하여 이 동쪽섬이 울릉도인 우산국이라는 이병도(李丙燾)나 이케우치(池內宏)[5] 등의 등의 견해가 있다. 물론 울릉도보다 더 먼 곳의 섬을 가리킨 것일 수도 있다. 하지만 설사 이야기 속의 여인국이 울릉도가 아니라 해도 그 무렵에 해양민들이 동해바다를 멀리까지 나가 활동하고 있음을 알 수 있다.

울릉도는 6세기 들어서면서 역사에 정식으로 등장한다. 500년에 이르러 신라는 지증왕(智證王)이 등극하면서 국호를 신라(新羅)라고 정하고, 국가를 발전시키는 정책

이남을 통상 남부지역으로 한다)은 이른바 東中國海를 매개로 하여 연결되고 있다. 필자는 동아시아사를 이해하는 틀로서 '東亞地中海'(EastAsian-Mediterranean-Sea)란 모델을 설정했다. 동아시아는 多國間地中海(Multinational-Mediterranean-Sea)의 형태로서 모든 나라들을 연결시키고 있다. 이 지역에는 동아시아의 대다수 종족이 모여있다. 한민족과 漢族 그리고 일본열도의 상호교섭은 물론 북방족과의 교섭도 모두 이 지역의 해양을 통해서 교류를 하였다. 황해는 東夷族이 개척하였으나, 고조선과 前漢이 첫 대결을 벌인 이후 한민족과 한족은 계속해서 갈등을 벌이면서 황해를 공유하였다. 반면에 동아지중해에서 비교적 외곽인 남해와 동해는 한민족의 바다였다. 우리는 해양력을 바탕으로 일본열도를 개척하고 식민(settlement)하며 곳곳에 나라를 세웠다. 마치 그리스인들이 배를 타고 지중해의 연안을 따라가거나 바다를 건너 교역을 하면서 점차 식민지를 세우고, 도시국가(police)들을 건설하는 것과 동일한 형태이었다. 또한 이 지역은 문화적으로도 지중해적 성격을 띠었다. 연해주와 시베리아에서 연결되는 수렵삼림문화, 몽골과 알타이에서 내려온 유목문화, 화북의 농경문화, 그리고 남방에서 올라오는 해양문화 등 지구상에서 가장 극단적인 자연현상과 다양한 문화가 만나 상호교류하고 혼재하면서 발전하였다. 다양한 자연환경 속에서는 필연적으로 경제형태나 교역방식 역시 다양할 수밖에 없었다. 이러한 것들은 상당한 부분이 해양을 통해서 교류되어 왔으며, 여기서 형성되는 문화는 다양성이라는 지중해 문화의 전형적 특성을 가질 수밖에 없었다. 전형적인 정착성(stability)문화와 이동성(mobility)문화가 이곳에서 만나 상호보완한 것이다.

5 池內宏, 「刀伊の賊」, 『滿鮮史硏究』 中世 第 1, 1933, p.316. 이 글에서 여진 해적과 울릉도 문제에 대해서도 다루고 있다.

을 추진하였다. 그는 고구려의 영향력에서 벗어날 의도로 북진정책을 취하였다. 특히 505년에는 현재의 삼척에 실직주(悉直州)를 설치하였다. 그리고 512년에 이찬(伊湌)인 이사부를 하슬라주(河瑟羅州)의 군주(軍主)로 삼아 우산국을 정벌하게 하였다. 당시에 벌어진 전쟁과정을 살펴보면 우산국은 단순한 어민거주지가 아니라 군사력과 경제력을 보유한 해상세력집단 내지는 소국(小國)이었음을 알 수 있다. 거의 유사한 시기에 독립국이었던 탐라도 백제의 공격을 받고 그 영향권 아래에 들어갔다.

　울릉도에 대하여 가장 먼저 기록한 『삼국사기』는 지증왕 13년조에 '지경(地境)의 면적은 100리인데, 지세가 험하고……' 라고 당시의 지형을 비교적 정확하게 기술하고 있다. 『삼국유사』에는 '하슬라주(河瑟羅州, 수 溟州)의 동해 가운데 바람을 맞아 2일 정도면 우릉도(于陵島, 수作羽陵)가 있는데, 주변이 2만 6천7백30보이다' 라고 되어 있다. 또 울릉도를 가리켜 '우릉도(于陵島)는 금 우릉(今 羽陵)이다' 라고 하였다. 울릉도는 신라에게 이때 정벌 당한 이후에 역사에서 사라진 것이 아니라 오히려 문화적으로 발전한 것으로 보인다. 울릉도 내부에서는 고분군들이 많이 발견되었다. 섬 북쪽의 현포동(玄圃洞), 천부동(天府洞)이 있고 남쪽에는 남서동, 남양동 등에 약 100기의 적석총이 분포되어 있다. 그런데 이곳의 적석총은 고구려의 전형적인 양식과는 다르며, 오히려 내부의 현실이 경상도에서 만들어졌던 횡구식석곽묘(橫口式石槨墓)와 유사하다. 현재는 약 87기가 정도가 남은 고분들에서 발견된 유물들은 대체로 상한 연대를 6세기 중엽으로 추정하고 있다.[6] 1998년에 영남대 민족문화연구소는 방형(方形)의 적석총을 발굴하였다.[7] 11호분은 경상도지방의 석곽묘 혹은 석실묘의 전통을 이어받은 적석총으로서 이 곳에서는 타날(打捺)토기 편들이 많이 발견되었다. 그런데 1957년도 김정기와 김원룡 등이 조사할 때 도굴된 천부동 1호분에서 여러 점의 토기가 나왔으며, 유리옥

6　최몽룡 외, 울릉도 지표조사보고서 1, pp.49~50.
7　정영화 및 이청규, 「鬱陵島의 考古學的 硏究」, 울릉도 독도의 종합적 연구.

(琉璃玉：金銅銙帶垂飾, 금동혁대장식) 등의 장신구를 수습하였다.[8] 이 고분들은 대체로 신라가 정벌한 이후에 신라의 영향을 받으면서 토착민들이 조성한 것으로 추정되고 있다. 이 고분들은 '울릉도식'으로 명명되고 있다.[9] 신라의 영향을 받으면서 실질적으로 울릉도는 발전한 것이다.

울릉도는 고려와도 깊은 관계를 맺었다. 고려가 통일하기 전인 930년(태조 13년)에 이미 우릉도(지금의 울릉도)에서는 백길(白吉), 토두(土頭) 두 사람을 사절로 보내어 공물을 바쳤다. 그래서 고려는 백길에게는 정위(正位), 토두에게는 관등 12위의 정조(正朝)라는 벼슬을 내렸다. 그 해는 태조 왕건이 고창(古昌, 지금의 안동) 전투에서 후백제 견훤을 무찌른 해이다. 또 신라 동쪽연해의 주군과 부락들이 모두 와서 항복하니 명주(溟州)부터 흥예부(興禮府)에 이르기까지 모두 110성이었다. 이러한 현상을 본 우산국은 신라의 멸망을 예견하고, 고려의 통일을 감지한 후에 미리 고려에 사신을 보내어 우호적인 관계를 구한 것이다. 우산국은 내륙의 정세에 관심을 가진 채 역학관계의 추이를 관찰하고 판단한 것이다. 현실적으로 육지의 세력에게 기대하지 않으면 존립하기가 힘들었기 때문이다. 문화적 욕구, 경제적인 도움 등도 절대적으로 필요하지만, 군사적으로도 내륙의 큰 나라에게 기대지 않으면 안 되었다. 이것은 우산국을 이해하는 데 중요한 의미가 있다. 우산국은 이사부에게 정벌당한 이후에 육지의 영향을 받았으나 어느 정도의 독자성은 유지하였을 가능성을 보여준다. 특히 후삼국시대라는 특수한 상황 속에서 독자성은 다시 강화되었을 것으로 추정된다.

울릉도는 고려와는 현종 때에 이르러 여진의 침략에 따라 관계가 더욱 깊어졌다.

발해가 멸망하면서 내륙의 북부는 일시적으로 정치적인 공백상태가 되었고, 동해 북부 연안의 말갈은 독자적으로 해상활동을 전개하였다. 이들이 해적(刀伊)으로 변신

---

8 金元龍, 『鬱陵島의 古墳』, 1963.
9 曺永鉉, 「嶺南地方 橫口式古墳의 硏究 1」, 『伽倻古墳의 編年硏究 2-墓制』, 영남고고학회, 1994, pp.53~74.

하여 동여진은 1005년에 등주(강원도 안변 일대)에 침입하여 많은 피해를 주고 도주했다. 이어 1011년에는 동여진 해적들이 100여 척의 배를 타고 경주까지 침범하였고, 다음 해에도 역시 경상도해안을 노략질하였다. 이들은 1015년(현종 6년)에 20여 척의 배로 침범하였고, 1019년(현종 10년)에도 해적선들이 고려를 침범하였다. 이들은 당연히 울릉도를 공격하였을 것이다. 1018년(현종 9년)에 울릉도는 동여진의 침략을 받아 항복하였다. 이때 고려 조정은 곧 이원구를 시켜 피난민을 우산국으로 돌려보내고 농기구와 물품을 전달하였다. 1022년(현종 13년)에 역시 동여진의 침입으로 납치되었다가 도망나오는 울릉도인도 있었다. 정부는 백성들을 예주(禮州)에 살도록 했다.

11세기 내내 여진 해적들은 극성스럽게 고려의 해안을 침범하여 막대한 피해를 입혔다.

이러한 상황 속에서 고려는 수군활동을 강화하고 병선을 건조하였으며, 해안방위체제를 보다 견고히 하기 시작했다. 1008년(목종 11년)에는 과선(戈船)을 75척 만들었다. 과선은 보통 사용되던 전투선과는 다른 모양을 갖추었다. 즉 과선이라는 이름에서 나타나듯이 선체에 장을 꽂아 근접전에 유리하도록 되어 있고, 선수에는 쇠로 뿔을 만들어 적선을 깨뜨리게 되어 있었다. 이러한 우수한 전선으로 동해에서 해상전을 벌이면서 여진 해적들을 물리치고, 때로는 본거지까지 습격하였다. 1050년에는 전함 23척을 이끌고 초자도의 여진해적들을 공격하였다. 1107년에는 육군과 협동작전으로 동북지방의 여진 본거지를 공격하였다. 고려는 이 외에도 곳곳에 수군기지를 두었는데 대표적인 곳은 원흥진(元興鎭, 함경남도 정평)과 진명진(鎭明鎭, 원산)으로서 선병도부서가 설치되었다. 그 외에 예하부대로서 진과 수에 수군을 두었다.

이미 각국들의 해상활동능력도 발달하였고, 해양활동의 경제적, 군사적 가치의 중요성이 인식된 이상 동해의 한 섬인 우산국으로서는 독립성을 유지하면서 독자적인 생존을 유지하기가 힘들었을 것이다. 우릉성주(羽陵城主)는 덕종(德宗) 원년인 1032년에는 아들을 파견하여 토산물을 받쳤다. 인종 10년인 1132년에도 울릉도에서 조정에 공물을 바쳤다. 그런데 이때는 이미 '우산국'에서 '우릉'(于陵 또는 羽陵)으로, 또 집권자도 '우산국주(宇山國主)'가 아닌 '우릉성주(于陵城主)'로 바뀌어진 상태였다. 이는 우릉도와 우산도(독도)로 구성된 우산국이 완전히 중앙정부의 직할 아래 있음을 의미한다. 이로 보아 적어도 현종 때까지는 우산국이 우릉도와 우산도(독도)로 구성된 우산국이 어느 정도의 독립성을 가진 것으로 추정된다. 우산국 즉 울릉도는 일반적인 군현(郡縣)의 단위로 편제된 것이 아니라 군단적(軍團的) 편제로서 동해안 방위조직의 일원으로 참여해왔으며, 또한 우릉성 스스로도 외적방위를 자임하여 왔던 것 같다.[10] 그러다가 점차 고려에 안전하게 복속되어 갔다.

인종 19(1141)년에 명주도(溟州道)의 감창사(監倉使)[11]인 이양실(李陽實)이 왕에게 울릉도(蔚陵島)의 과실과 나뭇잎을 바친 기록이 있다. 의종 11(1157)년에 왕은 '땅은 넓고 토질이 비옥하여……'라고 하면서 명주도의 김유립에게 조사해보라고 하였다. 고종(高宗) 30(1243)년에도 울릉도에 관리를 파견하게 하였는데, 역시 울릉도에 대한 정보를 기록하고 있다. 거기서 '토질은 기름지고, 진목(珍木)과 해산물이 많이 산출되고……', 이때 진목이란 대장경을 만드는 목재들이다. 또한 그 이후의 일이지만 고려는 직목사(直木使)를 파견하여 조선에 쓰일 나무를 이곳에서 구하였다. 이러한 형태로 계속 고려와 관계를 맺어왔다. 결국 우산국이라는 독립된 해상세력의 존재는 사라진 것이다. 이러한 예와 과정은 탐라와도 거의 유사하다.

조선시대에 들어오면 중앙정부의 관심이 더욱 깊어지고, 이를 반증하는 듯한 기록들이 남아있다. 『세종실록지리지(世宗實錄地理志)』에는 섬 가운데의 지형에 대해서도 상세하게 기술하고 있다. 또한 내부의 주거지 유적과 유물 등에 대해서도 기록하였다.

---

10 金潤坤, 「于山國과 신라 고려의 관계」, 『울릉도 독도의 종합적 연구』, 영남대학교 민족문화연구소, 1998, pp.41~42.
11 고려시대 동해안에 두었던 관직. 6품 내지 7품이었으며, 창고나 조세 등을 관리하였다.

『태종실록(太宗實錄)』에는 태종 17년에 안무사(按撫使)[12]인 김인우(金麟雨)가 우산도에서 돌아올 때 토산물인 대죽(大竹), 수우피(水牛皮), 생저(生苧), 면자(綿子), 검박목(檢樸木) 등을 바쳤다는 기록이 있다. 『만기요람』에는 '땅이 사방이 4백 리쯤 되고, 시호(柴胡), 고본(藁胡), 석남(石楠), 등초(藤草), 제향목(諸香木), 노(蘆) 등이 산출되며 큰 대나무가 많고, 노실(蘆實)과 복숭아씨가 큰 것은 술잔이나 되를 만들만 하다. 산고양이가 개만큼 크고, ……' 라는 기록이 있다. 또한 『만기요람』에는 역시 '울릉도는 울진에서 정동해 중(正東海中)에 있고, 일본의 오키주(隱岐州)와 가까이 있고, 세 봉우리가 허공에 솟았는데, …바람이 순풍이면 이틀이면 갈 수 있다. 땅이 4백 리쯤 되고……' 라고 하여 대체로 비슷한 표현을 하고 있다. 이미 고대부터 울릉도에 대한 지리적인 인식이 정확했으며, 관심을 갖고 있었음을 알 수 있다.

그런데 울릉도와 부속도서인 독도는 대체적으로는 하나의 포괄적인 개념과 용어로 사용되었다. 다만 울릉도를 구체적으로 표시할 때는 독도를 속한 섬으로서 별개의 개념으로 인식하였다. 울릉도에 관한 명칭으로서는 우산국(于山國)이 일반적이다. 하지만 그 외에도 무릉(武陵), 우릉(羽陵), 우(芋, 于) 릉도(陵島), 우능도(羽陵島), 우릉성(羽陵城), 독섬 등으로 불리어졌다. 시대별로 보면 대체로 신라시대부터 고려 초기까지는 우산국으로, 그리고 고려 현종(玄宗) 때 여진의 침략으로 거의 폐허가 된 이후에는 우릉성으로 불리어졌다. 『만기요람(萬機要覽)』이나 『증보문헌비고(增補文獻備考)』 등 조선의 인식 상에서는 '울릉(鬱陵)과 우산(于山)은 모두 우산국(于山國)의 땅이다' 라고 하여 둘을 하나의 통일된 역사적 영토로 규정하고 있음을 알 수 있다.

이러한 다양한 기록들과 시대마다 전개된 역사적인 상황, 그리고 해양환경을 고려할 때 울릉도와 독도는 우리 역사의 한 부분을 차지하고 있었으며, 교류와 접촉의 의미있는 대상이었으며 점차 시대가 내려올수록 독립적인 해상세력으로서의 역할은

---

12 고려시대에 필요에 따라서 두었던 임시관직. 백성들의 고통과 수령들의 정치를 살펴보는 일을 하였다.

사라졌다.

3. 해양전략거점의 역할과 위치

　그렇다면 우리 역사에서 중요한 역할을 했던 울릉도와 독도는 구체적으로 어떤 가치를 갖고 있었을까? 이 글에서는 해양과 관련하여 그 전략적 가치를 살펴보고자 한다. 먼저 신라와 고구려 간의 갈등을 통해서 이 지역의 해양전략적 가치를, 그리고 또 다른 해상세력인 대마도와의 갈등을 통해서, 마지막으로 이 지역과 관련이 깊은 고대 항로의 분석을 통해서 중요성을 찾아보고자 한다.

1) 신라와 고구려의 갈등

　5세기 이후에 고구려는 남진정책을 본격적으로 추진하고 있었다. 이미 서쪽에서는 백제를 대상으로 전쟁을 벌이면서 영토를 확대하는 등 적극적인 남진을 추진하였다. 그러다가 고구려는 광개토대왕 때인 410년에 백제, 가야, 왜의 연합군에게 공격을 받은 신라를 구원하기 위하여 보기 5만을 파견하였다. 그 이후에 신라는 고구려의 강력한 영향력 아래에 있었다. 특히 장수왕이 남진정책을 적극적으로 추진한 이후에는 중원(中原)의 고구려비, 순흥(順興)고분 등에서 보이듯 고구려 세력은 신라를 압박하였다. 하지만 신라도 때때로 반격을 가하였다. 그 가운데 하나가 바로 변장습격 살해사건이다. 450년에 고구려의 변장(邊將)이 실직원(悉直原, 삼척)에서 사냥을 하였는데, 하슬라(河瑟羅)의 성주인 삼직(三直)이 군사를 내어 죽여버렸다. 이렇게 발생한 긴장은 신라의 사과로 곧 마무리되었지만 고구려의 남진정책과 신라의 반격이 있었음을 알려주고 있다.

장수왕은 말갈병을 함께 거느리고 481년에 금성(金城, 경주) 근처인 미질부(彌秩夫, 興海)까지 공격하였다. 내륙동쪽에 대한 영향력의 확대라는 측면도 있지만, 이미 해양활동을 활발하게 전개하였고, 해양활동을 통해서 국가를 발전시키려는 전략을 가진 당시의 상황을 고려할 때 이 작전은 동해남부까지 해양력을 확대시키려는 의도도 있었을 것이다. 이때 신라는 백제 등의 힘을 빌어 니하(泥河, 강릉)까지 추격하였다. 이곳을 빼앗기면 고구려가 해안을 따라 공격을 하거나, 수군을 동원하여 신속한 급습작전을 감행할 때 속수무책이 되기 때문이다.

이렇게 신라와 고구려가 동해중부연안을 놓고 갈등을 벌이는 상황 속에서 동해중부의 해안과 해양은 매우 중요했다. 만약 고구려와 신라의 대결이 수군도 동원된 전쟁이었다면 우릉도의 해양전략적인 가치는 매우 높았을 것이다. 더구나 5세기 중반 무렵부터 왜병들은 병선을 동원하여 신라를 극성스럽게 자주 침공하였는데, 이 또한 신라로 하여금 이 지역에 대한 전략적 가치를 인식하게 만들었을 것이다. 후대인 조선시대의 기록에서 나타나듯이 울릉도는 해양세력이 동해연안지방으로 침입하는 데 교두보 역할을 할 만한 전략적 요충지이다.

신라는 6세기에 들어서자 동해지역에 대한 적극적인 정책을 추진하기 시작했다. 504년에는 12성을 축조하였는데 일부는 홍해, 삼척 등 동해지역이다. 505년에는 실직주(悉直州)를 설치하고 군주(軍主)를 이사부(異斯夫)로 삼았다. 510년에는 이사부를 하슬라주의 군주로 삼아 마침내 우산국을 정벌하게 하였다. 이사부는 나무로 만든 목우사자(木偶獅子)를 이용한 계략으로 우산국을 정복한 뒤 6월에 신라에 귀속시켰다. 그 뒤 우산국은 신라에 매년 토산물을 바쳤다. 우산국은 신라의 동해정책, 나아가서는 대외정책의 일환으로 정벌된 것이다. 우산국을 정벌한 이후에 동해중부지역을 안정되게 확보하였으며, 진흥왕은 북진정책을 성공적으로 완수하였다. 만약 울릉도 지역이 신라에 적대적이거나 고구려가 정복했다면 신라는 중부연안지대는 물론이고, 배후 역습의 우려 때문에 북진을 할 수도 없었을 것이다. 그런데 우산국을 정벌한 목적으로 외적방어-여진족 침략을 차단하기 위한 수단-라고 이해하는 견해도 있다.[13] 이러한 상황 등은 이 시대에 우산국의 해양전략적 가치가 심대했음을 반증하고 있다.

2) 울릉도와 대마도의 갈등

일반적으로 섬은 농토가 적으므로 자체의 식량생산이 부족하고, 주변의 어장(漁場)을 활용하여 어업을 병행하고 있다. 하지만 그것만으로는 충족한 생활을 할 수 없으며 더욱이 정치체제를 발전시킬 수는 없다. 따라서 이러한 해상세력들은 해양능력이 뛰어나고, 또 교통의 거점에 있을 수밖에 없는 운명적이면서도 유리한 위치를 이용하여 교역에 종사했다. 즉 바다로 인하여 교섭이 불가능한 여러 지역의 물건들을 중간에서 교환하게 해주는 이른바 중계무역에 종사하였다. 또한 때로는 주변의 연안지역을 약탈하거나 사람을 납치하고, 바다를 항해하는 선박들을 공격하여 물건을 빼앗는 해적행위를 하였다. 물론 울릉도가 그러한 행위를 하였다는 기록은 없다. 오히려 여진 등 북방종족이나 왜인들의 공격을 받은 기록만 있을 뿐이다. 그러나 기본적인 특성상 그러했을 가능성은 크다.

또 이러한 해상세력들은 바다를 공유하는 다른 해상세력과 긴밀한 협력관계를 연출하기도 하고, 때로는 이익과 패권을 놓고 격렬하게 싸움을 하기도 한다. 울릉도는 동해 한가운데에 있는 적지 않은 섬이다. 활동범위가 어느 정도였는지는 알 수 없지만 해양민의 생리로 보아 사람들이 거주하였고, 어느 정도는 동해의 해양질서에 영향력을 행사하였을 것이다. 그러한 증거는 기원을 전후한 시대부터 시작해서 고려시대에 이르는 유적, 유물들이 섬의 곳곳에서 발견된 데서도 나타난다. 근래에 해양제사유적

---

13 金潤坤, 「于山國과 신라 고려의 관계」, 『울릉도 독도의 종합적연구』, 영남대학교 민족문화연구소, 1998, p.31.

으로 추정되는 선돌 유적지들이 발견되어 이들이 해양세력이었음을 알려준다.

그런데 동해가 아닌 남해, 즉 한반도와 일본열도 사이에는 대마도와 이키섬이 있다. 이 섬들은 이미 기원을 전후한 시기부터 정치세력으로 성장하였다. 특히『삼국지』위지 동이전 왜인전에는 대마(對馬)라는 소국의 명칭과 함께 주민의 숫자도 나오고 있어 3세기에는 분명한 정치세력이 있었음을 알 수 있다. 그런데 대마도는 우리문화와 깊은 관련이 있다. 고시다카(越高)에서는 약 7000년 전의 융기문토기들이, 가토(加藤) 해상 유적지에서는 빗살무늬 토기들이 발견되었는데, 한반도토기의 영향을 받고 있다. 야요이(彌生) 시대의 자루식 마제석검, 철도 등 철체품들이 출토됐다. 청동제품, 농사기구들도 한반도에서 들어왔다. 그리고 역사시대에 들어오면 토광묘, 석관묘 등 고분군들과 함께, 김해식·신라식 토기 등이 대마도 전 지역에서 발견된다. 선사시대부터 이미 주민들의 해상이동이 활발했음을 알려준다.

대마도에는 해양과 관련된 신화와 전설 등이 많이 전해져 내려온다. 북섬에는 중부해안에 시다루(志多留)라는 마을이 있고, 뒤편의 신산(神山)에는 성지가 있다. 17세기에 편친된『대주신사시(對州神社志)』에는 이곳에 관하여 전해 내려오는 이야기가 실려 있다. 즉

> 먼 옛날 시다루의 해변에 커다란 항아리가 흘러왔다. 그 항아리는 이렇게 말을 했다. '나는 加羅로 부터 흘러왔다. 가라국이 보이는 곳으로 가려고 한다.' '그래서 사람들은 항아리를 마을 뒷산 위에 가라국이 보이는 곳에 안치하였다. 그런데 이상한 것은 바닷물이 가득 찰 때에는 항아리 가운데에 물이 찼고 바닷물이 빠지는 때에는 항아리의 물도 빠졌다.

이 항아리의 전설은 단순한 이야기가 아니라 고대의 항해신화이다. 시다루의 옆마을인 이나자키(伊奈崎)에도 영석(靈石)을 싣고 도착한 궤짝설화가 있다. 또 근처의 우나쯔라(女連)에는 한국의 여왕이 속이 텅 빈 배를 타고 왔다는 이야기가 있다. 실제로 이 마을에는 여왕의 비가 있다.

북부인 사고(佐護)에는 다쿠쓰다마신사(天神多久頭魂神社)라는 천도(天道)신앙이라고 불리는 독특한 고대신앙의 한 형태가 남아있다. 신숙주는 『해동제국기(海東諸國記)』에서 이곳을 '……罪人 走入神堂 卽亦不敢追捕.' 라고 기록하였다. 아마『삼국지』위서 동이전에 나오는 마한의 소도(蘇塗)신앙과 동일한 것일지 모른다. 그런데 이와 똑같은 신사가 남쪽인 용량산(龍良山)에도 있는데, 사고는 모신(母神)이고 남쪽은 자신(子神)이라고 한다. 그런데 이 사고에는 '오가리부네' 라는 일본에서 유일하게 남아있는 뗏목이 있다. 그런데 제주도의 뗏목인 테우와 동일한 형태이다. 또한 울릉도에도 뗏목이 사용되었다. 1930년대에 조사한 자료에 따르면 울릉도에는 뗏목이 어업용으로 사용되고 있었다. 동아시아의 바다에서 울릉도, 대마도, 제주도 등이 서로 간에 교류하고 밀접하다는 것을 알려주고 있다.

우산국과 대마국은 같은 해상세력으로서 복잡한 성격의 관계를 맺을 수밖에 없다. 그러한 역사적인 상황을 짐작할 수 있는 다음과 같은 설화가 있다.

우산국이 가장 왕성했던 시절은 우해왕이 다스릴 때였으며, 왕은 기운이 장사요, 신체도 건장하여 바다를 마치 육지처럼 주름잡고 다녔다. 우산국은 작은 나라지만 근처의 어느 나라보다 바다에서는 힘이 세었다. 당시 왜구는 우산국을 가끔 노략질하였는데 그 본거지는 주로 대마도였다. 우해왕은 군사를 거느리고 대마도로 가서 대마도의 수장을 만나 담판을 하였고, 그 수장은 앞으로 우산국을 침범하지 않겠다는 항서를 바쳤다. 우해왕이 대마도를 떠나올 때 그 수장의 셋째 딸인 풍미녀를 데려와서 왕후로 삼았다. 우해왕은 풍미녀를 왕후로 책봉한 뒤 선정을 베풀지 않았을 뿐 아니라 사치를 좋아했다. 풍미녀가 하는 말이면 무엇이건 들어주려 했다. 우산국에서 구하지 못할 보물을 풍미녀가 가지고 싶어하면, 우해왕은 신라에까지 신하를 보내어 노략질을 해 오도록 하였다. 신하 중에 부당한 일이라고 항의하는 자가 있으면 당장에 목을 베거나 바다에 처 넣었으므로, 백성들은 우해왕을 매우 겁내게 되었고 풍미녀는 더욱 사치에 빠졌다. "망하겠구나." "풍미

왕후는 마녀야." "우해왕이 달라졌어." 이런 소문이 온 우산국에 퍼졌다. 신라가 쳐들어 오리라는 소문이 있다고 신하가 보고를 하였더니, 우해왕은 도리어 그 신하를 바다에 처 넣었다. 왕의 마음을 불안하게 하는 자는 죽였다. 이를 본 신하는 되도록 왕을 가까이하지 않으려 했다. 풍미녀가 왕후가 된 지 몇 해 뒤에 우산국은 망하고 말았다.

　　이 설화는 두 나라 간에 전개되는 복잡미묘한 관계와 해양문화의 성격을 잘 알려 주고 있다. 우산국은 우해왕이 다스리는 소국이었고, 대마도의 왜구는 우산국까지 공 격을 일삼았다. 이에 능력있는 왕은 군대와 함선을 거느리고 대마도 정벌을 시도하여 승리를 하였고, 양국은 협력관계를 유지하기 위하여 일종의 혼인동맹을 맺은 것이다. 그런데 이 혼인동맹의 간접적인 여파로 인하여 우산국은 신라의 공격을 받아 망했다 는 것이다.

　　이로 보아 동해와 남해의 해상에서 두 개의 소국이 나름대로 정치적인 영향력을 행사하고 있었고, 이 소국들은 경제적인 이익을 놓고 심각하게 갈등을 벌인 것이다. 대마도의 왜구들이 단순하게 우산국을 침략하지는 않았을 것이다. 동해의 해상세력 과 남해의 해상세력이 충돌한 것이다. 양세력은 나름대로 활동영역이 구분되어 있는 만치 심각하게 충돌할 이유는 별로 없다. 다만 물길이나 항해조건, 지리적인 위치 등 을 고려할 때 동해남부와 일본열도 남부인 현재 시마네(島根)현, 돗토리(鳥取)현 등과 이어지는 물류체계는 양 지역이 중복될 수 있으므로 갈등의 소지는 있다. 하지만 필요 에 따라서 혼인동맹을 맺음으로써 전략적인 동반관계를 설정한 것이다. 후에 나타나 지만 여진 해적들은 울릉도를 공격하기도 하고, 대마도나 일본의 연안을 약탈하기도 했다. 모두 바다를 무대로 활동하는 해양민들의 숙명이다.

3) 동해항로상의 역할검토(고대를 중심으로)

울릉도 · 독도는 해양지리와 전략적인 입장에서 보면 동해항로상에서 중요한 역할을 하였다. 특히 항해술과 조선술이 덜 발달하였던 고대항해에서는 그 의미가 매우 컸다. 고대에 동해를 이용하여 해양활동을 가장 활발하게 한 것은 고구려와 발해이다. 고구려는 한반도를 중심으로 황해 · 동해는 물론이고 남해 일부와 동중국해 초입 등 광범위한 지역에서 해양활동을 하였다. 또한 해양능력을 토대로 주변국과의 교섭은 물론 동아질서의 역학관계에서 중핵역할을 하였다. 특히 광개토대왕의 전방위정책(全方位政策)과 장수왕의 남진정책 등은 내부적으로는 경제적 이익의 확보와 정치 · 군사적인 성장을 위한다는 측면이 있고, 대외적으로는 신속하고 능동적인 외교활동을 하면서 동아지중해에서의 패권 장악을 도모키 위한 해양활동능력의 확대를 목적으로 한 것으로 판단된다. 또한 항로를 정치상황 및 자연조건, 그리고 해양문화 수준에 맞춰 역시 다양하게 사용했다.

이러한 고구려는 동해항로를 사용하여 왜와 교섭을 하였다. 『일본서기』에는 오진(應神) 28년, 닌도쿠(仁德) 12년(324), 58년(369) 등에 계속해서 고구려와 왜가 교섭한 기록이 있다. 물론 이때의 항로에 대해서는 정확하게 알 수 없다. 그러나 시마네현 지역의 이즈모(出雲) 등에 고구려 문화의 흔적이 있는 사실,[14] 해류의 흐름 등을 감안하면 동해 남부 또한 고구려의 해양활동 범위였을 가능성이 있다. 경주의 호우총(壺杅塚)에서 '國岡上土地好太王'의 비문이 있는 청동호(靑銅壺)가 발견된 사실과 동래(東萊) 복천동(福泉洞) 고분에서 고구려계의 마구 · 무구 등이 발굴된 사실 등은 광개토대왕 이후에 고구려의 영향력이 신라는 물론 가야지역까지 뻗쳤음을 알려준다. 이때 남진한 고구려는 동해남부나 남해동부 해안을 통해서 일본열도에 갔을 가능성을 생각케 한

---

14 조희승, 『초기조일관계사』(하), 사회과학출판사, 1989, pp.303~304.

다. 특히 '광개토대왕릉비문' 14년 조에서 나타난 왜의 대방계(帶方界) 침입과 대왕이 왕당(王幢)을 보내어 격퇴한 사실은 동아지중해의 역학관계상 고구려군의 도왜(渡倭) 가능성을 높여준다.[15] 더구나 장수왕 69년(481년)에는 고구려가 포항 근처인 홍해(興海) 까지 진출하였다. 게이타이(繼體)천황 10년과 긴메이(欽明)천황 원년에도 고구려에서 사신이 왔다. 이때는 사신들이 물론 월국(越國)에 도착하므로 동해항로를 사용했음이 틀림없다. 특히 긴메이 때에는 고구려 사신과 도군(道君)이라는 지방호족이 밀무역을 했다고 다른 호족이 조정에 밀고하는 사건이 벌어졌다.[16] 이는 고구려와 왜가 동해를 통해서 교섭하였고, 그것도 교역의 성격을 공유하였음을 반증하고 있다.

발해 또한 고구려의 뒤를 이어 동해에서의 해양활동이 매우 활발했다. 발해는 초기에는 정치적인 목적을 주로 하였으나 점차 경제적인데 비중을 두고 일본열도와 교섭을 하였다. 존속했던 220여 년 동안에 거의 35회 이상의 공적인 교섭이 있었다. 뿐만 아니라 민간인들 간의 대규모 교역도 기록에 나타나고 있다. 그러한 사실과 당시의 정치, 경제적인 정황으로 보아 기록되지 않은 민간인들의 교류는 더욱 많았을 것으로 추정된다.

그러면 고구려와 발해가 사용한 동해항로는 어떠했으며, 그 항로들은 울릉도, 독도와는 어떠한 관계를 지니고 있을까? 동해는 양 지역 간에 반드시 원양항해를 할 수밖에 없었다. 그를 위해서는 천문항법을 숙지하여야 한다. 후대의 발해선에는 천문생(天文生)이 타고 있었던 사실[17]로 보아 천문항법을 활용했음을 알 수 있다. 기술적으로 매우 어려운 항해이었다. 그런데 중간에 울릉도와 독도란 섬이 있음으로써 중간 정거장 구실은 물론 원양항해를 하는데 자기위치를 파악할 수 있게 해주고, 항로를 설정하

---

15 이 부분에 대해서는 졸고, 「廣開土大王의 對外政策과 東亞地中海의 秩序再編」, 『廣開土好太王碑 硏究 100年』2회, 高句麗國際學術大會, 1997 및 『廣開土好太王碑 硏究 100年』, 高句麗硏究會 참고.
16 森浩一, 『古代史 津津浦浦』, 小學館, 1993, p.65.
17 『日本三代實錄』권21, 淸和天皇 14년 5월.

는 유일한 지표의 역할을 할 수 있다. 물론 일본측 해안에도 오키제도를 비롯하여 크고 작은 섬들이 있지만 그것은 일본 연근해에서 유용한 것이지 실제 항해가 이루어지는 대양에선 의미가 없다. 필자는 동해에서 원양항해로서만 항해할 수밖에 없는 범위를 계산해낸 적이 있다. 그 결과에 따라 작성한 지도에 따르면 전근대 시대 동해항로에서 울릉도 독도의 역할은 거의 절대적 의미가 있음을 알 수 있다.[18] 따라서 울릉도와 독도는 동해를 매개로 이루어지는 모든 해상교통의 유일한 중거장이며 중심지 역할을 할 수 있었을 것이다.

고구려와 발해는 해상활동이 활발했으나 항로에 대해서는 정확히 알 수 없다. 다만 일부의 기록과 정치적 상황, 해양환경 및 지역적 특성을 고려하여 항로를 설정하고 유형화하면 다음과 같다.[19]

(1) 동해북부 횡단항로

이 항로는 청진, 나진 등 두만강 하구와 그 위인 연해주 남부의 포세트만 사이의 항구에서 출발하여 동해북부를 횡단한 다음에 일본의 동북지방인 월후(越後) 이북의 이즈모국(出羽國)인 아키타(秋田), 노시로(能代) 등 지역에 도착하는 항로이다. 동해항로의 출발지는 동해와 연변하고 항구 조건이 좋은 곳은 다 해당이 된다. 『속일본기(續日本紀)』의 기록대로 발해의 제9차 항해인 776년에 출발한 실제항구는 북청인 토호포(吐号浦)였다. 10월·11월은 비교적 북서풍이 약하게 부는 계절이다. 또한 동해(일본해)의 북서부에서 한반도의 동안에 연해서 리만한류, 북한한류가 남하하고, 동해(일본해)를 반

---

18 졸고,「渤海의 海洋活動과 東아시아의 秩序再編」,『高句麗研究』6, 학연문화사, 1998, pp.483~484.
19 이 부분에 대한 연구는 졸고,「高句麗發展期의 海洋活動能力에 대한 檢討 (5~6세기를 중심으로)」,『阜村申延澈敎授停年退任論叢』, 일월서각, 1995 ;「海洋條件을 통해서 본 古代韓日 關係史의 理解」,『日本學』 15, 동국대 일본학연구소 1995 ;「渤海의 海洋活動과 東아시아의 秩序再編」,『高句麗研究』6, 학연문화사, 1998년 참고.

(反)시계방향으로 순환하고, 중앙부인 39도~40도 부근에는 극전선(極前線)이라고 불리는 현저한 조경(潮境)이 동서방향에서 형성되고 있다. 자료(6)[20]은 이러한 상황을 보여주고 있다. 이러한 자연조건과 돛을 활용하여 바람을 사선(斜線)으로 받고 동으로 항진한다면 이즈모에 자연스럽게 도착할 수 있다. 이때는 울릉도와 독도가 크게 관련되지 않는다.

(2) 동해북부 사단항로

이 항로는 원산 지역을 남으로 하는 이북의 여러 지역을 출발하여 일단 연안항해 내지 근해항해를 해서 내려온 다음에, 삼척 혹은 그 아래에서 먼바다로 나가 사단(斜斷)으로 일본열도 혼슈(本州) 중부의 이북지방으로 항진했을 것이다. 후대에 발해인들도 무려 35회 항해 가운데에서 12번이나 이 항로를 이용하여 도착하고 있다. 고구려인들도 발해선들과 마찬가지로 호쿠리쿠(北陸)지방의 월전(越前), 가가(加賀), 노토(能登), 와카사(若狹) 등이 기착지였을 것이다. 『일본서기』에는 고구려인들이 게이타이천황 10년조, 긴메이천황 원년 및 31년조, 비다쓰(敏達)천황 2년 및 3년 조에 월국 혹은 월의 해안에 도착했다고 되어 있다.[21] 이 지역에는 고구려 외에 백제, 신라 등 한반도계 사람들이 진출하였다. 월중(越中) 이북의 지방은 고구려인들과의 교역을 둘러싼 도군(道君)과 강소(江沼)의 갈등에서 보여지듯이 정치와 교역에서 중요한 의미가 있는 지역이다.[22] 또 하나 주목해야 할 지역은 와카사만(若狹灣)의 쓰누가(角鹿)이다. 후대의 발해 사신들, 사무역선[23]과 신라의 사무역선들도 이곳에 도착하였다.[24]

---

20 『續日本全國沿岸海洋誌』, p.810 참조.
21 齊藤 忠, 「高句麗と日本との關係」, 『古代の高句麗と日本』, 學生社, 1988, pp.22~23.
   高瀨重雄, 「越の海岸に着いた高句麗使」, 『東アジアと日本海文化』, 森浩一 編, 小學館, 1985, p.217.
   小嶋芳孝, 「潮の道 風の道」, 『松原客館の謎にせまる』, 氣比史學會, 1994.
22 小嶋芳孝, 「潮の道 風の道」, 『松原客館の謎にせまる』, 氣比史學會, 1994, pp.70~73.
23 門脇禎二, 『日本海域の古代史』, 東京大學出版會, 1986, p.17.

이 지역은 가야, 신라계와도 매우 밀접한 관련이 있는 곳이다. 가라국(加羅國)의 왕자인 도노아아라사등(都怒我阿羅斯等)이 혈문(穴門 ; 현재의 下關)에 도착하였다가 이즈모를 지나 월국(越國, 福井縣 敦賀市)에 닿은 기록이 있다.[25] 특히 신라계와 관련이 깊어 와카사만을 중심으로 백성(白城)·백목(白木), 백석신사(白石神社) 등 신라계 신사(神社)와 신라계 지명이 남아 있다.[26] 동해북부 사단항로는 두만강하구(북위 42도 30분 전후)나 그 이하에서 쓰루가만(북위 35도 30분), 사도섬(북위 38도)으로 선을 그으면 거의 사선(斜線)에 가깝다. 결국 동해북부를 사단으로 길게 횡단하거나 남으로 내려온다. 북풍 내지 북서풍을 이용할 경우에는 북청 이북선이 최종이다. 그 이하로 내려가면 노토반도에는 도착하기가 힘들다. 물론 중간에는 지형지물이 없으므로 울릉도와 독도를 우측으로 보면서 방향을 측정했을 것이다.[27] 그 다음에 다시 일본쪽으로 붙어 강한 북서풍을 이용하여 직항하거나 아니면 아래로 내려갔다가 북상하는 흐름을 택해 혼슈 중부의 여러 지역에 도착했던 것이다.

(3) 동해종단 항로

이 항로는 동해에 면한 고구려의 여러 항구를 출발해서 남으로 종단해서 내려오다가 혼슈의 남단인 산인(山陰)지방과 나가토(長門) 등 여러 지역에 도착하는 항로이다. 출발항구는 동해사단항로에서 언급한 것과 거의 유사하여 동해북부해안의 항구가 다 해당이 된다. 『속일본기(續日本紀)』[28]에 따르면 발해시대에는 북청 근처의 토호포(吐号

---

24 門脇禎二,『日本海域の古代史』, 東京大學出版會, 1986, pp.90~93.
　신라는 일본과 국교를 맺고 있지 않았으나 현실적 필요에 의해 정부는 묵인해주고 있었고, 그런 비공식성 때문에 사무역선들은 표착을 많이 했던 것으로 판단된다.
25 『日本書紀』券6, 垂仁天皇 2年.
26 武藤正典,「若狹灣とその周邊の新羅系遺跡」,『東アジアの古代文化』, 大和書房, 1974, pp.88~94.
27 측정하는 눈높이를 10m로 했을때 울릉도의 시인거리는 133km이고, 독도는 63km 정도이다.
28 『續日本記』, 寶龜 8년에는 '…發弊邑南海府 吐号浦 西指對馬嶋 竹室之津…' 라는 기록이 있다.

浦)가 산인지방으로 도착하는 일본으로의 항로의 기점이 된 것은 확실하다.

　전기에는 신라의 해상능력이 약하므로 토호포 이남에서 동해시 정도까지는 가능하며 더욱 아래에까지 근해항해가 가능하다. 고구려는 장수왕대에 흥해지역까지 남진하였으므로 그 당시에는 아예 신라의 접경해역에서 출발하는 동해남부항로를 사용했을 것이다. 후대의 일이지만 이 항로를 부분적으로 사용한 예가 있었다. 814년에는 나가토국(長門國)에 신라상인 31명이 표착하였고[29] 발해선들도 역시 그 해 9월 하순에 나가토국의 바로 위인 이즈모(出雲)에 도착하였다. 후대에는 신라의 북진으로 인하여 출발지도 북상했을 것이다. 원산지역을 출발하여 산인지방 내지 그 아래지역을 목표로 항해를 하다가 근해권에 접근한 다음에는 연안에 바짝 붙어서 남으로 항진해야 한다. 그러나 겨울철에는 매우 어려운 항해이다. 산인에 도착하려 한다면 적어도 동해안을 연안항해 내지 근해항해로 타고 가능한 한 남쪽으로 내려오다가 먼바다로 떠서 동진해야 한다. 이때 울릉도와 독도를 바라보면서 지형지물이나 항로설정의 목표물로 삼았을 것이다.

　이 동해중단 항로에서 주로 노작을 하는 지역은 산인(山陰)인 돗토리현(鳥取縣)의 다지마(但馬), 호키(伯耆), 시마네현(島根縣)의 이즈모(出雲), 오키(隱岐), 그리고 그 아래 야마구치현(山口縣)의 나가토(長門) 등이다. 이 지역은 해양조건상 신라계와 관계가 깊었으며, 가야는 물론 고구려도 진출하였다. 이즈모(出雲) 등에 고구려 문화의 흔적이 있고,[30] 해류의 흐름 등을 감안하면 동해 남부를 출발한 고구려인들은 이곳으로 진출하였을 것이다. 발해인들도 오키제도에 한 번 도착하였고, 이즈모에 4번 등 수차례 도착하였다. 이 지역에 도착한 고구려인들의 동해종단 항로는 신라의 예를 통해서 추정할 수 있다. 이즈모지역은 경상남도 울산이나 포항지방과 위도상(북위 35.5도)으로 보아

29　日本後紀 권 24, 弘仁 5년 10월.
30　조희승, 『초기조일관계사』(하), 사회과학출판사, 1989, pp.303~304.

거의 비슷한 위치에 있다. 양 지역 사이에는 항로가 2개 있었다. 하나는 동해남부 또는 남해로부터 리만한류를 타서 북위 30도 부근에서 대한난류 서파(西派)를 횡단하여 본류에 올라타서 이즈모 서안에 도달하는 직접항로이다. 제2의 항로는 한반도 동안에서 출발하여 오키에 도착하고, 다시 이즈모 만두(灣頭) 등에 도착하는 것이다.[31] 즉 쿠로시오에서 분파된 해류는 동해 남부나 중부에서 출발한 선박을 일본해안으로 자연스럽게 밀어 부치므로 물길과 계절풍을 활용한다면 항해는 성공할 수 있다. 이처럼 고구려와 발해는 동해를 건너 일본열도로 진출하거나 사신을 파견하였고, 교역을 활발하게 하였다. 이들은 조건과 정치적 상황을 고려하면서 여러 항로를 이용하였다.

앞에서 언급한 바와 같이 동해를 매개로 이루어지는 모든 해상교통의 중심지 역할을 할 수 있으므로 울릉도와 독도는 항해상에 유일한 꼭 필요한 존재였다. 뿐만 아니라 이 지역의 해상세력들은 이들의 항해에 어떠한 형태로든 영향을 끼쳤을 것이다. 신라의 우산국 정벌은 이러한 해양전략적 요소를 염두에 두고 국가정책으로 실시된 것이다.

4. 결론

이상과 같이 울릉도 독도의 해양역사적인 환경에 대하여 살펴보았다. 울릉도와 독도는 해양자연환경이나 해양문화의 메커니즘, 그리고 역사상에 나타난 사료와 활동을 통해서 볼 때 하나의 역사활동권임을 알 수 있다. 또한 동해의 해양활동사에서 해양전략적으로 매우 가치가 있는 지역임을 알 수 있었다. 즉 동해북부와 남부세력이 군사적인 갈등을 빚을 때 이 곳은 양 세력의 배후가 될 수 있는 전략적 거점이다. 즉 고

---

31 中田 勳, 『古代韓日航路考』, 倉文社, 1956, pp.123~127.

구려와 신라가 갈등을 빚을 때, 여진이 남하하여 고려의 해안을 공격할 때 이 지역의 중요성은 커졌다. 한편 이 지역은 대해에서 원양항해를 할 수밖에 없는 동해항로상에서도 중요한 역할을 하였다. 일본열도로 항해해야 하는 고구려나 신라, 발해로서는 매우 중요한 의미가 있는 지역이었다. 또한 동해의 유일한 섬해상세력으로서 남해의 한중간에 있는 대마도와 갈등을 일으켰다. 조선은 쇄국정책을 취하고, 해양문화를 억압했으므로 울릉도와 독도에 대해서는 관심이 덜했다. 그러나 울릉도·독도는 일찍부터 하나의 생활권으로서 우리역사의 한 부분으로 활동해왔다.

08 제주도의 해양교류와 대외항로*

— 고대 동아지중해를 중심으로 —

1. 서 론

흔히들 동아시아의 역사를 육지위주로 파악하는 경향이 있다. 그러나 사실 동아시아는 동해와 남해, 황해와 동중국해가 있고, 그 너른 바다를 육지가 둘러싸고 있다. 이른바 지중해적(地中海的) 모습을 띠고 있다. 필자는 이 역사적 영역을 동아지중해(EastAsian-Mediterranean-Sea)라고 명명하고 있다.[1] 한반도는 이 동아지중해의 한가운데에

---

* 「제주도의 해양교류와 대외항로」, 『동국사학』37, 동국대, 제주도의 해양교류와 대외항로-고대 동아지중해를 중심으로, 2002.
1 필자는 동아시아라는 개념을 잠정적으로 취하면서, 더 구체적이고 축약된 東亞地中海라는 개념을 설정하고자 한다. 그 논리적 근거는 다음과 같다. 一國史的 연구가 가진 限界를 보완하고 東아시아라는 범주의 광범위성 속에서 국제관계의 측면을 중요시한다. 또한 해양질서의 측면을 중시하여 동아지중해라는 개념속에서 보다 집약적인 성격을 명확히 하기 위하여 설정한 지리적 정치적 역사적 개념이다.
따라서 지리적으로는 韓半島와 日本列島, 그리고 大陸의 南部地域, 더 정확하게는 현재 베트남과의 접경지역, 즉 옛 南越地域 위쪽의 中國南方地方과 黃河를 중심으로한 華北地域, 그리고 북방 유목민족들이 활동하면서 넘나들던 北方 邊境地域을 포함한다. 정치적으로는 적어도 唐代까지 중국의 冊封體制에 직접 간접으로 편입된 광범위한 지역을 말한다.
필자는 광범위하고 포괄적인 지역을 中心部와 周邊部로 분할하여 중심부에 해당하는 지역은 중국 지역, 한반도와 그 북부의 일부 지역, 그리고 일본열도의 서부 지역으로 한정시키고자 한다. 중심부는 동아지중해이고, 주변부는 이른바 동아시아라는 보다 廣範圍한 범주 속에서 東亞地中海의 역사활동에 직접 간접

서 모든 육지와 바다를 연결하고 있다. 그러므로 해양문화가 발달할 수 밖에 없었고, 또 그것을 활용하는 정도에 따라 민족의 위치가 영향을 받았다. 고구려가 강국이 된 이유 가운데 하나는 해양능력을 바탕으로 분단된 중국을 대상으로 등거리 외교를 벌였고, 주변국들 간의 해양교섭을 철저히 통제한 탓이었다. 백제는 북중국과 남중국에 진출하였으며 일본열도에서는 국가형성에 강한 영향을 끼쳤다. 가야의 역사는 처음부터 해양을 매개로 한 교역활동을 하고, 또 일본열도에 진출하고 정복하여 국가의 기원을 이루기도 하였다. 그런데 이 동아지중해의 핵심에서 작지만 매우 효용성있는 해양 센터의 역할을 하는 것이 제주도이다. 지리적으로, 정치적으로, 문화나 교역의 측면에서도 때로는 매우 의미있는 위치에 있었다.

제주도의 발전과 국제사회에서 차지한 위상은 궁극적으로 해양활동 능력과 깊은 관련을 지니고 있었으며, 동아시아 전체의 질서 내지 문화의 성격과도 불가분의 관계를 맺고 있었다. 만약 동아시아에서 해양문화가 발달했고, 그 해양을 통해서 문화, 경제교류가 이루어졌을 때 제주도는 그 질서 속에서 자기 위치를 잘 구현하며 빛날 수 있었다. 그래서 삼한시대, 삼국시대, 남북국시대, 고려시대 등은 제주도가 역사에서 자기역할을 충실하게 할수 있었다. 하지만 반대로 해양문화가 위축되고, 바다를 통해서 각 국가 간의 교류가 활성화되지 못할 경우에는 제주도는 해양거점, 교류의 마당

으로 영향을 주었던 지역을 말한다. 필자는 이러한 시각에 입각해서 일련의 논문들을 발표하고 있다. 본고와 관련이 있는 것은 다음과 같다.
「高句麗 末期의 海洋活動과 東亞地中海의 秩序再編」, 『國史館論叢』第52輯, 국사편찬위원회, 1994.
「長壽王의 南進政策과 東亞地中海 力學關係」, 『고구려 남진경영연구』, 백산학회, 1995, 4.
「海洋條件을 통해서 본 古代韓日 關係史의 理解」, 『日本學』15, 동국대 일본학 연구소, 1995.
「廣開土大王의 對外政策과 東亞地中海의 秩序再編」, 『廣開土好太王碑 研究 100年』, 高句麗研究 2, 1997.
「黃海의 地中海的 性格研究 (1)」, 『韓中文化交流와 南方海路』, 국학자료원, 1997.
尹明喆, 「西海岸 一帶의 海洋歷史의 環境에 대한 檢討」, 『扶安 竹幕洞祭祀遺蹟 研究』, 국립전주박물관, 1998.
「黃海文化圈의 形成과 海洋活動에 대한 연구」, 『先史와 古代』11, 한국고대학회, 1998, 12.

역할을 잃어버리고 변방의 위치로 전락한다. 조선과 명, 일본 등이 모두 쇄국정책을 펴면서 바다에서의 활동을 국가정책으로 금하였을 때 제주도는 역사에서 완벽하게 소외당하였다.

본 논문은 몇 가지 목적을 띠고 작성하였다. 첫째는 제주도는 해양문화가 발달하였음을 역사적인 사실들을 통해서 입증하며, 그 개연성을 해양환경에 대한 검토와 역사적인 배경의 분석을 통해서 살펴보는 것이다. 그리고 더 세부적으로는 제주도를 동아시아 해양의 중요한 위치로 만든 가장 핵심요소인 제주도거점 항로들을 구체적으로 찾아보는 것이다. 그리고 아울러 이러한 제주도의 해양 역사상은 앞으로 제주도와 우리의 미래를 전망하는 데에 어떠한 의미와 가치를 지니고 있는가를 모색해보려는 것이다.

2. 제주도의 역사 문화적 성격

제주도에는 구석기시대부터 인간이 거주하고 있었다.[2] 신석기시대에도 사람들이 거주하였는데, 북제주군의 바닷가에 위치한 한경면 고산리 유적은 대표적인 유적지이다. 1987년에 발견되어 수차례에 걸친 조사를 통해서 제주도 신석기시대의 실상을 어느 정도 알게 되었다. 주로 석기와 토기들이 출토되었다. 후기 구석기 전통인 눌러떼기 석기 제작 수법이 뚜렷한 2차 가공석기들을 비롯한 소형 타제석기들이 대부분이고, 융기문토기, 원시무문토기, 압인문토기 등이 출토되었다.

또 타제 석창이나 돌도끼 등이 동반되어 출토되었는데, 기원전 3,000년 이전의 유

---

2 구석기시대의 유물 유적에 대해서는 鄭永和, 「考古學的 側面(濟州研究의 現況과 展望)」, 『耽羅文化』3호, 제주대학교 耽羅文化硏究所, 1984.

적으로 추정한다.[3] 적지 않은 수의 인간들이 집단으로 살았다는 증거이다. 이 유적은 유물을 보아 구석기시대 후기에서 신석기시대로 문화적 이행과정의 산물이라고 여겨진다.[4] 그리고 신석기시대 후기 토기인 변형 빗살무늬토기가 제주도의 각지에서 발견된다. 대표적인 유적은 북촌리 바위그늘 집자리 유적이다. 이곳의 신석기시대 문화층에서는 기원전 1100년 전후의 인공유물과 패류·동물뼈·탄화열매 등이 발견되었다.

남제주군 대정읍 상모리에서는 청동기시대 유적이 발견되었는데, 생활유적과 패총유적이 함께 공존하고 있었다. 어망추 등도 발견되는 것으로 보아 당시 사람들이 어로 등을 주요한 생활 수단으로 삼고 있었음을 알 수 있다. 이곳을 비롯한 여러 지역의 유적이나 패총에서 발견된 무문토기 등은 이 시대에도 한반도와 교섭이 매우 깊었음을 알려준다. 특히 여러 곳에서 발견되는 겹아가리 토기는 제주도를 포함한 전남과 경남의 해안지방 등 남해양권의 특징적인 토기로서 빈번한 교섭이 이루어졌음을 알 수 있다.[5] 이외에도 제주도는 각 지역에서 농기구인 반달칼, 고인돌 등이 발견되고 있다.

고인돌은 매우 다양한 형태로 존재하며, 대체적으로 기원 후에 조영된 것으로 보인다. 용담동·오라동·외도동 등 많은 곳에는 고인돌이 있는데 현재 100여 기가 보고 되었으나 더 있을 가능성이 많다. 일반적으로는 원삼국시대 후기이고, 남해안의 영향이 많다고 한다. 그런데 필자는 1991년에 오키나와의 최남단에 있는 미야코(宮古)섬에서 제주도와 유사한 고인돌을 발견하였다.[6] 용당동 것과 거의 동일했다. 특히 어떤 고인돌군은 돌담으로 둘러싸여 있는 등 전체적으로 제주시 건립동이나 신천리의 본

---

[3] 李淸圭, 「제주도 高山里 출토 隆起文土器」, 『耽羅文化』 9호, 제주대학교 耽羅文化硏究所.
李淸圭·高才元, 「高山里遺蹟과 石器遺物」, 『濟州 新石器文化의 源流』(발표요지), 韓國新石器硏究會, 1995.
[4] 高才元, 「고산리 신석기 문화」, 『耽羅, 歷史와 文化』, 제주사 정립사업 추진위원회, 1988, p.16.
[5] 『濟州의 上古文化』, 제주대학교 박물관, 1993.
[6] 1991년 겨울에 한민족사 뿌리찾기 학술조사의 일환으로 오키나와 지역을 조사하던 도중에 김병모와 함께 오키나와 제도의 남단에 위치한 미야코섬(宮古島)에서 고인돌군을 발견하였다.

향당과 거의 유사하였다. 양 지역 간의 교류 가능성을 짐작하게 한다.

한편 삼양동(三陽洞)에서는 청동기 말에서 초기 철기시대에 해당하는 원형의 주거 형태가 발견되었다. 집자리에서는 다양한 부대시설이 같이 발굴되었다. 예를 들면 토기를 제작한 가마시설, 어망추, 방추차와 토기들, 탄화된 곡물들, 그 외에 인간이 집단적이고 조직적으로 거주했음을 알려주는 무기류 등이다. 그리고 중국제 옥환(玉環) 한 점이 발견되었다. 집자리의 형태와 유물들은 기원전 6세기경의 송국리(松菊里)에서 발견된 것과 유사한 형태이다. 이러한 집자리들이 많이 발견되는 것은 제주도가 이미 사람들이 집단적으로 거주하는 환경을 갖추고 있었음을 말해준다.

용담동의 석곽묘에서는 철기들이 출토되었다. 장검2, 단검1 등의 철검을 비롯하여 철촉, 판상철부 철제창끈, 끌형무기, 심지어는 철제 도끼들이 동반 출토되었다. 이로 보아 그 시기에 제주도는 단순하게 거주공간, 혹은 단순생활공간에서 발전하여 내부적으로 성장한 중요한 정치공간이었으며, 대외적으로 교섭과 교역을 하는 경제공간이었다. 그리고 점차 주변의 여러 지역과 활발하게 교류를 하는 정도의 단계에 돌입했다.

담라에 대한 명칭은 비교적 오래 전부터 나타나고 있다.

『사기(史記)』가운데에는 도이(島夷)에 관한 기록이 나타나는데, '백제국의 서남 바다 가운데 큰 섬 15개가 있는데, 모두 마을이 있으며 사람이 살고 있다' 고 되어 있다. 이러한 지리적 설명으로 인하여 이 도이(島夷)를 현재의 제주로 보는 견해도 있다. 물론 이 도이가 현재의 제주를 가리킨 것인지에 대해서는 검토가 필요하다. 그 후대의 상황을 기록한 『삼국지』와 『후한서(後漢書)』의 동이전에는 이 지역을 가리키는 내용을 기록하면서 '주호(州胡)' 라고 하였다. 주호란 이름이 사라진 후에 비로서 탐라(耽羅)라는 명칭이 등장하는데 사서마다 약간씩 다르게 표기되어있다.

『삼국사기』에는 백제의 문주왕 때 탐라가 나오고, 역시 신라 문무왕조에 탐라국주라는 기록이 나온다. 북위의 역사를 기술한 『위서(魏書)』에는 고구려와의 관계에서 '섭라(涉羅)' 라는 기록이 나오는데 이를 제주로 해석하고 있다. 『북사(北史)』와 『수서

(隋書)』에는 백제전에 제주를 탐모라국(耽牟羅國)으로 표기하고 있다. 그러다가 『신당서(新唐書)』의 담라(儋羅)를, 『당회요(唐會要)』에는 탐라국을 비롯하여 이곳 저곳에서 탐부라(耽浮羅)·탁라(乇羅)·탁라(托羅(황룡사 9층탑))·탁라(託羅)·둔라(屯羅) 등이 나타나고 있다. 거의 유사한 음을 나타내고 있는데, 이는 동일한 어의를 지닌 유사한 음이라고 한다.

한치윤(韓致奫)은 『해동역사(海東繹史)』(世紀 諸小國 耽羅)에서 동국방언(東國方言)에 도(島)를 섬(剡)이라 하고 국(國)을 나라(羅羅)라 하며, 탑(耽)·섭(涉)·담(儋) 세 음은 모두 섬과 비슷하다고 풀이하였다.⁷ 이처럼 다양한 명칭을 지녔다는 것은 일정한 정도로 국가적 성격을 지녔으나, 반면에 주변국과의 교섭이 공식적인 관계보다는 비공식적인 관계가 더 빈번했음을 의미한다.

『후한서』와 『삼국지』의 위서 동이전에는 기원을 전후한 시기부터 약 3세기까지 동아시아의 각국을 소개하고 있다. 정치적인 상황과 특성 외에도 경제적인 측면에 대해 비교적 깊은 관심을 지니고 있어서 생산되는 물산물과 교역과정, 그리고 중국세력과의 관계에 대해서 상세하게 기술하고 있다. 그 가운데에서 삼한의 소국들과 일본열도 내의 소국들이 어떻게 생활하고, 관계를 어떻게 맺고 있는가에 대해서 표현한 것은 시대의 전반적인 상황을 이해하는데 매우 귀중한 사료이다. 그 곳에는 제주도를 지칭하는 주호(州胡)에 대하여 "주호가 馬韓의 서해 가운데 큰 섬에 있다. 그들은 대체로 키가 작고 말도 한과 같지 않다. ······ 배를 타고 왕래하며 韓中에 와서 매매한다······"라고 되어 있다.⁸ 이 내용은 몇 가지 중요한 시사를 하고 있다.

---

7 高昌錫, 『耽羅國 史料集』, 신아문화사, 1995.
「탐라의 명칭」, 『耽羅, 歷史와 文化』, 제주 정립사업추진위원회, 1988, pp.38~39.
8 『三國志』권30 위서 동이전 한전.
'又有州胡在馬韓之西海中大島上 其人差短小 言語不如韓同 ―其衣有上無下 略如裸勢 乘船往來 市買韓中'

첫째는 이미 제주도가 당시의 세계인 동아시아의 질서 속에 편입되고 있었으며, 중국인들의 관심영역에 속해 있었음을 알려준다. 그들은 이러한 정보를 여러 경로를 통해서 입수하였으며, 이것을 공유하고자 기록한 것이다. 동아시아, 특히 황해와 남해에서는 각 지역간에 혹은 나라들 간에 교섭이 활발하였다. 신석기시대부터 해양을 통해서 각 지역 사이에는 비조직적이나마 교류와 교역이 있었다.

그런데 중국 지역에서는 춘추전국시대(春秋戰國時代)에 오면 원격지 무역이 발달했다. 해양을 통한 교역이 본격적으로 이루어졌으며, 그 교역범위(交易範圍)가 확산되었다. 『월절서(越絶書)』에 따르면 월인(越人)들은 현재 월남의 북부 지방까지 이동하면서 교역을 하였다. 그리고 월(越)과 북방의 제(齊)는 해상활동이 활발했으며, 『해내북경(海內北經)』에는 연이 발해를 나가 왜와 해상왕래 한 것이 기록되어 있다.[9]

진(秦)은 전국(戰國)을 통일한 후에 경제에 관심을 기울였다. 상인들은 변방과 교역을 하면서 '십배지리(十倍之利)'를 얻는 경우도 있었다. 따라서 중원 이외의 지역에서 시장을 구하고자 했다. 이때 진은 남양(南洋)에 진출하였다. 진시황(秦始皇)은 순해(巡海)를 하면서 해양활동에 적극성을 띠었다. 해양능력을 바탕으로 기원전 221년에 전국을 통일한 이후, 기원전 210년에 죽을 때까지 12년 간, 4차에 걸쳐 연해순시(沿海巡視)를 했다. 1차는 왕 28년(기원전 219년)에 이루어졌는데 산동반도의 랑야(瑯琊) 지방[10]에 가서 3개월을 머물렀다. 진시황이 순해(巡海)한 항구들은 연(燕)·제(齊) 양국의 연해(沿海)에 있었다.[11] 그러면 진시황(秦始皇)의 이렇게 순해(巡海)를 시행한 목적은 무엇이었을까? 정치·경제적인 목적을 동시에 갖고 있었을 것이다.

---

9 李永采·王春良·盖莉·魏峰 著, 『海洋開拓爭霸簡史』, 中國海洋出版社, 1990, p.52~57 참조.
10 현재 산동반도 남단 청도만의 아래쪽에 위치하고 있다. 낭야의 낭야대는 동쪽 끝 바닷가 근처 높은 산의 꼭대기에 있는데 멀리 황해를 관측할 뿐 아니라 남북으로 항해하는 선박들을 관측하고, 특히 남쪽에서 청도만으로 들어오는 배들을 감시 제어할 수 있는 해양 전략적인 지형이다.
11 『中國航海史-古代航海史-』, 中國航海學會, 人民交通出版社, 1988, p.38 참고.

사기(史記)의 진시황본기(秦始皇本紀)에 따르면 진시황은 제나라의 방사(方士)인 서복(徐福)이 바다 가운데 세 신산(神山)이 있어서 선인(仙人)들이 살고 있는데, 그 곳에 동남동녀(童男童女)를 데리고 가서 선인과 불로초를 구해오겠다고 글을 올리자 동남동녀 3천을 주어 동방으로 출발하게 하였다. 그런데 그때 서복 일행이 출발한 것은 기원전 219년 진시황이 낭야까지 간 1차 순해 직후의 일이었다.

랑야는 산동반도의 하단부에 위치한 지역으로서 동이의 활동 지역이었고, 남방의 해양민족인 월(越)이 수도를 옮겨 동쪽과 교역을 하였던 지역이다. 당시의 진나라 정책과 해양활동 능력, 동아시아에서 해양을 매개로 전개된 국제관계를 고려할 때 서복(徐福)의 함대를 파견한 것은 불로초를 구한다는 목적 외에도 동방개척 사업 내지 교역권의 확대라는 측면이 있었을 것이다.

서복은 제나라 사람이며, 랑야(琅邪)·함양(咸陽) 등에 살았다고 전해져 왔다. 그런데 최근에 중국의 라기상(羅其湘) 교수가 서복의 고향을 발견하였는데, 그 지역은 강소성 감유현(竷楡縣)의 서부촌(徐阜村)이었다. 그런데 이 감유는 전국시대에는 제나라에, 진(秦)시대에는 낭야에 속했다.[12] 그러한 서복(徐福)이 제주도에 도착했을 가능성은 적지 않다. 서복 집단이 영주산(瀛洲山)을 찾아올 때 맨 처음 도착한 곳이 조천포(朝天浦)였으며, 돌아갈 때 떠난 곳이 서귀포라고 한다. 그들은 떠나기에 앞서 '서시과지(徐市過之)'(일설에는 徐市過此)라고 새겨 놓았다고 한다.[13]

이러한 해양활동과 교역권의 확대는 한(漢)에게도 그대로 전해졌다. 『사기(史記)』 식화열전(殖貨列傳), 『한서(漢書)』 지리지(地理志)에 의하면 인도양상의 활동기록이 있다. 또한 기원전 2세기에는 동남아(東南亞) 및 인도양(印度洋) 동부의 각국과 왕래를 시작했으며, 그 항해노정까지 기록되어 있다.[14] 그리고 조선, 삼한 및 일본열도의 소국들

---

12 洪淳晩, 「徐福集團의 濟州渡來說」, 『제주도사 연구』 2, 1992, p.34.
13 洪淳晩, 앞의 논문, p.30.
14 『後漢書』 南蠻西夷列傳, 王莽傳 등에 나타난 기사를 보면 당시 漢은 印度 등과 교역을 맺은 것으로 보여

과도 교섭이 있었다. 위만조선과 한(漢)의 전쟁은 전체적으로는 황해주변의 종주권을 확보하려는 성격이 강하고 아울러 경제적 이익을 가져다주는 교역권의 쟁탈전적인 성격도 강하였다. 이 후에 동아시아의 모든 나라들은 바다를 통해서 미흡하지만 하나로 연결되는 체제를 갖추게 되었다.[15]

이 시대의 상황을 기록한 위의 내용에는 제주도의 문화적인 성격을 규명할 수 있는 몇 가지 주목할 만한 단서들이 있다. 예를 들면, 살고 있는 주민의 종족적 성격과 문화가 한반도의 다른 소국들과는 차이가 있다는 점이다. 또한 주호인들은 바다를 건너 삼한 소국, 일본열도 내의 소국 등과 능동적으로 교역을 하였으며, 그들 국가들의 교역 대상국이었다는 사실이다. 특히 남방 물산물이 없는 한반도 내의 국가들에게 주호는 매우 가치있는 교역의 대상국이었을 것이다.

용담동(龍潭洞)의 석곽묘에서 유리구슬 장식품과 토기, 그리고 무기 등 철기제품들이 많이 발견되었다. 이곳은 강력한 정치세력이 다스리고 있었고, 이들은 철기를 사용하는 이주민 집단이거나 교역의 산물일 가능성이 높다. 주호의 존재를 언급한 동일한 삼국지의 기록처럼 변진(弁辰)이 한(韓)·예(濊)·왜(倭)와 철을 매매하고 있었으며, 주호(州胡)가 이들과 교역을 했던 것으로 보아 그들 역시 철을 교역했을 가능성이 매우 많다.

철 교역의 사실을 입증해주는 또 다른 자료들이 있다. 근처인 용담동의 산지항 석산 밑의 용암으로 밀폐된 동굴에서는 전한시대의 오수전(五銖錢)이 여러 점 출토되었고, 왕망의 신(新, 기원후 8~24년) 때 만들어진 화천(貨泉)·대천오십(大泉五十)·화포(貨布)·동경(銅鏡) 등이 발견되었다.[16] 그런데 해남의 군곡리, 경남김해 패총, 다호리 유적, 경남 마산의 성산(城山)패총, 삼천포의 늑도(勒島)패총 등에서 비슷한 시대의 화폐

진다.『古代中國與亞非地區的海上交通』, 汶江 著, 四川省 社會科學院出版社, 1989, 成都, pp.28~29.
15 윤명철,「黃海文化圈의 形成과 海洋活動에 대한 硏究」,『先史와 古代』, 韓國古代學會, 1998.
16 崔夢龍,「上古史의 西海交涉史 硏究」,『國史館論叢』3집, 1989, p.13 참조.

들이 발견되었다. 강진(일설에는 무안) 등에서 명도전(明刀錢)이 발견되었다. 그 외 일본열도 등지에서도 유사한 시대의 화폐들이 발견되었다. 이러한 화폐의 발견은 이미 기원을 전후한 무렵에 동아지중해에는 바다를 매개로 많은 지역들 간에 활발하게 교역이 이루어졌음을 반증한다.

주호와 동일한 시대에 존속한 일본열도 내에는 소국들이 있었다. 『한서』 지리지에는 왜(倭)란 명칭으로 나타난다.[17] 그리고 뒤를 이어 『후한서』 제기편(帝紀編)에는 왜의 노국(奴國)이 한(漢)과 교섭을 하고 있음을 보여준다.[18] 또한 『삼국지』 동이전의 기록[19]과 『후한서』 동이전의 기록[20]을 보면 일본열도에는 B.C. 2세기 무렵부터 100여 개의 나라가 있었으며 각자 王을 칭했다는 것을 알 수가 있다.

그 가운데 가장 큰 나라인 야마다이국은 대방과 교섭을 하고, 위(魏)하고 직접 교섭을 하였다. 즉 수장인 히미코(卑彌乎)는 239년에 '친위왜왕(親爲倭王)'이라는 칭호를 받고, 247년에는 위에 사신을 보냈다. 히미코를 이은 이요(壹與)도 266년에 서진(西晋)에 사자를 보냈다. 이들은 모두 서해안항로를 이용했다. 한편 오경(吳鏡) 등 고고학적인 유물과 풍습 등을 근거로 삼아 당시 왜 소국들이 황해남부 사단항로를 사용하여 오늘날 강남에 있는 오나라와도 교섭을 하였다는 주장들이 있다.

따라서 주호인들 역시 이러한 광범위한 교류의 시스템 속에 참여하였을 것이며, 적극적으로 마한이나 변진(弁辰)에 속한 소국(해양 police) 등을 통해서 낙랑은 물론 중국 지역과 간접교역을 했으며, 나아가 황해를 직항하거나 황해연안을 따라서 직접교역을 했을 가능성도 있다. 그 무렵에 진(秦)이나 한(漢)은 이미 원양 항해능력을 갖추었

---

17 "……夫樂浪海中有倭人分爲百餘國 以歲時來獻見云……"
18 "……東夷倭奴國王遣使奉獻 (倭在帶方東南大海中 依山島爲國)……"
19 "舊百餘國 漢時有朝見者, 今使譯所通三十餘國……"
20 "……倭在韓東南大海中 依山島爲居凡百餘國 自武帝滅朝鮮 使譯通於漢者三十許國 國皆稱王 世世傳統 其大倭王居邪馬臺國……"

으며, 원거리 교역이 일반적으로 이루어지고 있었다. 황해의 서안 지역과 남해 지역은 소국들이 매우 많았는데, 이들은 대체로 유사한 크기에 능력과 비슷한 수준을 지니고 있었다. 각각 일정한 정도의 독자성을 지니고 있었으며, 교역의 주체였을 이들 소국들은 대부분 바닷가에 위치한 해양 폴리스적인 성격이 강했다.

이렇게 유물과 기록 등을 통해서 볼 때 제주도는 먼 고대부터 생산지가 다른 다양한 물자가 모이고, 재배급되며, 매매와 교환이 이루어지는 소규모의 물류쎈타였다. 제주도는 점차 본격적으로 역사의 중심부로 진입하였다. 한편 그것은 바다 한가운데에 있는 섬이라는 지리적인 환경의 한계로 인하여 제주도의 독자성이 약화 되가는 과정이기도 하였다.

제주도가 육지의 중앙세력과 공식적인 관계를 처음 맺은 나라는 백제이다. 백제는 출발부터 해양활동 능력을 지니고 있었고, 해양력의 확대에 국가적인 힘을 기울였다. 특히 근초고왕 이래로 적극적으로 남북으로 팽창정책을 취했는데, 이때 서해남부와 남해서부 지역까지 영향을 끼쳤다고 보고 있다. 그 후 고구려의 남진정책으로 양국은 경기만을 중심으로 충돌하였고, 광개토대왕의 수군작전으로 백제는 경기만을 상실하고 수도가 공격당했다. 이어 등극한 장수왕(長壽王)은 475년에 한성을 공격하여 개로왕(蓋鹵王)을 죽이고 점령하였다.

백제는 남천하여 웅진에 도읍을 정하고 재기를 도모하고 있었다. 바로 이 무렵인 문주왕(文周王) 2년, 476년에 탐라국(耽羅國)이 방물을 바쳤고,[21] 이에 왕은 기뻐하여 은률(恩率)이라는 관직을 내렸다. 백제로서는 북방에서의 실패를 만회할 수 있으며, 경기만에서 상실한 해양력을 남쪽에서 보완할 수 있는 절호의 기회가 되었다. 특히 일본열도와 교섭하는 보다 안전하게 항로를 이용하는 등 매우 유리해졌다.

---

21 제주도는 그 후에 涉羅, 耽羅, 耽牟羅國, 乇羅 등으로 불리워졌다.

제주도는 황해와 남해 동중국해를 연결하는 해상 네트워크의 접점으로서 남중국·한반도·일본열도로 구성된 삼각형의 중핵(中核, core)에 있다. 백제는 이곳을 장악함으로써 광범위한 해양활동망을 구축했고, 일본열도로 본격적으로 진출하였다. 백제의 일본항로는 전라도의 해남을 포함한 남해서부, 서해남부를 출발하여 규슈 서북부에 도착하는 것이다. 따라서 제주도를 우측으로 바라보면서 고토(五島)열도에 도착한 다음에 규슈의 서쪽지방으로 상륙하였다.

물론 이때 탐라가 백제에 정치적으로 복속된 것은 아니라고 판단된다. 육지세력에 흡수되지 않으려는 해양세력의 기본적인 속성과 교역권의 점유를 놓고 갈등이 발생할 가능성은 있었을 것이다. 그런데 동성왕(東城王) 20년인 498년에는 탐라가 백제에 공물을 바치지 않아 왕이 정벌하러 남진하다가 탐라가 사죄하므로 무진주(武珍州, 광주)에서 멈추었다는 기록이 나타난다.[22]

이는 왕권이 어느 정도 안정된 동성왕 연대에도 탐라가 복속되지 않았음을 반증한다. 동성왕이 광주 지역까지 남진하고, 대규모의 해양전을 염두에 두면서도 탐라를 공격할 의사를 표현한 것은 당시 탐라의 위치와 비중을 짐작하게 한다. 이로 보아 탐라가 사실상 독립국이었음을 알 수 있다. 후술하겠지만 제주도는 독특한 해양환경을 갖고 있으므로 반독립적인 성격을 가진 일종의 해양소국이었던 것이다.

그런데 『일본서기』에는 508년인 게이타이(繼體) 1년 12월에 남해 가운데 탐라인(耽羅人)이 처음으로 백제에 통했다고 되어 있다. 제주도가 백제에 복속되어 있었음은 중국의 중요한 사료에도 나타나고 있다. 『북사(北史)』 백제전에는 589년에 백제의 위덕왕(威德王) 때 진(陳)을 평정하는 작전을 수행하던 수나라의 전선이 탐모라국(耽毛羅國)에 표착하였는데, 이에 백제의 위덕왕은 이들을 후대하여 사신과 함께 귀환시켰다는

---

22 『三國史記』 백제본기 권26 東城王 20년.

기록이 있다. 이는 이미 동아시아의 새 강자로 부상한 수와의 관계를 밀접하게 함으로써 정치적으로 유리한 위치를 확보하려는 다분히 외교적인 행위였다. 압박을 가해오던 고구려를 배후에서 견제케 하려는 내부적인 전략이었다. 『수서(隋書)』 또한 이 사건에 대해서 기록하고, 탐모라국(耽毛羅國)을 설명하면서 백제에 부속한다고 하였다.

그런데 신라본기에는 문무왕 2년조에 탐라국주가 항복한 것을 기록하면서 탐라가 무덕(武德) 이래 백제에 신속하였다고 기록하고 있다.[23] 609년에는 80여 명의 백제인을 실은 백제선 한 척이 구마모도(熊本) 해안에 표류한 적이 있었다. 이들은 양자강 유역의 오(吳) 지방에 파견되었다가 전란으로 입경하지 못하고 귀국하다가 폭풍을 만나 표류한 끝에 도착한 것이다.[24] 이때도 역시 제주도권을 통과하였을 것이다.

이후에도 탐라와 백제는 관계가 매우 긴밀했다. 탐라는 삼국통일전쟁이 벌어질 당시에 백제의 동맹군으로 참여한 데서도 나타나고 있다. 신라가 통일을 이룩하면서 동아시아에는 구질서가 붕괴되고, 신질서가 구축되었다. 660년 당군은 13만의 대군을 함선에 거느리고 바다를 항해하여 대기하고 있던 신라의 함선 100척과 합세하였다. 이 나당 연합함대는 상륙작전에 성공한 후에 웅진강(熊津江, 금강)을 거슬러 올라가 불과 3일 만에 사비성의 항복을 받아냈다. 이 작전의 성공은 당시 일반적으로 통용되던 동아시아 전쟁의 기본양상을 바꾸어 버렸다. 즉 전략적 전술적으로 해양전이 비중이 높아졌다.

이후 전개된 백제의 부흥운동은 당시 왜국의 군사적인 지원과 병력 참여로 인하여 복잡한 양상을 띠면서 3년 간 지속되었다. 그리고 마침내 663년, 이른바 백강(白江(白村江))전투가 해상전의 양상을 띠면서 벌어지고, 대다수의 함선들이 격돌하였다. 결국 왜선 400여 척이 불타버리고, 화염이 하늘에 퍼지면서, 바닷물은 붉은빛으로 물들

---

23 『삼국사기』 권6 신라본기 문무왕 2년.
24 『일본서기』 推古 17년.

었다. 27,000여 명이 전사하는 것으로 전쟁은 끝이 났다.[25]

이러한 국제전의 성격을 띤 해양전이 본격적으로 벌어지는 상황 속에서 탐라국이 구체적으로 어떠한 역할을 했는가는 파악할 길이 없다. 하지만 탐라국이 백제에 속해 있었고, 탐라국의 해양능력이 뛰어난 이상 이 전쟁에서 무관한 태도를 취했을 가능성은 별로 없다. 이 전투가 벌어지는 당시에 탐라국사(耽羅國使)가 같이 있었던 사실로 보아[26] 전투에 탐라의 수군이 참여했을 가능성도 있다.

그런데 당 인덕(唐 麟德) 2년 태산(泰山)에서 이루어진 봉사(奉祀)에 유인궤(劉仁軌)가 신라·백제·탐라·왜 4국의 추장을 거느리고 모임에 참여했다는 기록이 있다.[27] 또한 『구당서』에 보면 인덕(麟德) 중(664~665)에 추장이 내조하여 당 고종(高宗)과 함께 태산에 이르러 참가했다. 이를 보면 탐라가 백왜군과 공동작전에 참여했을 가능성이 많아진다. 탐라는 삼국 가운데 백제와 가장 깊은 관계를 맺고 있었던 것을 알 수 있다.

탐라는 고구려와도 관계를 맺었다. 『고려사(高麗史)』의 지리지와 『영주지(瀛洲誌)』에 수록된 개국신화에는 고(高)·부(夫)·양(良(梁)) 삼성과 관련된 삼성혈 신화가 있다. 『영주지(瀛洲誌)』에 따르면 제주도에는 태초에 사람이 없다가 3신인이 한라산의 북쪽에 있는 모흥혈(毛興穴)에서 용출(湧出)하였다. 첫째가 고을나(高乙那), 둘째가 양을나(良乙那), 셋째가 부을나(夫乙那)였다. 이와 비슷한 이야기는 『동문선(東文選)』에 실린 성주고씨가전(星主高氏家傳)에도 있다. 그런데 이 고씨가 고구려에서 왔다는 것이다.[28]

바다를 통해서 각 지역 간에 교섭과 무역이 활발하게 이루어진 동아지중해의 일

---

25 이 정확한 상황 묘사는 舊唐書 권84 열전 劉仁軌傳에 나온다.
『日本書紀』天智紀 2年 8月 戊申, 己酉條.
"日軍船師初之者 大唐船師合戰 日本國不利而退……"
26 『舊唐書』권84 열전 劉仁軌傳.
'僞王子扶餘忠勝 忠志等率士女及倭衆幷耽羅國使'.
27 『舊唐書』권84 열전 劉仁軌傳.
28 朴用厚, 「瀛洲誌에서 본 耽羅의 옛날」, 『濟州道史 硏究』 2집, 1992 참고.

반적인 상황을 고려할 때 주호가 황해연안을 북상하여, 또는 고구려가 남항하여 양국 간에 교섭이 있었을 개연성은 매우 높다. 그런데 비록 고구려가 주체였으나 고구려와 제주 지역이 무역을 했음을 알려주는 기록이 『삼국사기』와 중국사서 등에 남아 있다.

『삼국사기』에 따르면 문자왕(文咨王)은 사신을 북위(北魏)에 파견하였다. 그때 예실불(芮悉弗)은 북위의 세조에게 말하기를 "우리는 황금은 부여에서 나고, 가옥(珂玉, 마노라고 하는데 제주도에서는 이를 진주라고 본다)[29]은 섭라(涉羅)에서 생산되었는데, 부여는 물길에게 구축되었고, 섭라는 백제에게 병합된 바가 되었으므로 바칠 수 없다"고 말하고 있다. 동일한 내용이 『위서(魏書)』에도 나타나고 있다.[30] 이 기록을 근거로 당시의 정황을 살펴보면 양 지역간에는 결코 적지 않은 양의 가옥(珂玉)을 비롯한 물품들의 교역이 활발하였고, 당시의 역학관계로 보아 정치적인 교섭을 동반한 것이었을 것이다.

광개토대왕이 수군을 동원하여 병신년(丙申年)에 침공한 이래로 백제에 대한 고구려의 영향력은 강화되었고,[31] 특히 장수왕이 한성을 함락시키면서 백제는 웅진으로 천도했다. 그 과정에서 경기만의 해상권은 고구려가 장악하게 되었고, 해양능력을 강화시킨 고구려는 백제를 압박할 정치적인 목적과 함께 진귀한 남방의 물산들을 획득할 목적으로 탐라의 존재에 대해서 주목했을 것이다.

고구려는 이미 3세기 전반부터 황해를 종단(縱斷)항해하여 양자강 유역의 오나라와 교역을 하였으며,[32] 이 무렵에는 분단된 남북조를 대상으로 동시 등거리 외교를 펼치는 한편 교역을 활발하게 하였다. 예를 들면 당시 남조국가인 송(宋)에게 장수왕은

---

29 『삼국사기』권19 고구려본기 문자왕 13년.
　고려시대에도 탐라는 夜明珠를 받쳤다. 『고려사』권9 문종 33년.
30 『魏書』권100 '但黃金出自夫餘, 珂則涉羅所産. 今夫餘爲勿吉所逐, 涉羅爲百濟所倂, ……'
　李弘稙, 『韓國古代史의 硏究』, 신구문화사, 1987, p.138에서 沙羅는 耽羅라고 보았다.
31 윤명철, 「廣開土大王의 對外政策과 東亞地中海의 秩序再編」, 『廣開土好太王碑 硏究 100년』, 高句麗硏究會, 1997.
32 윤명철, 「高句麗前期의 海洋活動과 古代國家의 成長」, 『韓國上古史學報』18호, 韓國上古史學會, 1995.

마(馬) 800필과 화살 석노(石弩) 등을 보냈다. 물론 초피(貂皮) 등은 이미 동천왕 때도 오(吳)나라의 손권(孫權)에게 보낸 적이 있었다.

남조정권과 빈번하게 교섭을 하였던 고구려가[33] 탐라 지역을 전략적, 경제적으로 가치가 있는 지역으로 인식하였던 것은 당시의 국제환경으로 보아 가능성이 큰 일이었다. 이미 광개토대왕 연간에 신라와 가야의 내부까지 깊숙하게 공격하였던 고구려는 탐라의 존재와 가치를 인식하였을 것이다. 그러나 예실불의 말에서 보듯이 고구려는 점차 황해남부의 해상권을 장악해 가는 백제로 인하여 더 이상 탐라와 관계를 맺을 수 없게 된 것으로 보인다. 동성왕 대에 탐라를 정벌하기 위하여 무진주(武珍州)까지 내려간 것은 탐라에 대한 영향력을 강화시키면서 동시에 고구려와의 관련성을 완벽하게 끊어놓고자 하는 목적도 있었을 것이다.

탐라는 신라와 비교적 늦게 교섭을 시작하였다.

주호가 진한(辰韓) 지역과 교류했을 가능성은 매우 크다. 하지만 삼국이 정립되고 난 후에 주호는 해양지리적인 여건상 마한 지역을 차지한 백제와 깊은 관련을 맺었으며, 진한 지역을 차지한 신라와는 관계가 별로 없었던 것으로 추정된다. 신라는 상대적으로 해양능력이 약한데다가 동해 남부에 치우쳐있으므로 주호의 해양세력과 접촉하기가 힘들었을 것이다.

그런데 『영주지(瀛洲誌)』에 따르면 고을나의 15대 손인 고후(高厚) · 고정(高淸) · 고계(高季)의 3형제는 탐진(耽津)을 거쳐 신라에 입조 하였으므로 왕이 고후에게는 성주(星主), 고청에게는 왕자(王子), 고계에게는 도내(都內)의 작위를 수여하였고, 국호를 탐라(耽羅)라고 명명하였다고 한다. 그런데 정확하게 시대를 기록하고 있지 않으며 다만 성시(盛時)라고 하였다.

---

33 윤명철, 「長壽王의 南進政策과 東亞地中海 力學關係」, 『高句麗 南進經營硏究』, 백산학회, 1995.

탐라가 신라와 본격적으로 교섭을 한 것은 7세기 중반 이후이다. 그런데 탐라가 당시에 급박하게 전개되던 국제질서에서 나름대로 역할을 했으며, 신라와도 어떤 형식의 관계가 맺어졌다는 것을 추정할 수 있는 기록이 있다. 즉 『삼국유사(三國遺事)』의 황룡사 9층탑조에는 해동의 명현인 안홍(安弘)의 작인 『동도성립기(東都成立記)』를 인용하여 선덕여왕 때 9층탑을 세우는 중요한 목적이 9한(韓)의 침입을 막는데 있다고 하면서 9한을 열거하고 있는데, 제4층에 탁라(托羅)를 배열하고 있다.[34] 탐라를 인식하는 데에 비교적 비중을 두고 있음을 알 수 있다. 적대관계이던지, 우호관계이던지 간에 신라에게는 중요한 존재였음을 짐작하게 한다. 그 후 소위 삼국통일전쟁이 발생하고 나서, 신라의 승리가 확정된 후에 탐라는 신라에 복속되었다. 이 전쟁에서 탐라는 소극적이지만 백제의 편을 들었으나 신라의 승리로 끝이 나면서 백제본기에 따르면 662년인 문무왕 2년 2월 6일에 탐라국주(耽羅國主)인 좌평 사동음진(佐平 徒冬音津(一 作津))이 와서 항복한 것이다.[35]

그런데 문무왕 19년인 679년에 사자를 탐라국에 파견하여 경략하였다는 기록이 나온다.[36] 이를 보면 처음부터 신라에 완전하게 복속되었던 것이 아님을 알 수 있다. 특히 당시는 신라와 일본과의 관계가 우호적이지 못했던 시기였다. 경덕왕(景德王) 16년에 강진은 동음현(冬音縣)에서 탐진(耽津)으로 변개하였다. 이를 보면 이 시기에 약간의 관계변화가 있을 것으로 추정된다. 그 후 시간이 흐른 다음에 801년인 애장왕(哀莊王) 2년 10월에 탐라국이 사자를 보낸 기록이 나온다.[37] 신라에 복속되었다고 하나 이처럼 신라조정에 조공을 바치거나 한 일이 별로 기록되지 않은 것으로 보아 어느 정도

---

34 『三國遺事』권3 塔像 4.
35 『삼국사기』권6 신라본기 문무왕 상.
36 『삼국사기』권7 신라본기 문무왕 하.
37 『삼국사기』권10 신라본기 애장왕 2년.

의 독립성을 유지한 것을 알 수 있다.

탐라에서 신라로 왕래할 때 사용한 항로는 특별한 것이 없이 남해의 연해를 이용하여 사천, 김해 등 남해안에 닿았거나 울산이나 포항 등 금성(金城, 경주) 외항(外港)에 도착하는 것이었을 것이다. 그런데 장보고가 활동했던 시대를 전후하여 당나라에 거주했던 재당신라인(在唐新羅人)들이 당에서 일본열도를 오고 갈 때 이 탐라(제주도)를 경유했을 가능성이 매우 높다. 제주도의 남쪽에는 법화사(法花寺)가 있었다. 이 법화사는 당시 장보고가 산동의 적산에 세웠던 법화원(法花院)과 동일한 의미와 가능을 가진 것으로 여겨진다. 즉 신앙의 중심지일 뿐 아니라 무역상인들의 중간 기착지이며, 상품의 보관소이기도 하였다.[38] 현재 발굴이 진행되고 있는 법화사가 있는 대포(大浦)는 과거에 당포(唐浦)로서 당에서 일본으로 가는데 경유하기에 걸맞은 항구이다. 현재 남서쪽인 안덕면 청천리에 있는 당포항은 중국 등의 어선들이 피항하는 곳이기도 하다. 그뿐만 아니라 장기적으로, 원양항해를 할 경우에는 물, 식량 등 보급품을 얻는 장소로도 중요하였다.

엔닌이 저술한 『입당구법순례행기(入唐求法巡禮行記)』에 따르면 장보고가 생존했던 당시에 절강에는 장지신(張支信)이라는 대항해가 일본을 오고 갔다.[39] 그는 물론 탐라를 자신의 놀랄만한 항해에 이용했을 것이다. 고려시대에는 일본에서 관인·승려·속인 등이 송나라로 들어가다 표류하여 일부인 265명이 군산(群山)·추자(楸子) 두 섬에 피했던 적이 있었다.[40] 이는 제주도권을 경유하여 중국 지역을 가는 소위 남로(南

---

[38] 金文經, 「張保皐와 法花三寺」, 『신해양시대 제주도 국제자유도시 건설에 따른 법화사지 복원의 현대적 의미』, 제주 불교사회문화원, 2000, p.25.
[39] 절강지방에서의 신라인들의 활동 및 이 부분에 대해서는 金文經, 「7~10世紀 新羅와 江南의 문화교류」, 『중국의 江南社會와 韓中交涉』, 집문당, 1997 및 「張保皐시대의 해상활동과 교역」, 『한중문화교류와 남방해로』, 국학자료원, 1997 등 참고.
[40] 『高麗史』권25 원종 4년조.

路)와 관련이 있는 항해이다.

애장왕 이후에는 탐라가 신라의 역사에서 등장하지는 않는다. 이를 보면 역시 고구려 백제와 마찬가지로 신라 또한 탐라를 일정한 정도의 독립적인 성격을 지닌 국가로 본 것 같다. 하지만 용담동 유적, 고내리 유적에서 통일신라시대의 토기(灰色陶器)들이 다량으로 발견된 것을 보면 문화적으로 교류가 깊었음을 알 수 있다. 특히 용담동 유적의 토기들은 제사용에 사용된 것으로 보인다.[41]

탐라는 일본열도와도 관계가 깊었다.

삼국지 등에서 주호를 설명하면서 한(韓)과는 언어가 다르고, 종족이 다르며 습속 또한 같지 않다고 기록하고 있다. 주호로서 소국이었을 당시에 당시 현재의 쓰시마인 쓰시마국(對馬國), 이끼섬인 일기국(壹岐國), 그리고 크고 작은 규슈일대의 소국들과 함께 대국인 야마대국과도 교류를 하였다. 이미 진한·변한·마한이 왜국과 교류를 하고 있었고, 주호는 이들 진한 등과 교역을 하였다. 그렇다면 주호와 왜의 소국들이 교류했을 가능성은 매우 많다. 제주도와 쓰시마는 255km이다. 거리 수는 멀지만 물길로는 좋은 편이다.

『영주지』에 따르면 3성혈에서 나온 고·양·부 3인은 동해의 벽랑국(碧浪國)에서 온 자니(紫泥)로 봉한 목함(木函)에서 나온 삼신녀를 맞아 혼인을 하였는데, 이 벽랑국은 일본이라고 알려져 있다. 한편 『동문선(東文選)』에 실린 「성주 고씨가전(星主高氏家傳)」에도 역시 3신인이 일본국의 딸 3인과 혼인했다고 기록하고 있다. 그렇다면 사서의 기록과는 무관하게 제주도 지역과 일본열도 간에 교섭이 있었을 가능성이 크다. 그 후에는 야마도(大和)정권과 교섭을 했다.

『일본서기』에 따르면 제명(齊明) 7년인 661년에 월주(越州)에서 귀국하던 배가 표

---

[41] 康昌和, 「용담동 제사유적, 고내리 유적」, 『耽羅, 歷史와 文化』, 제주사정립사업 추진위원회, 1988, pp.68~70.

류하여 탐라에 도착했고, 이들을 귀환시키면서 왕자 아파기(阿波伎) 등을 보내었다고 되어 있다. 즉 당나라에 갔던 제4차 견당사는 현재의 절강성 지역인 월주(越州)를 출발하여 귀국하다가 표류를 하여 일부 일본인들이 탐라도(耽羅島)에 닿았다. 주민들은 그들을 환대하였고, 귀국할 때에 왕자인 아파기가 배와 함께 이들을 데려다 주고 조정에 봉진하였다. 이는 백제의 멸망과정을 지켜보고, 나름대로 격동적으로 변해가는 국제관계 속에서 자구책을 모색하기 위한 시도로 판단된다. 이 무렵 왜국 조정은 백제를 돕기 위하여 군사파견 등 다양한 전쟁준비를 하고 있는 도중이었다.

『일본서기』에 따르면 그 후로도 탐라는 665년부터 매년 거르지 않고, 667년까지 왕자 등 사신을 파견하였고, 669년에도 왕자를 다시 보내었다. 그 후 674년, 676년, 693년까지 2~3년 만에 한번씩 왕자 등의 사신을 파견하였다. 그 후 양 지역 간에 교류한 흔적은 전혀 나타나지 않는다. 그런데 그 무렵 양 지역 간의 교섭은 오히려 일본측의 필요에 따라서 이루어졌을 가능성도 있다. 그리고 『속일본기(續日本記)』에는 당에 사신으로 파견된 사신이 귀국하다가 표류했다는 기록이 있다.

탐라는 현재 오키나와 지역인 유구국(琉球國)과도 교류가 있었다. 본도의 나하(那覇)에서는 오수전 등이 발견되었는데, 이는 규슈 서부 지역과 관련이 있다고 하지만, 동일한 오수전이 제주도에서 발견되고, 바다에서 교역을 했다는 주호의 존재로 보아 제주도와의 연결도 가능하다. 특히 주목할 만한 사실은 오키나와에서 빗살무늬토기들이 발견되고 있다는 것이다.

『삼국지』 등에 기록된 주호의 주민에 대한 표현 가운데 문신의 습속을 말하고 있다. 『고려사』에 고려가 제주 혹은 유구국과 교섭한 사실들이 많이 나타난다. 이는 해양환경이 그것을 가능하게 했기 때문이다. 『고려사』에는 귤 등 남방식물의 재배[42]가

---

42 『고려사』 권7 문종 6년 기사를 보면 탐라가 해마다 귤을 바쳤음을 알 수 있다.

있었음을 기록하고 있다. 남제주군(南濟州郡)의 표선면 토산리(表善面 兎山里) 여드렛당에서 모시는 뱀 숭배 신앙은 『탐라지』, 『탐라기년』, 『남사록』 등에 기록되어 있다. 오키나와 등지에서는 지금도 확인할 수가 있는 남방계의 전형적인 신앙이다. 특히 차귀당신 같은 것은 멀리 남방에서 온 뱀신이라고 한다. 그 외에도 제주도에 남아있는 남방문화의 흔적은 적지 않다. 이는 자연조건이 남방에서 제주도까지를 이어주고 있기 때문이다. 유구국의 왕세자가 일본이 침공해 올 때 포로로 잡혀간 왕을 구하기 위하여 가다가 폭풍우로 제주도에 표착하였는데, 제주목사가 이들을 죽이고 보물을 빼앗은 일이 있었다. 『광해군일기』와 『단랑패사』의 유구왕세자편에 나오는 이야기이다.

반면에 제주도에서 오키나와로 가는 것도 가능하였다. 제주도 출신의 장한철(張漢喆)은 표류해서 오키나와 남쪽의 호산도(虎山島)까지 갔다. 숙종 2년에 역시 탐라인 20명이 풍랑에 밀려 나국(瑯國)으로 들어가서 모두 피살되고, 3명 만이 탈출하여 송나라로 갔다가 귀환한 일이 있다.[43] 이때 나국의 위치는 정확하게 알 수 없으나 현재 오키나와나 대만과 가까운 지역으로 추정된다.

3. 제주도를 거점으로 한 항로

제주(濟州)를 거점(據點)으로 하는 항로(航路)는 출발항구와 도착항구를 이어주는 단선의 항로가 아니라 다양한 항로의 중간에 있는 경유항로이다. 동아지중해의 핵심에서 작지만 매우 효용성 있는 해양센터의 역할을 하는 것이 제주도이다. 254만 km²의 넓이는 고대의 해양소국가로서는 충분한 크기이다. 육지와 가까운 것이 아니라 바

---

43 『고려사』 권11 숙종 2년.

다 한가운데 있어서 상대적으로 독립성을 강하게 유지할 수 있었다.

또한 항해조건이 매우 좋았다. 해발 1,995m의 한라산은 시인거리(視認距離)가 약 100마일이나 되었다.[44] 주변 해역을 항해하는 선박들에겐 자기 위치를 측정하고, 항로를 결정하는 데 매우 이상적인 등대의 역할을 했다. 또한 지리적으로 보아도 북으로는 한반도 남부, 남으로는 오키나와의 여러섬들, 서로는 중국의 산동성(山東省)·강소성(江蘇省)·절강성(浙江省) 등과 마주하고 있다. 그리고 동으로는 쓰시마 및 고토열도 일본열도와 해양으로 연결되고 있다. 육지들로 둘러싸인 바다 한가운데에 있는 유일한 섬으로서 중간 정거장 기능을 할만한 곳이다. 이러한 조건은 바다 한가운데에서 태풍 폭풍 등을 만나 대피해야 할 경우에 피항지로서 가장 적합한 곳이기도 하다. 현재 남서쪽인 안덕면 청천리에 있는 당포항은 현재도 중국 등 어선들이 피항하는 곳이기도 하다. 그뿐만 아니라 장기적으로, 원양항해를 할 경우에는 물, 식량 등 보급품을 얻는 장소로도 중요하였다.

해류와 계절풍을 합리적으로 이용할 경우에는, 혹은 특별한 계절에는 제주도의 주변 가까운 해역을 항해할 수밖에 없다. 필리핀 북부에서 발생하여 동북상하는 쿠로시오와 봄여름에 걸쳐 부는 남풍계열의 계절풍을 활용하면 동남아시아·오키나와·중국의 절강 이남 등에서 제주도나 한반도 남부까지 항해가 가능하다. 때로는 동력이 없이도 무의지로 표류하여 오는 경우도 있다. 그리고 제주도를 경유하여 사방으로 항해할 수가 있다. 이러한 해양환경과 역사적인 상황을 고려할 때 제주도를 거점으로 하는 항로는 매우 다양할 수밖에 없다는 사실을 알 수 있다.

제주 거점항로는 다음과 같다.

---

44 시인거리는 바다에서 자기 위치를 확인할수 있는 거리로서 눈높이를 7m로 하여 필자가 계산했다.

1) 환황해 연근해항로

　동아지중해에는 이미 선사시대부터 해양활동이 활발했다. 특히 환황해권은 산동 · 요동 · 압록강 하구 유역을 중심으로 5,000~7,000년 전부터 조선술과 항해술이 발달하여 지역 간의 교류가 이루어졌다.[45] 단동(丹東)의 후와(後注)유지 아래층(6,000년 이상 된 곳)에서 배모양의 도기(陶器, 舟形도기) 3개가 발견되었다.[46] 물론 다른 지역도 초보적인 형태로나마 해양문화가 발달했고, 소규모 지역간의 교류가 이루어졌다. 그러다가 점차 수준이 높아지고 활동범위가 넓어지면서 결국은 기원을 전후로 한 시기에 이르면 환황해전체를 하나의 원(circle)으로 연결하는 권이 형성되었다.[47]

　산동반도 · 묘도군도(廟島群島) · 요동반도 남단 · 서한만 · 대동강 하구 · 경기만 · 한반도 서남해안 · 한반도의 남동해안 · 쓰시마 · 일본열도로 이어지는 황해의 동안, 즉 서해의 연근해를 항해하는 항로이다. 이 항로는 얼마나 유기적이고 조직적이었는지는 분명하지 않지만 시대가 내려오면서 더욱 빈번하게 사용된 동아지중해의 기본 항로였다. 다만 시대에 따라, 또는 항해 내지는 교류 주체에 따라 출발항구와 경유항구, 도착항구 등이 차이가 있었을 뿐이었다. 예를 들면, 대동강 하구를 출발하여 황해 연안을 따라 남항하는 항로는 청동기 문화의 분포권에서 확인되듯이 이미 빈번하게 사용되었다. 특히 고조선의 마지막 왕인 준왕(準王)은 자신이 지지세력을 거느리고 남쪽으로 이주하여 한왕(韓王)이 되었다. 준왕(準王)의 남천과 남쪽 지역에서의 국가적 성

45　汶江,『古代中國與亞非地區的海上交通』, 四川省 社會科學院 出版社, 1989, p.6. 內藤雋輔 역시 濱田박사의 고고학적인 해석을 수용하여 남만주와 요동반도 사이에 항로가 있었다고 주장을 하고 있다(『朝鮮史研究』, 東洋史研究會 刊, 1962, pp.378~378에서).
46　孫光圻 著,『中國古代海洋史』, 海洋出版社, 1989에서는 pp.34~36까지 중국 지역에서 발견된 선사시대 통나무배(獨木舟) 유적지 일람표가 있다.
47　이 부분에 대해서는 尹明喆,「黃海文化圈의 形成과 海洋活動에 대한 연구」,『先史와 古代』11호, 한국고대학회, 1998, p.142 및 p.152 등 참조.

장은 일정한 해양세력의 토대가 없어서는 불가능한 일이다.

『삼국지』 동이전 한전(東夷傳 韓傳)에는 준왕(準王)과 관련된 다음과 같은 기사가 나온다.

"……將其左右宮人走入海 居韓也, 自號 韓王……"

이 기사에 따르면 준(準)은 항해를 통해서 한반도 남부의 어떤 지역으로 들어간 것은 틀림이 없다.[48] 이들은 서해연안을 따라서 항진(航進)을 했을 것이다. 그런데 서해안은 기본적인 연안항해를 한다 해도 초행자들에게는 결코 용이한 지역이 아니다. 그렇다면 준왕(準王)이 선택했던 항로는 이미 개발되어 일상적으로 사용됐을 가능성이 크다. 이후에 위만조선이 한(漢)과 삼한(三韓) 지역 사이의 통교를 방해했다고 한 사실은 이미 그 전부터 황해연안항로, 혹은 근해항로를 통해서 인문(人文)의 이동이 활발했었다는 사실을 훌륭히 반영한다.

그 후에는 물론 삼한 소국들과 왜국·낙랑·대방 등이 사용하였다. 한전(韓傳) 변진조에 나타나는 기사들은 이들 소국들이 특히 철을 매매하였음을 알려준다. 이때 사용한 항로 가운데 하나가 이 항로이다. 『한서』 지리지(地理志), 『후한서』 제기편(帝紀編), 『삼국지』 동이전 등에 따르면 일본열도에는 B.C. 2세기 무렵부터 100여 개의 나라가 있었고, 조금 지나서는 한(漢)과 통하고자 한 나라가 30여 국에 달한다고 하였다. 당시의 수입품 중에는 전한경(前漢鏡), 후한경(後漢鏡) 등이 있으며 관옥(管玉), 곡옥(曲玉) 등이 적지 않은 것으로 보아 교역의 양을 짐작할 수 있다. 문헌자료와 고고학적 유물을 볼 때 양 지역 간의 교류는 활발했던 것으로 보인다.[49]

---

48 準王의 도착지점에 대해서는 그동안 여러 견해가 나왔다. 그런데 최근 전영래는 錦江文化圈이라는 靑銅器 文化圈을 설정하여 준왕의 도착지점을 금강 유역으로 강하게 시사하고 있다. 한편 이기동은 『마·백』 10에서 내포연안을 주장하고 있다.
49 王仲殊, 『中國からみた古代日本』, 桐本東太 譯, 學生社, 1992 참고.

그런데 이 시기 일본열도에서 중국의 한(漢)이나 위(魏) 등과 교섭을 하고자 할 때 그들이 반드시 거쳐야 할 길은 한반도 서해연안을 거슬러 올라가서 요동만(遼東灣)을 거쳐 들어가는 길밖에 없을 것이다. 더욱이 야마다이국의 수장인 히미코(卑彌乎)는 239년에 '친위왜왕(親爲倭王)'이라는 칭호를 받고, 247년에는 위에 사신을 보냈다. 히미코를 이은 이요(壹與)도 266년에 서진(西晋)에 사자를 보냈다. 이들은 황해 연근해항로를 이용할 수밖에 없다. 물론 중국 지역과 직접 교섭했을 가능성도 있다. 하지만 당시의 항해술 수준으로 보아 가장 합리적이고 안전한 항로는 역시 한반도 서안(西岸)을 이용하는 길이다.[50] 『위서』 왜인전에 기록된 그 당시 왜로 가는 수행(水行)의 길을 보면 한반도의 서해안을 경유하여 가는 것을 볼 수 있다.[51]

이 항로는 부분적으로 고구려·백제·가야, 그리고 후에 신라가 활용하였다. 『수서(隋書)』에는 일본을 오고갈 때 제주도를 남쪽으로 보고 항해했다는 기록이 있다.[52] 일본의 견수사 및 견당사들은 이 항로를 부분적으로 이용했을 것이다. 특히 장보고 선단들은 청해진을 중간거점으로 삼아 황해연근해항로를 장악하였으므로 이 항로의 실질적인 주인이었을 것이다. 후에는 고려 등이 사용했다. 물론 제주도가 항상 이 항로의 주요한 거점 지역은 아니었을 것이다. 하지만 경유지이거나, 기항지로서 매우 중요한 기능을 하였을 것이다.

---

50 이 부분에 대해서는 졸고, 「西海岸 一帶의 海洋歷史的 環境에 대한 檢討」 참고.
51 『三國志』 魏志 東夷 倭人傳에는 韓半島 西海岸을 떠나 南海岸을 거쳐 日本列島에 닿아 야마다國까지 가는 길과 거리 수, 그리고 거쳐야 되는 小國들을 명시해 놓았다. 왜인전에 나타난 行程에 대해서는 松永章生, 「魏志 倭人傳 行程」, 『東アジアの古代文化』 秋53號, 大和書房, 1987.
52 '使於倭國 度百濟行之竹島 南望 身繹羅國……', 『隋書』 열전 倭國傳.

2) 동중국해 사단항로

이 항로는 중국 절강지방의 중요한 항구, 예를 들면 영파(寧波)나 그 외항인 주산군도(舟山群島)의 섬들을 출발하여 동중국해를 동북방향으로 사단한 다음에 제주도를 경유하거나 기항한 다음에 일본방면이나 한반도의 각 지역으로 항해하는 항로이다. 절강과 제주도 간의 계절풍, 해류의 흐름 등 자연조건을 이용하면 봄, 여름에는 강남지

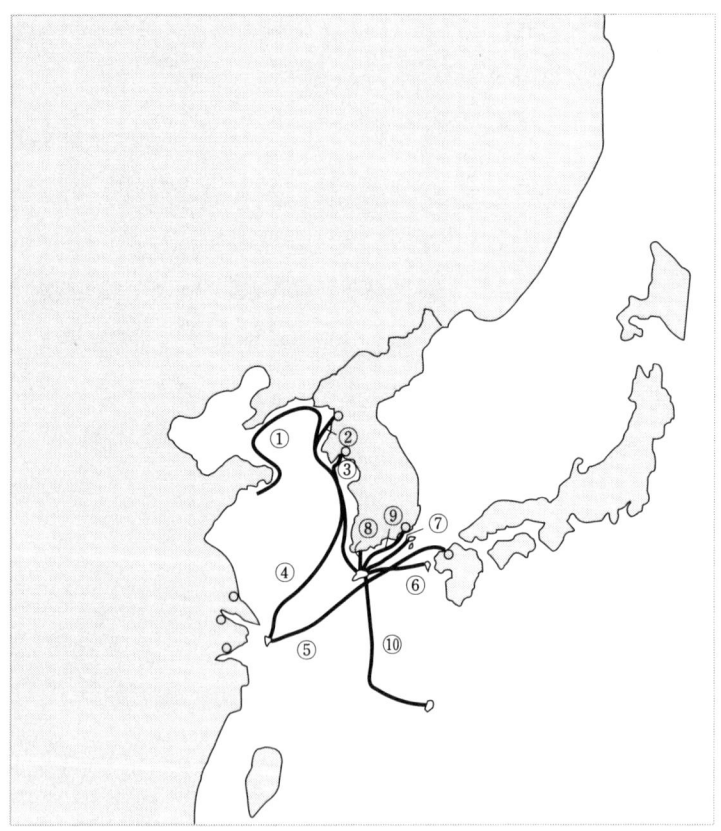

| 그림 1 | 제주도 거점 동아중해항로도

방에서 제주도까지 항해가 가능하다. 뿐만 아니라 제주도는 한국과 강남지방을 오고 가는 항해자들이 들르고 선박들이 거쳐가는 정거장의 구실을 했다. 한라산(1950m)은 높아서 원양항해를 할 때에 선박의 위치를 확인하는 물표가 되기 때문이다. 그러므로 그 다음에 청해진으로 들어가거나, 직접 한반도 남해안의 연근해항로를 이용하여 신라의 남해(四川)나 동해(蔚山)부근으로 항해한다.

한편 절강성이나 복건성 등에서 표류하면 흑산도나 제주도에 표착한다『수서』와 『삼국사기』에는 수나라의 전선이 탐모라국에 표착한 사실을 기록하고 있다.[53] 그 전선은 항해 의도와는 상관없이 이 항로를 따라 도착했을 것이다. 그 후에 신라의 상인들, 고려와 송간에 이루어진 시신선의 왕복이나 상선들도 이 항로를 이용하였다. 필자는 1997년 6월 필자의 역사해석 모델인 '동아지중해론'을 입증하고, 강남지방과 한반도와의 문화교섭 가능성을 실증하기 위하여 황해뗏목 탐사를 실시하였다. 절강성의 주산(舟山)군도를 출발하여 흑산도를 목표로 항해하던 우리 탐험대는 결국 6일만에 제주도를 보게 되었고, 다시 북상하여 흑산도에 도착하였다.[54]

이 사실은 양 시역 간의 교섭이 선사시대부터 있었을 가능성을 입증하면서 동시에 제주도가 한·중 남방항로 상에서 매우 주요한 거점이라는 필자의 설을 입증하였다. 또 절강의 주산군도는 장우신(張友信) 등 재당(在唐) 신라인들의 선단이 활동하던 지역이었으므로 장보고 세력은 제주도를 국제해상활동의 중요 거점으로 삼았을 것이란 추정에 확신을 갖게 하였다. 앞으로 제주도에서는 장보고와 관련된 유적·유물들이 발견될 가능성이 많다고 생각한다. 그런 의미에서 법화사(法花寺)터나 당포(唐浦) 등은

---

53 『삼국사기』에는 耽牟羅國으로 기록하고 있으나 수서에는 聃牟羅國으로 되어 있다. 그런데 삼국사기가 수서를 잘못 전재하였으며, 수서에 기록된 聃牟羅國은 제주도가 아니라 대만이라는 견해가 있다(소진철,「『수서』의 백제 부용국 聃牟羅國은 어디?」,『博物館紀要』, 단국대학교 석주선박물관, 1999).
54 윤명철,「황해의 지중해적 성격연구」,『한중문화교류와 남방해로』, 국학자료원, 1997.

앞으로 체계적으로 조사할 필요성이 많다.

한편 가을부터 겨울을 거쳐 초봄까지는 역으로 제주도에서 강남 쪽으로 항해가 가능하다. 조선시대 최부(崔溥)는 제주도에서 육지로 가다가 흑산도 근해에서 폭풍을 만나 절강성 영파(寧波)에 다다랐던 경험을 『표해록(漂海錄)』에다 기록하고 있다. 그런데 남해나 서해남부에서 표류한 선박들은 대부분 절강지방에 도착하고 있다. 고려시대에는 탐라에서 송의 영토로 표류한 사실들이 자주 나타나고 있다.[55] 그 직후인 예종 때에는 진도(珍島)에서 제주로 가다 표류하여 송의 명주로 표착하기도 하였다.[56] 이러한 예는 매우 많이 나타나고 있다.

한편 또 하나의 동중국해 사단항로가 있었다. 절강 또는 복건지방과 일본열도를 잇는 항로이다. 이 항로는 비교적 원거리이고, 원양항해를 해야만 하는 해역이 넓다. 그래서 가능하면 제주도는 항법상으로 보아 경유하거나, 항로관측에 필수적인 지역으로 이용했을 것이다.

『수서』에는 일본을 오고가는 사신들은 남으로 제주도를 보면서 항해하였다고 하였다.[57] 일본과 당나라를 오고가는 사신들도 마찬가지였다. 이는 제주도가 한반도 서남해안과 일본열도 사이에 이루어진 항해에서도 동일한 역할을 하였음을 알려준다.[58] 그러나 시대가 변하면서 이 항로는 신라와의 관계가 우호적일 때만 사용할 수 있었다.

신라와 일본은 물론 때때로 교섭하면서 우호적일 경우도 있었지만, 기본적으로 갈등관계였다. 성덕왕 때에 양국 간에는 빈번하게 사신들이 오고갔으나, 경덕왕을 전후한 시기에는 갈등이 불거져 신라는 사신을 받아들이지 않았으며,[59] 일본 역시 신라

---

55 『고려사』권11 숙종 4년 등.
56 『高麗史』권13 예종 8년.
57 『隋書』권81 倭國傳.
58 윤명철, 「제주도를 거점으로한 고대 동아지중해의 해양교섭에 관한 연구」, 『신해양시대 제주도 국제자유도시 건설에 따른 법화사지 복원의 현대적 의미』, 제주 불교사회문화원, 2000. 제주도의 해양문화적 역할과 주변 각 지역과의 항로가 기술되어 있다.

사신들을 입경시키지 않고 '방환(放還)', '방각(放却)'을 다섯 번 가운데 네 번이나 시켰다. 이로 인하여 신라는 신라정벌론을 수립하고, 이를 성공시키기 위해 발해를 끌어들이려는 외교적 전략을 구사하기도 하였다.[60]

이렇게 신라와 갈등을 벌일 때에는 일본은 비록 위험하지만 제2, 제3의 항로를 이용할 수밖에 없다. 제2의 항로인 남로(南路)는 북로와 출발항구가 똑같았다. 그러나 서쪽으로 나아가다가 고토열도의 북의 지카노시마(値嘉島)에 닿은 다음에 남하하여 상자전(相子田), 하원포(河原浦)를 기항하였다가 바다로 나가 동중국해를 횡단하여 절강성의 해안에 닿은 다음에 다시 양자강구로 들어가는 항로이다. 그런데 중간에 제주도를 중요한 물표로서 활용하는 것이다.

고토열도 북부의 우구도(宇久島), 소치하도(小値賀島)에서는 가을날의 쾌청한 날에 한반도의 서남부의 해상에 있는 제주도의 한라산을 보는 것이 가능하다.[61] 이 항로는 비교적 원거리이고, 원양항해를 해야만 하는 해역이 넓다. 신라인들이 사용한 동중국해 사단항로와 부분적으로 일치하는 해역이 넓다. 그래서 가능하면 제주도는 항법상으로 보아 경유하거나, 항로관측에 필수적인 지역으로 이용했을 것이다. 물론 이 항로도 위험해서 표류를 한 일이 여러번 있었다.

609년에는 80여 명의 백제인을 실은 백제선 한 척이 구마모도 해안에 표류한 적이 있었다. 이들은 양자강 유역의 오(吳)지방에 파견되었다가 전란으로 입경하지 못하고 돌아오다 폭풍을 만나 표류하다 도착한 것이다.[62] 이때도 역시 제주도권을 통과하였을 것이다. 『일본서기』에 따르면 제명(齊明) 7년인 661년에 월주(越州)에서 귀국하던 배

---

59 『三國史記』권9 신라본기 景德王 원년, 12년.
60 韓圭哲, 『발해의 대외관계사』, 신서원, 1995, pp. 200~202.
61 江坂輝彌, 「朝鮮半島南部と西部九州地方の先史原史時代について--交易と文化交流」, 『松阪大學紀要』 第4, 1986, p.7.
62 『일본서기』推古 17년.

가 표류하여 탐라에 도착했고, 이들을 귀환시키면서 왕자 아파기(阿波伎) 등을 보내었다고 되어 있다. 즉 당나라에 갔던 4차 견당사는 현재의 절강성 지역인 월(越州)를 출발하여 귀국하다가 표류를 하여 일부 일본인들이 탐라도(耽羅島)에 닿았다. 주민들은 그들을 환대하였고, 귀국할 때에 왕자인 아파기가 배와 함께 이들을 데려다 주고 조정에 봉진하였다.

남로는 777년 6월에 처음 사용하였다. 4척이 출발하였는데, 고토열도에서 바람을 기다리다가 출발하여 성공하였다. 그러나 귀국할 때에는 성공하지 못하였다.

그런데 대당신라인들을 포함한 범신라인들은 제주도를 활용하는 항해를 하였을 것이다. 장보고가 생존했던 당시에 절강에는 장우신(張友信)이라는 대항해가가 일본을 오고갔는데,[63] 그는 물론 제주도를 자신의 놀랄 만한 항해에 이용했을 것이다. 고려시대에는 일본에서 관인, 승려, 속인 등이 송나라로 들어가다 표류하여 일부인 265명이 군산(群山)·추자(楸子) 두 섬에 피했다.[64] 이 사실은 동중국해 사단항로에서 제주도가 가진 위치를 알려준다.

3) 제주도~오키나와항로

이 항로는 제주도와 현재 오키나와 사이를 오고가는 항로로서 왕복하는 항로에 차이가 있다. 앞에서 언급한 대로 늘 동북상하는 쿠로시오와 봄철에 남서방향으로 부는 계절풍을 활용하면 오키나와에서 제주도로 오는 것은 어려운 편이 아니다.

---

[63] 절강지방에서의 신라인들의 활동 및 이 부분에 대해서는 金文經, 「7~10世紀 新羅와 江南의 문화교류」, 『중국의 江南社會와 韓中交涉』, 집문당, 1997 및 「張保皐시대의 해상활동과 교역」, 『한중문화교류와 남방항로』, 국학자료원, 1997 등 참고.
[64] 『高麗史』 권25 원종 4년조.

『고려사』에는 고려가 유구국과 교섭한 사실들이 많이 나타난다. 이는 해양환경이 그것을 가능하게 했기 때문이다. 그 때 탐라국이었던 제주는 그 중간 역할을 하였다. 반면에 제주도에서 오키나와로 가는 것도 가능하였다. 고려 때에는 현종(顯宗) 20년에 탐라사람 21명이 폭풍으로 옷을 벗고 사는 온몸에 털이 난 사람들이 사는 동남쪽 섬에 표착하였다가 탈출하여 동북쪽으로 항해하다가 일본의 나사부(那沙府)에 닿아 귀환된 일이 있었다.[65] 숙종 때에도 2년에 탐라인 20여 명이 풍랑을 만나 나국(??國)에 표착 하였다가 세 명만이 간신히 탈출하여 송나라로 갔다가 귀환한 일이 있었다.[66] 이 사실은 이 항로의 사용이 가능하였음을 반증한다.

제주도 출신의 장한철(張漢喆)은 표류를 한 끝에 오키나와 남쪽의 호산도(虎山島)까지 갔다. 그의 표류담은 물론 성종 때에 기록된 몇몇 표류사실들을 보면 제주도와 오키나와는 아주 오래 전부터 교섭했을 개연성을 보여준다. 한편 『광해군일기』와 『단랑패사』의 유구왕세자편에는 유구국의 왕세자가 포로로 잡혀간 왕을 구하기 위하여 일본으로 가다가 폭풍으로 인하여 제주도에 표착하였는데, 제주목사가 이들을 죽이고 보물을 빼앗았나는 특이한 이야기가 실려있다.

이렇게 남방으로 표류한 다양한 사례들은 시기에 따라서는 발달된 항해술을 바탕으로 의도적인 항해가 가능함을 보여준다. 고려에 조공을 왔던 유구국의 사신들이 본국으로 돌아갈 수 있다는 사실은 고려 혹은 제주도가 유구 지역 사이에 공적인 항로가 있었음을 알려주는 증거이다.

---

65 『고려사』 권6 현종 20년.
66 『고려사』 권11 숙종 2년.

4) 제주도~일본열도항로

제주도는 서쪽으로 일본열도의 쓰시마 혹은 고토열도를 거쳐 규슈까지 가는 직접 항로를 가지고 있었다. 『일본서기(日本書紀)』에서 보이듯 탐라국은 때때로 일본열도의 국가와 독자적으로 교섭을 하였다. 또 『수서(隋書)』에는 일본을 오고가는 사신들은 남으로 제주도를 보면서 항해하였다고 하였다. 그것은 일본과 당나라를 오고가는 사신들도 마찬가지였다.

양 지역 간의 해양조건을 분석해보면 이미 역사시대의 이전부터도 교류가 가능했었을 것이다. 탐라는 일본열도와 일찍부터 교섭이 있었다. 『삼국지』 등에 주호가 나타나는데, 주호국은 당시 쓰시마국·일기국은 물론 규슈일대의 소국들과 교섭했을 가능성이 크다. 제주도와 쓰시마 간의 거리는 255km이다. 거리수는 멀지만 물길로는 좋은 편이다. 그래서 그런지 옛날부터 현재까지 사람들이 오고갔다. 성산포 등 제주도 동부 지역에서 쿠로시오(黑潮)와 바람 등을 활용하면 쓰시마나 규슈의 서북부 지역 혹은 고토(五島)열도까지 항해가 가능하다. 그래서 그 지역에서 우리 고대문화의 현상들이 발견되는 것이다. 쓰시마 북부의 사고(佐護) 마을에 있는 '오카리부네'라는 뗏목은 제주도의 테우와 동형이다.[67]

『영주지』에는 3성혈에서 나온 고·양·부 3인이 동해 벽랑국(碧浪國)에서 온 삼신녀와 혼인을 하였는데, 이 벽랑국은 일본이라고 알려져 있다. 역시 『동문선(東文選)』에 실린 성주고씨가전(星主高氏家傳)에도 3신인이 일본국의 딸 3인과 혼인했다고 기록하고 있다. 그렇다면 사서의 기록과는 무관하게 제주도 지역과 일본열도 간에 교섭이 있었을 가능성이 크다. 『일본서기』에 따르면 탐라는 665년부터 매년 거르지 않고, 667년

---

[67] 柴田惠司·鄭公炘,「濟州道と對馬の筏舟」,『韓國文化』 4-9, 1982.

까지 왕자 등 사신을 파견하였고, 669년에도 왕자를 다시 보내었다. 그 후 674년, 676년, 693년까지 2~3년 만에 한번씩 왕자 등의 사신을 파견하였다. 그 후 양 지역 간에 교류한 흔적은 전혀 나타나지 않는다. 『속일본기(續日本紀)』에 당에 사신으로 파견된 사신이 귀국하다가 표류했다는 기록이 있다.

고려 때에는 일본상인들이 폭풍으로 인하여 제주도에 표착한 사례가 있다.[68] 제주도에서 해류와 바람을 이용하면 규슈 서쪽의 아리아케해(有明海) 안이나 고토열도 등으로 도착할 수 있다. 고토열도는 지금 한가로운 섬들이지만 옛말에는 해적으로 유명했다. 이곳에서는 날씨가 맑은 날 한라산이 보인다고 한다. 그러니까 눈으로 보면서 제주도로 항해할 수 있는 것이다.

고토열도 지역에서는 표류물들이 많이 발견되는데 필자 역시 1983년 대한해협 뗏목탐험 도중에 이곳의 우구도까지 표류한 적이 있었다. 현지의 어민들에 따르면 얼마 전 까지도 뗏목을 타고 서해안, 제주도, 목포, 강진, 규슈 북부, 고토열도 사이에서 뗏목을 타고 다니며 고기를 잡기도 하였다고 한다.[69] 두 지역 간의 선사시대부터 있었을 가능성을 입증하기 위한 시도가 이루어졌다. 제주도의 채바다는 테우를 재현하여 제작한 천년호를 타고 1997년 9월 30일 북서풍과 해류를 이용해서 제주도의 일본항로 답사에 나섰다. 거센 파도와 풍랑을 겪으면서도 천년호는 평균 1노트의 속력으로 항해하여 출발 12일 만에 고토열도에 도착하였다. 이러한 사실들로 보아 제주도와 일본열도 사이에는 일찍부터 항로를 애용한 교섭이 있었음을 알수 있다.

---

68 『고려사』 권23 고종 31년.
69 江坂輝彌, 「朝鮮半島南部と西部九州地方の先史原史時代について-交易と文化交流」, 『松阪大學紀要』 第4, 1986.

5) 기타 제주도 거점항로

그 외에 제주도는 한반도의 서남해안 외양에 있으므로 황해와 남해 동해를 이어주는 중계지 기능을 하였다. 때문에 다양한 항로가 사용됐다. 육지로 건너가는 가장 가까운 강진항로가 있고, 경상도의 해안지방인 사천, 김해, 울산 등으로 상륙하는 남해안 항로 등이 있다.

4. 결 론

제주도는 그 동안 한민족의 역사에서 변방의 위치로 인식되어 왔다. 실제로 바다가 막힌 폐쇄회로였던 시대에는 조선조 이후에는 그러한 측면이 강했다. 그러나 고려시대나 그 이전시대에는 전반적으로 동아시아의 해양문화가 활발했으며, 그 시스템 속에서 제주도는 중요한 위치를 차지하였다. 필자는 서문에서 언급한 대로 동아시아 성격을 규명하는 하나의 모델로서 지중해적 성격을 부여하고 '동아지중해' 라는 용어를 만들어 사용하고 있다. 그 때 제주도는 '동아지중해의 중핵위치' 라는 해양지리적 조건을 갖추고 있다.

선사시대부터 현재에 이르기까지 대부분의 항로들은 제주도 해역을 거쳐갔으며, 특히 한반도 남부를 거쳐서 항해하는 선박들은 반드시 제주도의 한라산 등을 물표로 삼아 항해하였다. 그러므로 이른바 제주도는 방사상 형태로 뻗어가는 해양항로의 센터이었으며, 이 항로를 따라 형성되는 물류체계의 거점 지역이었다. 특히 우리민족사에서 가장 왕성하게 해양활동을 했던 소위 장보고 시대에 제주도는 중요하고 의미있는 거점역할을 하였을 것이다. 또한 독특한 지리적인 조건과 해양환경으로 인하여 사방에서 다양한 문화가 제주도로 들어왔으며, 일부는 제주도 문화의 영향을 받은 채 다른 지역으로 퍼져 나갔다. 21세기는 해양의 세기로서 물류, 외교, 군사의 대결이 바다에서 이루지는 비중이 높아지고 있다. 동시에 정체성과 다양성으로 압축되는 문화의 세기이기도 하다. 이러한 미래환경 속에서 제주도는 실질적으로나 상징적으로 21세기를 맞는 우리 민족에게 전망과 실천의 모델을 시사하고 있다.

09

迎日灣의 해양환경과 岩刻畵 길의 관련성 검토*

1. 서 언

우리역사의 기본성격을 이해하려면 역사의 터(장, field) 공간에 대한 정확한 이해를 토대로 구체적인 사건들을 해석하는 접근양식이 필요하다. 공간에 대한 오해는 동아시아역사를 해석하는 데서도 나타난다.

동아시아의 역사상은 1개의 나라라는 일국사(一國史)적, 혹은 나라와 나라 간의 관계인 각국사(各國史)적인 관점을 뛰어넘어 동아시아라는 세계적인 관점에서 파악해야 하며, 또한 우리역사는 여기에 일민족사적인 관점, 일문명사적인 관점에서 아울러 보는 시도가 필요하다. 우리역사가 속한 채 활동해온 보다 큰 단위인 동아시아는 아시아 대륙의 동쪽 하단부에 위치해 있으면서 대륙적(大陸的) 성격과 함께 해양적(海洋的) 특성을 가지고 있다. 즉 한반도를 중심축으로 일본열도와의 사이에는 동해(東海)와 남해(南海)가 있고, 중국과의 사이에는 황해(黃海)라는 내해(內海, inland-sea)가 있다. 또한 한

---

* 「迎日灣의 해양환경과 岩刻畵 길의 관련성 검토」, 『韓國 岩刻畵硏究』, 한국암각화학회, 2006.
이 글을 작성하는 데 일반적인 내용은 각주를 달지 않았다. 특히 해양과 관련해서는 주로 필자의 연구물들을 활용하였고, 그 글에는 자연과학적인 데이터에 대한 근거들을 확실히 하였음을 밝힌다.

반도의 남부와 일본열도의 서부, 그리고 중국지역의 남부(양자강 이남을 통상 남부지역으로 한다)는 이른바 동중국해(東中國海)를 매개로 연결되고 있다. 그리고 남북으로는 현재의 연해주 및 북방지역, 캄차카 반도 등이 해양을 통해서 우리 및 일본열도와 연결되고 있으며, 타타르해협을 통해서 동서로 두만강 유역 및 북부지역과 사할린, 홋카이도 또한 연결되고 있다. 즉 유럽지중해처럼 완벽하지는 않지만 비교적 지중해적 형태를 띤 소위 다국간 지중해(多國間 地中海, Multinational-Mediterranean-Sea)[1]에 해당한다. 이러한 지리적 환경 속에서 한민족과 한족(漢族) 그리고 일본열도의 교섭은 물론이지만 심지어는 북방족과의 교섭도 때때로 이 지역의 해양을 통해서 교류가 이루어졌다. 이러한 인식과 사실을 바탕으로 필자는 '동아지중해(EastAsian-Mediterranean-Sea)'란 모델을 설정하여 제시하였다. 특히 우리역사는 이러한 해석 틀 속에서 위치와 성격, 역할 등을 규명하기에 용이하다. 일본도 1990년대 말에 와서 새삼 동아시아의 지중해적인 성격에 주목하고, 국가전략의 입장에서 바라보는 정치학자들뿐 아니라 일반 역사학자들도 이에 대한 연구를 시작했다.[2]

우리의 역사적 공간은 고려 이전에는 소위 한반도 지역과 대륙의 일부, 그리고 광범위한 해양이었으며, 역사적 시간 역시 그러하고 세계관 또한 그러하다. 그러므로 대

---

[1] 동아지중해의 자연환경에 대한 검토는 윤명철, 「海洋條件을 통해서 본 古代韓日 關係史의 理解」, 『日本學』14, 동국대 일본학연구소, 1995 및 「黃海의 地中海的 性格硏究」, 『韓中文化交流와 南方海路』, 국학자료원, 1997, 기타 논문 참고

[2] 千田稔, 『海の古代史-東アジア地中海考-』, 角川書店, 2002. 그는 서문에서 1996~98년까지 국제일본문화연구센터가 '동아시아지중해세계에 있어서의 문화권의 성립과정에 대해서' 라는 연구를 수행하고 그 보고서로서 이 책을 출판한다고 쓰고 있다. 그리고 그들의 동아지중해는 남지나해, 동지나해, 일본해, 황해, 발해를 가리키는 용어라고 규정하고 있다. 또한 이미 오래전부터 남방해양문화에 관하여 연구를 해 온 國分直一의 예로 들면서 그는 동아지중해를 4개의 지중해로 구성한다고 하면서 오호츠크해, 일본해, 동지나해, 남지나해라고 하였다. 동아시아를 동아지중해라고 부르고 연구를 진행하는 또 다른 학자는 독일 뮌헨대학의 중국사전공자인 Angela Schottenhammer 교수이다. 그는 동중국해, 황해, 일본해를 "동아시아 지중해"라고 설정하고 있다. 2005년 1월 하순 국립민속박물관에서 발표할 때 토론을 맡았다.

류과 반도 해양 등 각 공간이 밀접하게 연관된 하나의 역사단위로 보는 '해륙사관(海陸史觀)'이 필요하다. 또한 동일한 공간, 유사한 공간, 관련성 깊은 공간은 단순하게 자연지리의 개념과 틀을 뛰어넘는 역사의 개념으로 보아야 하다. 즉 자체 생명력을 지닌 유기체로 보고, 통일체로 인식할 필요가 있다.[3] 예를 들면 소위 삼국시대에 고구려, 백제, 신라, 가야, 왜 등이 활동한 공간을 자연지리가 아니라 유기적이고 통일적인 역사공간으로 인식해야 한다. 그렇게 하면 반도사관을 극복할 수 있고, 지역적이었던 우리 역사를 통일적(統一的)으로 이해할 뿐 아니라, 자체(自體)의 완결성(完結性)과 복원력(復原力)을 지닌 유기체로서 우리역사를 파악하면서 실상에 접근할 수 있다.[4]

이러한 몇 가지 문제의식 속에서 동해권의 해양문화를 이해하고 발굴하는 일은 매우 의미있다. 동아시아 및 우리역사의 중심부는 황해였고, 일본열도와의 교류는 주로 남해로 인식하였으므로 동해는 역사상에서 상대적으로 소홀히 하였다. 그러나 근대에 들어와 동해의 현실적인 중요성이 부각됨과 함께 동해주변지역이 동아시아 역사에서 차지한 비중이 예상외로 컸음이 점차 밝혀지고 있다. 특히 일본은 이러한 필요성에 입각하여 일찍부터 동해와 관련된 문화현상 및 교류, 역사적인 활동에 대하여 연구를 거듭해왔다.

역사학은 늘 그렇듯이 연구에도 시대정신을 일정하게 반영하고 있으며, 때로는

---

3 필자는 역사에서 공간이 지니는 의미와 성격을 아래의 논문들에서 주장하고 있다.
윤명철, 「동해문화권의 설정 검토」, 『동아시아 역사상과 우리문화의 형성』, 한국학 중앙연구원 동북아고대사연구소, 2005, 6.
「동아시아 고대문명 네트워크의 현대적 부활을 위하여」, 『동아시아 문예부흥과 생명평화』, 세계생명문화포럼, 2005.
「東아시아의 海洋空間에 관한 再認識과 活用-동아지중해모델을 중심으로-」, 『동아시아의 공간관』 제28회 동아시아 고대학회 국제학술대회, 대마도, 동아시아 고대학회, 2006, 8.
4 윤명철, 「海洋史觀으로 본 한국 고대사의 발전과 종언」, 『한국사연구』 123호, 한국사연구, 2003 ; 「한국사 이해를 위한 몇 가지 제언」, 『한국사학사학회보』 9집, 한국사학사학회, 2003 ; 「한국 고대사 연구의 반성과 대안」, 『단군학 연구』 11, 단군학회, 2004, 9.

시대가 절실하게 요구하는 내용도 담아내려는 자세가 필요하다. 이제 동해가 우리의 현재와 미래 속으로 다가오고 있다. 동해문화의 발굴과 복원이 필요한 시점이다. 이러한 입장에서 암각화는 동해문화권과 관련하여 매우 중요하다고 생각한다. 하지만 필자는 연구영역이 아니므로 암각화의 기원, 범주, 전파경로에 대해서는 공부한 바가 없으며, 다만 동해의 해양문화와 어떠한 연관성을 가지고 있으며, 전파의 길을 추적할 수 있는 단서를 해양환경과 관련하여 살펴보고자 한다.

2. 동아시아의 해양환경

해양문화의 성격을 규정하는 데 중요하고 1차적인 요소는 해양 그 자체의 자연적 성격이다. 이것을 토대로 역사적 성격이 형성되기 때문이다.[5] 같은 해류의 흐름은 항해술이나 조선술 등 인간의 의지 혹은 문화발전과는 관련없이 인간과 문화를 일정한 장소에서 일정한 장소로 이동시켜 준다. 동아시아의 해양은 쿠로시오(黑潮)의 범위대에 속한다. 북태평양의 북적도 해류는 특히 발달이 잘되고 북위 10도에서 20도까지의 해역을 중심으로 동에서 북태평양을 횡단한 다음 필리핀 군도의 동쪽바다에 도달한다. 이곳에서 남북으로 2분되어 남류(南流)의 가지는 민다나오 해류를 경유해서 적도의 곧바로 북측을 동류하는 적도반류(赤道反流)와 이어진다. 한편 한 갈래는 사마르섬 내지 루손섬 남부의 밑을 북상하는 가지와 함께 쿠로시오의 원류로 된다.

동중국해의 쿠로시오는 중국연안에서 일본전역에 걸쳐 중요한 영향을 미치면서 일본 호쿠리쿠외해(北陸外海)에서 북태평양을 동방으로 흘러가는 난류계의 해류이다.

---

5 바람이 항해나 조선술, 그리고 유럽의 제국주의적인 팽창과 깊은 관련이 있는가와 구체적인 실례들은 앨프리드 W. 크로스비 저, 안효상·정범진 역, 『생태제국주의』, 지식의 풍경, 2002, 3, pp.124~154 참고.

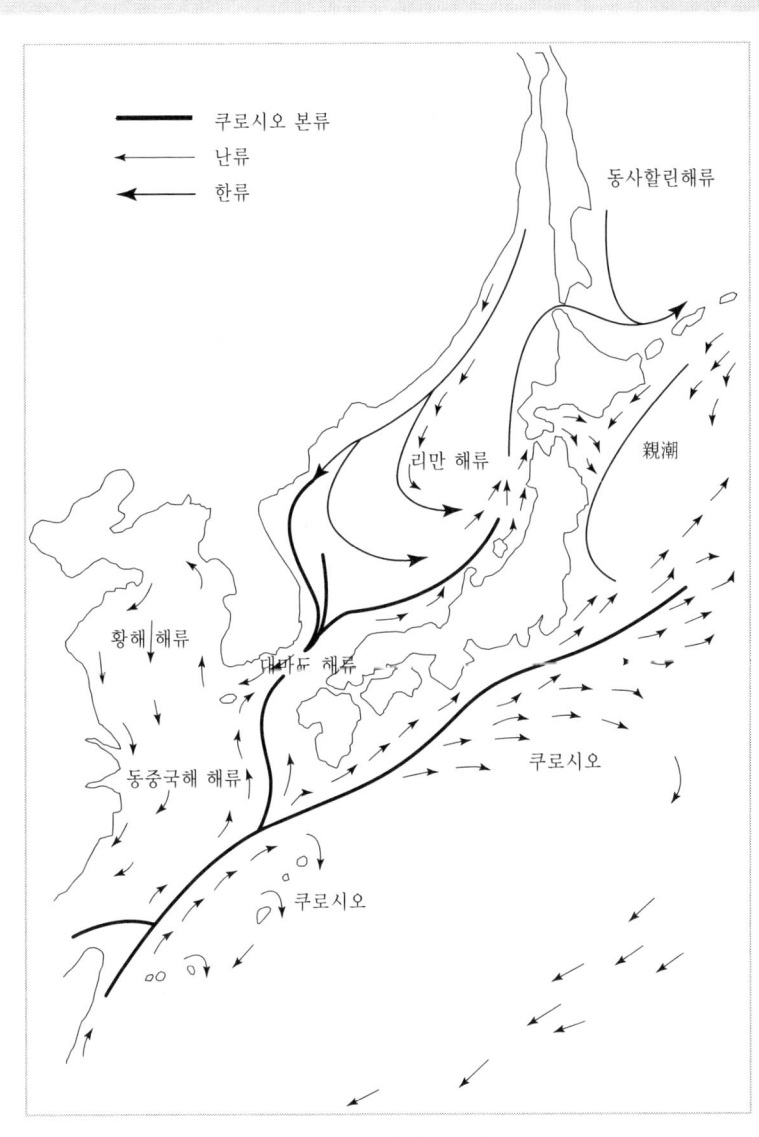

|그림 1| 동아시아의 해류도

동중국해에는 쿠로시오 외에 규슈서안의 쿠로시오 분파가 있고, 또한 이 해류에서 갈라져 황해중앙부를 북상하는 것과 동계에는 중국해안을 남하하는 한류가 있다.

대한난류는 쓰시마를 가운데에 두고 동수도(東水道)와 서수도(西水道)로 나뉘어진다. 양쪽의 협수도를 통과하면서 물의 흐름이 빨라지고 파도도 높아진다. 서수도를 통과한 해류는 한반도 남동단을 지나 북북동으로 흘러 한류세력과 만나 원산 외해(元山外海)와 울릉도 부근에 이르러 동쪽으로 전향하고, 리만해류는 북한근해에서 북한해류로 형성되어 함경도 연안을 따라 남하하면서 동해해역 남부까지 영향주게 되며, 경상북도 연안에서는 침강되어 영일만 이남에서는 저층수나 연안용승으로 나타난다.[6] 리만해류가 연해주의 연안을 통과해서 한반도 동안에 접근해서 남하하고, 서남쪽에서 북상해온 대한난류와 동해의 중남부 해상에서 만나 원산의 외해와 울릉도 부근에 이르러 그 일부는 방향을 동으로 움직여 횡단하다가 올라간다. 노토(能登)반도의 외해에서 대마해류의 주류와 합류한다.[7] 때문에 한반도의 동남부를 출발하면 산인(山陰)지방의 해안에 도착할 수 있다.

한편 동수도를 통과한 해류는 북동방향으로 흐르면서 일본서안을 끼고 올라간다. 이 해류의 유속은 계절과 지역에 따라 약간의 차이가 있으나 평균 1kn 내외이며 물의 방향은 항상 북동으로 향하는 항류(恒流)이다. 항류가 북동방향으로 진행하는 것은 이 지역 항해의 기본방향을 북동향으로 결정짓는다. 한편 중국연안을 남하하는 해류는 발해(渤海) 및 북해북부에서 기원하며 중국대륙 연안을 따라 남하하여 남중국해 방면으로 사라지는데 동계(冬季)에는 수온이 낮다.

해류와 함께 항해에 영향을 끼치는 자연환경 가운데 하나는 조류이다. 한반도의 서남해안과 중국의 동해안은 조류(潮流)의 흐름이 매우 빠르고 방향의 지역적 편차가

---

6 김복기 외 10인, 『한국해양편람』 제4판, 국립수산진흥원, 2001, p.53.
7 『근해항로지』, 대한민국 水路局, 1973, p.46.

심하다. 예를 들면 항상 북동방향으로 진행하는 대한난류와 함께 조석간만에 따라 1일 2교대씩 진행방향이 바뀌는 조류가 있다. 조류의 흐름과 방향, 세기 등의 불가측성과 복잡성은 연안항해에 매우 큰 영향을 끼치며 특히 협수로의 경우인 경우에는 그 영향력이 더욱 증폭된다. 따라서 각 해역마다 그곳의 물길에 익숙한 집단이 해상권을 장악하고 정치세력화한다. 선사시대와 고대에 집단분포의 흔적이 물길이 복잡하거나 물목 근처에 있는 것은 의미심장한 일이다.

항해환경에서 해류와 함께 양 지역 간의 교섭에 결정적 영향을 끼친 또 다른 해양조건은 바람이다. 해류의 움직임도 때로는 바람의 영향을 강하게 받는다. 해당 조건에 따라 약간의 차이가 있지만 풍력(風力) 8(풍속 34~40km) 이상이 되면 표면수(表面水)의 흐름이 반대로 되는 경우도 있다. 바다에서 발생하는 조난사고의 대부분은 연안에서 조류의 흐름을 잘못 관측했거나, 혹은 바람의 영향으로 표면수의 방향이 바뀌어 선박이 밀려가기 때문이다. 하지만 이러한 우연의 소산이 결국은 지속적인 접촉을 가져와 문화의 교섭, 역사적인 사건을 발생시킨다.

바람 중에서 특히 해양문화에 영향을 주는 것은 계절풍이다. 일정한 방향성을 가지고 있으므로 바람을 항해에 상시적(常時的)으로 활용할 수가 있다. 그런데 동아시아는 계절풍 지대이다. 황해나 동중국해는 겨울에는 보통 북서풍에 풍력 3~5이고, 때때로 편북에서 편북동풍이 되며 여름에는 편남(偏南) 또는 편남동풍이 많고 풍력은 3~4이다. 그리고 4월 말에서 5월 초 및 9월에는 부정풍(不定風)이 많다. 그러나 때에 따라서 다르고 지역에 따라서 다른 것이 바다의 바람이다. 결국 고대에서 인간의 해상 이동은 바람의 방향에 따라 상당한 영향을 받게 된다. 특히 풍력을 이용한 돛을 사용할 경우에 바람은 항해의 성패여부에 결정적인 요소가 된다.

이러한 해양환경을 지닌 동아지중해는 다른 해양환경이나 해역과 비교할 때 몇 가지 특성을 지니고 있다. 황해지역에서 봄에서 여름에 걸쳐 부는 남풍계열의 바람은 중국 남부해안과 한반도 혹은 일본열도와의 교류를 가능하게 한다. 반면에 가을에서 겨울에 걸쳐 부는 북풍계열의 바람은 한반도 북부와 중국의 중부 혹은 남부해안과의 교류를 가능하게 한다. 한편 동해와 남해지역에서 남풍계열의 바람은 일본열도에서 한반도로의 교류를, 북풍계열의 바람은 한반도에서 일본열도의 남부와 서부해안과의 교섭을 가능하게 한다.[8] 백제의 대중교섭, 왜의 신라침입, 발해의 견일본사, 일본의 견발해사·견당사 등을 보면 고대 항해에는 바람의 영향을 절대적으로 이용하고 있음을 확인할 수 있다.[9]

육지인의 인식과 정보와는 달리 바다는 순수한 자연환경 외에도 또 다른 역사활동의 메커니즘이 있다. 교류와 직접 관련된 항해방식을 이해할 필요가 있다.

인류의 역사 이래 보편적으로 사용되는 항해는 연안항해(沿岸航海)이다. 연안항해는 연안의 특수한 지형조건에 밝고, 관측능력도 있어야 한다. 특히 성패를 가름하는 중요한 요소인 해(海)·조류(潮流)의 움직임을 파악해야 한다. 근해항해(近海航海)는 육지와 일정한 거리로 떨어져 항해하는 방법을 말한다. 조류의 방향이나 조석의 높이, 육지풍의 영향 등 해안의 국부적(局部的)인 환경에 영향을 덜 받고, 해양자체의 영향을 덜 받는다. 또한 바다 위의 선박은 먼 거리에 있는 육지나 높은 산을 보면서 항해하므로 자기위치를 확인하면서 항해할 수 있다. 반면에 육지의 관측자는 선박을 관측할 수가 없으므로 비교적 안전한 상태를 유지하며 항해할 수 있다. 적선의 해양정찰 활동만 피한다면 적의 해역도 무사히 통과할 수 있다. 또한 연안항해에는 필수적인 조류에 익숙한 현지인을 고용할 필요성이 상대적으로 적다. 따라서 고대항해, 특히 외교·군사적인 항해에 많이 활용되었으며, 소규모 선박들의 항해나 상업을 목적으로 한 무역선

---

8 졸고,「黃海의 地中海的 性格研究」,『韓中文化交流와 南方海路』, 국학자료원, 1997 및「黃海文化圈의 形成과 海洋活動에 대한 연구」,『先史와 古代』, 한국고대학회, 1998. 특히 동해의 해양환경에 대해서는 졸고,「渤海의 海洋活動과 東아시아의 秩序再編」,『高句麗研究』6, 학연문화사, 1998 참조.

9 졸고,「海洋條件을 통해서 본 古代韓日 關係史의 理解」,『日本學』15, 동국대 일본학연구소, 1995.
졸고,「渤海의 海洋活動과 동아시아의 秩序再編」,『고구려연구』6, 학연문화사, 1988 등에 도표 등이 자세하게 나와 있다.

들도 역시 많이 이용한 것으로 여겨진다. 그런데 이 항해도 결국에는 육지에 접안하고 상륙할 장소를 선정해야 하므로 항로 주변 환경을 숙지한 경험자나 안내자가 필요하다. 황해, 남해, 동해는 각각 육지를 보면서 지문항법을 이용하여 근해항해를 할 수 있는 범위가 있다. 남해는 대한 해협을 사이에 두고 대마도와 규슈가 있다. 황해는 내해(內海) 혹은 지중해적(地中海的) 성격을 갖고 있으므로 양 육지 간의 거리가 짧아 대부분이 근해항해지역에 해당한다.

원양항해는 육지나 물표(物標) 등이 없이 대양의 한가운데를 항해하는 것으로서 천체나 태양을 관찰하는 기구를 사용해서 위치와 항로를 측정하는 천문항법(天文航法)을 사용해야만 한다. 고대의 해양민들은 경험이나 소박한 자연관측을 이용해서 원양항해를 하였다.[10] 동해안에는 해양세력들이나 육지세력들이 있을 가능성이 많지 않았다고 판단된다. 지형 등을 고려할 때 주로 연안항해를 하였을 것이며, 때로는 적대적인 세력을 피해서 근해항해를 시도하였을 것이다.

하지만 비교적 넓은 원양항해 구역에 해당되므로 근해항해가 가능한 구역이 넓지 않다. 그러나 해류와 계절풍을 활용하면 양 지역 간의 교류는 충분히 가능하고, 모든 능력을 활용해서 난이도가 높은 원양항해를 하였을 것이다.

이러한 다양한 자연환경과 해양조건을 고려한다면 필자가 설정한 동아지중해는 각 지역 간에 지문항법을 활용한 근해항해를 하는 데에 큰 난관은 없었을 것이며 원양항해도 이루어졌다고 판단된다. 따라서 공질성(共質性)을 지닌 역사적 공간의 형태를 지니는 데 유리했다.

---

10 물론 고대인들도 계기를 사용해서 천문항법을 하였다. 발해인들은 동해를 건널 때 天文生이라는 직능을 가진 사람을 태우고 항해했다.
동아시아 고대인의 항해술에 대해서는 필자의 논문들 가운데 특히 「高句麗發展期의 海洋活動能力에 대한 檢討(5~6세기를 중심으로)」, 『阜村 申延澈敎授停年退任論叢』, 일월서각, 1995. 「渤海의 海洋活動과 東아시아의 秩序再編」, 『高句麗硏究』6, 학연문화사, 1998 등을 참고.

3. 영일만의 해양문화

　　동아지중해 지역에는 동아시아의 대다수 종족이 모여 있다. 한민족과 한족(漢族) 그리고 일본열도의 상호교섭은 물론 북방 여러 종족과의 교섭도 모두 이 지역의 해양을 통해서 교류를 하였다. 또한 초원유목문화, 수렵삼림문화, 화북농경문화, 중국 강남문화, 한반도문화, 일본열도, 동남아에서 올라오는 남방문화 등이 만났다.[11]

　　동아시아에서 해양을 매개로 공통의 문화권이 형성되었다는 주장들이 있다. 언어의 공통,[12] 또는 신화나 설화의 유사성을 근거로 삼는다.[13] 에가미 나미오(江上波夫)는 동북아시아의 석도문화, 특히 세석기문화가 홋카이도, 혼슈로 전래를 하였고, 더욱이 특이한 석도촉이 홋카이도로 전파되었다고 주장하였다.[14] 일본학자들은 근대 역사학의 초창기부터 이러한 인식을 지니고 있었고, 지금도 그러하다.[15] 사사키 고메이(佐佐木高明) 등은 소위 조엽수림문화(照葉樹林文化)가 양자강 유역에서 동중국해를 건너 일본열도로 전파되었다고 주장한다.[16]

11　이러한 전형을 보이는 것이 고구려발전기의 모습이다. 이 시기의 동아지중해 중핵국가로서 고구려의 문화적 특성과 시대정신에 대해서는 졸고, 「高句麗人의 時代精神에 대한 探究」, 『韓國思想史學』 7집, 한국사상사학회, 1996.
12　村山七郎, 「言語學から見た古代 環東シナ海文化圈」, 『東アジアの古代文化』 14號, 大和書房, 1978 참조.
13　荒竹淸光, 「古代 環東シナ海 文化圈と對馬海流」, 『東アジアの 古代文化』 29號, 大和書房, 1981은 뱀신앙 등과 관련시켜 그 범위를 확대하고 있다.
14　江上波夫, 「古代日本の對外關係」, 『古代日本の國際化』, 朝日新聞社國際 심포지움, 1990, p.52
15　安田喜憲은 鳥居龍藏의 『東部シベリアの以前』에서 인용하고 있다. 즉 일본인의 본거지, 일본문화의 고향으로 보여지는 것은 동부 시베리아에서 흑룡강 유역 연해주, 그리고 만주에 이어지는 일본해의 대안이다. 그리고 이것에 조선을 잇고, 樺太(사할린) 북해도, 그리고 사도, 노토 등 일본해 일대의 지방을 일괄해서 볼 필요가 있다. 그는 이러한 논리 속에서 졸참나무숲문화권을 소개하고, 사사키 고메이의 남방문화론, 에가미 나미오의 기마민족설까지 소개하면서 소위 일본해문화권에 대한 다각적인 연구의 필요성을 제기하고 있다. 安田喜憲, 「日本海をめぐる 歷史の 胎動」, 『季刊考古學』 15號, 雄山閣出版社, 1986, pp.14~16.
16　照葉樹林文化에 대해서는 佐佐木高明, 『照葉樹林文化の道』, 日本放送出版協會, 1988 외.

그런데 동아지중해 지역은 국가와 지역들이 힘의 균형을 잃고, 편중성을 지닌 경향이 있다. 소위 중국지역이 중심부이고, 그 힘은 우리지역을 거쳐 일본열도로 가면서 점점 주변부화(周邊部化)되고 있다. 그러므로 정치력, 군사력 등은 북에서 남으로, 서에서 동으로 진행하는 일진성(一進性)의 경향을 띠고 있다. 그러나 바다를 가운데 두고 바다주변의 주민과 문화는 상호영향을 주는 환류(環流)시스템을 이루고 있었다. 즉 강한 문화력을 가진 A의 문화는 주변인 B에게 일정한 문화를 전수한다. 그런데 시대와 상황에 따라 지향하는 문화가 다르다. B의 문화 또한 A에게 전수된다. 이 관계는 주(主)와 부(副)가 있고, 일종의 상호작용이라고 볼 수 있다. 그런데 A문화가 B로 갔다가 B의 영향으로 변형을 한 다음에 다시 A에게 와서 영향을 주는 경우가 적지 않다. 마찬가지로 B의 문화가 A에게 전해져서 가공과 변형을 거친 다음에 다시 A의 형태와 포장으로 전해질 수 있다. 해양문화권에서는 여러 지역과 국가들이 동시에 만날 수 있기 때문에 교류의 대상들이 A와 B뿐만 아니라 C와 D 등 다양하다. 그러므로 문화는 원형과 변형을 구분하거나 가치의 경중을 논한다는 것이 어렵다.[17] 거기다가 생활에 필요한 교역품들은 필요의 원칙에 따라 정치역파는 무관하게 이동한다. 이러한 해양문화의 성격들은 각 해역 혹은 지역의 자연환경에 영향을 받아 더욱 복잡하게 되었다.[18]

그러면 동해는 고대에 인간과 문화가 활발하게 움직이고, 교류가 이루어지는 장의 역할을 어떻게 했을까?

동해는 서해, 남해와 몇 가지 다른 점이 있었다. 홍적세에는 (2백만 년 전~1만 년 전) 빙하로 인하여 한반도와 중국·일본열도가 연결됐다. 그러다가 지금부터 1만 년을 전

---

17 이것은 필자가 동아시아의 역사와 문화를 해석하는 틀로서 동아지중해이론을 설정하고, 그것을 보완하는 부차이론으로서 설정한 '環流시스템이론'의 大綱이다.
18 동아지중해의 특성과 역사적인 해석에 대해서는 필자의 여러 논문이 있으나, 정치역학관계와 현재적 의미 등에 대해서는 「고구려의 남진정책과 東亞地中海戰略」, 『海洋戰略』, 한국해양전략연구소, 1999. 「고구려의 東亞地中海 모델과 21세기적 意味」, 『아시아 文化研究』, 목포대학교 아시아문화연구, 2000.

후인 충적세에 들어와 빙하가 녹고 수면의 상승이 이루어졌다. 8000년 전경에 들어와 대한해협과 황해, 동해가 형성되었고,[19] 현재 동해의 해안선은 약 8000년경부터 4000년경 사이에 형성되었다. 단조롭고, 해안선으로부터 서쪽으로 해발 1000m 이상의 태백산맥 능선이 발달하고 있어서 일반적인 해안지형과는 다르다. 특히 평지가 부족해서 농경이 발달하지 않고, 인구가 집중되지 못했다. 또한 대륙붕이 짧아 수심이 갑자기 깊어진다. 섬들이 적고 원양에 노출되어 있으므로 파도의 영향이 커서 무동력으로 항해하기에 불편하다. 또한 조석 간만의 차이가 거의 없어 어장이나 인간이 거주하는 생활영역이 적고, 이를 이용하는 해상세력도 크게 존재하지 않는다. 이러한 해양환경에서 일부지역을 제외하고는 인간이 거주하기에 좋은 환경은 아니었다.

이러한 동해의 해양환경과 항해방법, 조선능력, 지리적 환경 등을 고려할 경우에 동해의 우리쪽 해안에서 유력한 해양교통의 교차점이며, 다양한 문화가 유입 전파하는 곳이 영일만 일대이다.

포항은 동쪽은 울진, 남쪽은 경주에 연접해 있고 동해안에서 유일한 굴곡지역으로 구룡반도가 영일만을 감싸고 있는 형국을 하며 해안의 길이는 총 110km에 이른다. 중앙을 가로지르는 형산강(兄山江)유역 일대와 하구 부근에 넓은 충적평야가 전개되어 농산물의 산출이 많다. 영일만 북쪽 해안은 급경사의 구릉(100~200m)이 산재한다. 동쪽에 돌출된 장기반도는 해안선을 따라 해안단구가 발달해 있다. 기후는 내륙지역에 비해 겨울이 따뜻하고 해류 때문에 안개가 자주 낀다. 울산만은 태화강·동천·외황강 등 작은 하천들이 흘러들고 해안선 길이 42.4km이다. 만구는 남쪽으로 열려 있고 해안선은 비교적 단조롭다. 만 안에는 울산항이 있고, 입구에는 일종의 외항격인 장생포항, 방어진항 등이 있다. 특히 방어진항은 울산만(蔚山灣)의 밖에 있으며, 피항(避港)역

---

[19] 박용안 외 25인, 「우리나라 현세 해수면 변동」, 『한국의 제4기 환경』, 서울대학교 출판부, 2001, pp.117~155.

할을 한다. 고대에는 경주의 외항이며, 주로 일본 중국과의 교섭항이었다. 주변의 감포(甘浦)항도 어항 겸 국가항구의 구실을 하였을 것이다.

특히 포항은 영일만의 핵심 내항으로서 선사시대부터 문화가 발달하였는데, 특히 동해안의 다른 지역에 비하여 고인돌이 많이 분포되어 있다. 흥해읍의 칠포리, 흥안리, 용곡리에도 고인돌이 많이 분포되어 있다. 특히 암각화가 있는 칠포리에는 지석묘가 54기가 있어, 특별한 지역임을 알려준다. 근처의 청하면, 동해면, 구룡포읍, 구평리(새바위)에도 지석묘들이 분포되어 있다. 이는 해양환경과 무관하지 않다.

그러면 영일만 주변지역을 중심 혹은 거점으로 삼은 해양문화의 교류는 어떠한 방식으로 어떻게 이루어졌을까?

4. 암각화 길에 대한 이해

암각화를 연구하는 데 기원과 형태, 의미 등을 놓고 학자들 간의 다른 견해들이 있다.

특히 기원은 우리 문화의 정체성 및 동아시아 문화의 관련성 등으로 인하여 관심의 대상이 되고 있고, 필자는 전공자가 아니다. 다만 전파일 경우에 교통로는 어디일까, 특히 해로와 관련시켜 해석하고자 하였을 뿐이다. 실은 암각화뿐만 아니라 동해해양문화에 대한 이해의 폭을 넓히고자 하는 마음을 지닌 채 이 글을 작성하였다.

암각화는 전 세계적으로 분포대가 넓다. 문화교류를 탐구의 대상으로 할 때 제기되는 문제는 많다. 첫째는 전파설 자체의 성립 여부이고, 둘째는 전파의 주체와 객체의 구분 및 성격 규명, 셋째는 전파시기와 전파루트, 방법 등이 있다. 그런데 이 모든 문제들은 접촉되었다는 사실을 전제로 해서 제기되는 것들이다. 만약 접촉의 사실이 부정되면 그 입론(立論)의 근거가 사라지는 것이다. 그런데 이 동해남부 해안지역의 암각화를 제작한 집단이 일정하거나 혹은 다양한 집단이 다양한 시기에 다양한 목적을 지닌 집단이 외부에서 들어온 것이라고 전제한다면 상호접촉의 증거와 함께 그 길을 찾는 일은 의미가 있다.

전파론의 입장에서 그동안 연구성과를 정리하면 북방 연해주지역에서 내려온 것으로 이해하고 있다. 우선 암각화 이전에 있었던 얼굴상 조각을 통해서 그 분포대를 광범위하게 잡고 있다. 시베리아의 미누신스크, 예니세이강, 아스키스, 아무르강 유역과 우리나라의 함북 웅기, 강원도 양양의 오산리, 경남 울주의 반구대 천전리, 부산의 동삼동과 일본의 규슈지방까지 연결되는 하나의 분포대로 규정하고 있다. 그러면서 시베리아 지역에서 연해주-두만강 유역을 거쳐 동해안을 타고 한반도 남부지방으로 전파해온 것으로 추정하고 있다.[20]

거기에 반하여 임세권은 기존의 연구를 수정하여 직접 답사한 성과와 비교연구를 통해서 우리 암각화와 내몽골의 관련성을 주장한다. 특히 포항 칠포리 지역과 관련있는 인면(人面)암각화는 태양신 숭배의 전통이 시베리아에서 내몽골을 거쳐 한반도로 내려왔다고 주장하고 있다.[21] 또 이형구도 중국의 소위 암화(岩畵)들을 소개하였는데,[22] 그 분포도를 보면 중원을 제외한 거의 전 지역에서 발견되고 있다. 이 중국의 암화들 가운데에서 통로상으로 우리와 연결지을 수 있다면 민주의 목단강, 흑룡강 유역, 티베트지구와 운남·귀주 등 서남지구, 그리고 강남지방 등이며 나아가서는 동남아와도 이어질 수 있다.

한국의 암각화는 분포지역으로 보아 주로 한반도의 동남부, 즉 경북지역에 집중되어 있다. 임세권은 한국 암각화를 내용상으로 분류하고 있는데, 그 분류에 따르면

---

20 송화섭, 「한국 암각화의 신앙의례」, 『한국의 암각화』, 한길사, 1996, p.264.
21 임세권, 「한국암각화의 원류」, 『한국의 암각화』, 한길사, 1996, p.247.
22 이형구, 「한반도 암각화와 중국 암각화와의 비교」, 『한국의 암각화』, 한길사, 1996, p.304.

지역적인 특성을 띤 것으로 설명하고 있다.[23] 그래서 비전공자의 입장에서는 전파의 길을 찾거나 유형화 시키는 데 다소 혼란스럽다. 그런데 대체적으로 보면 해안지역과 직접 관련이 있거나 혹은 해안과 연결되는 위치와 관련이 있다. 특히 경북지역에 분포한 암각화는 우선 바다와 관련이 있음이 분명하다. 많은 연구자들이 지적하였듯이 울주 반구대와 천전리 암각화에서는 동물문양들과 함께 어업과 관련된 것들이 많다. 신석기(혹은 청동기) 시대임에도 불구하고 고래와 작살에 꽂힌 고래 등 물고기들이 있고, 승선인원이 많고 노가 부착된 배 모양도 있다. 발달된 어업이 성행했음을 알 수 있다. 이러한 암각화는 일본의 야요이 시대에도 몇 군데에서 나타나고 있다.[24]

그런데 아무르강 유역에서 특별하게 외경하는 것은 곰(熊)과 호랑이(虎)와 범고래(鯱)이다. 범고래도 특별한 존재로서 동북아시아의 연안부의 남에서 북에 이르기까지, 더욱이 북아메리카의 북서부해안까지 공통되어 있다.[25] 만약에 어업수렵민의 습성을 고려한다면 고래잡이 집단의 해양이동과 정착을 생각해 볼 수 있을 정도이다.

또 하나는 암각화가 있는 위치이다. 반구대와 천전리벽화는 태화강 상류에 있는데, 태화강은 울산만으로 바로 연결된다. 울산만은 앞에서 살펴보았듯이 시기에 따라서는 한류와 난류가 합치기도 하는 곳으로서 어장이 형성되기 좋고, 만이 넓고 안정적일 뿐 아니라 교통에도 비교적 유리하다. 그리고 해양 · 지리적으로 남북 동서항로가 마주치는 교차점 가운데 하나이다. 그래서 선사시대부터 고대에 이르기까지 동해를 가운데 둔 해양교통의 중심지였다. 주변지역에서 신석기 시대의 유적이 발견되지 않음은 이 암각화를 새긴 세력들이 한시적인 정착이나 혹은 특수 목적을 띤 집단, 즉 고

---

23 임세권, 「한국암각화의 원류」, 『한국의 암각화』, 한길사, 1996, p.232.
24 任孝宰, 『한국사론-고고학 4』上, pp.728~730.
25 荻原眞子, 「民族と文化の系譜」, 『東北アジアの民族と歷史』, 三上次男 · 神田信夫 編, 山川出版社, 1992, p.115.

래잡이 집단일 가능성도 시사한다. 이러한 조건들은 영일만도 마찬가지이며, 적어도 해양환경만을 고려한다면 어떤 면에서는 더욱 유리하다. 칠포리는 역시 바닷가에 있는데, 고인돌이 집중적으로 분포된 곳이기도 하다. 농경 조건이 그리 좋지 않음에도 불구하고 정치력, 경제력을 갖춘 실력자의 무덤인 고인돌이 많은 것은 어업 혹은 교역을 생각 안 할 수 없다.

영일만, 울산만 등이 있는 동해 남부해안의 환경을 고려한다면 암각화 교류의 길은 다양할 수 있다. 간접적으로는 범아시아라는 문화대에서 전 지역과 연결된다. 그러나 보다 구체적인 교통로로서 직접 연결되는 지역을 선택하면 동해와 연변한 지역들이다. 가장 일반적인 교류의 길은 몇 가지 있으나 영일만 등 한반도 동남부지역과 관련하여서는 대략 2가지로 구분할 수 있다.

우선 연안항해 혹은 근해항해를 통해서 남북으로 오고가는 남북연근해항로이다. 두만강 하구, 연해주 일대, 흑룡강 하구 및 그 이북부터 동해남부까지 이르는 긴 항로이다. 연해주 일대는 기후가 몬순성으로서 기원전 1000년기에는 잡곡재배의 적지였다. 토양은 반습지적인 초지의 흑색토양으로서, 비옥도는 높고, 봄용 작물에 적합하였다. 신석기시대에는 호도나 도토리 등의 견과류를 식량으로 할 수 있었다. 또한 연안은 어업자원이 풍부해서 연어, 송어 등등의 어류들이 살고, 아무르천 유역도 많은 종류의 어류들이 있었다.[26] 아무르강 유역은 기원전 2000년기 전반부터 농경을 개시하였다. 연해주 및 그 이북의 바닷가와 면한 지역에 지금도 거주하고 있는 나나이족(암각화가 있음), 우데게족, 축치족, 에벤키족 등의 소수종족들은 동해문화권 내지 우리문화와 관련하여 살펴볼 필요가 있다.

동해안의 신석기 유적 가운데에서 해양문화의 전파와 관련하여 주목할 지역은 함

---

26 加藤晋平, 「東北アジアの自然と人類史」, 『東北アジアの民族と歷史』, 三上次男・神田信夫 編, 山川出版社, 1992, pp.9~10.

경도의 서포항 패총유적지이다. 두만강 하구에서 서편으로 약 30km 떨어진 해안가의 구릉에 있다. 1947년 북한의 고고학자들에 의해 발견되었다. 구석기시대, 신석기시대, 청동기시대의 문화층이 함께 있다. 신석기 1기층은 기원전 5000년기 말~4000년기 초로 추정되는데, 토기는 시문의 수법이 오산리의 압날문(押捺文)과 똑같다. 괭이 · 화살촉 · 칼 · 긁개 · 어망추 · 망치 등의 석기, 창 · 작살 · 칼 · 장신구 등의 골기고래뼈로 만든 노도 발견되었다. 제3기, 4기의 토기가 연해주나 흑룡강성 지역에까지 넓게 분포된 것은 확실하고, 아무르강 중류와 깊은 관련이 있다고 한다.(각주 생략)

또 하나 해양문화의 전파와 관련하여 주목할 지역은 양양군 오산리이다. 이곳에서 출토된 융기문토기는 중국의 흑룡강성과 일본 규슈지방에서 출토되는 유물과 일치하고 있는데 요동반도 지역, 압록강, 두만강 지역의 신석기 문화와 관련있는 것으로 나타난다. 발견된 흑요석제 석기는 성분분석을 통해 백두산이 원산지임이 밝혀졌다.[27] 정징원과 소원철은 융기문토기가 노보페트로브카 유적을 위시한 동북지역에서 시작하여 오산리를 거쳐 남해안 및 규슈지역으로 퍼져 나갔을 것이라는 견해를 피력하였다.[28] 오산리에서 나량으로 출토된 결합식조침(結合式釣針)은 동삼동, 상노대도 등의 유적지에서도 발견되었다.[29]

당시의 사람들은 자연환경에 의지하였으므로, 그 정도의 항해술에 적합한 교통수단을 활용하였을 것이다. 초기에는 뗏목이나 통나무배(丸木舟 · 獨木舟)를 상정할 수 있고,[30] 그 후에는 어느 정도 발달된 범선이었을 것이다. 서포항(西浦港) 유적지 4기층에서 고래뼈로 만든 노가 발견이 되었는데, 4기의 경우 기원전 4000년기 후반으로 편년

---

27 임효재, 「중부 동해안과 동북 지역의 신석기 문화 관련성 연구」, 『한국고고학보』 26집, 1991, p.45.
28 위 논문, p.48.
29 任孝宰, 앞 논문. p.17, p.21.
30 금세기 초두에는 濟州道, 對馬島의 어민들이 뗏목을 사용하여 해협을 횡단해서 木浦 · 康津 · 唐津 · 博多방면에까지 나갔던 여러 어부들의 말이 있다.(江坂輝彌)

을 정하고 있다.³¹ 이보다 후기의 것인 울산 반구대(盤龜臺) 벽화에서 곤돌라형의 선문(船文)이 발견되었다.³² 청동기 시대 무문토기도 동해안을 따라 확산·정착된 것으로 나타난다.³³ 속초시 조양동 2호 집자리에서는 어망추가 발견되었다. 강릉 등 동해중부 해안가에서는 패총유적들도 많이 발견되었다. 해양과 관련한 이러한 문화들은 연안을 통해서 전파되었으며 중간에 다른 유사한 흔적이 없다면 육로가 아니라 연안항해를 통해서 이루어졌을 것이다. 포항 근처인 울주(蔚州) 대곡리의 암각화에서 사람들이 승선하고 고기잡이배가 나타난 것은 해양문화와 관련이 깊음을 알려준다.³⁴

그런데 점차 정치적이거나 군사적인 목적을 지닌 채 동해를 이용하는 일도 나타났다. 『삼국지』 동이전에 따르면 옥저사람들은 고구려에 어염(魚鹽)과 해중식물을 바쳤다. 동예 사람들은 반어피(斑魚皮)를 바쳤으며, 먼 바다까지 항해하였다. 『삼국사기』에는 고구려의 전기인 민중왕(閔中王) 때(47년)와 서천왕(西川王, 288년) 때 고래의 야광눈을 특별하게 왕에게 바친 기록이 있다. 이때 어업집단들은 동예, 옥저 혹은 물길과 깊은 관련이 있었을 것이며, 아마도 두만강 이북의 해안일 가능성이 크다. 연해주의 아무르강 유역에 거주하는 나나이족, 우데게족은 호랑이(虎)를 숭배하는데, 호랑이를 산신으로 삼는 동예와 관련이 있었을 가능성이 있고, 특히 우데게족은 발해의 후손을 칭하고 있음을 볼 때 양 지역 간에는 교류가 있었을 것이다. 그 후 고구려는 남진정책을 취하면서 동해중부를 공격하였으며, 장수왕은 468년에 실직주성(悉直州城; 삼척)을 공격하였고, 481년에는 포항 위의 흥해(興海: 彌秩夫)까지 공격하였다. 이는 신라의 수도

---

31 이 서포항 유적지의 편년에 대해서는 대체로 의견이 일치되고 있다. 특히 임효재의 경우는 김용간의 초기 견해를 수용하고 있다.
32 國分直一, 「古代東海の海上交通と船」, 『東アジアの古代文化』 29호, 大和書房, 1981, p.37 참조.
    金元龍, 「蔚州盤龜臺 岩刻畵에 대하여」
33 江原道, 『江原道史』, 歷史編, 1995, p.220.
34 任孝宰, 『한국사론-고고학 4』 上, pp.728~730.

를 근거리에서 압박하고 영일만 같은 대외항구를 일본열도로 진출하는 교두보로 확보하려는 목적도 있었을 것이다.

한편 해류와 남풍계열의 바람을 이용해서 남쪽의 대마도나 일본열도의 규슈지역에서 문화가 북상해서 영일만 지역과 직접, 간접으로 관계를 맺었다. 부산의 조도나 동삼동패총과 마찬가지로 서생포의 신암리(新岩里) 유적에서 역시 조몬 토기들과 흑요석 석기들이 발견되었다.[35] 그 문화는 더욱 북상했을 가능성이 있다. 또한 제주도나 중국의 강남지역, 동남아지역의 문화도 동중국해와 황해남부를 통해서 들어온 이후에 남해동부를 경유하여 영일만 지역으로 들어왔거나 재경유하여 북상했을 가능성이 크다. 대마해류와 난생신화의 분포를 비교하여 하나의 문화권, 즉 동해문화권을 설정하는 설도 있다.[36]

또 다른 하나의 항로는 동서횡단항로이다.

한반도와 일본열도를 이어주는 항로는 서해남부, 제주도, 남해 그리고 동해에 각각 몇 개씩이 있다. 물론 암각화와 관련해서는 동해가 직접 관련이 깊다. 일본은 이미 오래전부터 소위 '일본해(日本海)문화권'을 설정하고 심도 깊은 연구를 진행해왔다.[37] 몇 개의 동해항로 가운에서 동해남부항로에 해당하는 곳이 포항, 울산 등이 있는 지역

---

35 任孝宰, 앞 논문, p.5.
36 金在鵬,「古代 南海貿易ルトと朝鮮. 上」,『東アジアの古代文化』25號, 大和書房, 1980 참고.
37 古廐忠夫 編,『東北アジアの再發見』, 有信社, 1994, p.5에서 環日本海라는 개념은 일본이라고 하는 바다를 중심으로 하는 지향도 갖고 있지만, 그 외연은 어느 지역까지 포함하고 있느냐에 대해서는 각각의 의견이 있다. 현재 일본해로 출구가 없는 중국은 과거역사에 대한 비판 때문에 '환일본해' 라는 호칭은 그다지 사용하지 않고, 다만 '동북아시아' 라는 호칭을 사용하고 있다. 일본해라는 호칭은 1602년 마테오 리치가 작성한『坤輿萬國地圖』에서 포괄적으로 사용되었다. 그런데 일본해로 통일된 것은 근대 일본의 부국강병 제국주의화가 아시아 침략의 과정과 궤를 같이하고 있는 것은 확실하다. 그는 일본해를 지중해세계나 동아시아아 세계로 부르는 것 같은 정치적, 경제적 내지는 문화적으로 하나의 자기완결적인 지역을 상정하는 것은 곤란하다는 의견을 개진하고, p.8에서 동아시아 세계와 외연으로서 동북아시아라는 시점에서, 즉 동아시아의 서브시스템으로서 환일본해 지역을 보고 있다.

이다. 영일만이나 울산에서 늦가을이나 겨울에 북서계절풍을 이용하는 경우에는 쓰시마로 항해가 가능하다. 포항이나 울산지방과 혼슈 남단인 시마네현의 이즈모(出雲)와 중부의 쓰루가(敦賀) 등은 위도상(북위 35.5도)으로 보아 거의 비슷한 위치에 있다. 그러므로 계절풍과 해류의 흐름을 효과적으로 활용하면 이즈모 지방은 진출 가능성이 매우 높다.

한반도와 이즈모지방 사이에는 항로가 2개 있었다. 하나는 동해남부 또는 남해로부터 리만한류를 타서 북위 30도 부근에서 대한난류 서파(西派)를 횡단하여 본류에 올라타서 이즈모 서안에 도달하는 직접항로이다. 또 다른 하나는 한반도 동안에서 출발하여 오키제도(隱岐)에 도착하고, 다시 시마네만의 가장자리(島根灣頭) 혹은 이나바(因幡)해안에 도착하는 것이다.[38] 이 항해는 선사시대부터도 가능했고, 기원을 전후한 시대부터는 매우 활발했다고 추정되지만, 아직 이 부분에 관한 주변연구가 빈약해서 판단을 유보하겠다.

역사시대에 들어오면 고구려, 백제, 신라, 가야, 왜 등이 만들어 가는 역학관계 속에서 이 항로는 매우 활발하게 사용됐다. 연오랑(延烏郞)과 세오녀(細烏女)의 설화[39]는 영일만 부근의 신라세력이 진출하여 일본열도의 소국가 왕이 되는 양 지역의 정치적인 상황을 반영한다. 연일면(延日面)의 오천(烏川)은 연오랑이 출발한 지역이며 세오녀(細烏女)에 유래하는 지명은 도기야(都祁野)가 아닌가 한다. 영일의 본명이 근오지(斤烏支)인데 양 항로 간의 중간에는 오키(淤岐, 隱岐)섬이 있어 항로였을 가능성이 높다.[40]

이 항로와 관련된 신화에는 『일본서기』의 아메노히보코(天日槍) 설화나 『고사기』의 천일모(天日矛) 설화가 있는데, 내용이나 구조, 항해의 조건 등으로 보아 연오랑 설

---

38 中田 勳, 『古代韓日航路考』, 倉文社, 1956, pp.123~127.
39 『삼국유사』 권1 기이 2.
40 朴時仁, 「延烏郞과 細烏女의 移住」, 『알타이 人文硏究』, pp.584~587.

화와 유사성이 깊다.[41] 『일본서기』 신대편에는 스나노오노미코토(須佐之男命)가 식토(埴土)를 가지고 배를 만들어 타고 동(東)으로 건넜다는 기술이 있다. 그가 하강한 곳은 『고사기』에 의하면 이즈모(出雲) 최대의 철산지인 도리가미(鳥髮) 땅이다. 한편 박제상과 관련된 기록은 영일만이나 울산만 등이 일본열도로 진출하는 중요한 항구였음을 알려준다. 그가 승선하고 출발한 곳은 울산부근의 율포(栗浦), 강동면의 구류리이다. 미사흔만을 태운 배가 닿은 곳도 율포인 것을 보면 이곳은 동서횡단항로의 기점이며, 신라의 국가항구였을 가능성이 높다.

한편 반대로 동에서 서, 즉 일본열도에서 이 지역으로 들어오는 항로도 있었다. 산인(山陰)의 이즈모에서 출발하면 규슈북안까지 대마해류의 반류에 타서 연안을 올라간 후, 규슈 북서부에서 이키·쓰시마를 경유해서 대마본류에 타서 '해(海)의 북도(北道)'를 탄다면 한반도의 동남부 또는 동부에 도착한다.[42] 쉽게 말하면 대마도에서 출발할 경우 자연스럽게 북동진하는 해류에 타서 한반도의 동해남부 혹은 남해동부 해안에 도착할 수 있다. 더구나 봄에 남풍계열의 바람을 이용하면 더욱 쉬워진다. 박혁거세 거서간 38년(기원전 20)에는 왜국출신인 호공(瓠公)에 대한 기사가 실려 있다.[43] 한편 석탈해는 다파나국(多婆那國)으로서 왜국 동북 1천 리에 있으며(『삼국유사』는 龍城國, 琓夏國으로 표기) 궤짝에 실려 왔는데, 출자(出自)에 대해서는 아직 이론의 여지가 많다. 하지만 바다를 건너서 온 것은 틀림없다. 이처럼 동해에는 다양한 항로가 시대에 따라서 사용되었으며, 그 범위와 영향력은 의외로 컸다. 특히 동해남부지역은 선사시대부터 대외교류가 이루어지는 지점이었으며, 신라가 있었던 역사시대에는 매우 중요한 위치였다.

---

41 이즈모의 大浦(辛浦)에는 韓國新羅神社가 있는데 주신은 니니기노미코토이다.
42 松枝正根, 『軍事航海史』上, かや書房, 1994, pp.109~111.
43 『삼국사기』권1, 「신라본기」 제 1.

영일만지역은 동해의 해류, 바람 그리고 지리 등 해양환경을 고려한다면 동해남북연근해항로와 동서횡단항로가 마주치는 교차점이었으며, 이는 이 지역의 문화가 형성하는 데 큰 역할을 하였을 것이다. 이러한 해양의 메커니즘 속에서 이 지역의 암각화가 일반적인 주장처럼 북방문화에 기원을 두고 있다면 이런 길을 상정할 수 있다.

출발지인 내륙에서 강을 따라 내려오다가 연해주 일대나 두만강하구를 최종 출발 항구로 삼고 연근해항해를 한다. 리만한류와 북풍계열을 이용하여 남항하다가 항구조건 혹은 어업과 관련하여 중간 중간에 정착을 한다.[44] 그러다가 최종적 혹은 중요한 도착지로 동해남부 해안을 삼아 정착했고, 다시 강을 거슬러 내륙으로 들어갔다. 한편 일부는 해로를 이용하여 남해안의 일부지역에 영향을 주었을 가능성도 있고, 일본열도로 건너갔을 것이다. 시마네(島根)현, 돗토리(鳥取)현, 후쿠이(福井)현, 이시가와(石川)현, 니가타(新潟)현, 그리고 규슈지역에서 발견된 그림과 관련된 문화현상들이 동해남부의 암각화문화와 관계 깊을 가능성도 고려해봐야 한다.

5. 맺음말

동아시아의 역사, 특히 문명을 이해하고자 할 때 지리와 해양을 포함한 자연환경을 하나의 체계 속에서, 정확하게 볼 필요가 있다고 생각한다. 동아시아는 대륙, 한반도, 바다로 이루어졌으며, 한반도를 가운데에 둔 지중해적 형태와 성격을 지니고 있다. 특히 우리는 그 한가운데에 위치해 있으므로 정치, 경제, 문화에서 해양과 깊은 관련을 맺고 있다. 그래서 필자는 동아지중해라는 역사모델을 설정하고, 해류사관이라

---

44 일종의 江海루트이다. 이 용어는 주채혁이 우리문화의 기원을 시베리아와 연결시키는 과정에서 설정한 용어이다.

는 입장에서 역사상을 해석해왔다.

　동아시아 역사에서 우리의 문화적 위치는 모든 주변문화가 모여들고, 또 밖으로 전파하는 인터체인지(IC) 역할을 하였다. 그러므로 우리문화의 구체적인 정체성을 찾는 데는 다소 혼란스럽기도 하다. 특히 다양한 가지문화의 근원들을 찾는 작업은 매우 어렵다. 그런 입장에서 암각화의 기원, 즉 길을 찾는 작업은 힘든 작업이라고 생각한다. 필자는 해양사를 전공하는 입장에서 주요 암각화가 집중적으로 분포한 동해남부의 해양환경을 살펴보면서 암각화의 길에 대한 하나의 시사점을 제공하며, 아울러 동해남부 해양문화의 실상과 중요성을 피력하고자 하였다. 이 지역이 가진 이러한 문화적인 환경이 있다면 해양문화 등 다른 문화현상과 아울러 암각화를 이해하며, 수용뿐만 아니라 전파의 과정과 실상도 파악하려는 노력이 필요하다. 이젠 우리 문화도 대륙과 해양을 포괄하는 통일적이고 범아시아적인 인식과 방법으로 이해할 시대에 이른 것 같다.

　한반도 동해남부지역 즉 영일만 지역의 암각화는 북방지역과 깊은 관련이 있으며, 이미 신석기시대 혹은 청동기 시대부터 전파된 것이다. 이들 암각화를 남긴 집단은 비록 항해술과 조선술은 발달하지 못했지만 고래잡이 등 어업에 종사했으며, 바람과 해류 등을 활용하여 연해주 일대에서 동해의 해양을 통해서 이동하였다. 이들 이전에도 이 동해남북연근해항로를 이용하여 산발적인 이동과 교류가 있었으며, 후에는 정치적인·경제적인 목적을 지닌 채 본격적으로 교류가 있었다. 뿐만 아니라 동해를 건너 일본열도와도 다양한 교류를 하면서 일본열도 내의 해양문화와 암각화문화에도 영향을 끼쳤을 것이다.

10 청자산업과 관련된 고려의 대외항로[*]

1. 서 론

역사를 이해하는 코드는 다양하다. 도자기는 생활도구로서, 예술품으로서, 사치품으로서, 그리고 고도의 기술력이 집중된 산업제품으로서, 막대한 이익을 창출하는 무역재로서 다양한 모습을 갖고 있다. 따라서 수준높은 도자기의 주된 산지인 동아시아는 물론이고, 세계사적으로 도자기가 갖는 의미는 말할 수 없이 크다. 중국의 도자기는 당시대에 들어오면 이미 세계적인 상품으로 자리잡았고, 뒤를 이은 청자는 그 무렵 남해로라고 불리던 해양실크로드의 메커니즘을 변화시킬 정도였다. 중국청자의 영향을 받아 제작된 고려청자는 그 평가가 대단히 높았으므로 국제무역 물류망의 한 부분으로 자리잡을 수밖에 없었다.

필자는 도자기관련 전공자가 아니라 해양사 전공자이다. 한국역사상을 다양하게 이해하고자 하는 점에서 청자산업의 실상을 유통과정인 항로를 통해 구체성을 인식하며, 그 과정에서 청자산업의 국제성은 물론이지만 대외교류나 고려의 국제화에 어떤 역할을 했는가를 찾아내는 계기로 삼고자 한다.

---

[*] 「청자산업과 관련된 고려의 대외항로」, 『청자보물선 뱃길 재현 기념 국제학술심포지움』, 전남도민남북교류협의회, 2009.

2. 고려청자와 강진의 관계

1) 역사적인 배경[1]

고려에서 청자가 처음으로 제작된 시기에 대해서는 여러 견해들이 있다. 고려청자의 생산과 직접 연관되었을 가능성이 높은 시대는 통일신라시대이며, 그 가운데 장보고 선단이 활약했던 시대와 상황이 유력하다. 장보고는 828년에 귀국하여 '청해진대사(淸海鎭大使)'라는 독특한 직책으로 해양과 관련한 전권을 부여받았다. 본거지를 군항이며, 자유무역항으로 만든 청해진에 두어 재당신라인과 본국신라인을 동시에 관리하고, 역할분담을 조정할 수 있었다. 제조업, 상업, 운송업, 삼각중계무역, 보세가공업, 문화교류, 이데올로기의 전달 등을 해양이라는 하나의 시스템 속에서 유기적으로 운영하였다.[2]

장보고는 대당매물사(大唐賣物使)를 교관선이라는 무역선에 실어 파견하였으며, 구수(毬毹, 페르시아산 담요), 자단(紫檀, 자바 등의 향목), 침향(沈香, 수마트라산 향료) 등 고가품을 수입하여 신라귀족들에게 팔았다. 일본을 직접 방문하였고, 현재 후쿠오카에 지점을 설치하고 회역사(廻易使)라는 무역선을 보내어 사무역은 물론 공무역까지도 시도

---

1 李海濬, 「강진지역 고려 청자의 발달 배경」, p.365.
　그는 강진 대구면과 칠량면 일대가 청자제작과 관련하여 천혜의 조건을 갖추고 있다고 하면서, 기존의 연구성과를 반영하여 이렇게 정리하고 있다. 좋은 태토와 무궁무진한 화목, 더우이 고대 해로와 관계되는 유통과정상의 유리한 조건 등의 자연조건을 들고 있다. 그리고 보다 근본적인 문제라고 하면서 사람들의 이야기를 빼놓아서는 안 된다고 하였다. 이 부분 가운데 화목 부분은 필자가 서구의 예를 들어서 목재의 중요성을 언급하였는데, 매우 설득력이 있다. 아울러 사람들을 분석해가고, 정치세력의 변동, 권력집단의 변화 등 정치역학관계와 구체적으로 연결시킨 것은 매우 의미있는 작업이라고 생각한다. 그의 다른 논문을 보지 못해 짧은 글을 인용한 것을 아쉽게 생각한다.
2 이러한 시각으로 본 연구는 金成勳, 「미래사 시각에서 본 장보고 해양경영」, 『장보고와 청해진』, 혜안, 1996 등이 있다.

하였다. 이 때문에 엄청난 무역역조현상이 일어나 일본조정에서 문제가 생기기도 하였다. 이러한 가운데 청자를 제작해서 팔았을 가능성을 제시하고 있다.

그래서 완도를 비롯해 장보고가 활약하던 시기에 이미 청자가 제작됐다는 설들이 있다.[3] 완도의 장도유적에서 토기와 청자류가 발견되었기 때문이다.[4]

제주도 서귀포시의 법화사는 장보고 선단과 관계가 있을 가능성이 있다. 이 터를 1982년에서 1997년까지 발굴 조사하였는데, 10세기를 전후한 청자가 발견되었는데, 강진에서 제작한 것으로 추정하고 있다. 근처의 수정사(水精寺) 터에서도 초기 청자 형태인 해무리굽 청자편이 발견되는 것[5]이다. 하지만 법화사지 조사에서 청자가 9세기에 제작되었다는 것을 뒷받침할만한 유물이 발견되지 않았으므로 청자의 기원을 9세기로 설정하는 것은 비약이며 타당하지 못하다고 생각한다는 주장도 있다.[6] 하지만 결국 10세기에 청자를 생산했다는 점에는 일치가 된다. 그리고 강진에서도 제작되었다고 본다. 고려청자는 10세기 말부터는 북방청자의 영향을 받았다고 한다.[7] 9, 10세기경 국내유적에서는 월주요(越州窯)와 장사요(長沙窯) 청자, 형요(邢窯)와 정요(定窯)백자, 당삼채(唐三彩) 등이 발견되었다. 12세기가 되면 경덕진 요계 등 중국 남북방지역으로 확산된다.[8]

분명한 것은 고려청자는 중국 송원(宋元)시대 남북방 청자의 영향을 비교적 많이 받았다고 한다. 특히 10세기경으로 추정되는 초기의 청자는 색깔과 조형 모두 절강의 월

---

3 장기훈, 「初期靑瓷 가마의 調査現況과 關聯年表」, 『벽돌가마와 초기청자』, p.29에는 해무리굽완 및 동반 유형의 유물이 출토된 유적으로 정의한 초기 청자가마의 현황표가 있다.
4 위 논문 p.31에는 초기청자 관련 연표가 있다. 이 연표를 작성하는 데는 윤용이의 『한국도자사연구』에 수록한 한국도자의 편년자료」 등을 참고한 것이다.
5 「탐라문화의 형성과 전개」, 『제주의 역사와 문화』, 국립제주박물관, 2001, p.118.
6 尹龍二, 「高麗靑瓷의 起源과 發展」, 『한국도자사연구』, 1993, p.107.
7 劉毅, 「從高麗靑瓷看古代韓中文化交流」, pp.127~128.
8 정신옥, 「11세기 말~12세기 전반 高麗靑瓷에 보이는 中國陶瓷의 영향」, pp.51~52.

요와 섬서의 휘주요 등의 것을 모방했고, 이후 점차 자신만의 특색을 갖추었다는 점이다.[9] 고려 전기에 청자산업이 발달했다는 것을 볼 수 있는 증거는 의종(毅宗) 11년(1157년)의 일이지만 태평정을 지을때 '개이청자(盖以靑瓷)'했다는 기록이 있을 정도였다.

그리고 청자의 발생지역으로 강진이 있는 것이다. 강진은 청자도요지가 청자발달의 전 과정을 보여주는 유적(도요지)이면서도, 다양한 고려청자의 제작기법과 발달유형을 포괄하는 유적이라는 점, 그리고 수준급 제품들이 양산된 대표적인 생산지였다는 점으로 한국 청자문화의 메카로 평가된다.[10]

강진이 이러한 위상을 갖게 된 역사적인 배경 가운데 중요한 부분은 바로 생산시스템의 기술력 부분이다. 이 부분에 대해서는 이해준의 견해가 설득력이 있다. 강진이 중요한 위치를 차지한 서남해안지역은 청자가 생산되기 훨씬 이전부터 토기제작의 기술적인 축적이 있었던 지역이었다. 삼국시대 초기에 옹관을 만들던 능력에서 찾기도 한다. 강진과 인접한 영암 구림리의 통일신라 토기요지와 해남 산이면 일대의 녹청자 도요지는 이러한 지역적인 토기 기술수준을 반증하는 유적으로 주목된다고 한다.[11]

2) 생산 환경 검토

도자기를 제작하는 데 사람, 유약(釉藥), 가마시설 등의 제반조건이 필요하다.[12] 특히 흙, 즉 태토의 중요성은 새삼 거론할 필요가 없다.[13] 이에 대해서는 언급할 필요는

---

9 정신옥, 위 논문, p.52.
10 李海濬, 「강진지역 고려 청자의 발달 배경」, p.365.
11 李海濬, 위 논문, p.367.
12 尹龍二, 위 논문, p.107.
13 方炳善, 「高麗靑瓷의 技術史的 考察」, pp.6~8 참조. 이외에 유약 안료 등의 부분도 상세하게 분석하고 있다.

없고, 다만 근래의 현장상황을 통해서 이해하고자 한다. 칠량의 삼흥리는 초기 고려청자가 생산되던 곳이다. 가까운 곳인 봉황마을은 옹기 생산지였는데, 주변에 좋은 흙[14]들이 많았다고 한다. 도자기 제작과 연관하여 가장 중요하고 기본적인 요소는 나무,[15] 즉 가마에 사용할 땔감이고, 주변에 땔감을 구할 수 있는 울창한 산이 있어야 한다.[16] 봉황의 예를 보면, 옹기를 구울 때는 1000~1200도의 온도가 필요하다. 3일 밤낮으로 불을 때야 했다. 숫자로 따지면 900~1천 단의 나무가 필요했다고 한다.[17] 강진지역에는 이러한 조건이 맞았던 것으로 추정한다. 그러나 숲과 목재는 늘 풍요로운 것이 아니고, 상황에 따라 변수가 많다. 다만 『고려사절요』 5권, 문종 인효대왕 2 무술 12년(1058)의 왕이 탐라와 영암(靈巖)에서 목재를 벌채하여 큰 배를 만들어 송과 통하려 했다는 기록을 통해서 그 무렵에는 목재가 많았음을 짐작할 수 있다.

3) 유통, 즉 운송의 문제

도자산업에서 생산 못지않게 중요한 것은 유통이다. 내수뿐만 아니라 동아시아, 나아가 당시 유럽세계까지 수요가 급증되었으므로 이미 산업화 단계에 이르렀다. 당연히 유통이 중요해졌고, 도자기 무역을 둘러싼 국가 간의 역학관계들이 복잡해졌다. 중국은 이미 진나라 시대부터 동남아 지역과 무역을 했으며, 한무제 시대에는 로마까지 교역망이 구축되었고,[18] 당나라 시대에는 해양실크로드를 이용하여 무역이 본격적

---

14 주희춘, 『제주 고대항로를 추적한다』, 주류성, 2008, p.147.
15 존 펄린 지음, 송명규 옮김, 『숲의 서사시』, 따님, 2002에서 숲과 나무의 중요성을 주장하면서 나무의 활용방식에 따라 문명의 흥망성쇠가 결정된다는 이론을 폈다. 특히 곳곳에서 나무가 구리, 청동, 철, 유리 등의 제련 벽돌제조, 선박 건조 등에 쓰이는 것을 예시했다. 도자기의 경우도 마찬가지였을 것이다.
16 강진 지역의 자연환경은 대구면을 중심으로 기술한 李龍熙, 「大口面청자요址의 周邊環境과 發掘調-面」가 있다.
17 주희춘, 『제주 고대항로를 추적한다』, 주류성, 2008, p.157.
18 崔在容, 「中國古代의 東西文化交流에 對하여 -交通路를 中心으로」, 『경주사학』 11집, pp.47~51 참조.

으로 이루어졌다. 송대에 이르러 교역이 확대되면서 광주 이외에 천주, 복주, 명주, 항주 등지에도 집단 거주지가 형성되었다.[19] 송 정부는 국내 상인들에게도 적극적으로 해외무역을 권장하여, 복건·광동·절강 등 동남 연안의 적지 않은 상인들이 동남아 지역으로 진출했다.[20] 송은 11, 12세기가 되면 교역범위가 말라카 해협을 넘어 인도양에까지 미치게 되고, 동의 '정크 교역권' 과 서의 '다우 교역권' 이 공생하는 시대로 들어선다.[21] 송나라 때 해외에 수출된 상품은 170여 품목인데, 카오린이라는 석영이 함유된 특수한 점토로 만들어지는 경질의 도기는 중국에서만 만들었다. 이 때문에 아시아의 바다 네트워크가 '도자기의 길(세라믹 로드)' 이라고 불리기도 했다.[22] 1973년 복건성 천주에서 남송 말기의 선박이 발견되었는데, 선체에서는 향로, 약물, 중국 도자기들이 발견되었다.[23] 이러한 도자기 무역은 그 후에도 계속되어 원, 명, 청 모두 도자기를 수출하였다. 그리고 17세에 들어서면서 일본도자기도 이에 가세하기 시작했다.

이러한 도자기 무역을 보면 해양을 매개로 이루어졌으므로 항로의 문제, 물류망의 문제 등 해양질서의 메커니즘과 직결되었다. 청자무역 또한 해양환경 및 항로, 항해술, 조선술과 직결될 수밖에 없었다. 이는 고려청자의 경우도 마찬가지였다. 바로 11세기 후반부터 12세기 전반에 고려는 북송과 교역을 활발하게 전개하였고, 이 교역을 배경으로 청자조형이 세련화되고, 고려도자에 새로운 변화가 모색되어온 시기로 이해되었다고 한다.[24] 청자산업은 항주에 수도를 둔 오월국(吳越國)과의 교류를 통해서 시작되었을 수도 있으며,[25] 발전기에는 송(宋)과의 무역을 통해서 계기를 마련하였다.

---

19 양승윤·최영수·이희수 지음, 『바다의 실크로드』, 청아출판사, 2003, p.52.
20 위의 책, p.57.
21 미야자키 마사카쓰 지음, 이규조 옮김, 『정화의 남해 대원정』, 일빛, 1999, pp.15~16.
22 미야자키 마사카쓰 지음, 이규조 옮김, 위의 책, pp.24~25.
23 위의 책, p.41.
24 정신옥, 「11세기 말~12세기 전반 高麗靑瓷에 보이는 中國陶瓷의 영향」, p.42.
25 윤용이, 앞의 논문, p.108 참조.

이는 결국 후술하겠지만 해양활동 및 해로와 연관이 깊었다.

그렇다면 강진의 해양환경은?

강진군은 현재 해남과 장흥 사이에 위치해 있다. 이곳에서 해양과 관련하여 중요한 곳은 탐진이다. 백제의 동음현(冬音縣)이었는데, 신라시대에 탐라(耽羅)의 사자가 조공할 때 배가 머물렀으므로 탐진(耽津)이라고 불렀다. (신증동국여지승람) 지금의 남포로 추정되는데 바로 구십포(九十浦)이다. '현(縣) 남쪽 6리에 있는.' 포구였는데, 탐진강의 입구이며 9개의 천(川)이 모여들어서 이루어져서 바다로 흘러들어간다. 지금의 강진읍은 물론 상류인 장흥까지도 바다 배가 항해하면서 군데군데에 포구가 있었다.

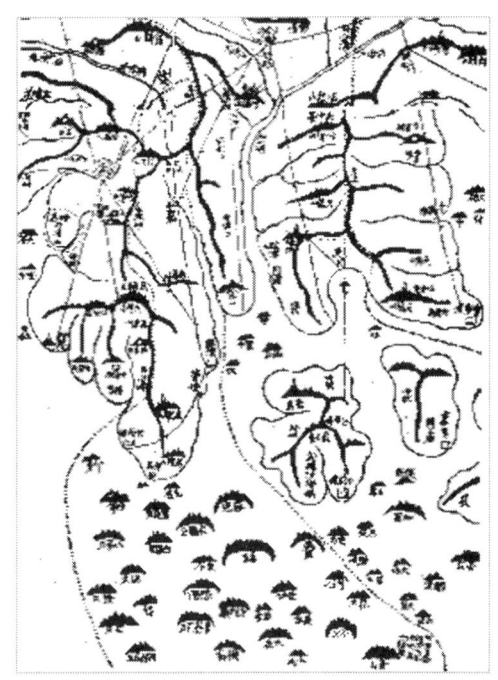

| 그림 1 | 대동여지도 강진만

강진과 관련이 깊은 완도는 통일신라시대인 흥덕왕 3년(828)에 청해진(淸海鎭)을 설치하면서 동아시아 해양역사에서 매우 중요한 위치로 떠올랐다. 완도는 고려 현종 때에 강진의 일부분이 되었다. 강진은 해양의 메커니즘으로 보면 강진만의 해양환경이란 탐진강 하류를 포함하여 강진군, 장흥군, 해남반도의 일부, 완도군, 고금도, 추자군도를 포함한 광범위한 해역과 연관되었다. 이 해역은 리아스식 해안과 완도, 보길도, 노화도, 청산도, 소안도, 등을 포함한 다도해이다. 이러한 복잡한 해역의 연안항해는 연안의 특수한 지형조건에 밝고, 해·조류의 움직임을 파악해서 물길에 익숙한 토착

해양민들에게는 비교적 쉽다. 반면에 먼 지역이나 바다를 건너온 항해자들에게는 불가능에 가까울 정도로 고난도의 항해해역이다.

강진은 복잡한 만(灣)이 발달한 남해안의 한 부분을 차지하였으며, 항구조건이 양호하고, 해양세력이 충분히 성장할 만한 조건을 갖추고 있다. 탐진강이 흘러 내려오면서 하계망과 바다가 마주치는 지역이다. 뿐만 아니라 교묘하고 내륙을 향하여 길게 깊숙하게 뻗은 만으로 인하여 몇 개의 내항(內港)과 외항(外港)을 구비하고 있어 수륙(水陸)교통과 해륙(海陸)교통을 동시에 행할수 있는 접점(接點) 지역이다. 서해안, 남해안, 연안 항로는 물론이고, 바다 건너 제주도 항로도 연결되었다. 또한 후술할 예정이지만 대외항로 또한 동아시아의 전 지역은 물론이고, 간접적으로는 동남아 지

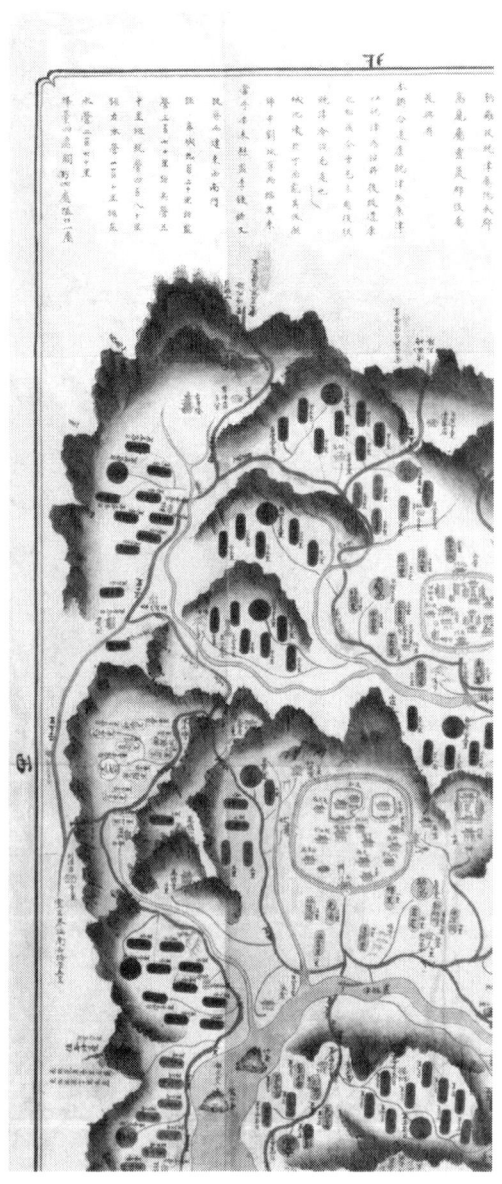

| 그림 2 | 1872년 全國郡縣地圖 (서울대학교 규장각 소장)

역과도 연결될 수 있다. 이러한 상황 속에서 항해의 중심이 되며 물류의 거점이 되는 것은 당연한 일이다.

도자기 산업은 생산환경, 유통구조 등이 모두 해양과 연관되어 있고, 강진은 여기에 걸맞은 역사적 계승성, 생산환경 및 해양환경을 갖췄다. 이러한 요소들이 상승작용을 일으키면서 강진의 청자산업을 활성화되었을 것이다.[26] 우리 민족사에서 해양문화가 비약적으로 발전하고, 서남해안지역이 역사에서 중심무대의 역할을 한 시대와 강진청자가 처음 만들어진 시대는 일치하는 모습을 보인다. 강진은 생산지이며 1차 보급지인 것은 틀림없다. 하지만 때로는 중간 경유지의 역할도 하였을 것이다.

이젠 강진 자체가 가진 해양환경을 넘어서 당시 고려, 나아가 동아시아 질서와 관계를 맺는 방식으로서 강진청자의 해양적 성격과 역할을 살펴볼 필요가 있다. 즉 강진청자가 유통되었다면 그 경로를 살펴보는 작업이다. 따라서 우선 동아시아의 해양문화를 이해하고, 고려가 왜 해양문화가 발달했는가를 살펴보아야 한다.

3. 동아시아와 고려의 해양활동

1) 동아시아의 해양환경

동아시아는 한반도를 중심축으로 일본열도의 사이에는 동해와 남해가 있고, 중국과의 사이에는 황해라는 내해(內海, inland sea)가 있다. 한반도의 남부와 일본열도의 서

---

26 선종의 발달과 짝한 차의 보급과 다기의 수요, 중요 교역품으로서 중국청자가 지닌 비중 등이 점증되면서 자체 생산의 요구가 있었음을 감안할 때, 강진에서의 청자발달은 다분히 의도적이고 목적이 분명한 '사업'이었음이 추측되고 있다.

부, 그리고 중국의 남부지역(양자강 이남을 통상 남부지역으로 한다)은 이른바 동중국해를 매개로 연결되고 있다. 그리고 현재 연해주 및 북방, 캄차카 등도 동해연안을 통해서 우리와 연결되고 있으며, 타타르해협을 통해서 두만강 유역 및 북부지역과 사할린, 홋카이도 또한 연결되고 있다. 이렇게 해서 동아시아는 완전한 의미의 지중해는 아니지만 이른바 다국간 지중해해(多國間 地中海海, Multinational-Mediterranean-Sea)의 형태로서 모든 나라들을 연결시키고 있다.[27]

　이 지역에는 동아시아의 대다수 종족들이 모여 있다. 한민족과 한족(漢族) 그리고 일본열도의 교섭은 물론 북방족과의 교섭도 모두 이 지역의 해양을 통해서 교류를 하였다. 이 지역은 문화적으로도 지중해적 성격을 띠었다. 연해주(沿海洲)와 시베리아에서 연결되는 수렵삼림문화(狩獵森林文化), 몽골과 알타이에서 내려온 유목문화(遊牧文化), 화북(華北)의 농경문화(農耕文化), 그리고 남방(南方)에서 올라오는 해양문화(海洋文化) 등 지구상에서 가장 극단적인 자연현상과 다양한 문화가 만나 상호교류하고 혼재하면서 발전하였다. 다양한 자연환경 속에서는 필연적으로 경제형태나 교역방식 역시 다양할 수밖에 없었다. 이러한 것들은 해양을 통해서 교류되어 왔으며, 여기서 형성되는 문화는 다양성(多樣性)이라는 지중해 문화의 전형적 특성을 가질 수밖에 없었다. 전형적인 정착성(stability)문화와 이동성(mobility)문화가 이곳에서 만나 상호보완한 것이다. 특히 황해는 중국(中國)과 한반도(韓半島)의 서부해안(西部海岸) 전체, 그리고 만주남부(滿洲南部)의 요동지방(遼東地方)을 하나로 연결하고 인접한 각국들이 공동으로 활동을 하는 장(場)의 역할을 하고 있다. 때문에 일찍부터 인간과 문화의 교류가 빈번했고 그러한 공통성을 토대로 문화권이 형성되었다. 이러한 인식과 사실을 바탕으로

---

27 동아지중해의 자연환경에 대한 검토는
　윤명철, 「海洋條件을 통해서 본 古代韓日 關係史의 理解」, 『日本學』14, 동국대 일본학연구소, 1995 및 「黃海의 地中海的 性格硏究」, 『韓中文化交流와 南方海路』, 국학자료원, 1997, 기타 논문 참고.

필자는 '동아지중해(東亞地中海, EastAsian-Mediterranean-Sea)'란 모델[28]을 설정하여 제시하였다.

동아지중해는 단순하게 지리와 지형, 바다의 구조라는 물리적인 틀뿐만 아니라 담고 있는 내용인 자연현상과 그 생산물, 문화 또한 다양하다. 또한 북방종족들의 남침으로 인하여 중국의 정복왕조들이 자주 변하기 때문에 국제관계는 매우 복잡하게 전개되었고, 이에 따라 외교의 다변화를 꾀할 필요성이 늘 컸었다. 따라서 동아지중해는 지정학·지경학·지문화적으로 활발한 교류를 통해서 상호연관성을 깊게 할 수밖에 없는 역사의 터이다. 필자는 이러한 특성의 동아시아 역사의 공간을 이해하는 해석모델로서 '터와 다핵(多核, field & multi-core)이론'을 전개하고 있다.[29] 동아지중해에서 해양문화가 선사시대부터 발달했음은 필자가 여러 글에서 발표한 바 있다. 물론 본고의 소재가 되는 고려도 해양활동이 초기부터 발달했다.

---

28 이 용어의 개념과 역사적 성격에 관해서는 「高句麗 末期의 海洋活動과 동아지중해의 질서재편」, 『國史館論叢』, 1994 등 필자의 해양관련 졸고들에 약술되어 있다.
29 윤명철,「동해문화권의 설정 검토」, 『동아시아 역사상과 우리문화의 형성』, 한국학 중앙연구원, 민속원, 2005, 9 및 「동아시아의 海洋空間에 관한 再認識과 活用-동아지중해모델을 중심으로-」, 『동아시아 고대학』 14집, 동아시아 고대학회, 경인문화사, 2006, 12 등에서 터이론을 설명하고 역사상 해석에 적용하고 있다.
 필자가 주장하는 터이론의 大綱은 다음과 같다. 한 동일한 공간, 유사한 공간, 관련성 깊은 공간은 하나의 역사공간으로 인식해야 한다. 비록 혈통이 다르고 언어와 문화가 달라도, 또 중심부 간의 거리가 멀거나 국부적인 자연환경에 차이가 있고, 정치체제의 차이가 있어도 느슨한 하나의 '統一體' 혹은 '歷史有機體', '문명공동체' 였다. 또 역사공간은 단순한 영토나 영역, 장소의 문제가 아니라 만남과 연결 방식을 총체적인 연결망, 즉 네트워크의 개념으로 접근할 필요가 있다. 역사공간의 네트워크는 전체이면서 부분인 터(場, field)와 또 부분이면서 전체이기도 한 3개의 中核과 주변의 몇몇 行星들, 그들을 싸고 도는 衛星들이 있고(multi-core), 중첩적인 선(line)들로 이어졌다. 선이란 교통로를 말한다.

2) 고려의 발전과 해양활동

활발하게 해양활동을 전개하는 모습은 먼저 정치적인 면에서 확인할 수 있다. 고려는 장보고(張保皐)의 전통과 후삼국시대의 해상세력들의 배경을 이어받아 출발하였으므로 해양문화가 발달했으며, 정치적인 환경 때문에 해양을 정책적으로 활용할 수밖에 없었다. 10세기에 들어서면서 동아의 질서는 재편되고 있었다. 통일을 한 고려는 치열하고 절묘한 외교정책을 취할 수밖에 없었으며, 특히 해양력은 이러한 국제환경을 극복해가는 데 매우 유용한 수단이 되었다. 고려의 외교는 동아지중해(東亞地中海)의 특성상 대륙외교(大陸外交)와 해양외교(海洋外交)의 두 형태로 나뉘어진다. 960년에 송나라가 건국하면서 동아시아의 역학관계는 중심에 요(遼), 송(宋), 고려(高麗)로 3분되었고, 주변부에 서하(西夏), 여진(女眞), 일본(日本) 등이 있었다. 고려는 송과 바다, 요와는 육지로 국경을 접하였으므로 관계가 복잡하고 미묘했었다. 요의 압박으로 인하여 고려와 송은 한편으로는 동지의식을 갖고 위기를 타개하려는 노력을 시도했고, (주로 송의 제안이지만)또 한편으로는 고려는 요를 의식해서 송과의 국교를 맺지 못하는 시기도 있었다. 그리고 여기에는 길인 항로(航路)의 문제도 있었다.

고려는 위치로 보아 양쪽에서 등거리 외교(等距離 外交)를 하면서 역학관계를 조정하는 역할을 해야 했다. 또한 두 나라는 해양질서의 관계 속에 놓여 있었다. 즉 황해를 가운데 두고 국경이 직접 마주치지 않았기 때문에 군사적으로 충돌할 가능성은 별로 없었다. 그런데 송은 문치(文治) 위주의 문약한 국가였지만, 무역을 통해서 고려에게 경제적인 이익도 많이 줄 수 있는 이점이 있었다. 한편 요나라와 무력대결을 벌여야 하는 송에게도 고려는 좋은 관계를 유지해야만 했다. 두 나라의 우호관계는 여진을 압박하기 위해서도 필요한 일이다.

이러한 상호필요성에 불구하고 두 나라 간의 교섭기간은 실제로 길지 않았다. 요와 금의 세력이 막강해지는 시기에는 국교가 단절되었고, 때문에 실제로 남송 초기의

40년간(1127~1165)을 포함해 공적 교류 기간은 160년 정도로 절반에 해당한다.[30] 하지만 약 160여 년간에 고려는 송나라에 57번을, 송은 고려에 30번의 사신을 보냈다. 이러한 교류를 뒷받침할 목적으로 송나라는 1014년에 등주에 고려관을 설치하였고, (『宋史』 열전 고려전 '帝詔登州置館待之') 절강성인 명주에도 고려사관이 1117년에 설치되었다. 영파시에서는 고려관터를 발굴하고 있다. 바다로 나가는 출구인 영파시의 외곽인 진해(鎭海)시에는 1078년에 고려사신을 맞이하기 위한 영빈관을 지었다. 소동파는 빈번한 고려사신들의 왕래를 비판적으로 평가하였다. 이러한 생각은 일반적이었던 듯 『송사』 고려전에도 흠종(欽宗) 당시의 일을 기록하면서 유사한 내용을 표현하고 있다.[31]

다음은 무역의 문제이다. 고려는 다른 우리 민족국가들과 마찬가지로 동아지중해의 중앙에 있다는 특성상 무역이 활발할 수밖에 없었다. 실제로 동아지중해의 주변 지경 사이에는 선사시대부터 교류와 무역이 있었다. 역사시대에 이르러 보다 활발해졌다. 그리고 남북국 시대에 이르러는 동아시아 전체가 하나의 시스템 속에서 움직일 정도로 무역활동이 광범위해졌다. 발해는 당과 일본을 대상으로 무역활동이 매우 활발한 나라였다.

신라는 통일 전부터 무역을 해왔지만, 통일 이후에는 더더욱 광범위하고 적극적으로 무역을 했다. 『삼국사기』를 비롯하여 『책부원구(册府元龜)』・『당회요(唐會要)』 등에 보이는 자료를 보면 신라는 당나라에 수출하였는데, 그 품목을 보면 7세기에서 8세기를 거쳐 9세기에 이르기까지 변화가 있었다. 특히 소위 대모(玳瑁)・자단(紫檀)・심향(沈香)・공작미(孔雀尾)・슬슬(瑟瑟)・구수(毬毺)・비취모(翡翠毛) 등 '남해박래품' 들이 당을 통해서 들어왔다.[32] 이븐 쿠르다지바(Ibn Khurdadhibah, 820~912)의 『제도로(諸道

---

30 이정희, 「고려전기對遼交易」, 『지역과 사회』 4호, 부경역사연구소, 1997, p.10.
31 『宋史』 권47, 고려전.

路) 및 제왕국지(諸王國志)』에는 중국의 동해에 있는 신라에서 가져오는 물품은 비단(綢緞)·검(劍)·키민카우(kiminkhau)·사향(麝香)·노회(蘆薈)·마안(馬鞍)·표피(豹皮)·도기(陶器)·범포(帆布)·육계(肉桂)·쿠란잔(Khulanjan)·고라이브(人蔘)·장뇌(樟腦)·고량강(高良薑) 등[33]이 있다고 하였다. 이때 도기는 청자와 연관있을 가능성이 있다.

신라인들은 일본에 수출을 하였는데, 훈륙향(薰陸香)·청목향(青木香)·정향(丁香)·곽향(藿香)·영륙향(零陸香)·감송향(甘松香)·용뇌향(龍腦香) 등 남중국·동남아시아·인도·아라비아산의 각종 향료, 동남아시아·페르시아산 약재, 그리고 신라묵(新羅墨)·종이·악기·모전(毛氈)·송자(松子)·밀즙(密汁)·구지(口脂)·경권(經卷)·불구(佛具)·경(鏡)·원(鋺)·반저(盤筯, 佐波理加盤) 등 다양한 물품들이 있었다. 이러한 신라의 무역 체제 속에 등장한 것이 장보고로 대표되는 범신라인들의 무역활동과 시스템이다. 장보고는 각각 대당매물사와 회역사를 당과 일본에 파견하여 중앙정부와는 독자적으로 무역활동을 벌였다. 이러한 비정부집단의 무역활동은 중국 및 기타지역에서 이루어지던 것으로서, 이후 고려에서도 민간무역 등이 벌어질 수 있는 배경이 되었을 것이다.

고려는 태조 때부터 대외교역을 추진하여 7년(924년) 7월에는 고려상선이 후당의 등주에서 시역(市易)을 행하였다. 같은 해인 7년 10월에는 고려의 사박(使舶)이 후당에 건너가 청주(青州, 산동)에서 무역을 행하였다.[34] 송나라는 또한 교역에 관심을 기울여

---

32 『삼국사기』권33, 雜志 2의 色服·車騎·器用·屋舍조.
33 Ibn Khurdadhibah, 『諸道路 및 諸王國志』(Leiden, Brill, 1968). 그런데 헨리 율(H. Yule)과 앙리 콜디어 (H. Cordier)의 연구(H. Yule & H. Cordier, *Cathay and the Way Thither*, Vol. Ⅰ, London, 1915)를 참고한 이용범의 글에서는 그 품목의 수와 내용에서 전자와는 다소 차이를 보이고 있다(李龍範,「處容說話의 一考」,『진단학보』32, 1969, p.30). 그는 "수출품은 고라이브(Ghoraib)·水溶性 樹膠·蘆薈·樟腦·帆布·馬鞍·磁器·綢緞·肉桂·高良薑 등"이라고 하였다. 여기에는 劍과 豹皮가 빠진 대신에 고라이브·樟腦·高良薑이 첨가되어 있다.
34 『册府元龜』권99, 互市조에 이와 관련된 기사가 있다.
金庠基,『新編 高麗時代史』, 서울대 출판부, 1996, p.166.

산동반도의 남단인 밀주(密州)의 판교진(板橋鎭, 현재 산동의 膠縣)이 출발항구였고, 상업 무역항이었으므로 시박사를 설치하였다. 후에 남쪽으로 중심이 내려가면서 주산군도 인 바다에서 명주(明州, 영파시)로 들어가는 입구인 진해(鎭海, 진해시)에도 고려사신을 맞기 위하여 1078년에 영빈관을 지었다.

두 나라 사이에는 엄청난 규모의 무역이 있었다. 100명에서 300명을 태운 사신선 들은 곧 공무역선이었다. 예를 들면 송은 고려에 의복, 상아, 물소뿔, 옥, 술, 새(鳥), 차 칠, 악기, 등을 수출하였고, 고려는 비단, 삼, 소나무, 부채, 종이, 먹 등 수천점을 보냈 다. 1078년에는 송이 100종이 넘는 품목과 6천건에 달하는 물건을 보냈고, 고려 역시 그에 상당하는 물건을 보냈다.[35] 당대의 문장가이며 관리였던 소동파(蘇東坡)는 이러한 고려와의 무역이 피해가 심하다고 매우 비판적이었다.[36]

소동파는 '……사절단이 가져온 인마나 물품들이 행시를 어지럽힌다 하였다. 또 1085년에는 ……고려의 교활한 상인들이 조공을 핑계로 수시로 들어와 소란케 하며, 중국의 간사한 무리들이 고려로 간다고 내세우고, 거란과 통하게 되었다.' 라고 하는 등 교류를 매우 부정적으로 평가하고 있다. 물론 고려는 이러한 무역을 정치적인 관계 와 연동하면서 송, 거란, 여진, 일본 등과 광범위하게 벌였다.

고려는 팔관회적 질서를 통하여 송상인, 여진인, 탐라인, 일본인 등 주변 제국인 (諸國人)이 내조(來朝)하는 조공체제를 유지하고 있었던 것이다.[37] 그런데 전근대사회에 서 조공으로 표현되는 정치적인 교류는 다른 한쪽에서는 무역활동이었다. 본격적인 민간교역은 현종 시대로부터 차차 성행하면서 본격적으로 발달하였다.[38] 북송 시대의

---

35 黃寬重,「宋麗貿易與文物交流」,『진단학보』71·72합집 3절.
36 鮑志成,「蘇東坡와 高麗」,『한중문화교류와 남방해로』, 국학자료원, 1997, p.89.
37 이정희,「고려 전기 對遼交易」,『지역과 사회』4호, 부경역사연구소, 1997, p.9.
38 金庠基,「고려의 해상활동」, p.444.

전기(1017~1090년)에만 약 100명 이상의 송 상인들이 고려에 온 기록이 있다.[39] 그들은 주로 동해(현재 강소성의 연운항), 해문(海門, 강소성의 양자강 하구) 등을 출발하였다. 『고려사』에 따르면 1012년부터 1278년까지 266년간 송나라의 상인이 129회 약 5000여 명이 왔다. 이때 온 상인들은 절강성, 복건성, 광동성 등 주로 강남출신이었다.[40] 이들 상인들은 단순한 교역뿐만 아니라 문화의 전달은 물론 정치·군사적인 역할도 담당한 것으로 보인다.[41]

결국 고려와 송상인의 무역은 비록 양국 정부의 상업정책과 깊은 관련이 있긴 하지만, 국가주도의 관무역이 아니라 사무역의 형태였다.[42] 서역상인들도 많이 와서 1024년에는 100여 명이 한 번에 온 적도 있었다.[43] 1025년과 1040년에도 그들은 대거 왔다. 이들은 향료, 물감, 조미료 등 남방물품들을 가져왔다.[44] 개성은 다양한 인종과 물건들이 모여드는 동아지중해의 유명한 국제도시였다. 반대로 고려인들도 중국 남방의 여러 도시에 진출하여 살고 있었다. 현재 영파시에서는 고려관 터를 발굴하고 있다.[45] 고려의 대중국무역은 원나라 때도 지속되었다. 원의 세조인 쿠빌라이는 쌀을 강남에서 고려로 3차례 운송했다. 특히 일본원정을 위해서 20만 석을 보냈다.[46]

---

39 『고려사』 세가 제 8권, 문종 14년(1060) 7월 을사일.
   송나라 상인 黃助 등 36명이 와서 토산물을 바쳤다.
40 이 부분에 대해서는 金庠基, 「고려의 해상활동」, p.453 참조.
41 姜吉仲, 「南宋과 高麗의 政治外交와 貿易官階에 대한 考察」, 『경희사학』 16·17 합집, 1991, pp.183~184.
   남송상인들의 당시 활동에 대해 黃寬重은 1) 송과 고려의 정치소식, 傳遞 2) 송과 금, 몽고의 정치동태의 探聽 등으로 나누고 있다.
42 이정희, 「고려 전기 對遼交易」, 『지역과 사회』 4호, 부경역사연구소, 1997, p.11.
43 『高麗史』 세가 권5, 顯宗 15년
44 김정위, 「중세 중동문헌에 비친 한국상」, 『한국사 연구』, 1977, p.34.
   9~11세기 신라와 고려에 대한 기록들을 소개하고 있다.
45 1999년 8월 현재 발굴을 계속하고 있다. 단 전에 알려진 곳이 아니라 근처임이 밝혀지고 있다.
46 高柄翊, 「麗代 東아시아의 해상교통」, 『진단학보』 71·72합집, pp.304~305.
   陳高華, 「元朝與高麗的海上交通」, 『제3회 環黃海韓中交涉史硏究 심포지움』, 진단학회, 1991.

고려와 송의 무역, 청자의 유통과 연관하여 고려할만한 사실은 고려와 요의 무역, 송과 요의 무역이다. 이 부분에 대해서는 특히 이정희의 연구가 주목된다. 요는 두 나라와 매우 활발하게 무역을 벌였다. 요가 송으로부터 수입한 중요한 물건은 차·비단·도자기 등이었는데, 도자기 수요의 필요성은 고려와 요의 무역에서도 관계가 있었을 것이다.[47] 왜냐하면 고려와 요는 매우 빈번하게 교섭을 했다.[48] 또한 동아지중해의 특성상 해양과 대륙을 유기적으로 맺는 시스템 속에서 각장무역은 어떤 형태로든 여송 무역과 청자유통에 영향을 끼쳤을 것이다.

고려는 제주도인 탐라와는 물론이고, 유구국(琉球國 : 오키나와) 등 남방과도 직접 교역을 하였다. 일본과도 교역을 벌였다. 통일하자마자 937년에 사신을 보냈으나 일본은 거절을 하였다. 이후 몇 차례 더 사절을 파견하였지만 교섭은 이루어지지 않았다. 그렇지만 민간인들 간의 교역은 있었던 것 같다. 942년에 혼슈 남부인 오키(隱崎)제도에 고려선 7척이 표류하였다. 또 972년에는 남원부사와 김해부사가 대마도에 갔다. 국가가 파견한 사절일 수도 있으나 교역 목적 또한 있었을 것이다. 999년인 목종 2년에는 일본인들이 귀화한 일도 있었다. 1029년에는 탐라에서 일본으로 표류한 사람들이 돌아왔고, 고려 역시 표류민들을 돌려보내는 등 두 나라는 계속해서 우호관계를 유지했다. 그러다가 1056년에는 일본사신이 고려에 왔다. 1073년에는 상인들이 대거 고려에 왔다.

그 무렵에 일본은 대외교역을 활발히 하고 있었다. 일본은 유황, 구리, 귤, 해산물, 침대제품, 수은 등을 가지고 왔고, 고려는 비단, 자기, 종이, 먹 등을 수출했다. 그 무역품 가운데 도자기가 있을 가능성은 높다. 고려는 통일신라가 동남아지역과 간접무역을 한 것을 계승하여 마팔국(인도), 삼라곡국(태국), 교지국(베트남) 등의 국가들과도 직

---

47 이정희, 「고려 전기 對遼交易」, 『지역과 사회』4호, 부경역사연구소, 1997, pp.11~12.
48 이정희, 위 논문, p.20. 고려가 거란에 사신을 파견한 것은 성종 13년(994)부터인데, 이후 30여 종의 목적을 가진 사신이 총 232회 파견되고 있다. 麗·遼교류기 128년을 기준으로 하면 1년에 2회씩이 된다. 거란이 고려에 보낸 사신도 이와 비슷하여 239회이다.

접 교역을 하였다. 그런데 고려가 국가사업으로 왕성하게 벌인 무역은 거란 등의 북방지역과의 관계를 제외하고는 해양을 통할 수밖에 없었다. 따라서 해양문화의 성격과 메커니즘은 고려의 국가적인 성격은 물론 무역 시스템, 그리고 청자산업과도 연결될 수밖에 없었다.

4. 고려청자와 항로

고려는 해양활동이 매우 활발한 나라였고, 대외교섭과 무역활동에 이를 효율적으로 활용하였다. 그렇다면 실제로 교류가 이루어진 길, 바닷길은 어떤 것이었을까? 이 항로는 결국 청자의 유통로와 직접 연관이 있기 때문이다.

1) 항로의 메커니즘

메커니즘 즉 항로를 운영하고 있는가를 살펴볼 필요가 있다. 항로를 개설하고 운용하는 일은 해양환경과 정치질서, 무역의 메커니즘이 상호작용하면서 상황에 따라 그 배합비율이 결정된다. 이 글에서는 해양환경에 초점을 맞추고 항로를 살펴보고자 한다. 전 근대 시대에는 자연의 흐름을 전적으로 활용했기 때문에 항로들은 자연환경과 일치했다.

항로를 알기 위해서는 항해술의 메커니즘을 이해할 필요가 있다. 항해의 종류에는 연안항해(沿岸航海), 근해항해(近海航海), 원양항해(遠洋航海)가 있다. 인류의 역사 이래 보편적으로 사용되는 항해는 바닷가를 따라 비교적 안전성을 확보하면서 이루어지는 연안항해이다. 근해항해는 육지와 일정한 거리로 떨어져 항해하는 방법을 말한다. 즉 지문(地文)항법을 이용하는 것이다. 고대항해, 특히 외교·군사적인 항해에 많이 활용되었으며, 소규모 선박들의 항해나 상업을 목적으로 한 무역선들도 역시 많이 이용한 것으로 여겨진다. 원양항해는 중간에 육지나 물표(物標) 등이 없이 대양의 한가운데를 항해하는 것이다. 즉 천문(天文)항법을 사용한 것이다. 황해와 동해를 사이에 두고 여러 지역들 간의 교섭흔적이 수천 년 전부터 나타나는 것은 원양항해가 이루어졌음을 입증한다.

다양한 항법들을 활용하여 항해를 하였는데, 문화와 직결된 것은 항로(航路)이다. 바다에는 길이 있고, 길을 지키지 않으면 심지어는 죽음을 불사해야 할 정도이다. 항로는 매우 중요하다. 항구의 선택과 입지조건에 따라 국가의 흥망성쇠가 결정되는 경우가 세계사에서는 매우 많다. 항로가 중요하다는 것은 삼국시대 각국의 일본열도 진출과정과 일본의 고대국가 형성과정에서 분명한 모습으로 나타난다.

항로를 설정하는 데에는 몇 가지 유의사항이 있다.

첫째, 항로를 정확히 파악해야 교섭의 성격 또한 깊게 이해할 수 있다. 항해, 그 중에서도 항로에 영향을 끼치는 기본적인 자연조건은 해류와 조류, 바람이 있다. 남중국해에서 동북방향으로 흘러 들어오는 쿠로시오는 동아지중해의 바다에서 문물과 역사의 이동로가 된다. 연근해항해에서 해류보다 중요한 역할을 하는 것은 조류이다. 특히 한반도의 서남해안과 중국의 동해안은 조류의 흐름이 매우 빠르고 방향의 지역적 편차가 심하여 고대에는 황해나 남해안에서 절대적인 영향을 끼쳤을 것이다.

계절풍지대인 동아시아에서 연안항해는 물론이지만 근해항해 원양항해에서 바람의 이용이란 거의 필수적이다. 봄에서 여름에 걸쳐 부는 남풍계열의 바람은 중국 남부 해안과 한반도 혹은 일본열도와의 교류를 가능하게 한다. 반면에 가을에서 겨울에 걸쳐부는 북풍계열의 바람은 한반도 북부와 중국의 중부 혹은 남부해안과의 교류를 가능하게 한다. 한편 남풍계열의 바람은 일본열도에서 한반도로의 교류를, 북풍계열의 바람은 한반도에서 일본열도의 남부와 서부해안과의 교섭을 가능하게 한다. 삼국시대의 대외사행(對外使行)은 계절풍과 해류의 영향을 받으며 이루어졌다. 이렇게 해서 항로가 기본적으로 결정된다.

둘째, 항로를 설정할 때 출발항구는 반드시 하나가 아니라는 점을 인식해야 한다. 수도(首都)나 큰 도시에서 출발할 경우에 항로는 대부분 강을 통해서 바다로 나간 다음에 출발한다. 때문에 출발지인 하안도시(河岸都市)나 해항도시(海港都市)와 실제로 바다로 출발하는 항구는 꼭 동일한 것이 아니다.[49] 또한 항해에 적합한 바람과 좋은 날씨를 기다리면서 피항할 수 있는 외항과 내항이 일치하는 것은 아니다. 예를 들면 신라인들과 고려인들이 자주 사용했던 보타도(寶陀島)는 명주(明州, 영파)에서 진해를 거쳐, 진해에서 바다로 나가 외항인 주산군도(舟山群島)의 보타도(寶陀島)에서 바람을 기다렸다가 출발하였다. 또한 사신들에 의한 공식적인 항로와 교역선 혹은 민간인들에 의한 항로가 늘 동일한 것은 아니다.

셋째, 출발항구에서 도착항구까지 항로가 직선으로 이어지는 것은 절대 아니다. 항해는 주어진 해양환경에 따라 연안항해, 근해항해, 원양항해를 상황에 맞춰서 골고루 사용해야 한다. 따라서 외항을 출발하였다 해도 원양으로 나가는 해역은 그곳과 전혀 다른 곳일 경우가 많다. 이러한 항로의 메커니즘으로 인하여 자연환경에 철저히 의존해야 하는 선사시대나 고대에는 접촉과 교류가 반드시 일정한 장소(場所)에서, 일정한 시기(時期)에, 그것도 일정한 형태로 이루어질 수밖에 없었다. 거기에 각 나라의 위치가 다른 만큼 각각 다른 항구에서 출발하였다. 출발항구가 다르므로 항로도 다를 수밖에 없었고, 항로가 다르니 도착항구가 다를 것은 필연적인 결과이다. 도착항구가 다르니 당연히 거주한 집단의 정치적·문화적 성격도 다르다. 한반도 내에서 몇몇 알려

---

49 이러한 예는 고대나 현대를 막론하고 쉽게 찾아볼 수 있다. 그리스의 도시국가인 아테네는 피레우스라는 외항을 갖고 있다. 미케네나 트로이도 바로 해안가에 위치한 도시가 아니었다. 독일의 함부르크, 한자동맹의 도시들, 말레이시아의 쿠알라룸프르 등은 바다에서 내륙으로 들어와서 형성된 곳에 항구를 가진 도시들이다.

진 특정한 곳을 중심으로 외래문화들을 받아들이고, 꼭 지정된 지역에서만이 외국으로 출발할 수 있는 것은 이러한 해양적 조건에 맞춰야 하기 때문이다. 이러한 몇 가지 점과 현실적인 어려움을 전제로 하면서 이 지역을 중심으로 한 고대항로를 살펴보고자 한다. 그리고 항해의 전반을 이해하는 자료가 될 수 있도록 유형화해 보고자 한다.

2) 항로의 종류

강진에서 외국과 직접 무역했을 가능성은 공식적으로는 없을 것 같다. 하지만 예외가 있었고, 특히 비공식적인 민간무역이나 밀무역 등을 통해서는 가능성이 높았을 것이다. 그리고 국가의 공적 시스템을 통해서 무역활동에 참여했을 것이다. 그렇다면 개경을 경유했을 가능성이 높은데다가, 청자를 내수용으로 개경에 공급했을 것이다. 그렇다면 청자와 연관한 유통망으로서 항로는 고려의 국제항로와 국내항로를 유기적으로 이해할 필요가 있다.

고대에 한국지역과 동아지중해에는 자연환경과 정치적 상황에 따라서 여러 개의 항로가 사용됐다.[50] 시대에 따라 정치적인 환경의 영향을 받으면서 주로 사용한 항로가 변하기도 하였으나, 기본적으로는 유사하였다.

고려가 사용한 항로를 설정하고 유형화하는 데는 몇 가지 전제를 갖고 하였다. 역사적 상황, 사료에 나타난 교섭사실과 항구들, 해양환경 등을 고려하였으며, 앞에서 언급하였듯이 몇 가지 유의사항을 기준으로 삼았다. 고려인들은 중국 및 주변국가들과 교류할 때 5~6개의 항로를 적절하게 사용했다. ① 황해중부 횡단항로, ② 황해남부 사단항로, ③ 동중국해 사단항로, ④ 남해항로, ⑤ 제주도 항로 등이 있다. 동해에서는

---

50 항로의 선택과 정치세력 간의 관계, 삼국의 일본열도 진출과정에 대해서는 尹明喆, 『동아지중해와 고대일본』, 청노루, 1996, pp.159~165 참조. 윤명철, 「海洋條件을 통해서본 古代 韓日關係史의 硏究」 참조.

역사적인 계승성, 수군활동과 해적 퇴치, 표류현상 등을 고려할 때 항로가 있었음이 분명하다. 하지만 본고와 직접 연관이 없을 뿐 아니라 항로와 연관된 구체적이 증거들이 부족하여 생략하였다.

고려시대에 동아지중해에서 가장 큰 무역항구는 산동의 등주(登州)항, 절강의 명주(明州)항, 복건의 천주(泉州)항, 광동의 광주(廣州)항, 일본 규슈의 다자이후(大宰府), 그리고 고려의 예성항(禮城港)이 개경으로 들어오고 나가는 예성항인 벽란도(碧瀾渡)에는 사행선들이 도착하고 출발하는 국제항구였으며, 개경과 황해를 이어주는 내륙하안 항구(內陸河岸 港口), 즉 하항도시(河港都市)였다.[51] 배들은 일단 예성강을 타고 내려오다가 강화만이라고 불리는 좁은 협수로를 빠져나갔다. 경기만 바깥에서 연평군도가 나타나면 항로가 목적항구를 따라 각각 나뉘어 진다.

(1) 황해중부 횡단항로

황해중부 횡단항로는 한반도의 중부지방,[52] 즉 경기만일대의 항구들을 출항하여 횡단성 항해를 한 후에 산동반도에 도착하는 항로이다. 신라 하대와 고려에서 많이 이용되었다. 경기만은 한반도에서 가장 훌륭한 해류교통의 요지이고, 중핵(core)에 있다. 일본열도를 출발하여 압록강 하구와 요동반도를 경유하여 산동까지 이어지는 남북연근해항로의 중간기점이고, 동시에 한반도와 산동반도를 잇는 동서횡단항로와 마주치는 해양교통의 결절점(結節点)이다. 또한 한반도 내의 지정학적·지경학적·지문화적 입장에서 보아 각 국(또는 각 지역) 간의 질서와 힘이 충돌하는 현장이었다.

그런데 황해중부 횡단항로는 2개로 분류된다. 첫째는 황해도를 출발하여 산동반

---

51 碧瀾渡에는 객관이 있었는데, 부의 서쪽 36리에 있다.
52 엄격하게 지리적인 기준으로 구분하면 한반도 남부해안에서 산동반도 하단부로 이어지는 해역도 황해중부에 해당한다. 그러나 한반도를 기준으로 분류를 할 경우에는 서해중부해역만을 황해중부로 인식하고자 한다.

도의 동단 혹은 북단에 도착하는 항로이다. 황해도의 해안에서 산동 해안까지는 직선 거리로 약 250km이다. 옹진반도 앞쪽의 백령도는 고구려 때 혹도(鵠島)였고, 황해중부 횡단항로에서 매우 중요한 물표역할을 하였던 섬이다. 백령도를 지나 그 다음에는 먼 바다로 나아가 직횡단을 하면 산동반도에 닿는다. 고려 통일 직전에 신라왕의 동생인 양패(良貝)가 당에 가다가 후백제의 해적을 피해 혹도에 머물렀다.[53] 이 설화는 서남해안에서 출발하여 북상하다가 경기만 북부 해역에서 백령도를 경유하여 직횡단한, 즉 전형적인 황해횡단항로를 이용한 것이다.

고려 전기에는 이 항로를 사용하였는데, 태조 천수(天授) 6년(923)에 후량과 교섭하였고 오백나한(五百羅漢)을 가져왔다. 926년에 후당과 교섭하였으며[54] 후한 및 후주와도 교섭하였다. 그때 이 항로를 이용했을 것이다. 황해중부는 직횡단할 경우에는 『송사(宋史)』에 의하면 2일 정도가 걸렸다고 한다. 200여km 남짓한 내해, 지중해로서의 성격을 가지고 있기 때문에 대부분의 경우, 지문항법을 활용한 근해항해에 큰 난관은 없었을 것이다. 하지만 초기에는 이 항로를 이용하다 해난사고가 빈발했다. 963년에는 송(宋)의 태조(太祖)가 시찬(時贊)을 중심으로 90여 명의 사신단을 고려에 파견한다. 이때 찬(贊)을 제외한 전원이 풍랑을 만나 물에 빠져 죽었다.[55] 또 1019년, 즉 천희(天禧) 3년에는 고려사신인 최원신(崔元信)이 등주 부근의 진왕 수구(秦王 水口)에서 큰 바람을 만나 배가 전복되었고, 물건을 모두 잃어버렸다는 기록이 있다. 그래서 조정이 등주에게 특별히 관리할 것을 명하고 있다.[56]

---

53 『삼국유사』권2, 眞聖女大王 居陀知조.
54 『고려사』권1, 세가 태조 6년조, 9년조.
55 『고려사』권2, 세가 광종 14년. 그런데 『宋史』열전 고려전에는 이 사신이 고려에서 파견하였다고 하며 익사한 숫자도 70여 명으로 되어 있다. 더욱이 『續資治通鑑長編』太祖 乾德 元年 9월조에는 등주에서 보고하기를 하는 형식을 취하면서 보다 구체적으로 이 사신선이 고려에서 왔음을 말하고 있다.
56 『續資治通鑑長編』眞宗 天禧 3년 9월.

이 항로와 연관해서 대표적이었던 산동성의 항구는 북부의 등주항(登州港)이다. 발해가 732년에 공격하였고, 빈해여진(瀕海女眞), 정안국(正安國), 고려(高麗) 등의 사신들이 모두 이곳에 도착하였다. 발해관이 있었고, 엔닌(圓仁)의 기록에 따르면 신라관도 있었다.[57] 가탐(賈耽)이 쓴 『도리기』에도 역시 신라로 가는 출발항구로 되어 있다. 그리고 동쪽 끝인 성산(成山, 城山)도 중요했다. 진시황과 한무제가 성산지역을 순해했고, 소정방은 이곳을 출항하여 황해를 횡단했고, 덕적도를 경유하여 금강 상륙작전을 성공시켰다. 2003년도 실행된 필자의 장보고호 뗏목 탐험도 역시 최종적으로는 이곳을 출항하였다. 또 하나는 동남쪽인 적산포(赤山浦)이다. 경기만 아래를 목적지로 황해를 횡단한다면 이 지역이 중요한 교섭 항구가 될 수 있다. 엔닌은 847년 9월 2일에 적산포 앞의 막야구(莫耶口, 현재 石島 앞에 모야도가 있다)를 출발하였는데, 4일 오전에 태안반도 근해일대로 보여지는 웅주서계(熊州西界)에 들어섰다.

두 번째 항로는 경기만의 하단지역을 출항한 후에 남풍계열 또는 동풍계열의 바람을 이용하여 횡단성 항해를 한 다음에 등주지역이나 청도만의 항구로 도착하는 항로이다.

주로 밀주의 판교진(板膠鎭, 당시에는 膠西)으로 들어갔는데 교주만(膠州灣)에 근접해 있고 대운하를 이용해서 개봉으로 가는 교통로가 있었다. 대외무역 교통의 주요한 항구가 되었다. 송나라 시대는 북방의 상업 무역항으로서 등주보다 더 중요했다.[58] 특히 요의 압박을 피하려면 그럴수 밖에 없었다. 한성백제 시대에 동진 등과 교섭하던 항로와 동일하다고 판단된다. 이 항로를 이용한 예는 신라말과 고려초기에서 확인되고 있다.

祁慶富, 「10~11세기 한중 해상교통로」, 『한중문화교류와 남방해로』(曺 永 祿 편), 국학자료원, 1997, p.168.
57 『入唐求法巡禮行記』권2, 開成 5년 3월 2일조.
58 祁慶富, 「10~11세기 한중 해상교통로」, 『한중문화교류와 남방해로』(曺 永 祿 편), 국학자료원, 1997, pp.169~171.

(2) 황해 남부 사단항로

황해남부 사단항로는 전라도 등의 여러 해안에서 출발하여 사단으로 항해한 다음, 강소성·절강성 등의 해안으로 도착하는 것이다. 중국의 남부지역으로 가는 데 주로 사용되었다. 한반도 남부지역(제주도, 해남, 영암, 나주, 군산 등)을 출발하여 초가을부터 초봄까지 북동계열의 바람을 이용하면 양자강하구나 항주만 지역에 도착할 수 있다. 제주도 근해나 흑산도 근해에서 표류한 배들이 절강성과 복건성 지역에 도착하는 것은 다 이런 이유 때문이다.[59] 전남 다도해의 사람들이 바다에서 북동풍을 만나 표류하면 남쪽으로 밀리다가 흑조의 저항을 받아 주산군도 해역에 표류한다.[60]

그런데 전라도 해안에서 곧장 바다로 나가 약간 사선(斜線)으로 항해하면 청도만이나 산동반도 남단의 여러 지역에도 도착할 수 있다.[61] 만약 봄과 여름에 동풍 내지 남동풍을 이용하여 서남해안에서 산동까지 항해가 가능하다. 주로 밀주의 판교진(板橋鎭, 당시에는 膠西)으로 들어갔는데 교주만(膠州灣)에 근접해 있어서 대외무역 교통의 주요한 항구가 되었다. 필자가 시도했던 1996년 항해는 흑산도에서 동풍내지 남동풍을 활용할 경우 산동지역을 비롯한 중국동안의 어느 지역이든지 접안이 가능함을 보여주었다.[62]

이 항로상에서 항구로서 적합한 조건을 갖추고 있는 곳은 영광(靈光), 영산강 하구의 회진(會津)을 비롯하여 고창 변산반도, 금강, 만경강 하구 등 전북의 몇 개 지역이다. 도착항구로서는 강소성의 연운을 중심으로 한 해안지방, 절강성의 항주, 영파(明州), 주산군도(舟山群島)이다. 견훤(甄萱)은 항주에 수도를 둔 오월국에 여러 차례 사신을 파견하였는데, 이 항로를 사용했을 것이다. 즉 군산이나 김제의 외항을 출발하여 남진

---

59 尹明喆, 「황해의 지중해적 성격연구(1)」, 『한중문화교류와 남방해로』 참조.
60 김정호, 「신라시대 한중항로」, 『장보고와 청해진』, 혜안, 1996, p.155.
61 일반적인 지도와 달리 해도를 보면 전라남도 지역은 청도만의 한가운데와 거의 횡선으로 이어져 있다.
62 尹明喆, 「황해의 지중해적 성격연구(1)」, p.237.

성 횡단을 하여 상하이만 가까이 붙었다가 남진하여 항주만으로 진입한 다음에 전당 강을 따라 올라갔을 것이다.

초주(楚州) 근처 회수의 북안인 연수향(漣水鄕)에는 집단 거류지인 신라방(新羅坊), 자치기구인 신라소(新羅所)가 있었다. 일본의 17차 견당사는 초주에서 신라선 9척을 빌리고, 신라수부(水夫) 60여 명을 고용하여 바다를 건넜다.[63] 이때 항로는 황해남부 사단항로였다. 신라에서는 비공식적인 민간들 간의 교류가 빈번했던 것으로 보인다. 진철(眞澈)대사는 진성왕 10년(869)에 입절사(入浙使)인 최예희(崔藝熙)와 함께 은강(鄞江, 영파)에 도착했다. 후백제의 견훤(甄萱)은 건국 직후인 900년에 항주에 수도를 둔 오월국에 사신을 파견하였다. 909년에는 광주(光州)의 염해현(鹽海縣)에서 왕건에게 나포 당하여 실패하였다. 918년에는 사신과 함께 말을 보냈다. 927년에는 오월국에서 사신 반상서(班尙書)가 서신을 갖고 후백제에 왔다. 이 항로를 사용했을 것이다.

이후에는 고려가 이 항로를 사용했다.

그 가운데 청자산업과 연관이 있는 항로이다. 윤용이는 오월국과의 교섭을 고려청자 발전의 큰 계기로 보고 있다. 그는 오월국의 도자공들이 고려 지배층의 요구에 따라온 것으로 이해하고 있다. 나아가 광종이 원종대사에게 내린 금구자발(金釦瓷鉢)은 오월국에서 수입된 것으로 보고, 또한 『경덕전등록』권26에 있는 959년 지종 등 고려승 36명이 오월국에 입국한 기록, 『불조통기』권10에 오월왕 전홍숙(錢弘俶)의 요청으로 천태전적과 고려승 체관을 본낸 것을 예로 들어 고려청자의 오월국 연관성을 주장하고 있다. 물론 이때 고려에서 오월로 가는 항로는 이 황해남부 사단항로이다.

이 항로의 가능성은 역사상에서 많이 나타나지만, 표류현상에서도 확인된다. 『고려사』에는 1076년에서 1174년까지 약 100년 동안에 송나라에 표류하였다가 돌아온 고려인들의 이야기가 12차례나 기록되어 있다. 그들은 약 140여 명인데, 특이한 일은

---

63 圓仁, 『入唐求法巡禮行記』권1.

송나라 정부에게서 좋은 대우를 받고 돌아온 것이다. 이들 가운데 영파인 명주에서 송환된 것이 7회에 90여 명이나 된다.[64] 숙종 연간에 송나라에서 우리의 표류민인 자신(子信) 등 3명을 돌려보낸 일이 있는데,[65] 이는 아마도 이 항로와 연관된 것이다. 또 고려의 상선 한 척이 표류하다 송 수군에 구조된 후 고려의 사정을 그들에게 알려준 일도 있었다.[66] 또 일본 상선 78명이 송에서 귀국하다가 바람을 만나 배를 잃고 작은 배로 선주 가차도(宣州 加次島)에 도착하였을 때 전라도 관찰사가 일본으로 호송하였다.

항주만은 중국연안의 남과 북을 이어주던 항해상의 물목이었다. 남방에서 올라오던 배들이 통과하여 북상하다가 전당강으로 들어와 운하(運河)로 갈아타고 내륙으로 들어갔다. 반면에 운하를 통해서 남으로 실려온 물산들은 이제 여기부터는 뱃길을 탈 수 밖에 없다. 따라서 남방과 북방으로 상호교환하는 물자들이 만나는 물류거점이다. 주산(舟山)군도는 중국 최대의 군도이고, 항주만의 입구에 있다. 북의 승사열도(嵊泗列島)에서부터 남의 육횡도(六橫島)에 이르기까지 600여 개의 섬이 활모양으로 항주만을 감싸고 있다. 위로는 양자강물과 전당강물이 항주만을 빠져 나와 모인다. 그리고 남해에서 치받쳐 올라오던 쿠로시오(黑潮)의 지류와 연안수가 모여 조류가 매우 복잡하다. 때문에 일찍부터 해양토착세력이 활동하기에 유리한 조건을 갖추고 있었다. 특히 주산본도는 크고 넓은데다가 산과 평야가 골고루 발달하여 자체의 농업생산력을 가지고 있었으며 어염산업도 발달했었다.[67]

(3) 동중국해 사단항로

절강 이남지역을 출항하여 동중국해와 제주도 해역, 황해 남부를 거쳐 한반도 서

---

64 표류와 연관한 구체적인 사례는 졸고 참조.
65 『고려사』 세가 제11권 숙종 2년(1097) 6월 갑오일.
66 全善姬,「明州古方志所見宋麗交流史事札記」.
67 尹明喆,「황해의 지중해적 성격연구(1)」,『한중문화교류와 남방해로』, 국학자료원, 1997, p.228.

남해안으로 들어오는 항로이다. 백제, 통일신라, 고려시대에는 승려, 상인, 사신, 유학생들이 이 항로를 이용하여 귀국했다. 영파(寧波)인 명주(明州)는 근처에 하모도(河母度) 유적지를 비롯하여 월주(越州) 도자기로 유명한 경덕진이 가까이 있다. 한반도 지역과 교류하기에 적합한 해양환경들을 갖추고 있었으므로 통일신라시대부터 교섭항구였다. 영파에서 서역인들은 동도문(東渡門) 일대에 거주하고 있었고, 신라인들은 진명령 일대에 거주하고 있었다.[68] 고려시대에는 정치적인 문제 등과 남해무역, 그리고 도자기와 연관하여 가장 빈번하게 교섭하던 항구였다.

북송 말기에 사신으로 파견된 서긍(徐兢)은 고려로 가는 여정을 『선화봉사고려도경(宣和奉使高麗圖經)』권34 해도(海道)에다 기록하였다. 영파에서 진해(鎭海)를 거쳐 주산군도(舟山群島)로 간다. 실질적으로 선박들이 정박하고 바람을 기다리며 대기하는 거점지역이다. 『당회요(唐會要)』에는 망해진(望海鎭, 현재 영파 근처의 靜海縣)이 일찍부터 멀리 항해하는 신라선박의 중요한 발착항구였다는 사실을 알려주고 있다. 『여지기승(輿地紀勝)』에도 명주 창국현(昌國縣)의 매잠산(梅岑山, 주산군도의 보타도)은 고려, 신라, 발해, 일본 등의 선박이 바람을 기다리는 곳이라고 하였다.[69] 엔닌의 『입당구법순례행기(入唐求法巡禮行記)』에도 신라배들이 명주(明州) 또는 양자강 하구에서 출발했음을 알려주고 있다.[70] 지금도 그곳에는 신라인과 관련된 신라초(新羅礁)가 있다. 선박들은 보타도에서 적합한 바람을 기다렸다가 북상하여 상해만의 바깥 바다까지 온 다음에 거의 사선으로 항해하여 흑산도로 향했다. 그 다음에 고군산도(古群山島), 자연도(紫燕島) 등을 거쳐 북상하다가 예성강 하구에 도착하였다.

---

68 林士民,「唐吳越時期浙東與朝鮮半島的通商貿易和文化交流之硏究」,『海交史硏究』, 1993, 제1기, p.16 참고.
69 曹永祿,「중국 寶陀山 관음도량과 한국」,『한중문화교류와 남방해로』, 국학자료원, 1997, p.23.
70 金文經,「7~10 世紀 新羅와 江南의 文化交流」.

동중국해 사단항로는 항해거리가 멀고 중간에 지형지물이 없어 고난도의 천문항법을 해야 하는 원양항해구역이 넓다. 이 항해는 늦봄에 남풍계열의 바람(남서풍이면 더욱 좋다)을 타고 해류의 흐름을 이용하여 항주만 혹은 양자강 하구에서 한반도 남부까지는 항해가 자연스럽게 이루어진다.

양자강유역에서 군산까지 수로(水路)로 435해리이고, 각도가 55도이다. 따라서 해류의 흐름을 자연스럽게 이용하고 바람만 제대로 받으면 빠른 시간 내에 연안을 벗어나서 원시적인 수단으로서도 3~4일 정도면 근해권에 진입할 수 있다. 『송사(宋史)』에는 순풍일 경우에 흑산도까지 건너는 데 5일이 걸린다고 하였다. 그 후 전라남도 해안의 항구들, 예를 들면 회진·청해진·해남·영광·부안 등을 목표로 항해하다가 계속해서 변산반도의 위도 등을 거쳐 군산도, 안흥을 거쳐 자연도(紫燕島, 송사신이 정박하였다. 영종도임), 강화만을 통과하여 예성항인 벽란도에 도착하였다. 20일이 채 못 걸린 항해일정이다. 1997년 6월 하순에 뗏목 '동아지중해호'를 타고 이 항로를 답사한 결과 서긍의 기록과 항로가 일치하였으며, 흑산도까지 17일이 걸렸다. 신라 말의 보요선사(普耀禪師)는 두 번이나 오월(吳越)에 가서 대장경을 실어오는데, 동중국해 사단항로를 이용한 것이다. 후백제나 고려인들이 귀국할 때 사용한 항로이다. 청자와 관계가 깊은 길이다. 이 항로의 일부는 남중국과 일본열도가 교섭하는 데도 사용됐다. 그 예를 알려주는 사건이 1975년에 존재를 확인한 '신안(新安)해저유물선'이다. 1976년부터 1984년까지 약 22,000여 점의 유물을 인양하였는데, 그 중에 중국제의 도자기를 20,661점 인양했다. 절강성의 용천 일대, 경덕진에서 구워진 것이 대부분이었다. 출항지는 영파항이었다.

그런데 고려에서 절강으로 갈 때는 경기만을 출발하여 동풍과 북풍계열의 바람을 활용하여 청도만 바깥바다까지 접근한다. 그 다음에는 근해항해를 해서 남진한 다음에 양자강 하구나 주산군도를 거쳐 영파(명주)에 닿을 수 있다. 위에서 언급한 황해남부 사단항로이다. 하지만 후대에 들어서서 조선술이 발달하면 동중국해 사단항로도 이용이 가능해진다. 서긍은 되돌아갈 때 오던 항로를 그대로 이용하였다. 그 배는 정면풍만 빼놓고는 거의 조정할 수 있는 배였기 때문에 가능한 것이다.

(4) 남해항로

남해(南海) 해역을 출발한 후에 대마도(對馬島)를 경유 또는 통과물표로 삼아 규슈 북부에 도착하는 항로이다. 가장 안정되고 거리가 짧으며 심리적으로도 부담이 적은 항로이다. 하지만 해양조건을 구체적으로 살펴보면 약간의 문제가 있다. 가능하면 거제도권을 경유하여 쓰시마(대마도)로 항진해야 바람직하다. 이 항로는 남해 동부에서 출발했을 경우에는 쓰시마를 경유하여 규슈 북서부에 있는 요부코(呼子付)나 가라쓰(唐津) 만이다. 그런데 문종 연간에 대마도에서 폭풍으로 표류했던 고려인 김효(金孝) 등 20명을 데리고 금주(金州, 김해)에 도착하였다는 일이 보고되었다.[71] 또 이런 일이 있었다.[72]

한편 서남해안 혹은 남해 서부해안에서 출발하여 규슈 서북부로 직항하는 항로(航路)도 있다. 이 항로는 남해안을 따라 연안항해나 근해항해를 하다가 쓰시마를 시인거리 안에 두고 항해하거나, 직접 경유한 후에 규슈 북부로 상륙하였다. 또는 제주도를 우현(右舷)으로 바라보면서 해류와 바람 등을 이용하여 규슈 서북쪽으로 자연스럽게 항진하면 고토(五島)열도 같은 엄청나게 많은 섬들을 만나게 된다. 거기서 갈라져 북으로 동진(東進)하면 규슈 북부에 있는 가라쓰(唐津) 등의 육지에 닿고, 다시 다자이후(大宰府)가 있는 하카다까지 연안항해를 할 수 있다. 『수서(隋書)』에는 일본을 오고가는 사신들은 남으로 제주도를 보면서 항해하였다고 하였다.[73] 정종 연간에 일본국에서 표류민 겸준(謙俊) 등 11명을 송환하였다.[74]

---

71 『고려사』 세가 제7 문종 3년(1049) 11월.
72 『고려사』 세가 제8권 문종 14년(1060) 7월 계축일 대마도에서 표류민을 송환했다.
73 『隋書』권81, 倭國傳.

(5) 제주도 거점 항로

북으로 한반도 남부, 남으로 오키나와의 여러 섬들, 서로 중국의 산동성(山東省), 강소성(江蘇省), 절강성(浙江省) 등과, 동으로는 대마도 및 고토(五島)열도 등 일본열도와 해양으로 연결되고 있다. 한라산은 해발 1995m이므로 시인거리(視認距離)가 약 100마일이므로[75] 선박들이 자기위치를 측정하고, 항로를 결정하는 데 지표역할을 했다. 또한 해류와 계절풍을 합리적으로 이용하거나, 특별한 계절에는 제주도 해역을 항해할 수밖에 없다. 『수서(隋書)』에는 일본을 오고갈 때 제주도를 남쪽으로 보고 항해했다는 기록이 있다.[76] 일본의 견수사 및 견당사들을 비롯해서, 후에는 고려인들이 이용했다.

이러한 해양환경과 역사적인 상황을 고려할 때 제주도를 거점으로 하는 항로는 매우 다양할 수밖에 없다는 사실을 알 수 있다. 제주 거점항로는 다음과 같다.

절강과 제주도 간의 계절풍, 해류의 흐름 등 자연조건을 이용하면 봄, 여름에는 강남지방에서 제주도까지 항해가 가능하다. 절강지방의 영파(寧波)나 주산군도(舟山群島)의 섬들을 출발하여 동중국해를 동북방향으로 사단한 다음에 제주도를 경유하거나 기항한 다음에 일본방면이나 한반도의 각 지역으로 항해하기도 한다. 그래서 절강성이나 복건성 등에서 표류하면 흑산도나 제주도에 표착한다. 수나라의 전선이 탐모라국에 표착한 사실도 있다. 송인이 고려에 표착하여 머물다가 송환된 경우도 적지 않아 상인인 신환(愼奐) 등 36명이 고려에 온 경우도 있다. 그 외에도 표류현상이 빈번했다.[77]

반대로 가을부터 겨울을 거쳐 초봄까지는 역으로 제주도에서 강남 쪽으로 항해가

---

74 『고려사』세가 제6, 정종 2년(1036) 7월.
    『고려사』세가 제9권 문종 33년(1079) 9월에도 유사한 기사가 있다.
75 시인거리는 바다에서 자기 위치를 확인할 수 있는 거리로서 눈높이를 7m로 하여 필자가 계산했다.
76 使於倭國 度百濟行之竹島 南望 耽羅國, 『隋書』 열전 倭國傳.
77 목포대학교 도서문화연구소가 1998년에 펴낸 『備邊司謄錄』(신안군관계자료집)에는 서남해안에서 발생한 표류사례가 많이 소개되어있다.

가능하다. 명주에서 표류민이 송환된 것이 7회에 90여 명이나 된다. 선종(宣宗) 5년(1088년) 가을 7월에는 풍랑으로 명주(明州)에 표착했던 탐라인 용협(用叶) 등 10명을 귀환시켰다.[78] 예종 8년(1113년)에는 진도현 주민 한백(漢白) 등 주민 8명이 탁라도(乇羅島)를 향해가다 풍랑을 만나 명주(明州, 영파)에 닿았다.[79] 탐라인 김광현 일행이 추자도로 고기잡이 나갔다가 큰 바람을 만나 표류한 지 아흐레 되는 날 절강성 주산군도(舟山群島)의 보타도(譜陀島)에 닿는다.[80] 조선시대에 최부(崔溥)는 윤 정월 초에 제주도를 출발하여 흑산도 근처에서 폭풍을 만나 8일 만에 절강성 영파부 경내에 표착한 이후에 계속 표류하다 결국 29일 만에 상륙하였다.[81] 조선시대에도 이러한 일은 있었지만, 당시의 국제정세와 조선의 정책으로 표류현상은 상대적으로 적었다.

한편 절강 또는 복건지방과 일본열도를 잇는 항로의 중간역할 거점이다. 일본은 견당선들이 일부 사용한 남로(南路)에서 보이듯 당지역으로 갈 때 제주도 해역을 활용하였다. 이 항로는 비교적 원거리이고, 원양항해를 해야만 할 정도로 해역이 넓다. 그래서 가능하면 제주도는 항법상으로 보아 경유하거나, 항로관측에 필수적인 지역으로 이용했을 것이다.

고토열도 북부의 우쿠섬(宇久島), 오지카섬(小値賀島)에서는 가을날의 쾌청한 날에 한반도의 서남부의 해상에 있는 제주도의 한라산을 보는 것이 가능하다.[82] 고려시대에는 일본에서 관인, 승려, 속인 등이 송나라로 들어가다 표류하여 일부인 265명이 군산(群山), 추자(楸子) 두 섬으로 피했다.[83] 일본상인들이 폭풍으로 인하여 제주도에 표착

---

78 『고려사』권10, 선종 5년.
79 『고려사』권13, 예종 8년.
80 윤일수, 「표류담의 전통과 작품화」, 『해양문학을 찾아서』(조규익·최영호 엮음), 집문당, 1994, p.198.
81 全善姬, 「明州 옛 '지방지'에 보이는 麗·宋 交流史 札記」, 『中國의 江南社會와 韓中交涉』, 집문당, 1997, p.236.
82 江坂輝彌, 「朝鮮半島南部と西部九州地方の先史原史時代について--交易と文化交流」, 『松阪大學紀要』第4, 1986, p.7.

한 사례가 있다.[84] 물론 반대의 경우도 가능하다.

제주도에서 해류와 바람을 이용하면 규슈 서쪽의 아리아케해(有明海) 안이나 고토열도 등으로 도착할 수 있다. 제주도에서 일본열도로 항해하는 일은 역사에서 자주 나타나고, 표류현상 또한 빈번하다. 일본에서 탐라에서 표류한 고려(高麗) 등 18명을 돌려보낸 일도 있었고, 또한 송에서 탐라사람을 보낸 경우도 있었다.[85] 이러한 사실들은 동중국해 사단항로에서 제주도가 가진 위치를 알려준다.

고려는 제주도를 활용하여 유구(琉球 : 현재 오키나와)항로도 활용했다. 동북상하는 쿠로시오와 봄철에 남서방향으로 부는 계절풍을 활용하면 오키나와에서 제주도로 오는 것은 어려운 편이 아니다. 『고려사』에는 고려가 유구국과 교섭한 사실들이 많이 나타난다. 반면에 제주도에서 오키나와로 가는 것도 가능하였다. 고려에 조공을 왔던 유구국의 사신들이 본국으로 돌아갈 수 있다는 사실은 고려 혹은 제주도와 유구 사이에 공적인 항로가 있었음을 알려주는 증거이다. 표류도 매우 많이 발생했다. 예를 들면, 현종(顯宗) 20년에 탐라사람 21명이 폭풍으로 동남쪽 섬에 표착하였다가 탈출하여 동북쪽으로 항해하다가 일본의 나사부(那沙府)에 닿아 귀환된 일이 있었다.[86] 숙종 2년에도 탐라인 20여 명이 풍랑을 만나 나국(躶國)에 표착하였다가 세 명만이 탈출하여 송나라로 갔다가 귀환했다.[87] 조선시대에는 제주도 출신의 장한철(張漢喆)은 표류를 한 끝에 오키나와 남쪽의 호산도(虎山島)까지 갔다.

제주도는 그 외에도 황해와 남해, 동해를 이어주는 중계지 기능을 하였다. 때문에

---

83 『高麗史』권25, 원종 4년조.
84 『고려사』권23, 고종 31년.
85 『고려사』권9, 문종 32년(1078) 9월.
  『고려사』권11 숙종 4년(1099) 7월.
86 『고려사』권6, 현종 20년.
87 『고려사』권11, 숙종 2년.

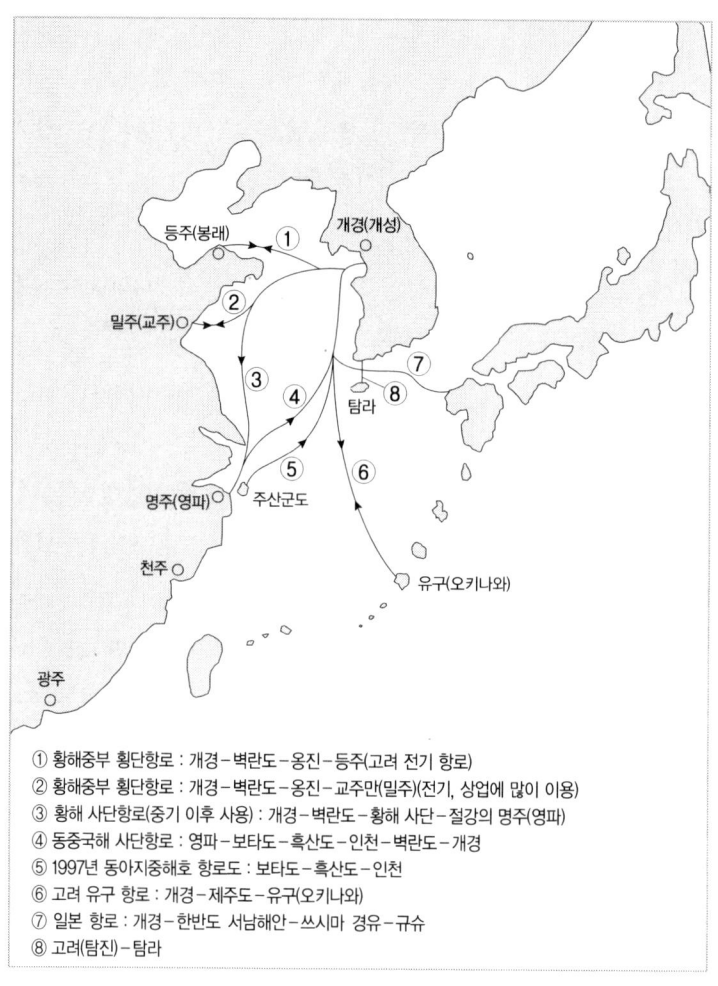

① 황해중부 횡단항로 : 개경-벽란도-옹진-등주(고려 전기 항로)
② 황해중부 횡단항로 : 개경-벽란도-옹진-교주만(밀주)(전기, 상업에 많이 이용)
③ 황해 사단항로(중기 이후 사용) : 개경-벽란도-황해 사단-절강의 명주(영파)
④ 동중국해 사단항로 : 영파-보타도-흑산도-인천-벽란도-개경
⑤ 1997년 동아지중해호 항로도 : 보타도-흑산도-인천
⑥ 고려 유구 항로 : 개경-제주도-유구(오키나와)
⑦ 일본 항로 : 개경-한반도 서남해안-쓰시마 경유-규슈
⑧ 고려(탐진)-탐라

| 그림 3 | 고려시대의 대외 항로

다양한 항로가 사용되었다. 육지로 건너가는 가장 가까운 강진항로가 있고, 경상도의 해안지방인 사천, 김해, 울산 등으로 상륙하는 남해안 항로 등이 있다.

(6) 국내항로

청자의 보급과 판매 및 무역과 연관해서 또 하나의 유통망은 국내용에 사용된 서해안 연안(沿岸)항로이다. 연안항해는 연안의 특수한 지형조건에 밝고, 관측능력도 있어야 한다. 특히 성패를 가름하는 중요한 요소인 해·조류 의 움직임을 파악해야 한다. 흔히 연안항해를 가장 쉽고 안전한 항해로 오해하고 있다. 연안항해는 그 해역의 물길에 익숙한 토착 해양민들에게는 비교적 쉽지만, 먼 지역이나 바다를 건너온 항해자들은 물길을 몰라 헤맬 뿐더러 암초와 뻘로 인하여 좌초되기 쉽다. 따라서 사신선이나 민간교역선, 그리고 국내에서 운행하는 선박들은 최종 목적지인 개경까지 갈 때 어려움을 겪었다. 그리하여 항해하면서 중간의 각 해역을 연결하여 도움을 받았으며, 그것은 곧 연안항로 내지는 해로였으며, 조운길과 일치하였음이 분명하다.

조운(漕運)[88]은 각지의 조세와 곡물을 일정한 상소에 수납하였다가 다시 주로 선박에 의하여 수도로 운반하는 것을 말한다.[89] 한국적인 자연환경 속에서 개경이나 서울지역에 수도를 둔 경우에는 바다를 이용한 조운이야말로 국가의 중요한 정책이다.[90] 조운은 삼국시대에도 있었다.『삼국사기』신라본기에는 조운을 병부가 담당한 것으로 되어 있다. 고려는 태조 때에 전운제를 실시하였고, 고려의 조운은 성종 때에 조운제를 정비하여 모든 물산과 국가재정과 연관된 물류는 서해의 조운을 이용하였다. 확립된 것은 정종(靖宗) 때로 이해하고 있다. 초기에 13개의 조창(漕倉)을 설치하였는데, 바닷가와 강가였다. 이 물류망에서 중요한 역할을 한 것이 포(浦)와 진(津)이다. 고려시대

---

[88] 尹龍赫,「서산·태안지역의 漕運관련 유적과 高麗 永豊漕倉」,『백제연구』22, 1991.
[89] 丁若鏞은『經世遺表』에서 船運이 얼마나 중요한가를 역설하였다.
[90] 『증보문헌비고』권157, 財用考 4 조운조. "漕運 國事之中 最重者也".

에는 60개의 포(浦)가,[91] 한강연안, 충청도, 전라도, 경상도의 연안의 곳곳에 있었다.[92] 이 포들은 항로상의 거점이고, 물류의 거점 역할을 담당했으며, 고려청자의 운반과도 연관이 깊었을 것이다.

또한 청자제작지와도 연관되었을 것이다. 윤용이는 월주요 도자공들의 고려왕래를 상정하고, 서해안의 서산(瑞山)·진안(鎭安)·시흥(始興)·고양(高陽)·용인(龍仁)·평주(平州)·봉천·강서 등 제작지를 이와 연관시키고 있다.[93] 그 외 해남, 영암, 인천 경서동 등은 다 이러한 항로상에 있는 거점지역이다.

본고의 주제인 연안항로[94]와 연관하여 대표적인 몇 지점을 살펴보기로 한다.

가. 강진지역

강진은 해양의 메커니즘으로 보면 탐진강 하류를 포함하여 강진군, 장흥군, 해남반도의 일부 완도군, 고금도, 추자군도를 포함한 광범위한 해역과 연관되었다. 이 해역은 리아스식 해안과 완도, 보길도, 노화도, 청산도, 소안도 등을 포함한 다도해이다. 현재의 강진군은 현재 해남과 장흥 사이에 위치해 있다. 백제의 동음현(冬音縣)이었는데, 신라시대에 탐진(耽津)이라고 불렀다.(신증동국여지승람) 지금의 남포로 추정되는데 바로 구십포(九十浦)이다. 지금의 강진읍은 물론 상류인 장흥까지도 바다 배가 항해하면서 군데군데에 포구가 있었다. 강진과 관련이 깊은 완도는 통일신라시대인 흥덕왕 3년(828)에 청해진(淸海鎭)을 설치하면서 동아시아 해양역사에서 매우 중요한 위치로 떠올랐다. 완도는 고려 현종 때에 강진의 일부분이 되었다.

---

91 金載名,「高麗의 漕運制度와 四川通陽倉」,『한국 중세사연구』제20호, p.173.
92 崔完基,「高麗朝의 稅穀運送」,『韓國史研究』34, 1981, pp.34~36. p.35에는 浦의 위치 비정표가 있다.
93 윤용이, 앞 논문, p.109.
94 백승종,「금강과 중세사」,『금강지』, 충청남도·한남대 충청문화연구소, 1993, pp.551~591에서 뱃길과 관련된 내용을 참조.

영암(靈巖)은 국제항구의 구실도 하였다. 월출산 남쪽에 구림촌은 백제에서 일본으로 갈 때 사용했다. 뿐만 아니라 신라에서 당나라로 조공갈 때 이 고을 바닷가에서 배로 떠났다고 한다. 『택리지』에 따르면 이곳에서 바닷길을 하루 가면 흑산도에 이르고 흑산도에서 또 하루 가면 홍의도에 이른다. 다시 하루를 가면 가거도(현재의 소흑산도)에 이르며 간방(艮方) 바람을 만나면 3일이면 태주 영파부 정해현(台州 寧波府 定海縣)에 도착하게 되는데, 실제로 순풍을 만나기만 하면 하루 만에도 도착할 수 있다. 남송이 고려와 통행할 때 정해(定海)현 바닷가에서 배를 출발시켜 7일 만에 고려 경계에 이르고 뭍에 올랐다는 것이 바로 이 지역이다.[95]

해남은 신덕리에서 통일신라 말에 조성되었을 것으로 추정되는 초기청자 도요지 60여 기가 발견되었다. 땔감 등 원료 고갈에 의해 도요지의 중심지가 산이면 진산리 등으로 이동하기 전까지 이곳은 청자의 주요 생산지의 하나였다. 산이면 진산리 도요지는 11세기 때를 중심으로 운영되다 이후 점차 쇠퇴하였던 것으로 추정된다.[96]

충렬왕 때 안향(安珦)이 백포만으로 들어오는 중국사신을 위해 현산면 월송마을에 우리나라 최초로 향교를 세웠다는 이야기가 전해온다. 『대농지지』와 『농국여지승람』에는 관두량이 고려시대 중국의 남경을 왕래하던 유일한 개항지였으며 해남 남쪽 40리에 위치해 있다고 기록하고 있다. 또 문종 시대에는 복잡한 역학관계로 인하여 요가 견제하면서 송과 교섭이 어려워졌다. 그래서 문종은 김양일이라는 사람을 관두량으로 보내 이곳을 출발하여 흑산도를 지나 명주에 도달한 후에 항주로 들어가게 했다. 그리고 고려와 송은 관두량과 명주항로를 통해 교역하자고 합의했다고 한다.[97] 관두포는 선박들이 바람을 기다리는 후풍처(候風處)의 기능을 한 곳이었다.[98]

---

95 『擇里志』, 八道總論 全羅道篇.
96 최성락·한성욱·송태갑, 『해남의 청자요지』, 해남군·목포대학교박물관, 2002.
97 주희춘, 앞의 책, pp.116~117에서 재인용.
98 주희춘, 앞의 책, p.43에서 재인용.

나. 영산강 하구

영산강유역은 해안선의 형태가 매우 복잡하므로 만(灣)과 포(浦), 곶(串) 등이 곳곳에 발달하였다. 조류의 흐름이 불규칙하고 해류도 방향이 일정하지 않아 물길이 복잡하다. 이국선(異國船)들이 표류하였을 때 주로 신안군 내의 섬들에 표착하였다.[99] 또한 수륙교통(水陸交通)의 결절점(結節點)으로서 수로와 해로교통을 이용한 물자의 교환이 원활한 지역이다. 한반도의 서남해안 전체를 장악할 수 있고, 남해서부인 강진, 해남, 진도까지도 영향력을 행사할 수 있는 환경을 지니고 있다. 나아가서는 동아지중해(東亞地中海)의 해양교통의 중요한 길목으로서 국가에 결정적인 영향을 끼칠 수 있다. 고려의 대송교통로 역시 이 지역과 관련이 있다.[100]

다. 변산 지역

변산지역은 서남해안을 돌아 다도해지역을 통과하여 북상한 선박들이 부딪히는 곳이며, 양자강 유역에서 출발하여 (寧波 부근의 해양) 황해를 사단해 온 선박들이 항해 목표로 삼은 곳이다. 앞에는 상왕등도(上旺嶝島), 하왕등도(下旺嶝島), 위도(蝟島), 고군산도(古群山島) 등의 섬들이 있다. 위도(蝟島)는 황해를 건너와 흑산도를 지나온 선박이 군산도를 가기 직전에 통과한 섬이다. 서긍(徐兢)이 쓴 『선화봉사고려도경(宣和奉使高麗圖經)』에는 항해 도중에 군산도에 머무른 기록이 있다. 『대동지지(大東地志)』에는 위도에서 바람을 이용해 배를 띄우면 중국으로 간다고 되어 있다.

변산반도는 동진강(東津江)을 통해서 정읍(井邑)·김제(金堤)·고창(高廠) 등 평야지

---

99 異國船의 이 지역 漂着에 관해서는 『備邊司謄錄』(신안군관계기사 자료집), 신안군, 목포대학교도서문화연구소, 1998에 상세하게 정리되어 있다.
100 尹明喆, 「徐熙의 宋나라 使行航路 探究」, 『徐熙와 高麗의 高句麗 繼承意識』, 고구려연구회학술총서 2, 학연문화사, 1999.
尹明喆, 「黃海의 地中海的 性格硏究」, 『韓中文化交流와 南方海路』, 국학자료원, 1997. 특히 徐兢이 쓴 『宣和奉使高麗圖經』의 기술을 참고로 항로설명을 상세하고 있다.

대로 연결되고, 금강수로를 통해서 전북 일대 및 충남 일대까지 교통이 가능하다. 동진강 하구의 많은 포구들 가운데 해창(海倉) 포구는 동진강과 만경강이 만나 바다와 연결된다. 구전에 따르면 옛날부터 일본과 당나라에 이르는 교역항로였다고 한다. 특히 죽막동 유적(竹幕洞 遺蹟)은 제사유적지로서 4세기 중반부터 오랫동안 사용되었다. 만경강 하구의 임피는 통일신라시대 대외교섭의 장소였다.

라. 서산지역

서산지역은 충남해역에서 선사시대부터 몇 군데 중요한 지역 가운데 하나이다. 그 중의 하나로서 서산(瑞山)·태안(泰安)·예산(禮山)·당진(唐津)·보령(保寧)·홍성(洪城) 등을 포함한 터가 있다. 이를 '내포(內浦)문화권'이라고 부르기도 한다. 서산지역은 북쪽에는 가로림만과 서산만이, 남쪽에는 천수만과 적돌만이 내륙으로 파고들어 해안선의 굴곡이 심하고 길다.[101] 또 외곽으로는 당진만, 태안반도 등이 있고, 안과 밖에 섬들이 많아서 물길이 복잡하다. 이 해역은 선박들이 남북으로 오고 갈 때 경유하는 해역이며, 황해중부 횡단항로를 이용할 때 남과 북에서 각각 출항한 선박들이 항해상의 물표로 삼을 수 있다. 마한 54개국 가운데 치리국국(致利鞠國)·자리모로국(咨離牟盧國)·신소도국(臣蘇塗國)·염로국(冉路國) 등을 서산지역에 비정하고 있다. 『신증동국여지승람(新增東國輿地勝覽)』에 따르면 백제시대에 기군(基郡)을 비롯하여 3현이 있었다고 한다.

서산해역은 국제항로뿐 아니라 내부에서도 항로로서 기능을 하였다. 서산지역은 대외항로뿐만 아니라 해안과 가까우며 내륙(內陸)과 연결에 편리하여 남북의 여러 항구 또는 지역과 해로로 연결되는 데 큰 역할을 담당하였다. 좁은 수로로서 조류가 빠르며, 간만의 차가 커서 선박 운항이 어려웠다. 따라서 조수의 차가 심하지 않은 밀물

---

101 「자연과 환경」, 『서산의 지리』, 서산시지 제1권, 2002, 368, p.60.

을 기다려서 건넜다.[102] 안홍량은 본래 난행량(難行梁)이었는데, 그만큼 항해에 어려움이 컸기 때문이다. 가로림만은 고려 인종 12년(1134)에 천수만과 운하로 연결시키려 하였으며, 조선시대에도 시도하려는 논의가 있었다.[103] 하지만 외해로 나가 격렬비열도를 넘어서지 않고 바로 천수만, 가로림만 등 서남(西南)쪽 방향의 만을 빠져나가 남행하면 충남과 전북해안의 여러 해안과 연결된다. 한편 서북방향의 만, 즉 당진 등의 만으로 북행하면 경기만으로 자연스럽게 빠져나가 아산, 남양, 안산, 인천, 강화만 등[104]과 쉽게 연결될 수 있다. 즉 서산해역은 서해안의 중부에서 해양으로 돌출한 특성으로 인하여 남과 북의 항로를 연결시켜 줄 수밖에 없는 위치에 있고, 이를 충분히 활용할 수 있는 해양환경을 구비하였다.

마. 경기만

경기만은 동아지중해의 황해 가운데에서도 가장 의미있는 역학관계의 핵(核)이고, 실제로 힘의 충돌과 각축전이 벌어진 곳이다. 경기만은 황해도와 충청도 사이에 있는 한반도 최대의 만으로서 동아지중해에서 일본열도를 출발하여 압록강 하구와 요동반도를 경유하여 산동까지 이어지는 남북 연근해항로의 중간기점이고, 동시에 한반도와 산동반도를 잇는 동서횡단항로와 마주치는 해양교통의 결절점(結節点)이다. 또한 한반도 내에서도 경기만은 지정학적·지경학적·지문화적 입장에서 보아 필연적으로 분열된 각국 간의 질서와 힘이 충돌하는 현장이었다. 경기만의 남부는 인천만 지

---

102 『萬機要覽』 財用 編 2, 漕轉 漕規 險灘 조.
103 권혁재, 『한국지리: 각 지방의 자연과 생활』, 법문사, 1995, p.255.
104 안홍량(서산군 근흥면 안흥 앞바다)은 물길이 험난하여 삼남지역의 세곡선의 전복사고가 잦았으며 태종 14년(1414)에는 전라도 조선 66척이 패몰, 200명의 익사자와 5,800석의 곡식이 손실되는 엄청난 해난사고가 발생하기도 하였다. 李重煥의 『擇里志』에서 뱃사람들이 물길에 익숙하고 장사치들도 역시 많아서 '안홍량 가기를 마치 뜰 안 밟듯이 한다'고 할 정도였다. 『한국의 해양문화』(서해해역 상 충청편), 해양수산부, 2002, p.377 인용.

역, 안산만 지역, 남양만 일대, 그리고 강화도 해역으로 구성되었다.

경기만 가운데에서 가장 핵심이고, 입구의 역할을 하는 곳이 강화지역이다. 한강과 예성강이 바다와 만나는 거대한 경기만의 한가운데를 막고 있으며, 북부의 동쪽에는 김포반도와의 사이에 강화수로라는 매우 좁고 조수의 흐름이 불규칙한 협수로가 있다. 해안선이 매우 복잡하므로 곶(串)과 포(浦)가 많고,[105] 일찍부터 정치세력들이 형성되었다. 백제의 갑비고차(甲比古次)이었고,[106] 고구려시대에는 혈구군(穴口郡)이었고 신라의 경덕왕 때에 해구(海口)라 고쳤다. 이후 원성왕(元聖王) 때 혈구진(穴口鎭)을 설치하였다.[107] 『신증동국여지승람』에 의하면 고려 초에는 열구현(洌口縣)이라고 부르다가 몽고병란을 당하여 고종 때에 강도(江都)라 하였다. 서긍의 『선화봉사고려도경』에서는 항해의 마지막 구간으로 기술되어 있다. 자연도(紫燕島, 영종도)를 거쳐 북상한 후에 이곳을 통과하여 예성강 하구에 도착하였다. 조선시대에는 조운선이 영종도(永宗島)를 지나 협수로인 손돌(孫乭)목을 지나 한강으로 들어왔다.

---

105 『新增東國輿地勝覽』에 따르면 강화도호부는 '바다 섬 가운데 있는데, 동으로 갑곶나루까지 10리, 남으로 해안까지 40리, 서쪽으로 인화석진까지 26리, 북으로 승천부진까지 15리, 서울과의 거리는 135리.' 였다.
106 『大東地志』권2, 개성 강화부.
107 『新增東國輿地勝覽』권12, 江華都護府 건치연혁.
　　『朝鮮各道邑誌』 강화부에도 유사하게 기록되어 있다.

5. 결론

　　고려 청자가 한민족의 문화 예술에서 차지하는 위상은 쉽게 표현할 수 없을 정도이다. 그동안 선학들에 의해서 청자의 기원, 기술능력, 중국지역과의 연관성, 그리고 청자가 발생하고 꽃피워온 강진지역의 다양한 모습 등이 연구되어 왔다. 또 한편에서는 청자문화의 역사적인 계승성을 고려하여 장보고 선단과의 관련성도 언급하였다. 그와 함께 그 무렵에 질적으로 확장된 고려사회의 국제성을 고려하여 청자 유통의 방식과 경로, 그리고 국제적인 위상에 대한 연구도 이루어지고 있다. 본고는 고려청자 전문가가 아닌 역사학자의 입장에서 고려청자의 제작 및 유통과 연관된 해양문화에 대하여 언급한 것이다.

　　즉 해양문화의 메커니즘과 고려의 해양활동을 통해서 청자문화 및 청자산업의 한 부분을 조명하고자 한 것이다. 그래서 강진에서 발생하고 발달할 수밖에 없는 배경을 해양적 관점에서 찾아보았다.

　　그리고 청자산업 또한 예술외적인 요소, 산업외적인 요소가 있으며, 특히 그 당시 국제관계와 직접 연결되었으므로 고려를 중심으로 한 해양활동을 살펴보았다. 그 과정 속에서 선학들의 연구성과이지만 무역활동이 매우 활발했음을 언급하였다. 그리고 이러한 활동등은 해양의 메커니즘과 깊은 연관있음을 필자의 기존연과성과를 활용하여 언급하였다. 바다에는 독특한 메커니즘이 있다. 이러한 독특한 메커니즘의 이해가 있으면 고려청자와 연관된 여러 사실들을 밝혀내거나 심층적으로 이해할 수 있을 것이다. 결론적으로 한반도 서남해안 지역은 중국 강남의 여러 지역과 직접 항로로 이어지는 곳이며, 고려의 국제적으로 사용한 항로를 따라 청자의 유통이 영향받았음을 추측할 수 있다. 앞으로 고려청자의 유통범위를 확장시키는 작업에 논리적 근거와 실제가능성을 제공할 수 있다. 예를 들면 유구 및 동남아 지역 등이다. 또한 강진을 포함하여 청자산업과 연관된 국내의 여러 지역들은 해양과 연관이 있으며, 이는 단순하게 바닷가에 있다는 단계를 뛰어넘어 항로(航路), 항구(港口), 내륙과의 연결성 등 해양메커니즘과 관련이 깊다. 특히 고려시대의 조운과 연관이 깊은데, 이 부분은 앞으로 청자제작지 및 유통 등과 연관하여 관심이 필요하다. 강진 청자배를 제작하여 이 항로를 재현한다는 일은 일종의 시뮬레이션으로서 적지않은 성과를 내리라고 생각한다.

이 글을 작성하면서 청자와 연관된 글들을 읽고 공부하였다. 한국문화와 역사를 이해하는 데 또 한번 좋은 기회가 되었다. 전공상 해양적인 틀 속에서 접근했는데, 논문을 거의 작성한 무렵에 이해준의 글을 읽으면서 뒤늦은 작업임을 깨달았다. 하지만 선행연구자의 업적을 최대한 존중하면서 필자의 견해를 전개하였다. 그리고 현지의 언론인인 주희춘의 저서는 과거의 실상을 이해하는데, 길잡이 역할을 하였다. 특히 예로 든 나무의 문제는 비단 청자산업뿐만 아니라 전근대사회의 최대에너지원이라는 가치로 볼 때 한국사의 많은 영역에 적용되어야 한다고 믿는다.

질정을 바라며 끝을 맺는다.

11 울진지역의 해양적 역사상과 동해의 항로*
―울진~울릉도・독도 간의 항로를 중심으로―

1. 서 론

　울진(蔚珍)은 한반도 동남부 해안지방에 위치하고 있다. 현대에 들어와 정치, 경제, 문화적으로 소외되고 있으며, 이는 과거의 역사상을 인식하는 데도 적지 않은 영향을 끼치고 있다. 하지만 선사시대부터 현재에 이르기까지 각 시대마다 그 자체로서 존재 가치가 있었으며, 특히 삼국이 쟁패전을 벌이던 고대국가 시기에 신라에게는 중요했다. 신라의 수도인 현재의 경주지역과 지리적으로 근접해 있으므로, 수도권 방어체제의 일환으로 전략적 가치가 높았다. 또한 해양과 직결되면서 대일본 항로 등 일본열도와 맺는 관계에서 중요했다. 뿐만 아니라 동해상의 유일한 섬인 울릉도와 연관돼서 통일신라, 발해, 고려, 조선시대에도 각각 중요한 역할을 담당하였다. 20세기 말부터 동해의 가치가 재부각되었고, 특히 최근에는 해양자원 및 해양력을 중요시하는 세계사적 현상과 동해를 둘러싸고 벌어지는 각 국가 간의 역학관계로 인하여 울진이 포함된 동해 남부해역은 새로운 의미를 지니게 되었다. 아울러 독도를 둘러싸고 한일 간에 벌

---

* 「울진지역의 해양적 역사상과 동해의 항로」, 『울진―울릉―독도 옛길 재조명을 위한 학술 세미나 논문집』, 경상북고 독도연구기관 통합협의체, 2009.

어지는 미묘한 관계 등은 전근대시대부터 울릉도와 깊은 연관을 지닌 울진의 가치와 역할에 대해 새로운 인식을 갖게 한다.

이 글은 현재 울진의 위상을 이해하고 미래의 역할을 모색하기 위한 전제로서 한민족사에서 울진의 위상과 환경, 그리고 그로 인하여 만들어진 역사상을 살펴보고자 하는 것이다. 다만 본고의 주제상 해양과 연관된 부분을 선택해서 살펴볼 예정이며, 아울러 울진과 울릉도 및 독도 간의 항로를 큰 틀 속에서 살펴볼 예정이다. 울릉도 및 독도 간의 교섭 관계를 정치적으로 살펴보는 일은 김호동 등 이미 선행연구[1]들이 있으므로 본고에서는 부분적으로 인용하는 단계에서 머무르고자 한다. 아울러 고대사회에서 울릉도 독도의 전략적인 가치 등을 비롯하여 그동안 발표했던 필자의 졸고 및 몇몇 연구성과들을 대폭 활용했음을 밝힌다.

2. 동해 및 울진 지역의 해양환경

1) 동해의 해양환경

부분은 전체, 전체는 부분의 관계망이다.

필자는 역사공간을 1차적으로 영토나 영역, 정치장소로서 성격을 살펴본 다음에 총체적인 연결망, 즉 네트워크의 개념으로 접근한다. 왜냐하면 하나의 공간에서도 중심부와 주변부를 구분하고, 시대와 역할에 따라 모습이 달라져야 한다. 필자는 역사공간을 '터[2]와 다핵(field & multi core) 이론'으로 이해하고 있다.[3] 핵(核)은 행정적 기능을

---

[1] 김호동, 「독도영유권 공고화를 위한 조선시대 수토제도의 향후 연구방향 모색」, 『독도연구』 5, 영남대 독도연구소, 2008, 12.

가진 대성(도시)에 해당한다. 일종의 교통의 길목으로서 방사상(放射狀)으로 퍼지는 일종의 허브(hub)형이다. 자체적으로도 존재이유가 있지만, 다른 상태로 전화가 가능하므로 필요에 따라 관리와 조정기능을 할 수 있다. 또한 인체의 혈(穴, 경혈)처럼 경락들을 이어주는 역할을 하므로 집합과 배분기능도 함께 하면서 문화를 주변에 공급하는 능력도 있다. 그런데 '터' 이론에서는 중핵뿐만 아니라 중핵(中核)문화를 모방하거나 이것이 변형된 행성(行星)과 위성(衛星)들도 중심으로 향하면서 전체에 영향을 끼친다. 즉 전입과 전파가 하나가 연결되어 영향을 주고 받는다. 여러 요소들이 일방적 관계이거나 격절된 부분으로서가 아니라 전체가 부분이 되고, 부분들이 전체로 되돌아가는 유기적(有機的)인 관계에 있다. 이러한 '터' 이론의 성격과 시스템은 동아시아 전체 우리역사의 터 또는 도시에도 적용할 수 있다.

동아시아라는 역사의 '터'는 지리적인 관점에서는 중국이 있는 대륙, 그리고 북방으로 연결되는 대륙의 일부와 한반도, 일본열도로 이루어졌다. 즉 크게는 대륙(大陸)과 해양(海洋)이 만나고 엮어지는 해륙적(海陸的) 환경의 지역이다. 또한 기후라는 면에서는 온대와 아열대, 아한대가 섞여 있으며, 바다와 평원, 초원, 사막, 대삼림과 강 등이 한 '터'에서 상호작용하고 있으며, 생활양식과 종족들의 분포, 정치체제는 이루 말할 수 없이 복합적이다.[4] 또한 문화적으로도 한반도를 가운데 두고 바다 주변의 주민

---

2 필자가 개념화한 '터'는 자연, 지리, 기후 등으로 채워지고 표현되는 단순한 공간은 아니고, 생태계, 역사 등이 모두 포함된 총체적인 환경이다.
3 이 이론의 보다 상세한 소개와 이론을 이용하여 역사상의 실제적인 분석한 몇몇 연구가 있다. 졸저, 『고구려 우리의 미래다』, 고래실, 2004 ; 『장수왕, 장보고 그들에게 길을 묻다』, 포럼, 2006 ; 졸고, 「장보고를 통해서 본 경제특구의 역사적 교훈과 가능성」, 남덕우 편, 『경제특구』, 삼성경제연구소, 2003 ; 「동아시아의 해양공간에 관한 재인식과 활용 -동아지중해모델을 중심으로-」, 『동아시아 고대학』 14, 동아시아 고대학회, 경인문화사, 2006.
4 최근에 발표한 윤명철, 「渤海 유역의 역사문화와 동아시아 세계의 이해-'터(場, field) 이론'의 적용을 통해서-」, 동아시아 고대학회, 2007. 「고구려 문화형성에 작용한 자연환경의 검토-터이론을 통해서-」, 『한민족 연구』 4, 2007. 한국사학사학회발표, 『한국사를 이해하는 몇 가지 틀을 모색하면서 -터(field & multi-

과 문화는 상호간에 영향을 주고받는 일종의 '환류(環流)시스템'을 이루고 있었다. 필자는 동아시아의 이러한 지리적이고 문화적인 특성을 설명할 목적으로 동아시아의 내부 '터'이면서 동방문명의 중핵으로서 동아지중해(東亞地中海, EastAsian-Mediterranean-Sea)란 모델을 설정하고 학문적으로 제시해왔다.[5] 그리고 이 이론 속에서는 몇몇 국가들은 드물면서 독특하게 대륙과 해양을 유기적으로 연결한 '터' 속에서 생성하고 발전한 해륙국가(海陸國家)임을 주장해왔다. 이는 당연히 수도를 비롯한 중요한 지역에도 적용되는 논리이다.[6]

동해는 이러한 성격을 지닌 동아지중해(東亞地中海)의 한 구성부분으로서 황해 및 남해와는 또 다른 독특한 성격을 지니고 있다. 필자는 동해문화권을 설정하였고, 이에 대한 논리를 전개한바 있다.[7]

본고의 주제와 연관하여 우선 동해의 해양환경을 살펴볼 필요가 있다. 동해는 지형 면에서도 서해, 남해와 몇 가지 다른 점이 있었다. 홍적세(2백만 년 전~1만년 전)에는 빙하로 인하여 한반도와 중국, 일본열도가 연결됐었다. 그러다가 지금부터 1만 년 전후인 충적세에 들어와 빙하가 녹고 수면의 상승이 이루어졌다. 8000년 전경에 들어와 대한해협과 황해, 동해가 형성되었고,[8] 현재 동해의 해안선은 약 8000년경부터 4000

---

core) 이론의 제기-』 2008, 6, 28 등 참고.
5 윤명철, 「海洋史觀으로 본 한국 고대사의 발전과 종언」, 『한국사연구』 123, 2003 ; 「한국사 이해를 위한 몇 가지 제언」, 『한국사학사학회보』 9, 한국사학사학회, 2004 ; 「한국 고대사 연구의 반성과 대안」, 『단군학연구』 11, 단군학회, 2004 ; 「東아시아의 海洋空間에 관한 再認識과 活用 —동아지중해모델을 중심으로-」, 『동아시아 고대학』 14, 동아시아 고대학회, 경인문화사, 2006, 기타.
6 윤명철, 「서산의 해항도시적인 성격 검토」, 『백제시대의 서산문화』, 서산발전연구원, 2009, 4 ; 「경주의 해항도시적인 성격검토」, 『동아시아 세계와 삼국』, 동아시아 고대학회, 2009, 5.23~5.24.
7 윤명철, 「동해문화권의 설정 검토」, 『동아시아 역사상과 우리문화의 형성』, 한국학 중앙연구원, 민속원 2005, 9.
8 박용안 외 25인, 「우리나라 현세 해수면 변동」, 『한국의 제4기 환경』, 서울대학교 출판부, 2001, pp.117~155.

년경 사이에 형성되었다. 6000~4000년 전에는 현재보다 온난한 기후였으므로 수면이 4~5m 높다는 주장도 있다.

　동해는 지형이 단조롭고, 해안선으로부터 서쪽으로 해발 1000m 이상의 태백산맥 능선이 발달하고 있어서 일반적인 해안지형과는 다르다. 특히 평지가 부족해서 농경이 발달하지 않았고, 인구가 집중되지 못했다. 또한 바다는 대륙붕이 짧아 수심이 갑자기 깊어진다. 섬들이 적고 원양에 노출된 탓에 파도의 영향이 커서 무동력으로 항해하기에 불편하다. 조석간만의 차이가 거의 없어 어장이나 인간이 거주하는 생활영역이 적고, 이를 이용하는 해상세력도 크게 존재하지 않는다. 이러한 해양환경에서 일부 지역을 제외하고는 인간이 거주하기에 좋은 환경은 아니었다.

　때문에 동해는 다른 해역에 비하여 상대적으로 주민과 문화의 교류(交流)와 만남이 적었고, 문화가 활발하지 못했다. 그러나 황해, 남해와 마찬가지로 우리의 해양문화 속에 포함되어 있었고, 한반도와 대륙이라는 육지와 하나가 되어 우리문화를 이루어 왔다. 특히 고대에 이르면 우리 역사의 중요한 활동범위가 되었고, 그 시스템의 영향을 직접·간접으로 받으면서 움직였다.

　자연환경에서 항해 등 역사활동과 직접적인 연관을 맺고 있는 것은 해양환경이며 이는 해류, 바람, 조류 그리고 바다의 범위와 상태 등이다. 동아시아는 계절에 따라 바람이 방향성[9]을 가졌기 때문에 인간의 해상 이동에 상당한 영향을 끼친다. 특히 동해에서의 해양활동은 계절풍의 영향이 절대적이다.

　삼국시대의 대외사행(對外使行)은 계절풍과 해류의 영향을 받으며 이루어졌다.[10]

9　金光植 외 14인, 『한국의 기후』, 일지사, p.129.
10　윤명철, 「海洋條件을 통해서 본 古代韓日 關係史의 理解」, 『日本學』15, 동국대 일본학연구소, 1995.
　　윤명철, 「渤海의 海洋活動과 동아시아의 秩序再編」, 『고구려연구』6, 학연문화사, 1988 등에 도표가 자세하게 나와 있다.

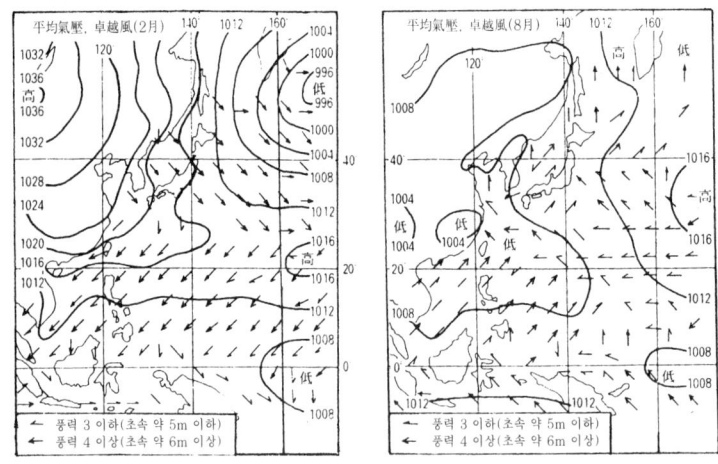

| 그림 1 | 계절풍 도표(왼쪽은 1월, 오른쪽은 5월)[11]

동해남부를 침공했던 일본(日本, 倭)의 대신라관계(對新羅關係) 월별통계를 보면[12] 왜의 침입은 주로 봄철에 집중돼서 남풍계열, 즉 남동풍을 활용하였음을 알 수 있다. 고구려인(高句麗人)들은 주로 겨울철에 동해연안을 내려오는 남류(南流)에 편승하여 연안수(沿岸水)의 영향, 지역조류(地域潮流)의 도움을 받아서 북동계열의 바람을 활용하면서 항해를 했다. 돌아올 때는 반대였다.

남북국시대에도 신라와 발해의 일본교섭을 보면 계절풍의 중요성을 확인할 수 있다. 일본에서 신라로 향하는 경우에는 남풍계열의 바람을 이용했다.[13] 『발해사 항해시기 도표』[14]를 보면 발해인들은 일본에 갈 때는 남향하는 한류를 타야 하지만, 늦가을

---

11 이 도표는 茂在寅南의 『古代日本の航海術』, 小學館, 1981, pp.96~97 및 荒竹清光, 「古代 環東シナ海 文化圈と對馬海流」, 『東アジアの古代文化』29號, 大和書房, 1981, p.91 참조.
12 申瀅植, 『新羅史』, 이화여대출판부, 1988, p.212 도표 인용.
13 吉野正敏, 『季節風と航海』 『Museum Kyushu』14호, 1984, p.14 도표 참조.
14 吉野正敏, 앞 논문, pp.16~17에는 발해의 遣日使들의 月別分析을 통해서 항해가 계절풍의 영향을 절대

부터 초봄에 걸쳐 부는 북풍계열의 바람을 이용하였다. 무엇보다도 북풍 내지 북서풍계열의 바람을 이용해야 했다.

계절풍 다음으로 항해에 영향을 끼치는 것은 해류(海流)이다. 동아시아의 해양은 쿠로시오(黑潮)의 범위대에 속한다. 쿠로시오는 중국연안에서 일본전역에 걸쳐 중요한 영향을 미치면서 일본 외해(外海)에서 북태평양을 동방(東方)으로 흘러가는 난류계(暖流系)의 해류이다. 대한난류는 대마도(對馬島)를 가운데에 두고 동수도(東水道)와 서수도(西水道)로 나뉘어진다. 서수도를 통과한 해류는 북북동으로 1노트 미만의 속력으로 흘러 올라간다.

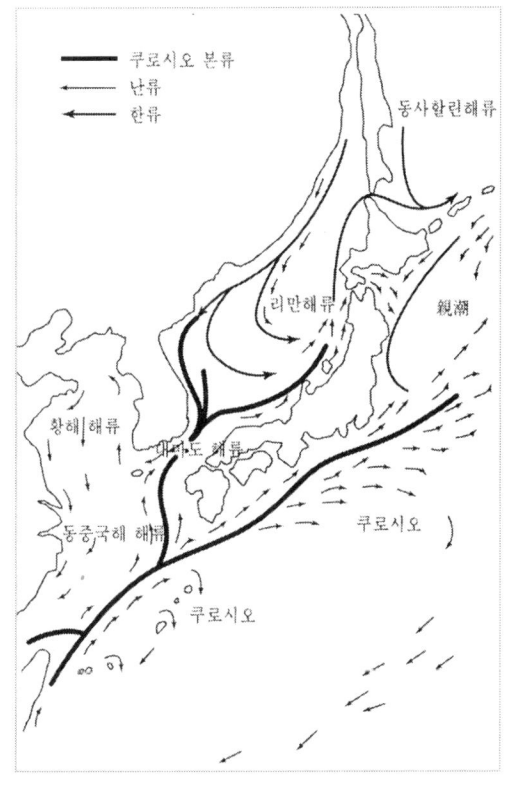

| 그림 2 | 동아시아 해류도
동아지중해 지역은 한류와 난류가 교차하는 지역으로 해류의 흐름과 함께 문화가 전파되었을 것으로 생각되고 있다.

동수도를 통과한 해류는 북동방향으로 흐르면서 일본서안을 끼고 올라간다. 이 해류의 유속은 계절과 지역에 따라 약간의 차이가 있으나 평균 1kn 내외이며 물의 방향은 항상 북동으로 향하고 있다.[15] 한편 회류(回流)는 리만해류가 연해주의 연안을 통

적으로 받았음을 보여준다.

과해서 한반도 동안에 접근해서 남하하고,[16] 서남쪽에서 북상해온 대한난류와 중남부 해상에서 만나 원산의 외해(外海)와 울릉도(鬱陵島) 부근에 이르러 그 일부는 방향을 동으로 움직여 횡단하다가 올라간다. 노토반도(能登半島)의 외해에서 대마해류의 주류와 합류한다.[17] 한반도의 동남부를 출발하면 산인(山陰)지방의 해안에 도착할 수 있다. 조류는 해양환경 및 해양활동, 특히 연근해 항해에는 절대적인 영향력을 끼치지만 동해는 황해나 남해와 달리 크게 작용하지 않는다.

또 하나 중요한 것은 바다의 상태와 범주 즉 면적이다. 이는 항해와 연관하여 특히 중요한 요소이다. 항해에는 항해구역에 따라 연안항해(沿岸航海), 근해항해(近海航海), 원양항해(遠洋航海)로 구분한다. 이러한 항해방식에 따라 조선술(造船術)과 항해술(航海術) 등이 달라진다. 동해에서 비교적 손쉬운

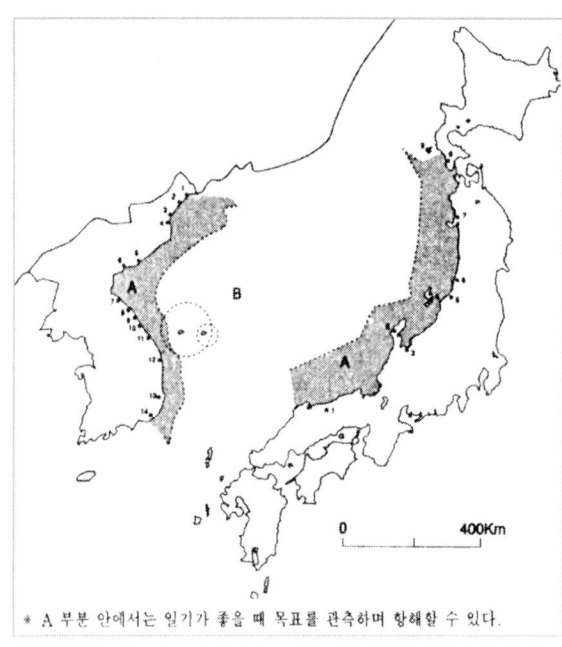

* A 부분 안에서는 일기가 좋을 때 목표물 관측하며 항해할 수 있다.

|그림 3| 근해항로 범위도[18]

---

15 동한난류라고도 하며, 이 해류는 한반도 연안을 따라 북상하며 일부는 보통 함경남도 근해까지 충분히 그 세력을 뻗친다.
16 연해주 근해에서는 '연해주 해류', 북한근해에서는 '북한 한류'라고 한다.
17 『근해항로지』, 대한민국 水路局, 1973, p.46.
18 이 도표는 필자가 계산하여 작성한 것으로서 윤명철, 『한국해양사』, 학연문화사, 2003, p.39 등.

근해항해의 가능성을 자연조건과 구체적인 항해기술에 대한 검토를 통해서 추적해보 았다. 먼저 자연조건, 특히 양 지역 간의 거리를 계산하여 항해자들이 지문항법(地文航法)을 사용해서 항해할 수 있는 범위를 일단 설정한다.

동해 어느 지역에서든 육지를 보면서 자기위치를 확인하고 항해를 할 수 있는 지역은 A 부분이 된다. 그리고 자기위치를 정확히 알지 못한 채 망망대해를 항해하는 지역은 B 부분이 된다. 이 부분이 차지하는 범위는 황해에 비하여 매우 광범위하다.[19] 이처럼 동해는 황해와 달리 지문항법(地文航法)을 활용한 근해항해와 함께 원양항해를 병행해야 한다. 따라서 역사시대에 들어온 이후에도 고구려, 신라, 발해인들은 원양항해를 하면서 일본열도로 갔다. 원양항해를 하려면 반드시 천문항법(天文航法)을 숙지하여야 한다.[20] 그리고 이러한 환경 속에서 후술하겠지만 울릉도의 역할과 위상이 부각될 수밖에 없는 것이다. 동해에서의 해양활동은 이러한 해양환경 등이 종합적으로 작용하면서 이루어졌다.

2) 울진지역의 자연환경-해양과 연관하여

울진지역의 범주는[21] 해양과 연관하여 살펴보면 울진연안, 영덕연안 등으로 구성되어 있다. 그리고 간접적으로 포항연안 등도 관련이 있다. 울진은 경상북도에서 가장 북쪽에 있는 연안이다. 북은 강원도 삼척시 원덕읍과 만나고 있다. 남은 영덕군의 병곡면 해안과 만나고 있다. 그리고 동쪽 먼 바다에 있는 울릉도는 넓이 72.56km, 해안

---

19 윤명철, 『渤海의 海洋活動과 東아시아의 秩序再編』, 『高句麗硏究』6, 학연문화사, 1998, 12 참고.
20 발해선에는 天文生이 타고 있었다. 『日本三代實錄』 권21, 淸和천황 14년 5월.
21 『세종실록』 지리지, 강원도 삼척도호부 울진현 조.

선의 둘레는 44km이다. 부속도서로서 죽도와 독도가 있다.[22]

동해안은 백두대간과 단조로운 해안선, 거친 해양환경으로 인하여 항구도시들이 상대적으로 적었다. 항구도시가 되려면 몇 가지 조건을 갖추어야 한다. 첫째로, 양질의 항구(港口)와 부두시설이 구비되어야 한다. 군선, 각종 선박들이 발착(發着)하는 훌륭한 항구시설이 필요했다. 둘째로, 교통의 발달, 특히 대외항로와 쉽게 연결되어야 한다. 우리 지역처럼 해류적인 환경 속에서, 육로교통(陸路交通)도 중요하지만 내륙수로교통(內陸水路交通)에도 적합해야 한다. 또한 모든 지역이 바다와 연결될 뿐 아니라 대외적으로 교섭을 할 필요가 있으므로 항구와 가깝고 해양교통에도 유리해야 한다. 셋째로, 수군을 양성하고, 적절하게 이용할 수 있어야 하며, 방어적인 측면에서 강변방어체제(江邊防禦體制)[23] 및 해양방어체제(海洋防禦體制)[24]와 유기적인 시스템을 구축해야 한다.

울진에는 울진포(蔚珍浦)[25]를 비롯하여 죽변면 죽변리에 죽변항이 있고, 특히 후포면 후포리의 후포항은 울릉도행 여객선이 운항하고 있다. 영덕에는 남역포(南驛浦),[26] 골곡포(骨谷浦)[27]가 있고, 조선시대에 비교적 중요했던 오포(烏浦)가 있다.[28] 그 외 축산

---

22 울릉도와 가장 가까운 본토는 강원도 삼척시 원덕읍 임원리가 137km, 경북 포항시가 217km이다.
23 윤명철, 「한강 고대 강변 방어체제 연구-한강하류지역을 중심으로-」, 『향토서울』61, 서울시사편찬위원회, 2001. 「고대 한강 강변방어체제연구 2」, 『鄕土서울』64호, 서울시사편찬위원회, 2004. 「국내성의 압록강 방어체제연구」, 『고구려연구』15집, 고구려연구회, 2003.
24 해양방어체제의 성격과 기능에 대하여는 윤명철, 「江華지역의 해양방어체제연구-關彌城 위치와 관련하여」, 『사학연구』58·59 합집호, 1999 및 「경기만 지역의 해양방어체제, 고구려 산성과 해양방어체제」, 백산출판사, 2000 참조.
25 『신증동국여지승람』권45, 강원도 울진현 산천조. 조선시대에는 울진포영을 설치하고, 수군만호 1인을 두었다.
26 『신증동국여지승람』권 제24, 경상도 영덕현 산천조.
   영덕군 남정면 구계리 구어포. 沙鐵생산지인데, 이는 신라의 북진과 연관하여 중요하다.
27 『신증동국여지승람』권24, 경상도 영덕현 산천조.
28 『신증동국여지승람』권24, 경상도 영덕현 관방조 '오포영은 현 남쪽 17리에 있다.' 수군만호진이었다.

포(丑山浦),[29] 병곡포(柄谷浦), 대진(大津), 고성포(高城浦) 등이 있다. 물론 이외에도 크고 작은 포구들이 있었다. 울진군의 남쪽에 있지만 신라를 비롯하여 그 지역의 정치세력들에게 중요한 의미를 지닌 곳이 포항과 울산지역이다.[30] 포항은 연오랑(延烏郞)과 세오녀(細烏女)가 출항한 곳은 영일만의 한 지역인 도기야 근처이다. 울산은 석탈해와 연관이 있다.[31] 5세기 초에 박제상(朴堤上;『삼국유사』에는 김제상이라고 되어 있다)이 내물왕의 아들인 미사흔(未斯欣)을 구하기 위하여 출발한 율포(栗浦)도 이 해역이다.[32]

한편 울진지역 및 연안은 국방상으로 매우 중요한 역할을 담당하였다. 동쪽에는 망망한 바다와 접해있고 부근에는 태백산맥에서 뻗어 나온 산지가 많아서 전통사회는 방어상의 요충지(要衝地)로 인식하고 있었다.[33] 김호종은『세조실록』의 글을 인용하여 울진의 중요성을 언급하고 있다. 즉 울진과 삼척의 두 포구(浦口)는 외적(外敵)이 통과하는 요충지인데 지방수령으로 이를 겸하여 다스리게 했으니 만약 사변이 생기면 수군(水軍)과 육군(陸軍)을 겸하여 다스려야 하므로 그 형세가 매우 어렵다는 것이다. 그래서 산성만호와 연곡만호는 제 기능을 못하니 이를 없애고 울진과 삼척에 수군을 전담하는 만호를 별도로 설치하여 방어에 충실을 기하자는 것으로 세조(世祖)는 이를 그대로 승인했던 것이다. 또 울진을 지키지 못한다면 영동지방과 영서지방 모두가 적의 공격을 받기 쉽다는 것으로 이는 울진이 그만큼 방어에 있어서 중요한 지방이란 것을 말해주고 있다. 또한『선조실록』에는 비변사에서 왕에게 아뢴 글이 있다. 즉 울진은 동해안에 있고 산성이 극히 험하여 방어하기가 쉽다는 것이다. 더욱이 울진과 평해

---

29 조선시대 영해부에 속했다.
30 윤명철,「경주의 해항도시적인 성격검토」,『동아시아 세계와 삼국』, 동아시아 고대학회, 2009, 5.23~5.24.
31 『삼국유사』의 '駕洛國記'에는 역사적 사실로서 보다 구체적으로 기술하고 있다.
32 『삼국유사』김제상 조에 기술된 望德寺를 望海寺로 추정하고 蔚州郡 靑良面 栗里의 靈鷲山 東麓일 것으로 판단하고 있다. (李鍾恒)
33 김호종,「조선시대 울진지방의 역할」,『민속연구』제8, 1998, p.13.

사이에는 큰 산이 가로 지르고 그 앞은 바다인데다가 좁은 길이 빙빙 돌아서 나 있으므로 사람들이 나란히 다닐 수가 없다. 그리고 중간에는 돌로 된 문이 있어 이름을 공암이라 하는데 만일 한 사람만 몽둥이를 가지고 그 앞에 서서 지키고 있다면 1천 명의 사람들도 감히 지나갈 수 없는 지형이라는 것이다. 조선시대에도 왜는 영동, 울진 연안에 접근하였던 모양이다. 명종 때 강원감사의 다음과 같은 장계에서 확인 된다 "이달 18일 울진현령 이손(李孫)의 첩정에 15일 그 고을 남면조오리(南面鳥五里)에 사는 사람이 와서 왜선 7척 중에 6척은 바다에 있고 1척은 육지로 접근했다고 보고해 왔습니다."[34] 라는 것으로 당시 조야를 놀라게 하였다.[35]

  이러한 국방상의 요충지에 방어시설을 구축한 것은 너무나 당연하다. 울진은 포항의 북쪽에 있지만 역시 경주의 해양방어체제와 유기적인 연관을 맺었다. 죽변 지역의 죽변성(竹邊城)은 진흥왕(眞興王) 때 국경인 소공령(召公嶺)과 해상에서 처들어오는 외적을 방어하기 위하여 쌓은 토성이다. 영덕읍에는 읍성이 있었다. 『삼국사기』 아달라왕(阿達羅王) 9년(162)에는 왕이 사도성(沙道城)에 가서 군사를 위로했다. 조분왕(助賁王) 4년(233) 5월에는 왜구가 침입하자 우로(于老)를 보내 격퇴시켰다. 유례왕(儒禮王) 9년(292)에는 대곡(大谷)을 보내 왜구를 막고 사도성을 개축하였다. 이러한 기록들로 보아 이 성은 신라 때부터 왜구의 침입을 방어하는 해양방어체제의 하나임을 알 수 있다. 병곡면 병곡리에는 포성(浦城)이 있는데, 삼국시대의 초기를 전후한 시대에 축조되었으며, 수군 2,000명을 주둔시켰던 곳이다. 또한 장산성(長山城)이 있는데 우진(于珍)읍성으로 불리었으며, 경순왕(敬順王) 초기에 왜구의 침입을 받아 파괴되었다. 그 후 울진면 현내리에는 고현성(古縣城)이, 울진면 읍내리에는 고읍성(古邑城), 울진읍 고성리

---

34 『명종실록』권4, 1년 11월 癸酉.
35 김호동, 위 논문, pp.12~16에서 사료들을 인용하여 전근대 시대에 울진지역이 외적 방어에 요충지임을 설명하고 있다. 위의 글은 이 논문을 인용했음을 밝힌다.

에는 조선시대의 고산성(古山城)이 있다. 죽변면 화성리에는 고려시대의 산내성(山內城)이 있다. 평해면 평해 2리에는 고려시대의 평해(平海) 읍성이 있고, 그 외에 고려시대의 기성고읍성(箕城古邑城)이 있다. 그리고 온정면에는 신라가 쌓은 백암산성(白岩山城)을 비롯해 조선시대의 월송진성(越松鎭城)이 있다.[36] 그 외에도 많은 수의 봉수(烽燧)들이 있었는데, 해안가에서 봉수란 군사적인 목적뿐만 아니라 항로의 표시기인 등대의 역할도 겸하였다.

해양활동에 적합한 지역은 해양을 관측하기에도 용이해야 한다. 울진군 근남면 산포리에는 관동팔경(關東八景)의 하나인 망양정(望洋亭)이 있다. 이는 물론 해상관측의 기능도 겸했을 것이다. 한편 중요한 항구에는 피항시설이나 대기시설, 그리고 신앙의 장소 등을 갖추고 있었다. 절강성 주산(舟山)군도의 보타도(補陀島)는 그러한 역할을 담당하던 곳이다. 울진에 있는 대풍헌(待風軒)은 그러한 역할을 하던 곳이다. 조선 후기에 수토사들이 울릉도를 수토할 적에 삼척영장과 월송만호가 교대로 갔었다. 삼척영장의 경우는 울진 죽변진에서, 월송만호의 경우는 월송 바로 옆 마을인 구산포(현재의 울진군 기성면 구산리)에서 출발하고 귀착하였다. 이때 순풍(順風)을 기다리며 머물렀던 곳이 '대풍헌(待風軒)'이다.[37]

이 외에도 해양활동의 적절한 역할을 하려면 어업, 임업, 광업, 공업 등 적절한 환경이 조성되어야 한다. 동해와 울진을 중심으로 한 동해남부의 해양환경은 이 지역의 역사발전에 지대한 영향을 끼쳤다.

---

36 『한국의 해양문화』, 동남해역(上) 해양수산부, 2002, pp.416~418 참고.
37 대풍헌에 대해서는 김호동의 논문들이 있다.

3. 동해 및 울진연안과 연관된 항로

1) 동해 연근해 항로

동해의 한반도 쪽 해안을 북남으로 이어주는 항로이다.[38] 이 항로는 이미 선사시대부터 사용되었다. 동만주 일대 혹은 연해주지역에서 발달한 문화가 남북연근해 항로를 이용해서 남으로 내려왔을 가능성은 역사시대에 들어오면서 더욱 커졌다. 『삼국지』 동이전에 따르면 옥저(沃沮)사람들은 고구려에 어염(魚鹽)과 해중식물을 바쳤다. 동예(東濊) 사람들은 반어피(班魚皮)를 바쳤으며, 먼 바다까지 항해하였다. 고구려전기인 민중왕(閔中王) 때(47년)와 서천왕(西川王) 때(288년) 고래의 야광눈을 특별하게 왕에게 바친 기록을 남기고 있다. 이때 포경을 비롯한 어업집단은 동예, 옥저 혹은 물길과 깊은 관련이 있었을 것이며, 아마도 두만강 이북의 해안일 가능성이 크다. 한반도 남해 동부와 동해남부 일부에서 일본계 조몬(繩文) 토기 발견되고 있다.[39] 울산 서생포의 신암리(新岩里) 유적에서도 역시 조몬(繩文) 토기들과 흑요석 석기들이 발견되었다.[40] 이는 당시 조몬 토기인들이 한반도 남부까지 왔었을 가능성과 일정기간 머물거나 어떠한 형태의 교류를 한 것을 반증한다. 난생신화(卵生神話)의 분포권이 황해와 남해연안은 물론 내륙지방에는 없고 반도의 동남단의 김해에서 동해안으로 편재해 있다고 하

---

38 동해와 관련한 이 항로의 일반적인 성격은
윤명철, 「渤海의 海洋活動과 東아시아의 秩序再編」, 『高句麗研究』 6, 학연문화사, 1998, 12 ; 「동해문화의 설정 검토」, 『동아시아 역사상과 우리문화의 형성』, 한국학 중앙연구원, 민속원, 2005, 9 ; 「영일만 지역의 해양환경과 암각화의 길의 관련성 검토」, 『한국 암각화연구』 78집, 한국암각화학회, 2006 참고.
39 林墩, 「朝島의 史的考察」, 『해양대 논문집』 11, 1976, p.380 ; 「朝島貝塚 遺物小考」, 『해양대 논문집』 13집, 1978, p.224에서 朝島를 선사시대의 중요한 거점으로 보고 있다.
40 任孝宰, 「新石器 時代의 韓日 文化交流」, 『韓國史論』 16, 국사편찬위원회, 1986, p.5 등에는 울산 서생포에서 발견된 조몬 토기에 대해 나오고 있다.

며, 이를 대마해류와 관련시키는 설도 있다.[41] 즉 남북연근해 항로를 이용했다는 주장이다. 역사시대에 오면 남진하는 고구려세력에 반격하고 북진하는 과정에서 해안선과 연안을 동시에 활용한 것으로 보인다. 지증왕 5년(505)에 이사부(異斯夫)를 실직주 군주(君主)로 삼았고, 이어 하슬라주 군주, 그리고 곧 우산국을 정벌하게 하였다. 이것은 당연히 동해중부의 해양활동과 깊은 관련이 있다.

울릉도와 연관하여 동해북부 사단항로를 살펴보면 다음과 같다. 두만강하구(북위 42도 30분 전후)나 그 이하에서 쓰루가(敦賀)만(북위 35도 30분), 사도(佐渡)섬(북위 38도)으로 선을 그으면 거의 사선(斜線)에 가깝다. 결국 동해북부를 사단으로 길게 횡단하거나 남

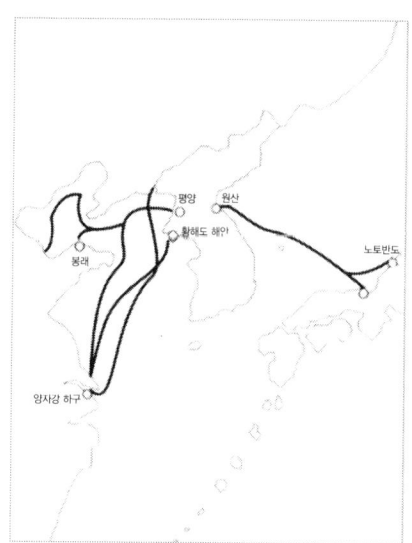 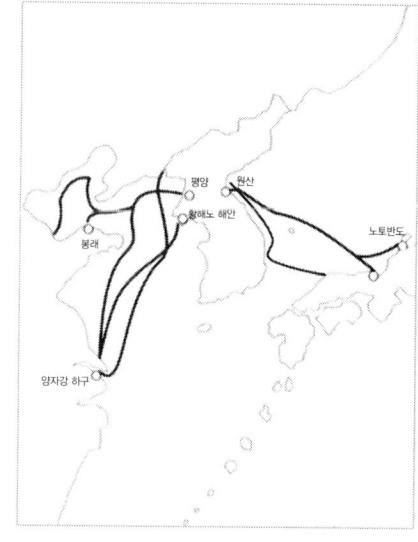

| 그림 4 | 고구려의 국제 항로[42]

---

41 金在鵬,「난생신화의 분포권」,『문화인류학』4집, 1971, 한국문화인류학회, pp.41~43 ;「古代 南海貿易ルートと朝鮮」上,『東アジアの古代文化』25號, 大和書房, 1980.
42 고구려가 동해에서 활동하던 시기의 항로는 전기에는 동해남부근해를 출항지로 활용하였을 것이다. 하

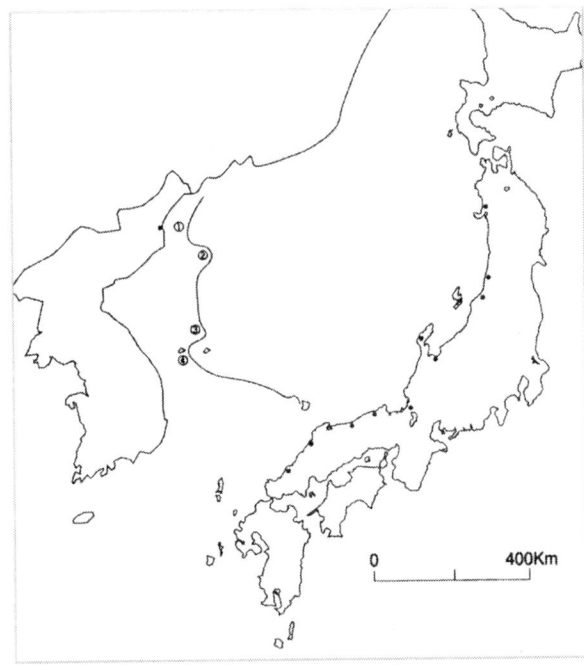

| 그림 5 | 발해 1300호 항로도[44]

으로 내려온다. 북풍 내지 북서풍을 이용할 경우에는 북청 이북선이 최종이다. 그 이하로 내려가면 노토반도에는 도착하기가 힘들다. 물론 중간에는 지형지물이 없으므로 울릉도와 독도를 우측으로 보면서 방향을 측정했을 것이다.[43] 그 다음에 다시 일본쪽으로 붙어 강한 북서풍을 이용하여 직항하거나 아니면 아래로 내려갔다가 북상하는 흐름을 택해 혼슈 중부의 여러 지역에 도착했던 것이다.

『속일본기(續日本紀)』[45]에 따르면 발해시대에는 현재 북청 근처인 토호포(吐号浦)가 산인지방으로 도착하는 일본으로의 항로의 기점이 된 것은 확실하다. 전기에는 신라

지만 후에 신라의 북진으로 인하여 동해 북부해역을 출항하였는데, 이는 항법상으로 어려운 항해이다.
43 측정하는 눈높이를 10m로 했을 때 울릉도의 시인거리는 133km이고, 독도는 63km 정도이다.
44 발해 1300호는 1997년 12월 31일 러시아의 블라디보스토크를 출발하여 종단항해하면서 울릉도 해역을 거쳐 남진하였으나 풍랑에 밀려 동진하다가 1월 24일 새벽 6시 30분경 오키제도의 도고섬 고가무라(五個村) 앞에서 좌초하여 전복되었다. 이들의 항로에 대해서는 윤명철, 「발해의 해양활동과 동아시아의 질서재편」, 『고구려연구』 6, 1998, p.508 참조.
45 『續日本記』 寶龜 8년에는 '……發弊邑南海府 吐号浦 西指對馬嶋 竹室之津……' 라는 기록이 있다.

의 해상능력이 약하므로 토호포 이남에서 동해시 정도까지는 가능하며 더욱 아래에까지 근해항해가 가능하다. 고구려는 장수왕대에 홍해 지역까지 남진하였으므로 그 당시에는 아예 신라의 접경해역에서 출발하는 동해남부항로를 사용했을 것이다. 후대의 일이지만 이 항로를 부분적으로 사용한 예가 있었다. 814년에는 나가토국(長門國)에 신라 상인 31명이 표착하였고[46] 발해선들도 역시 그 해 9월 하순에 나가토국의 바로 위인 이즈모(出雲)에 도착하였다. 그렇다면 이 항로 또한 울릉도와 독도를 활용했을 가능성이 높다.

2) 동해 중부 및 남부횡단 항로

동해의 중부인 삼척 강릉지방, 남부인 울진, 포항, 감포, 울산 등을 출항하여 혼슈 남단인 산인지방의 돗토리(鳥取)현의 다지마(但馬), 호키(伯耆), 시마네(島根)현의 이즈모(出雲), 오키(隱岐), 야마구치현(山口縣)의 나가토(長門) 등이다. 이렇게 도착한 다음에, 목적에 따라 연안 혹은 근해항해를 이용하여 북으로는 후쿠이(福井)현의 쓰루가(敦賀)지역으로,[47] 남으로는 규슈지역으로 다시 들어가기도 했다.

이 지역은 동해를 사이에 두고 경상남도 울산이나 포항지방과 위도상(북위 35.5도)으로 보아 거의 비슷한 위치에 있다. 양 지역 사이에는 항로가 2개 있었다. 하나는 동해남부 또는 남해로부터 리만한류를 타서 북위 30도 부근에서 대한난류 서파(西派)를 횡단하여 본류에 올라타서 이즈모(出雲) 서안에 도달하는 직접항로이다. 제2의 항로는

---

46 『日本後紀』권24, 弘仁 5년 10월.
47 쓰루가(敦賀)는 머리에 뿔이 난 사람들이 왔으므로 고대에는 쯔누가(角鹿)라고 불리웠는데, 이것은 투구를 쓴 가야인들이 왔기 때문이다. 그러나 신라계와 관련이 깊었으므로 지금도 신라계 지명 및 신사가 곳곳에 남아있다. 武藤正典, 「若狹灣とその周邊の新羅系遺跡」, 『東アジアの古代文化』, 大和書房, 1974, pp.88~94 참조.

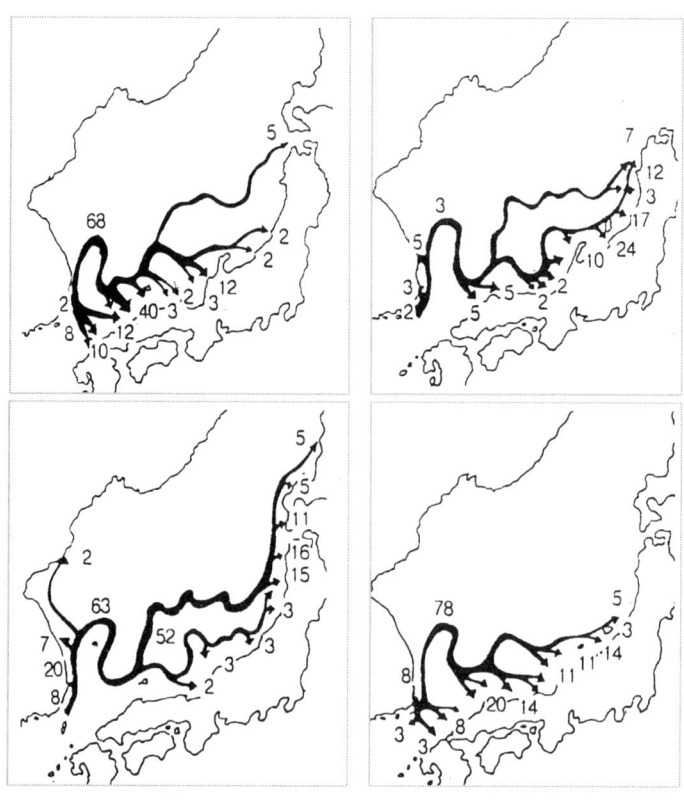

| 그림 6 | 해류병도[48]

대한해협에서 투입한 표류병의 도착 상황. 겨울에는 전체의 40%가 이즈모 지역에 도착하고 있다.

한반도 동안에서 출발하여 오키(隱岐)에 도착하고, 다시 시마네 만두(島根灣頭) 혹은 이나바(因幡)해안에 도착하는 것이다.[49] 즉 쿠로시오에서 분파된 해류는 동해 남부나 중부에서 출발한 선박을 일본해안으로 자연스럽게 밀어 붙이므로 물길과 계절풍을 활용한다면 항해는 성공할 수 있다. 〈그림 6〉 해류병의 표착(漂着)상황도는 그러한 자연

---

48 日本海洋學會 沿岸海洋研究部會編, 『日本全國沿岸海洋誌』, 東海大學出版會, 1985, pp.925~926.
49 中田 勳, 『古代韓日航路考』, 倉文社, 1956, pp.123~127.

조건을 보여주고 있다.

이 항해는 선사시대부터도 가능했고, 기원을 전후한 시대부터는 매우 활발했다고 추정되지만, 아직 이 부분에 관한 주변연구가 빈약해서 판단을 유보하겠다.[50] 이 항로 간의 중간에는 오키(淤岐 隱岐)섬이 있었으며, 또 하나 중요한 거점으로 울릉도가 있었다. 동해종단 항로나 동해중부 항로를 이용할 경우에는 항법상 울릉도를 중간 거점으로 이용할 수밖에 없다. 반면에 동해 남부횡단 항로의 경우에는 상황에 따라서 울릉도가 이용되었을 것이다.

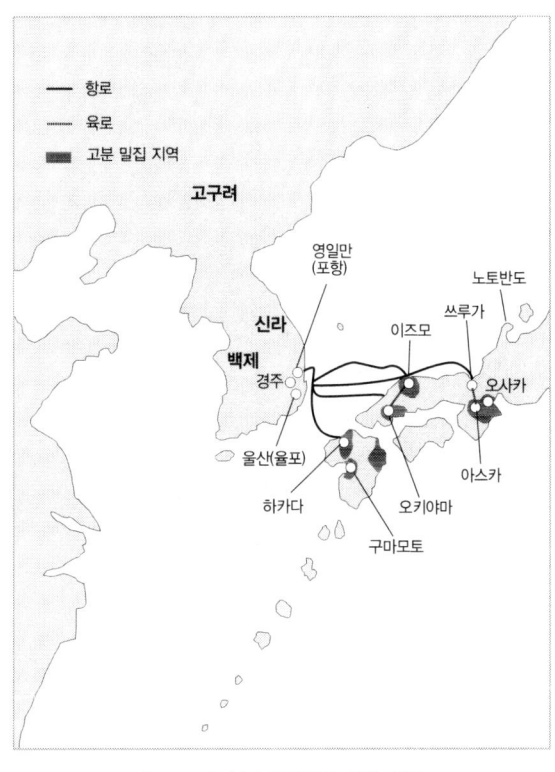

| 그림 7 | 신라 일본열도 진출 항로

한편 울진 및 울릉도의 중요성을 표류현상을 통해서 살펴볼 수 있다. 표류[51]는 기상이변, 선체 파손, 내부혼란, 적대집단의 습격 등 비일상적인 상황으로 인하여 정상항로를 이탈한 채 자연현상에 맡겨졌다. 또한 이들은 해양과 항해의 메커니즘상 불가

---

50 권경근·박종승, 『일본 오키(隱岐)방언과 울진방언의 악센트유형의 대조연구』, 『日本語文學』제38집은 방언비교를 통해서 매우 흥미있는 결과를 내놓고 있다.
51 사료에서는 漂流 외에 '漂着'(발해사신과 관련한 일본기록)이 또는 漂沒, 漂到 등의 용어로도 사용된다.

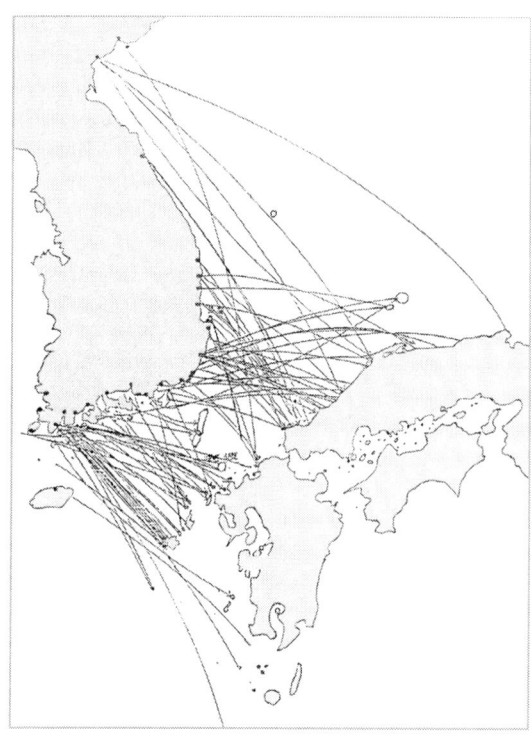

| 그림 8 | 표류도
1629~1840간 조선에서 일본에 표류한 선박들의 길.(시바다 게이시·손태준 작성)
울산, 포항, 울진 등에서 출발한 배들은 야마구치현과 시마네현에 집중적으로 닿고 있다.

피하게 사용할 수밖에 없는 항로가 있었으며, 이러한 속에서 표류가 발생한 경우도 적지 않았다. 따라서 표류의 길은 항로추적에 효율성 큰 단서가 된다.[52] 〈그림 8〉을 보면 동해남부 지역에서 자연환경의 영향으로 표류할 경우에 일본열도 혼슈 남단 지역에 표착하는 모습을 확인할 수 있다.

울진연안은 일본열도로 출항하는 항로와 연관이 있지만, 한편으로는 울릉도와 연관하여도 중요하다. 출항지로서 적합한 것이다.

경상도 연해의 어민들이 울릉도와 독도에 와서 어채활동을 하고 있음을 알 수 있다. 1693년(숙종 19)과 1696년의 안용복의 울릉도·독도행

---

[52] 李薰, 『조선 후기표류민과 한일관계』, 국학자료원, 2000.
한일관계사학회 편, 『조선시대 한일 표류민 연구』, 국학자료원, 2001.
정성일, 「표류민 송환체제를 통해 본 근현대 한일관계제도사적 접근(1868~1914)」, 『한일관계사연구』 17, 2002.
정성일, 「조선시대(朝鮮時代)의 동해(東海) : 동해를 건넌 사람들」, 이사부기념사업회, 2009.

은 울산을 거점으로 하여 영해의 뱃사람과 함께 한 항해였다.[53] 이 사건을 계기로 확립된 울릉도 수토제는 2년 간격, 즉 3년마다 월송만호와 삼척영장이 교대로 한 번씩 하는 것이 정식이었지만 흉년 등의 이유로 실제 2년, 혹은 3년, 4년마다 행하였다.[54] 이 때 삼척첨사는 울진의 죽변진(竹邊津)에서 출발하였다가 다시 그곳으로 귀환하였던 것 같다. 월송만호는 대개 월송 바로 옆 마을인 구산포(邱山浦)에 위치하고 있는 대풍헌(待風軒)에 머물다가 이곳에서 출발하고 이곳으로 돌아왔다.[55] 이처럼 울릉도 수토를 위한 출발과 귀착은 조선시대 강원도 울진지역에서 이루어졌었다.[56] 참고삼아 조선전도를 통해서 살펴보면 19세기 말 울진에서 울릉도까지도 순풍이 불 때를 기준으로 이틀 정도 걸렸다고 파악된다.[57]

『숙종실록』에는 울진이 울릉도로 출항하는 국가항구의 역할뿐 아니라 일본과의 비정상적인 교섭에도 대비하였음을 알려주는 기록이 있다.[58] 조선조의 왕조실록에는[59]

고동환, 「조선후기 商船의 船行條件」, 『한국사연구』123, 2003.

윤명철, 「남서해양과 연관된 표류와 역사의 발전」, 『표류의 역사, 강진』, 한중일 국제학술회의, 2009, 4월 11일.

윤명철, 「표류의 발생과 역사적인 역할에 대한 탐구」, 『동아시아 고대학』제18호, 2008.

53 김호동, 「조선 숙종조 울산사람 '박어둔' 등은 왜 울릉도·독도로 조업을 나갔나」, 영남대학교 학술세미나, 2009년 7월 21일 발표자료.

54 김호동, 「독도영유권 공고화를 위한 조선시대 수토제도의 향후 연구방향 모색」, 『독도연구』5, 영남대 독도연구소, 2008, 12.

55 이 자료의 원문 "江原道越松萬戶田會一 搜討鬱陵島 還泊待風"을 현재 국사편찬위원회의 국역 자료는 "강원도 월송만호 전회일이 울릉도를 수토하고 바람을 기다리느라고 정박해 있으면서"라고 해석하고 있지만 오역이다. "전회일이 울릉도를 수토하고 대풍(헌)에 돌아와 머물면서"라고 해석해야만 한다. 울릉도에서 돌아온 마당에 바람을 기다린다는 것은 맞지 않다(김호동, 「독도영유원 공고화에 있어서 강원도의 역할 동해와 독도 주권 그리고 신 해양시대」, 『2009 삼척 동해왕 이사부 역사문화축전』, 2009, p.125).

56 김호동, 위 논문 참조.

57 고동환, 「조선후기 商船의 船行條件」, 『한국사연구』123, p.323.

58 울릉도에 가는 뱃길이 험하여 공도시책을 쓸 경우에는 수시로 公差를 보내어 여러 가지를 조사하여 보고하도록 했는데, 파견되는 공차는 대개 동해안에 위치한 각 군현에서 번갈아 邊將을 뽑아 이에 충당하

울진과 연관한 표류기록이 나타난다. '삼봉도(三峯島) 경차관(敬差官) 박종원(朴宗元)이 거느린 군사와 더불어 4척의 배에 나누어 타고, 지난 5월 28일에 울진포(蔚珍浦)로부터 출발하여 가다가 곧 큰 바람을 만나서 사방으로 흩어졌습니다.'[60] 또 조선 후기인 현종 4년 7월 26일에 일본 규슈 서남부인 고토(五島)열도에 사는 왜인 3인이 표류하여 울진현에 닿았다는 기록이 있다.

앞에서 언급한 바와 같이 동해를 매개로 이루어지는 모든 해상교통의 중심지 역할을 할 수 있으므로 울릉도와 독도는 항해상에 유일한 꼭 필요한 존재였다. 뿐만 아니라 이 지역의 해상세력들은 이들의 항해에 어떠한 형태로든 영향을 끼쳤을 것이다.

4. 동해안 및 울진지역의 역사상

이미 선사시대부터 동해안을 따라서 문화가 전파되었다. 1947년에 발견된 함경도의 서포항 패총유적지는 구석기시대, 신석기시대, 청동기시대의 문화층이 함께 있다. 양양군 오산리(鰲山里)유적은 기원전 6000년~4500년 사이의 유적이다. 융기문 토기와 함께 다량으로 출토된 결합식조침(結合式釣針)은 부산의 동삼동, 상노대도 등의 유적지에서도 발견되었다.[61] 청동기시대에 무문토기도 동해안을 따라 확산정착된 것으로 나

였다. 당시 일정한 간격으로 파견되는 변장에는 일본사람과의 접촉이 생길 경우를 대비해서인지 때로는 일본어 통역자가 따라갔으며 그들의 출발지는 울진 竹邊津을 이용하고 있었다.『숙종실록』권20, 28년 5월 己酉.
59 조선시대에는 기록으로 남긴 때문이기도 하지만 양국 간에 표류민들을 상호교환하는 사례들이 많이 나타난다. 이 부분에 관한 연구물들은 한일관계사학회편,『조선시대 한일 표류민 연구』, 국학자료원, 2001에 있다. 표류 표착의 지역적인 성격은 정성일의「표류 표착의 지역적 특성과 그 현재적 의의」라는 논문이 다루고 있다.
60 성종 3년 6월 12일(정축)
61 任孝宰, 앞 논문, p.17, p.21.

타난다.[62] 속초시 조양동 2호 집자리에서는 어망추가 발견되었고, 강릉 등 동해중부 해안가에서는 패총유적들도 많이 발견되었다. 울진지역 바로 아래인 영일만지역의 칠포리, 울산(蔚山) 반구대(盤龜臺) 암각화, 고령 및 경주 시내의 암각화 등이 있다.[63] 전파의 입장에서 그동안 연구성과를 정리하면 암각화는 북방 연해주지역에서 내려온 것으로 이해하고 있다. 물론 동해연근해 항로와 직결되어있다.[64] 특히 반구대(盤龜臺) 벽화에서는 곤돌라형의 선문(船文)이 발견되었으며[65] 가장 원시적 항해수단인 뗏목형태도 보여준다.

한편 대한난류와 남풍계열의 바람을 이용하면 남쪽에서 북으로 항해가 가능하다. 앞에서 언급한 바와 같이 한반도 남해동부와 동해남부 일부에서 일본계 조몬 토기가 발견되고 있다. 울산 서생포의 신암리(新岩里) 유적에서도 역시 조몬 토기들과 흑요석 석기들이 발견되었다. 당시 조몬 토기인들이 한반도 남부까지 왔었으며 일정기간 머물거나 어떠한 형태의 교류를 한 것을 반증한다. 이러한 해양과 연관된 동해안의 문화대 속에서 울진지역은 문화가 형성됐다. 북면 고목 2리에는 10여 기 전후의 고인돌이 있으며, 그 외에도 북면에는 나곡 2리, 신화리, 부구리 등에도 고인돌이 있다.[66]

울진과 연관있는 울릉도에는 선사시대부터 사람이 거주하고 있었다. 도리이 류조(鳥居龍藏)를 비롯하여 석기시대의 흔적을 주장한 학자들이 있었다. 근래에 발견된 토기들은 본토의 철기시대 전기 말경(기원전 300년경), 아무리 늦어도 서력기원 전후의 전형적인 무문토기이다. 또 남서동(南西洞)의 성혈(性穴)이 있는 바위는 지석묘(支石墓)의

---

62 江原道,『江原道史』(歷史編), 1995, p.220.
63 암각화의 기원과 문화적 성격에 관하여 많은 논란이 있다.
송화섭,「한국 암각화의 신앙의례」,『한국의 암각화』, 한길사, 1996, p.264.
64 윤명철,「동해문화권의 설정 검토」,『동아시아 역사상과 우리문화의 형성』, 한국학 중앙연구원 동북아고대사연구소, 2005.
65 國分直一,「古代東海の海上交通と船」,『東アジアの古代文化』29號, 大和書房, 1981, p.37 참조.
66 『한국의 해양문화』, 동남해역(上) 해양수산부, 2002, pp.235~237.

덮개석일 가능성이 있는데, 현포동(縣浦洞)에서 수습된 무문토기와 같은 시기에 형성되었을 가능성이 높다.[67] 물론 이 설에 대해서는 약간의 이견도 있고, 전에는 고인돌 등이 발견되지 않는다고 하였다. 그러나 최근의 조사(1998년)를 통하여 고인돌을 비롯하여 선돌 제사유적지들이 발견된 것으로 보아 이미 역사시대 이전부터 인간이 살았던 것은 틀림없을 것이다. 특히 해양민들의 습성과 문화, 당시 동아지중해(東亞地中海, EastAsian-Mediterranean-Sea)의 해양문화 전반을 고려한다면 충분히 가능성이 있다.

이러한 지역들은 역사시대에 들어오면 남북 세력 간의 대결장으로 변모한다. 이는 물론 울릉도 등 해양환경 및 항로쟁탈전과 관련된다. 울진은 진한 12국 가운데 하나인 우중국(優中國)이었다. 고구려시대에는 고우이군(古于伊郡)이었고, 이어 신라의 우진(于珍), 통일 후인 757년에는 울진이라 변경하면서 군을 만들었다.[68] 그 아래인 영덕은 삼국시대에는 야시홀(也尸忽)이었는데 신라가 통일한 후인 경덕왕 때에 야성군(野城郡)이라 하였으며, 이어 고려에 들어와 영덕(盈德)이라고 하였다.

평해는 고구려의 근을어(斤乙於)였다. 영해(寧海)는 우시국(于尸國)이었는데 신라가 탈해왕(脫解王) 23년(79)에 점령하였다. 그러니까 삼국시대에 울진지역은 독자적인 세력이면서도 초기에는 신라의 영향권 아래에 있었던 것으로 보인다. 그런데 고구려는 전성시대에 동해남부 지역까지 영토화 혹은 영역화하였다. 고구려는 동해항로를 사용하여 왜와 교섭을 하였다. 『일본서기』에는 오진(應神) 28년, 닌도쿠(仁德) 12년(324), 58년(369) 등에 계속해서 왜와 교섭한 기록이 있다. 이때 사용한 항로는 정확하게 알 수 없다. 하지만 시마네현 지역의 이즈모(出雲) 등에 고구려 문화의 흔적이 있는 사실,[69] 해류의 흐름 등을 감안하면 동해 남부 또한 고구려의 해양활동 범위였을 가능성

---

67 「鬱陵島 地表調査 報告書」1, 『서울대학교 박물관학술총서』6, 1997, p.48.
68 울진은 본래 고구려의 于珍也縣과 波且縣, 영덕은 본래 고구려의 于尸郡과 也尸忽縣, 영일군 淸河面은 본래 고구려의 阿兮縣. 『三國史記』35, 雜誌4 地理(2) 溟州條 참조.
69 조희승, 『초기조일관계사(하)』, 사회과학출판사, 1989, pp.303~304.

이 있다. 필자는 광개토대왕 이후 남진한 고구려는 동해 남부나 남해 동부해안을 통해서 일본열도로 진출했을 가능성을 제기한 적이 있다.[70] 장수왕은 남진정책을 적극적으로 추진하여 468년에 실직주성(悉直州城 : 삼척)을 공격하였고, 481년에 말갈병을 함께 거느리고 금성(金城) 근처인 미질부(彌秩夫, 지금의 興海)까지 공격하였다. 이는 내륙 동쪽에 대한 영향력의 확대라는 측면도 있지만, 신라의 수도를 근거리에서 압박하고 영일만 같은 대외항구를 일본열도로 진출하는 교두보로 확보하면서 동해남부까지 해양력을 확대시키려는 의도였다.[71] 따라서 그 시대 고구려는 교섭의 출발지가 동해남부였을 것이고, 따라서 항로와 도착지 또한 신라인들의 그것과 유사했을 것이다.[72]

하지만 신라도 때때로 반격을 가하였다. 450년에 고구려의 변장(邊將)이 실직원(悉直原, 삼척)에서 사냥을 하였는데, 하슬라(河瑟羅)의 성주인 삼직(三直)이 군사를 내어 죽여 버렸다. 이 사건은 신라의 사과로 마무리되었다. 신라로서는 이곳을 빼앗기면 고구려가 해안을 이용한 공격이나, 수군을 동원한 신속한 급습작전에 대응할 수 없게 된다. 이렇게 동해 중부연안을 놓고 벌이는 고구려와 신라의 대결에 수군이 동원됐다면 울릉도의 해양전략적인 가치는 높았을 것이다. 더구나 5세기 중반 무렵부터 왜병들은 병선을 동원하여 신라를 자주 침공하였는데, 이 또한 신라로 하여금 이 지역에 대한 해양전략적 가치를 인식하게 만들었을 것이다. 후대인 조선시대의 기록에서 나타나듯이 울릉도는 해양세력이 동해 연안지방으로 침입하는 데 교두보 역할을 할 만한 전략적 요충지이다.

신라는 6세기 들어서자 동해지역에 대한 적극적인 정책을 추진하기 시작했다.[73]

---

70 조희승, 『초기 조일관계사(상)』, p.303. 조희승은 고구려인들이 동해를 건너 이즈모 일대에 정착하였다가 다시 척량산맥을 넘го 쯔야마 분지일대에 정착한 것으로 생각한다고 하였다.
71 윤명철, 「長壽王의 南進政策과 東亞地中海 力學關係」, 『고구려 남진경영연구』, 백산학회, 1995. 4.
72 尹明喆, 「海洋條件을 통해서 본 古代 韓日 關係史의 理解」, 『日本學』, 동국대 일본학연구소, 1995, pp.99~103.
73 李明植, 「蔚珍地方의 歷史·地理的環境과 鳳坪新羅碑」, 『한국고대사연구』 제2권, 한국고대사학회,

504년에는 12성을 축조하였는데 일부는 흥해, 삼척 등 동해지역이다. 505년에는 실직주(悉直州)를 설치하고 군주(軍主)를 이사부(異斯夫)로 삼았다. 510년에는 이사부를 하슬라주의 군주로 삼아 마침내 우산국을 정벌하게 하였다. 그 후 법흥왕은 본가야를 병합하여(532) 남해동부 및 동해남부의 해양문화 전반을 흡수하는 데 유리한 환경을 조성하였고, 이어 진흥왕은 경기만으로 나가는 출해구(出海口)를 확보하고, 동해안으로 북진을 계속하여 동해중부지역을 안정되게 확보하였다. 고구려는 이러한 정치 상황의 변동으로 인하여 6세기 중반에 이르면 동해중부 이북지역에서 원양으로 나갔기 때문에 도착지가 월(越) 등이었다. 게이타이천황(繼體天皇) 10년조, 긴메이천황(欽明天皇) 원년·31년조, 비다쓰천황(敏達天皇) 2년·3년조에 월국(越國) 혹은 월(越)의 해안에 도착했다고 되어 있다.[74] 긴메이 때에는 고구려 사신과 도군(道君)이라는 지방호족이 밀무역을 했다고 다른 호족이 조정에 밀고하는 사건이 벌어졌다.[75] 이곳은 와카사만(若狹灣)의 쓰누가(角鹿)이다. 후대의 발해 사신들, 사무역선[76]과 신라의 사무역선들도 이곳에 도착하였다.[77]

결국 이 시대의 전반적인 상황을 고려하면 신라가 먼저 삼척지역까지 진출하였고, 이어 고구려가 동해안으로 깊숙하게 진출하여 군현을 설치하였으나 어느 시기에

1989, 5에는 울진을 비롯한 주변지역의 사료기록과 함께 지리환경을 언급하고 있다. pp.27~29에는 양국간의 갈등상황을 전개하고 있다. 이 글에서는 연구주제와 연관된 사실만 언급하고자 한다.
74 齊藤 忠, 『高句麗と日本との關係』(金達壽 外, 『古代の高句麗と日本』, 學生社, 1988), pp.22~23의 도표 참조. 越 지역과 고구려와의 관련성은 高瀨重雄, 「越の海岸に着いた高句麗使」(『東アジアと日本海文化』, 森浩一 編, 小學館 1985, p.217) ; 小嶋芳孝, 「潮の道 風の道」, 「松原客館の謎にせまる」, 氣比史學會, 1994. (『日本書紀』 卷26, 欽明 31年)
75 森浩一, 『古代史 津津浦浦』, 小學館, 1993, p.65.
76 門脇禎二, 『日本海域の古代史』, 東京大學出版會, 1986, p.17.
77 門脇禎二, 위의 책, 1986, pp.90~93.
신라는 일본과 국교를 맺고 있지 않았으나 현실적 필요에 의해 정부는 묵인해주고 있었고, 그런 비공식성 때문에 사무역선들은 표착을 많이 했던 것으로 판단된다.

신라가 다시 이들 지역을 회복한 것으로 이해할 수 있다.[78] 그리고 이는 동해 중부 횡단항로와 연관이 깊다. 그런데 만약 울릉도 지역이 신라에 적대적이거나 고구려가 정복했다면 신라는 중부연안지대는 물론이고, 배후 역습의 우려 때문에 북진을 할 수도 없었을 것이다. 또한 고구려는 이를 대일본 항해에 적절하게 활용했을 것이다.[79] 그런데 우산국을 정벌한 목적을 외적방어-여진족 침략을 차단하기 위한 수단이라고 이해하는 견해도 있다.[80] 이러한 상황 등은 이 시대에 우산국의 해양전략적 가치가 심대했음을 반증하고 있다. 반면에 권오엽은 이러한 행동들을 관념적으로 파악하고 있다. 즉 사라(斯羅), 사로(斯盧), 신라 등으로 불리던 것을 지증왕 4년에 신라를 국호로 정하면서, '신(新)은 덕업이 날로 새로운 뜻이요, 라(羅)는 사방을 망라한다는 뜻'이라고 설명했는데, 그것이 곧 신라의 독자성이다라고 하였다.[81] 신라는 인접국과의 관계를 자국 중심으로 판단하여, 자국을 중심에 위치시키는 방법으로 천하사상을 실현하려 했던 것이다. 동해안 방면에 실직주(悉直州)를 설치한 것이, 그 현실의 상황으로 확인하는 천하상이었다.[82] 필자는 신라와 고구려가 동해 중부연안을 놓고 갈등을 벌이는 이유 가운데 하나는 바로 일본열도로 진출하는 항로의 확보와 연관이 깊다고 파악하여 왔다.

울진지역에 대한 신라의 정책적인 비중을 가늠할 수 있는 것이 법흥왕 11년(524)에 건립된 것으로 추정된 울진 봉평신라비(蔚珍 鳳坪新羅碑)이다. 이러한 상황 속에서 울진

---

78 李明植,「蔚珍地方의 歷史・地理的環境과 鳳坪新羅碑」,『한국고대사연구』제2권, 한국고대사학회, 1989, p.27.
79 윤명철,「울릉도와 독도의 해양 역사적 환경검토」,『독도와 해양정책』, 해양문화연구소, 제1회 해양정책 세미나 논문집, 2001, 5 등.
80 金潤坤,『于山國과 신라 고려의 관계』,『울릉도 독도의 종합적 연구』, 영남대학교 민족문화연구소, 1998, p.31.
81 權五曄,「신라인의 동해-우산국의 실체와 신라의 세계관-」,『역사속의 동해, 미래속의 동해』, 이사부 우산국 복속 1500주년 기념 심포지움, 2008, 11, 26.
82 이 논리는 강봉룡에서도 나타난다. 강봉룡,「이사부 생애와 활동의 역사적 의의」,『이사부 표준영정 조성을 위한 전문가 포럼』, 2009, 8, 8, pp.10~12.

군 북면 덕천동에는 6세기 후반에서 7세기 초의 고분인 횡구식 석실 고분군들이 있다. 또 유사한 성격의 울진읍 읍남1리 고분군, 기성면 마산동의 고분군들이 있다.[83] 하지만 울릉도는 이때 역사에서 사라진 것이 아니라 오히려 문화적으로 발전한 것으로 보인다. 울릉도 내부에서는 고분군들이 많이 발견되었다. 섬 북쪽의 현포동(玄圃洞), 천부동(天府洞)이 있고 남쪽에는 남서동, 남양동 등에 약 100기의 적석총이 분포되어 있다. 내부의 현실이 경상도에서 만들어졌던 횡구식석곽묘(橫口式石槨墓)와 유사하다. 현재는 약 87기 정도가 남은 고분들에서 발견된 유물들은 대체로 상한 연대를 6세기 중엽으로 추정하고 있다.[84] 1998년에 영남대 민족문화연구소는 방형(方形)의 적석총을 발굴하였다.[85] 이 고분들은 대체로 신라의 영향을 받으면서 토착민들이 조성한 것으로 추정되고 있으며, '울릉도식'으로 명명되고 있다.[86] 해양환경이나 고대에 이루어진 해양활동을 감안한다면 해양민들에게 울릉도와 독도는 교섭을 단념하게 할 정도로 먼 거리가 아니다.[87]

고려는 해양활동능력이 뛰어났고, 해양활동을 국가발전의 중요한 요인으로 인정하고 활용했다. 하지만 동해에 크게 주목하지 않았다. 다만 울릉도 및 동해 해적과 연관하여 몇 가지 사건이 있었다. 930년(태조 13년)에 우릉도(지금의 울릉도)는 백길(白吉), 토두(土頭) 두 사람을 고려에 사절로 보내어 공물을 바쳤다. 우산국 즉 울릉도는 일반적인 군현(郡縣)의 단위로 편제된 것이 아니라 군단적(軍團的) 편제로서 동해안 방위조

---

83 『한국의 해양문화』, 동남해역(上) 해양수산부, 2002, pp.235~237.(정준식 집필)
84 최몽룡 외, 『울릉도 지표조사보고서 1』, pp.49~50.
85 정영화 및 이청규, 『鬱陵島의 考古學的 硏究』, 『울릉도 독도의 종합적 연구』, 영남대 민족문화연구소, 1998.
86 曺永鉉, 『嶺南地方 橫口式古墳의 硏究 1』, 伽倻古墳의 編年硏究 2- 墓制, 영남고고학회, 1994, pp.53~74.
87 1986년에 한국탐험협회는 독도가 울릉도 주민들의 생활권역임을 입증하기 위하여 '가산도'라는 뗏목을 만들어 독도까지 항해하였다. 윤명철과 장철수가 기획하고 이경남이 대장이었던 이 탐사는 한국탐험협회와 외국어대 독도연구반이 주관하였다. 이때 대원이었던 장철수와 이덕영은 1998년 1월 24일 발해 뗏목탐험대를 조직하였다.

직의 일원으로 참여해왔으며, 또한 우릉성 스스로도 외적방위를 자임하여 왔던 것 같다.[88] 그러다가 현종 때에 이르러 여진의 침략에 따라 관계가 더욱 깊어졌다.

11세기 내내 여진 해적들은 극성스럽게 고려의 해안을 침범하여 막대한 피해를 입혔다. 동여진은 1005년에 등주(강원도 안변 일대)에 침입, 이어 1011년에는 100여 척의 배를 타고 경주까지 침범하였고, 다음해에도 경상도해안을 노략질하였다. 1015년(현종 6년)에 20여 척의 배로 침범하였고, 1019년(현종 10년)에도 해적선들이 고려를 침범하였다. 1018년(현종9년)에 울릉도가 동여진의 침략을 받아 항복하였을 때 고려 조정은 피난민을 우산국으로 돌려보내고 농기구와 물품을 전달하였다.

고려시대에 울릉도는 울진과 연관이 깊었다. 『고려사』에는 우산과 무릉을 울진현조에 배치하고 있다.[89] 울진현과 울릉도 양자의 관계는 주읍과 그 관할 속읍 및 향소부곡과 같은 관계로서, 주읍인 울진현의 '속도(屬島)'였다고 볼 수 있다(김호동). 이러한 상황 속에서 고려는 수군활동을 강화하고 병선을 건조하였으며, 해안방위체제를 더 건고히 하기 시작했다. 1007년에 여진 해적을 방어할 목적으로 고현성을 쌓았으며, 군대가 주둔하였다. 그 외에도 앞에서 언급하였듯이 해양방어체제들을 조직적으로 구축하였다. 또한 1008년(목종 11년)에는 과선(戈船)을 75척 만들었다. 해상전을 벌이면서 여진 해적들을 물리쳤다. 1050년에는 전함 23척을 이끌고 초자도의 여진 해적들을 공격하였으며, 1107년에는 육군과 협동작전으로 동북지방의 여진 본거지를 공격하였다. 고려는 곳곳에 수군기지를 두었는데 대표적인 곳은 원흥진(元興鎭, 함경남도 정평)과 진명진(鎭明鎭, 원산)으로서 선병도부서를 설치하였다. 그 외에 예하 부대로서 진(鎭)과 수(戍)에 수군을 두었다.

---

88 金潤坤, 「于山國과 신라 고려의 관계」, 『울릉도 독도의 종합적 연구』, 영남대학교 민족문화연구소, 1998, pp.41~42.
89 『고려사』 권58, 지12 지리3 동계 울진현.

동해남부에서도 울진은 울릉도와 깊은 연관이 있었다. 당연히 신라에서 고려를 거쳐 조선으로 이어졌을 것이다. 『세종실록지리지』 삼척도호부 울진현조에는 '우산(于山)과 무릉(武陵) 2섬이 현의 정동 쪽 바다 가운데에 있다. ……신라 때에 우산국(于山國), 또는 울릉도(鬱陵島)라 하였는데, 지방(地方)이 1백 리이다.……' 라고 하였다. 울진현에 속한 것을 알 수 있다. 조선시대 삼척도호부 관할 울진현에 울릉도·독도가 '속도(屬島)' 로 속해 있었다. 조선 후기에는 수토사들이 울릉도를 수토할 적에 삼척영장과 월송만호가 교대로 갔었다. 『만기요람』에는 역시 '울릉도는 울진에서 정동해중(正東海中)에 있고, 일본의 오키주(隱岐州)와 가까이 있고, 세 봉우리가 허공에 솟았는데, ……바람이 순풍이면 이틀이면 갈 수 있다.……' 라고 하여 울진과의 연관성을 표현하고 있다.

5. 결론

울진은 동해남부 해안에 위치한 일종의 항구도시이다. 동아지중해는 해양문화가 발달했으며, 국제관계에서 해양활동의 비중이 높았다. 하지만 동해는 상대적으로 역사의 중심부에서 비켜나 있었으며, 울진지역 또한 그러한 면이 있었다.

그러나 이미 선사시대부터 동해연근해 항로를 이용해서 남북 간의 교류가 이루어졌으며, 이는 한반도를 넘어서는 범위도 포함되었다. 그 후 고대국가시대에 들어와 고구려의 남진정책과 신라의 북진정책은 울진지역을 포함한 동해 중부, 남부 일대에서 이루어졌다. 따라서 울진은 고구려와 신라의 지방조직에 편입되었다. 이는 육지영토의 문제뿐만 아니라 항로의 확보를 둘러싼 해양영토의 문제까지 작용한 갈등의 소산이다. 울진은 동해 중부 이남에서 일본열도로 진출하는 항로의 거점이 되었으며, 특히 원양항해를 해야만 하는 고구려에게는 일본열도로 진출하는 데 효율적인 전략적 요충지였다. 울진 해역을 출항한 배들이 일본열도에 표류하는 지점을 보면 항로역할을 했음을 짐작할 수 있다. 그 후 고려시대와 조선시대를 거치면서 울진은 중요한 역할을 담당했는데, 특히 조선시대에는 울릉도와 연관하여 교류의 통로로서 비중 높은 역할을 하였다.

21세기에 들어서 해양의 중요성과 함께 동해가 가치있는 장으로 부각되고 있다. 특히 독도문제와 연관하여 울릉도의 위상을 파악하는 데 울진은 중요한 지표가 되고 있다.[90]

---

90 윤명철,『광개토태왕과 한고려의 꿈』, 삼성경제연구소, 2005.
　　　　,『장수왕 장보고 그들에게 길을 묻다』, 포럼, 2006
　　　　,「역사 현재 미래, 동해권의 설정」,『역사속의 동해, 미래속의 동해』, 이사부 우산국 복속 1500주년 기념 심포지움, 2008. 11. 26 등.

12 연해주 및 동해북부 항로에 대한 연구*

—고대를 중심으로—

1. 서 론

필자는 동아시아와 한민족의 역사를 이해할 목적으로 동아지중해(東亞地中海) 모델을 설정하고, 육지와 해양은 하나의 유기적인 시스템을 구성하였다는 '터이론'과 '해륙사관(海陸史觀)'을 주창해왔다.[1] 동해를 이해하는 일은 '연결과 공유'라는 해양질서의 기본 특성과 더불어 동아지중해 전체는 물론이고, 황해, 남해, 동중국해 등과 상호연관된 역사상을 이해하는 데 필요충분조건(必要充分條件)이다. 더욱이 근래에는 상대적으로 소외됐던 동해의 현실적인 가치가 재인식되면서 연구의 필요성이 증대되고 있다. 이러한 상황 속에서 동해의 역사상을 다양한 관점과 각도에서 연구하는 일은 역사학의 한 역할이라고 생각한다.

---

* 「연해주 및 동해북부 항로에 대한 연구」, 『이사부와 동해』, 창간호, 한국 이사부학회, 2010. 2.
1 필자는 처음에는 해양의 중요성을 인식하면서 한민족사를 해석하는 방법론으로 '해양사관'을 주창하였다. 윤명철, 「해양사관으로 본 고대국가의 발전과 종언—동아지중해 모델을 통해서—」, 『전국역사학대회』, 역사학회, 2003. 5 ; 「해양사관으로 본 한국고대사의 발전과 종언—동아지중해 모델을 통해서—」, 『한국사연구』, 한국사연구회, 2003. 12 ; 「한국 고대사 연구의 반성과 대안」, 『단군학 연구』 11, 단군학회, 2004. 9. 하지만 그 후 몇 편의 논문을 통해 설을 수정하면서 '해륙사관'으로 확장하고 주창하였다.

필자는 이러한 인식을 바탕으로 동해와 연관된 일련의 연구성과들을 발표해왔다. 1998년에 「발해의 해양활동과 동아시아의 질서재편」이라는 논문을 통해서 발해의 해양활동을 자연과학적인 지식들을 원용(援用)하면서 다양한 측면에서 본격적으로 규명하였으며, 2005년에는 「동해문화권의 설정 검토」라는 논문에서 해양을 매개로 삼은 문화의 생성과 교류에 주목하면서 이른바 '동해문화권'을 설정하였다. 물론 이러한 작업들을 전후해서 그와 연관된 공간이론, 해양이론, 문명이론 등을 발표해왔다. 본고는 이러한 작업의 연장선상에서 역사상 동해에서 활용되었던 항로를 세분화시켜 동해북부항로를 더 구체적으로 살펴보면서, 아울러 1998년 당시 가설로서 제시했던 '연해주 항로'의 사용 가능성을 검토해보고자 한다. 그 과정에서 연해주 지역이 우리민족의 고대문화와 깊은 연관을 맺었음을 확인하며, 동시에 동해북부와 타타르해협을 통해서 사할린, 홋카이도 지역 또한 활동영역이었음을 살펴보고자 한다. 그리고 동해 남부항로뿐만 아니라 일본열도로 항해하는 데 사용한 동해북부항로 또한 부분적으로는 울릉도 및 독도와 연관됐음을 살펴보고자 한다.

2. 역사공간의 이해 – '터와 다핵(多核, field & multi core) 이론'을 중심으로

우리 역사는 일민족사적(一民族史的)인 관점, 일문명사적(一文明史的)인 관점에서 보려는 시도와 노력이 필요하다. 그동안 각론적(各論的)으로 미시적(微視的)으로 분석하면서 본질을 이해하는 것에 비중을 두었지만 이제는 동시에 총체적(總體的)이고 거시적(巨視的)으로 파악하면서 상호보완해야 할 필요가 있다. 즉 거시와 미시를 포괄하는 전일적(全一的), 통일적(統一的)관점에서 파악할 필요가 있다.

그 가운데 하나는 하나의 공간, 동일한 공간, 유사한 공간, 관련성 깊은 공간은 지리(地理)·지형(地形)·생태(生態) 등 자연의 개념과 틀을 포괄해서 뛰어넘는 역사의 개념으로 보는 일이다. 우주의 모든 것은 '일체(一體)의 통일(統一)'이란 기본전제에서 시작되고 부분과 전체, 혹은 개체와 전체 사이에서 그 일체감을 완전하게 구현하면서 발전해 나간다. 마찬가지로 인간과 다른 존재물들과의 만남이며 결과물인 역사 또한 자기완결구조(自己完結構造)를 지닌다. 즉 역사를 자체의 생명력을 지닌 유기체(有機體)이면서, 모든 요소(要素)들과 관계(關係)의 통일체(統一體)로 보는 것이다. 이러한 성격을 지닌 역사공간에서는 비록 혈통과 언어 문화가 달라도, 또 중심부와의 거리가 멀거나, 국부적인 자연환경과 정치체제의 차이가 있어도 느슨한 하나의 '통일체(統一體)' 또는 '역사유기체(歷史有機體)'[2]를 이룰 수 있다. 예를 들면 고구려・부여・동예・옥저・백제・신라・가야・왜 등은 각각 다른 정치체들이며 역사적인 경험은 물론 자연환경에 차이가 있다 해도 통일체임이 분명하다.

필자는 이러한 역사공간을 전체이면서 부분인 터(場, field), 또 부분이면서 전체이기도 한 중핵(中核, 恒星)과 주변의 몇몇 소핵들인 행성들, 그들을 싸고도는 위성들이 있고(multi-core), 이 모든 핵들을 연결하는 중첩적인 선(線, line)들로 이루어졌다고 이해한다. 이러한 해석들을 '터와 다핵(field & multi core) 이론'이라고 넝명했다.[3] '터' 이론으로 고대 동아시아 문명을 이해하면 다른 관점에서 이해할 수 있다. 동아시아라는 역사의 '터'는 또한 기후라는 면에서는 온대와 아열대, 아한대가 섞여 있으며, 바다와

---

2 유기체라는 용어는 단순하게 기계적인 것에 대응하는 개념으로 이해할 수 있으나 필자의 의도는 다르다. 초유기체라는 용어도 병행하고 있으며, '생명체'라는 용어를 사용했던 글도 있었다.
3 이러한 이론의 대강은 윤명철, 『역사는 진보하는가』, 온누리, 1992, 12를 비롯한 몇몇 논문들이 있다. 「고조선 문화 해석을 위한 역사관의 모색」, 『북방 문화와 한국상고문화의 기원연구』, 단국대 북방문화연구소, 2009, 6, 27.
「해양사 연구의 방법론 검토와 제언」, 『해양문화학 학술대회』, 목포대학교 도서문화연구소, 2009, 10, 22. 보다 상세한 소개와 이론을 원용한 역사상의 실제적인 분석으로는 몇몇 연구가 있다. 윤명철, 『고구려는 우리의 미래다』, 고래실, 2004 ; 『장수왕 장보고 그들에게 길을 묻다』, 포럼, 2006 ; 「장보고를 통해서 본 경제특구의 역사적 교훈과 가능성」, 『경제특구』, 남덕우 편, 삼성경제연구소, 2003 ; 「동아시아의 해양공간에 관한 재인식과 활용 –동아지중해모델을 중심으로–」, 『동아시아 고대학』 14집, 동아시아 고대학회, 경인문화사, 2006, 12 기타.

평원, 초원, 사막, 대삼림과 강 등이 한군데에 있으면서 서로 작용하고 있으며, 생활양식과 종족들의 분포 정치체제는 이루 말할 수 없이 복합적이다. 이질적이고, 분절되었던 각 지역, 각국 혹은 여러 종족들의 문명 내지는 문화를 직접적이고 간접적으로 연결된 관계망(關係網) 속에서 파악한다. 동아시아를 통일적으로 이해하는 데 유효하다.[4] 이 터에서 형성된 문명은 북방(北方)문명, 중화(中華, 中國)문명, 그리고 동방(東方)문명으로 구분된다.[5]

우리는 지리적으로 동쪽의 동방문명권에 속하였다. 조선과 고구려, 발해는 동아시아의 동쪽에 해당하는 한반도와 평원 삼림지대, 그리고 초원과 해양을 자기의 역사 공간으로 삼았고, 만주와 한반도 중부이북, 그리고 바다, 즉 해류을 하나의 통일된 영역으로 인식하였고, 활동하였다. 종족적으로는 통상 우리가 알고 있는 중핵종족들 외에 부여의 지파인 두막루(豆莫婁)[6]는 물론이고, 선비(鮮卑)·오환(烏桓)·거란(契丹)을 비롯해, 거기서 갈라져 나온 실위(室韋)·해(奚)·고막해(庫莫奚)[7] 등도 혈연 및 문화적 연

---

[4] 그 외에도 중요한 면들이 있다. 과거에는 중국의 정치칠서 속에서 동아시아의 모든 역사를 춘추필법을 통해서 中國中心, 漢族中心으로 기술하고 평가하면서 재편했다. 자연스럽게 동아시아 세계가 사실과는 무관하게 1極中心 체제로 인식됐을 뿐 아니라, 독자성, 고유성을 지닌 다른 문화와 지역·민족의 위상이 약화되거나 부정됐다. 하지만 터 이론의 관점에서 해석하면 우선 동아시아문명의 '계통화 작업'에 용이하다. 큰 문명들뿐 아니라 정치력의 우열로 인하여 큰 문명 속에 흡수되어 뭉뚱그려지거나 흡수된 소문명을 복원하여 계통화시킬 수 있다. 각각 고유한 지역, 집단, 민족의 역사 또는 문화 등을 설정하면서 큰 범주 내에서의 位相을 찾아주고 능동적인 주체자로서 역할을 부여할 수 있다. 동아시아 문명이라는 거대하고 다양한 터에서는 동일하지 않으면서도 유사하고, 상호존중하고 교호하면서도 다른 독특한 소문화권들의 설정이 가능하다.

[5] 이러한 구분에 대한 방식과 내용에 대해서는 윤명철, 「고구려 문화형성에 작용한 자연환경의 검토- '터와 多核(field & multi-core)이론' 을 통해서」, 『한민족』 4호, 2008 ; 「고구려 수도의 해륙적 성격」, 『백산학보』 80, 2008 ; 「渤海 유역의 역사문화와 동아시아 세계의 이해 - '터(場, field) 이론' 의 적용을 통해서-」, 『동아시아 고대학』 17집, 2008 ; 「한민족 형성의 질적 비약단계로서의 고구려 역사」, 『한민족 연구』 제5호, 2008. 6. 30.

[6] 『北史』 권94, 열전 82 豆莫婁國, '豆莫婁國. 在勿吉 北千里, 舊北夫餘也.'

[7] 『魏書』, 『北史』 室韋에 '실위어는 고막해, 거란, 두막루와 같다'(語與 庫莫奚 契丹 豆莫婁國同)라고 했는데 거란어는 몽골어에 속한다. 그런데 북사에 奚는 宇文의 別種이라고 되어 있다.

관성이 깊은 존재로 수용할 필요가 있다.[8] 아울러 숙신(肅愼)·읍루(挹婁)·물길(勿吉)·말갈(靺鞨)로 시대에 따라 명칭이 변하는 말갈계 종족은 우리 역사의 일부분을 공동으로 구성한 존재로 인식할 필요가 있다.[9] 이들은 원(原)조선이나 고구려의 입장에서는 주변부인 위성의 위치에 있었지만 동방문명이 창조되는 데 간접적으로나마 자기역할을 한 존재이었다.

　이러한 성격을 지닌 동방문명권은 지리적인 관점에서는 대륙과 바다가 만나는 해륙적(海陸的) 환경의 지역이다. 구체적으로는 한반도를 중심축으로 일본열도의 사이에는 동해와 남해가 있고, 중국과의 사이에는 황해라는 내해(內海, inland sea)가 있다. 한반도의 남부와 일본열도의 서부, 그리고 중국의 남부지역(長江 이남을 통상 남부지역으로 한다)은 이른바 동중국해를 매개로 연결되고 있다. 그리고 현재 연해주 및 북방, 캄차카 등도 동해연안을 통해서 우리와 연결되고 있으며, 타타르해협을 통해서 두만강 유역 및 북부지역과 사할린, 홋카이도 또한 연결되고 있다. 즉 완벽하지는 않지만 비교적 지중해적 형태를 띠고 있다. 다국간 지중해해(多國間 地中海海, Multinational-Mediterranean-Sea)의 형태로서 모든 나라들을 연결시키고 있다.[10] 이러한 자연공간 속에서 대륙적(大陸的) 성격과 함께 해양적(海洋的) 특성을 가지고 있었고, 역사가 발전하는

8　후대 사료에 나타나는 다호르 등의 몽골계 여러 종족들은 언어, 풍습 등에서도 유사한 점이 많다.
9　그들의 주변부에 거주했거나 가지를 친 에벤키(鄂溫克), 오로춘(鄂倫春), 우디거(兀底改, 赫哲, 나나이) 등 군소종족 등 북방 퉁구스계, 流鬼 등 고아시아계통의 종족들 일부도 동일 또는 유사한 문명의 범주로 파악할 필요가 있다. 물론 이러한 인식은 구한 말의 신채호를 비롯한 전통역사학자들이 주장한 이후에 일제시대에 육당을 비롯한 학자들, 그 후 소위 재야 및 일부 역사학계에서 수용하였다. 근래에 소위 중국이 주장한 요하문명론(필자는 발해문명이라는 용어의 사용을 주장한다)의 결과로 다양한 양상을 띠어가고 있다. 부정적인 시각을 지녔던 강단주류사학에서 이러한 부분들을 어떻게 받아들일지는 주목의 대상이다. 高靑山 외, 『東北古文化』, 春風文藝出版社, 1988 ; 백산자료원 再刊, 1994 ; 方衍主 편, 『黑龍江少數民族簡史』, 中央民族學院出版社, 1993.
10　동아지중해의 자연환경에 대한 검토는 윤명철, 「海洋條件을 통해서 본 古代韓日 關係史의 理解」, 『日本學』 14, 동국대 일본학연구소, 1995 ;「黃海의 地中海的 性格研究」, 『韓中文化交流와 南方海路』, 국학자료원, 1997, 기타 논문 참고.

데에 큰 역할을 하였다. 이러한 인식과 사실을 바탕으로 필자는 '동아지중해(EastAsian-Mediterranean-Sea)'란 모델을 설정하여 제시하였다. 일본에서는 1970년대 동아시아론에 대한 논쟁이 벌어지더니 점차 해양과 동해(일본해)에 관심을 갖고 지중해라고 부르고 있다. 그러다가 1990년대 말에 와서 새삼 동아시아의 지중해적인 성격에 주목하고, 국가전략의 입장에서 바라보는 정치학자들뿐 아니라 일반 역사학자들도 이에 대한 연구를 시작했다.[11]

그 동아지중해의 한가운데에 있으면서 북으로는 육지와 직접 이어지고, 바다를 통해서 모든 지역들과 연결되는 지역에 우리의 역사활동 '터'가 있다. 역사공간은 모든 지역과 요소들이 활발하게 환류(環流)할 뿐만 아니라, 설사 중심부에서 멀리 떨어졌거나 한시적으로 역할이 미비했더라도 하나의 통일된 역사체의 일부분임은 분명하다. 따라서 우리 같은 지중해적 형태와 구조 속에서는 역사를 해양과 육지를 유기적인 시스템으로 파악하는 해륙사관(海陸史觀)으로 파악할 필요가 있다.

그럼에도 불구하고 우리 역사학은 육지역사에 비하여 바다의 역사를 소외시켜 왔으며, 특히 동만주(東滿洲) 및 연해주(沿海洲) 일대와 동해북부는 황해나 남해에 비하여 상대적으로 역사의 주변부로만 인식하였다. 동해와 연관된 역사터는 구체적으로 동쪽으로는 백두산에서 북으로 연해주와 이어지는 대삼림지대가 있고, 타타르해협을 넘어 사할린과 홋카이도, 그리고 동해 너머의 일본열도까지 확장된다. 선사시대부터

---

11 千田稔, 『海の古代史-東アジア地中海考-』, 角川書店, 2002. 그는 서문에서 1996~1998년까지 국제일본문화연구센터가 '동아시아지중해세계에 있어서의 문화권의 성립과정에 대해서' 라는 연구를 수행하고 그 보고서로서 이 책을 출판한다고 쓰고 있다. 그리고 그들의 동아지중해는 남지나해, 동지나해, 일본해, 황해, 발해를 가리키는 용어라고 규정하고 있다. 또한 이미 오래전부터 남방해양문화에 관하여 연구를 해 온 國分直一의 예로 들면서 그는 동아지중해를 4개의 지중해로 구성한다고 하면서 오호츠크해, 일본해, 동지나해, 남지나해라고 하였다. 뿐만 아니라 과거 필자가 사회과학적 논문에서 소개하고 우려를 표명한 적이 있지만 이러한 시각을 발전시켜 가와가쓰 헤이타이(川勝平太) '海洋聯邦論' 등의 정치이론으로 확장되고 있다.

활동의 무대가 되어 비록 여러 지역들 간의 교류에 긍정적인 역할을 담당하였으며, 독특한 문화를 창조하는 터의 역할도 하였다. 동해문화의 성격과 위치, 역할, 그리고 향후 의미에 대한 고찰은 매우 필요하다. 필자는 이를 '동해문화권'으로 설정한바 있다.[12]

동해문화권의 중요한 지역 가운데 하나이고, 그동안 소외되어 왔으며, 우리와 깊은 문화적·종족적 연관성을 지닌 지역은 연해주 일대이다. 동해북부와 타타르해협, 오호츠크해, 사할린 등을 동아시아 역사의 중요한 터로 보는 견해들이 있다. 특히 일본학자들은 근대 역사학의 초창기부터 이러한 인식은 지금도 지니고 있으며 심도 깊은 연구를 진행하고 있다.[13] 야스다 요시노리(安田喜憲)는 도리이 류조(鳥居龍藏)의 『東部シベリアの以前』에서 이를 인용하고 있다. 즉 일본인의 본거지, 일본문화의 고향으로 보여지는 것은 동부 시베리아에서 흑룡강 유역 연해주, 그리고 만주에 이어지는 일본해의 대안(對岸)이다. 그리고 이것에 조선을 잇고, 樺太(사할린) 북해도, 그리고 사도섬(佐渡嶋), 노토(能登)반도 등 일본해 일대의 지방을 일괄해서 볼 필요가 있다고 하였다. 그는 이러한 논리 속에서 나라림(졸참나무숲) 문화권을 소개하고, 시베리아로부터 일본해를 건너 직접 동북일본에 도달했을 가능성이 높다고 하였다. 또한 사사키 고메이(佐佐木高明)의 남방문화론, 에가미 나미오의 기마민족설까지 소개하면서 소위 '일본해문화권(日本海文化圈)'[14]에 대한 다각적인 연구의 필요성을 제기하고 있다.

---

12 윤명철, 「동해문화권의 설정 검토」, 『동아시아 역사상과 우리문화의 형성』, 민속원, 2005.
　이 논문에서 선사시대 이들 지역에서 이루어진 문화양상에 관한 일본학자들의 견해와 함께 연구성과를 소개했다.
13 安田喜憲, 「日本海をめぐる 歷史の胎動」, 『季刊考古學』15號, 雄山閣出版社, 1986, pp.14~16.
14 古廐忠夫 編, 『東北アジアの再發見』, 有信社, 1994, p.5에서 環日本海라는 개념은 일본이라고 하는 바다를 중심으로 하는 지향도 갖고 있지만, 그 외연은 어느 지역까지 포함하고 있느냐에 대해서는 각각의 의견이 있다. 현재 일본해로 출구가 없는 중국은 과거역사에 대한 비판 때문에 '환일본해'라는 호칭은 그다지 사용하고 않고, 다만 '동북아시아'라는 호칭을 사용하고 있다. 일본해라는 호칭은 1602년 마테오

3. 동해북부와 연해주의 해양환경 이해

　　필자가 설정한 동아지중해는 총 면적이 3,400,000km²이다. 동해는 남북 길이가 1700km, 동서 최대 너비는 1000여km, 면적이 107만km²로서 3분의 1을 차지하고 있다. 여기에는 우리의 인식이 못 미치는 타타르해협까지 포함한 것이다.[15] 그런데 필자가 제기한 해륙사관(海陸史觀)의 입장에서 해양역사상을 이해하고자 할 때는 해양환경 자체에 대한 이해는 물론이고, 육지와 연관시켜서 살펴보아야 한다. 따라서 육지환경과 해양환경을 유기적으로 검토하고, 그것들이 시스템 속에서 어떠한 연결고리를 갖고 운동하는가를 이해하고자 한다.[16] 먼저 동해의 연해(沿海)지역 또는 강해(江海)지역에 대한 자연환경을 검토하고자 한다. 만주 일대는 한반도 지역과는 다른 다양한 자연환경이다. 발해가 멸망한 이후에 우리의 역사터에서 멀어졌으므로 지리적인 이해가 부족할 뿐 아니라 반도사관의 영향으로 인하여 한반도의 자연환경과 유기적으로 작용하면서 역사를 이루어왔다는 인식에 소홀하다. 특히 연해주(沿海洲) 일대는 근대 이후에 러시아 영토로 편입된 관계로 우리의 지리적인 인식이 거의 미치지 못했다. 만주는 초원과 평원 그리고 삼림 등이 골고루 분포되어 있으면서 그 사이사이를 크고 작은

　　리치가 작성한 『坤輿萬國地圖』에서 포괄적으로 사용되었다. 그런데 일본해로 통일된 것은 근대 일본의 부국강병, 제국주의화와 아시아 침략의 과정과 궤를 같이하고 있는 것은 확실하다. 그는 일본해를 지중해 세계나 동아시아 세계로 부르는 것 같은 정치적·경제적 내지는 문화적으로 하나의 자기완결적인 지역을 상정하는 것은 곤란하다는 의견을 개진하고, p.8에서 동아시아 세계와 외연으로서 동북아시아라는 시점에서, 즉 동아시아의 서브시스템으로서 환일본해 지역을 보고 있다. 한편 일본열도에 있는 바다는 지중해와는 달리 교통로가 아니었고, 대륙으로부터 떨어져 있게 한 장벽이었다는 견해도 있다. 와쓰지 데쓰로우 저, 박건주 역, 『풍토와 인간』, 장승, 1993, pp.80~81.
15　이 타타르해협을 중국, 일본, 러시아 학자 및 일부 한국학자들이 역사 및 고고학 논문 등에서 일본해라고 표기하고 있다.
16　윤명철, 「천리장성의 구축 SYSTEM 및 해륙적 성격의 검토」, 『韓民族共同體』제16호, 사단법인 海外韓民族研究所, 2008 ; 「고구려 수도의 해륙적 성격」, 『백산학보』 80, 2008.

강들이 흘러가고 있다.[17]

본고와 관련해서 주목의 대상은 강이다. 일반적으로 강은 물자를 운반하는 데에 편리하고 수송량이 많기 때문에 물류망(物流網)으로서 절대적인 역할을 담당했다. 또한 큰 강의 주변에는 평지가 발달하여 농경에 적합한 토지를 쉽게 확보할 수 있으며, 하구로 내려갈수록 그 면적은 더 없이 넓어진다. 이런 이유 때문에 강을 따라 도시가 발원하고 점차 영토를 확장해 가는 양상을 보인다. 강은 군사적으로도 중요한 의미가 있었다. 기병

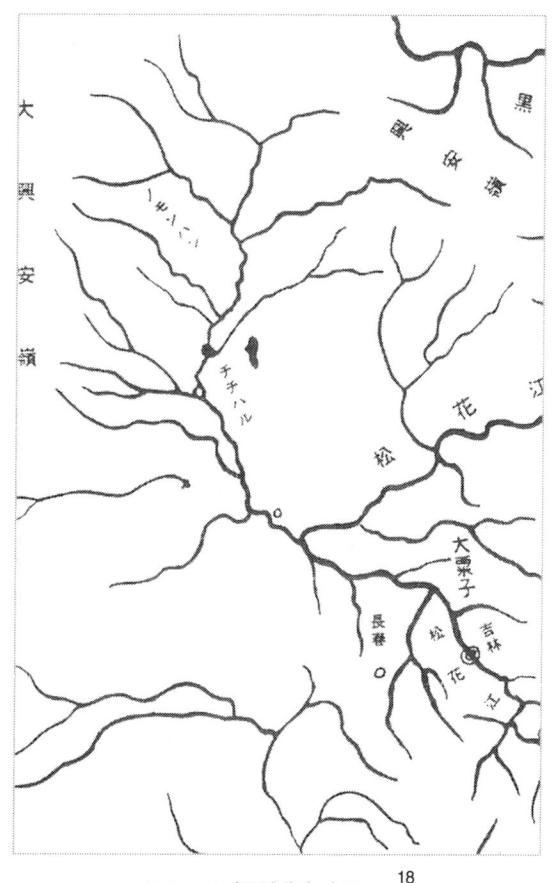

|그림 1| 만주일대의 강 분포도[18]

이 이동하는 데 필수적이고, 강상수군(江上水軍)이 활동할 수 있었다. 무엇보다도 강들은 내륙과 바다를 이어주어 해양활동을 활발하게 하는 데 필수적이다.

---

17 윤명철,「고구려 문화형성에 작용한 자연환경의 검토-터 이론을 통해서-」,『한민족 연구』4, 2007 등 참고.
18 이형석의 논문에서 재인용.

한국역사를 보면 소국들뿐만 아니라 대부분의 국가들이 강가의 나루나 바다와 만나는 하류의 포구(浦口)에서 건국했고,[19] 강을 최대한 활용하며 나라의 힘을 강하게 키우고 백성들을 잘살게 하는데 활용했다. 때문에 필자는 강과 바다가 만나는 접점에서 발전한 도시를 강해도시(江海都市) 라고 개념화시켰다.[20] 마찬가지로 연해(沿海)와 유사한 개념인 강해지역(江海地役) 또한 역사에서 매우 중요한 역할을 담당하였으며, 특히 연해주 일대나 동해안처럼 육지의 평원이 발달하지 못하고 산과 숲이 발달한 지역은 물류망을 비롯해서 바다와 연결된 교통망으로서 강의 중요성이 더욱 컸다.

가장 대표적인 강은 역사서에서 흑수(黑水) 등으로 기록된 흑룡강(黑龍江, 아무르강)이다. 시베리아 남동쪽과 중국 동북쪽의 국경을 흐르는 강으로서 전체 길이가 4,440km인 만주 일대에서 가장 길다. 홍안령(興安嶺)의 대삼림 사이를 거쳐서 내려오는 물길은 백두산에서 발원하여 북류하던 송화강(松花江)이 눈강(嫩江)과 만나 동쪽으로 선회하여 흐르다가 돈화현(敦化縣)에서 발원하여 북상한 목단강(牧丹江)과 만난 후 북상한 물길과 중류에서 만난다.[21] 이어 흥개호(興凱湖)에서 발원하여 북상한 우수리강과 만나 3강이 만나는 삼강(三江)평원을 이룬다. 이 지역은 농경에 적당하며, 전 지역에

---

19 필자는 이러한 소국들을 나루국가라고 명명하면서 삼한소국들은 물론 일본열도의 소국들 또한 그러하다고 아래 글들에서 발표하였다. 윤명철, 『동아지중해와 고대일본』, 청노루, 1996 및 윤명철, 「한반도 서남해안의 海洋歷史의 환경에 대한 검토」, 전주박물관죽막동 유적 학술회의, 1995.

20 윤명철, 「강해도시 김포시의 역사성과 21c가치 효용성」, 『김포 수로도시 국회 공청회』, 김포저널, 2006, 6. 기능적으로는 하항도시, 해항도시라는 용어를 사용해왔다. 윤명철, 「서산의 해항도시적인 성격 검토」, 『서산문화춘추』5집, 서산발전연구원, 2009, 12 ; 「경주의 해항도시적 성격에 대한 검토」, 『동아시아 고대학』20집, 2009, 12, 20 ; 「백제 수도 한성의 해양적 연관성 검토」, 『위례문화』11·12합본호, 하남문화원, 2009, 12.

21 『후한서』, 『삼국지』, 『진서』 등의 부여전에는 부여의 영토를 "夫餘 在長城之北 去玄菟千里 南與高句麗 東與 挹婁 西與鮮卑接 北有弱水 方可二千里"라고 하였다. 이때 약수는 송화강 또는 흑룡강이란 두 견해가 있다. 그런데 현 흑룡강성 북부의 자연지리적 조건과 농목문화라는 부여의 문화적 특성으로 보아 부여가 흑룡강까지 관련있을 가능성이 충분하다. 『삼국지』 부여전에는 여우·살쾡이·원숭이·담비가죽 등이 생산된다고 했다.

삼림이 울창하고 소택(沼澤)이 두루 퍼져있으며, 각종의 모피 및 물고기들이 생산되었다.[22] 흑룡강으로 모여든 만주 일대를 흐르는 대부분 강물은 현재 하바로프스크에서 다시 동북상하여 사할린 사이에 있는 타타르 해협의 북부해역과 오호츠크해로 흘러 들어간다. 흑룡강의 연안은 어업자원이 풍부해서 연어, 송어 고래 등의 어류들이 서식한다.[23]

러시아와 중국이 공유하는 홍개호(興凱湖) 주변에는 쌀과 대두(大豆)를 기르고, 포도도 재배했다. 북위 50도 이남은 졸참나무 혼합림대가 넓게 퍼져있었는데,[24] 신석기시대에는 호도나 도토리 등의 견과류를 식량으로 할 수 있었다. 우수리강 유역에는 산간곡지가 조금 있으며,[25] 전체적으로는 산지가 발달하여 소나무, 자작나무, 백양나무 등 각종 침엽수들이 삼림을 이루고 있었다. 고대사회에서 중요한 무역품인 질 좋은 목재가 풍부했고, 약재와 꿀·버섯·산삼 등 식용작물도 산출되었다. 초피 등 짐승들의 가죽은 귀중하고 비싼 사치품으로 취급되었다.

연해주 남부는 바깥으로는 동해에 마주하고, 내부는 산세가 험준하며 삼림이 무성하며 쑥(萬草) 등이 생산됐다. 수분하(綏芬河)는 길림성의 왕청현경(汪淸縣境)에서 발원하여 동녕현(東寧縣)을 경유해서 러시아 국경 내부로 들어가고 러시아의 블라디보스토크 부근에서 동해로 들어간다. 주요한 지류는 호포도하(瑚布圖河)이다. 신석기시대의 유적은 주로 호수(湖泊)부근 및 강 양쪽 언덕의 대지상에 분포되어 있다.[26] 한반도와 연

---

22 王承禮 저, 송기호 역, 『발해의 역사』, 한림대학 아시아문화연구소, 1988, p.103.
23 加藤晋平, 「東北アジアの自然と人類史」, 『東北アジアの民族と歷史』(三上次男·神田信夫 編), 山川出版社, 1992, pp.9~10 참조.
24 동아시아 삼림대에서 특징적인 농경문화 유형을 인지해서 'ナラ林文化'로 명명한 사람은 中尾佐助이다. 이 문화는 기원전 3000년경부터 500년 정도까지 있었다. 이 문화는 대륙동부에서 도래하여 순무나 W형 대맥등으로 대표되는 북방계의 주용한 작물군을 받아들인 농경문화라고 생각된다. 松山利夫, 「ナラ林の文化」, 『季刊考古學』15호, 雄山閣出版社, 1986, p.43.
25 王承禮 저, 송기호 역, 앞의 책, p.106.
26 趙賓福 저, 崔茂藏 역, 『中國東北新石器文化』, 集文堂, 1996, p.209

해주 남부를 형식적으로 구분하는 두만강은 수심이 불규칙하며 수량이 부족할 뿐 아니라 중간이 길고 수로가 험악하여 해양과의 접근성이 좋지 않다. 하구에는 고구려의 책성(柵城)으로 추정되는 혼춘(琿春)지역이 있는데, 분지가 발달하여 농경이 이루어졌다. 비록 강 하구의 안쪽으로 들어와 있지만 해양으로 진출하는 전진기지이다.

이러한 육지환경과 상호작용하는 동해의 해양환경은 어떠했을까? 현재 동해의 해안선은 약 8000년경부터 4000년경 사이에 형성되었다.[27] 6000~4000년 전에는 현재보다 온난한 기후였으므로 수면이 4~5m 높다는 주장도 있다. 해안선이 단조롭고, 서쪽으로 해발 1000m 이상의 태백산맥 능선이 발달해서 일반적인 해안지형과는 다르다. 특히 평지가 부족해서 농경이 발달하지 않았고, 인구가 집중되지 못했다. 또한 대륙붕이 짧아 수심이 갑자기 깊어진다. 섬들이 적고 원양에 노출되어 있으므로 파도의 영향이 커서 무동력으로 항해하기에 불편하다. 또한 조석 간만의 차이가 거의 없어 어장이나 인간이 거주하는 생활영역이 적고, 이를 이용하는 해상세력도 크게 존재하지 않는다. 이러한 해양환경으로 인하여 일부지역을 제외하고는 거주에 아주 적합한 환경은 아니었다.

해양문화의 복잡한 성격과 구조를 규정하는 데 중요하고 1차적인 요소는 해양 그 자체의 자연적 성격이다. 역사적 활동에 상당한 영향력을 행사하기 때문이다. 항해에 영향을 끼치는 기본적인 자연환경에는 해류와 조류, 바람이 있다. 해류의 흐름은 항해술이나 조선술 등 인간의 의지 혹은 문화발전과는 관련 없이 인간과 문화를 일정한 장소에서 일정한 장소로 이동시켜 준다. 동아시아의 해양은 쿠로시오(黑潮)의 범위대에 속한다. 쿠로시오는 중국연안에서 일본전역에 걸쳐 중요한 영향을 미치면서 일본 외해(外海)에서 북태평양을 동방(東方)으로 흘러가는 난류계(暖流系)의 해류이다. 대한난

---

27 박용안 외 25인, 「우리나라 현세 해수면 변동」, 『한국의 제4기 환경』, 서울대학교 출판부, 2001, pp.117~155.

류는 쓰시마를 가운데에 두고 동수도(東水道)와 서수도(西水道)로 나뉜다. 양쪽의 협수도를 통과하면서 해류는 북북동으로 1노트 미만의 속력으로 흘러 올라간다.

동수도를 통과한 해류는 북동방향으로 흐르면서 일본 서안을 끼고 올라간다. 이 해류의 유속은 계절과 지역에 따라 약간의 차이가 있으나 평균 1kn 내외이며 물의 방향은 항상 북동으로 향하고 있다. 한편 리만해류가 있다. 연해주해류라고도 부르는데, 타타르해협의 북단에서 남으로 내려오다가 3개 해류로 갈라지는데, 사할린 남단까지 흐르는 흐름

| 그림 2 | 동아시아 해류도

을 리만해류라고 부르며, 다른 하나는 일종의 회류(回流)로서 일본열도 쪽으로 가는 것을 연해주해류, 그리고 계속 남진해서 동해안을 따라 내려오는 북한해류가 있다. 겨울과 여름에 따라서 남하위치에 차이가 있다. 이 해류는 서남쪽에서 북상해온 대한난류와 동해의 중남부 해상에서 만나 원산의 외해(外海)와 울릉도(鬱陵島) 부근에 이르러 그 일부는 방향을 동으로 움직여 횡단하다가 올라간다. 노토반도(能登半島)의 외해에서 대마해류의 주류와 합류한다.[28] 조류도 상당한 영향을 끼치지만 동해는 황해나 남해에

비하여 미미하다.[29] 동아시아는 계절풍으로 인하여 해류의 방향이 영향을 받는다. 조난사고의 대부분은 조류의 흐름을 잘못 관측했거나, 바람의 영향으로 표면수의 방향이 바뀌어 선박이 밀려가기 때문이다.

계절풍도(季節風圖)[30]에서 보듯이 여름에는 풍력(風力)이 약하고 남풍계열의 바람이 분다. 동남풍은 4월 중순에 시작하여, 8월에 들어서면 제일 강성하며, 9월 이후에는 쇠퇴하기 시작한다. 반면에 서북풍이 주풍(主風)인 북풍계열의 바람은 9월 하순부터 시작하여 11월에 최강이 되고, 다음해 3월까지 계속된다. 이러한 해양환경을 지닌 동아지중해는 몇 가지 특성을 지니고 있다. 남풍계열의 바람은 일본열도에서 한반도로의 교류를, 북풍계열의 바람은 한반도에서 일본열도의 남부와 서부해안과의 교섭을 가능하게 한다.[31]

주로 겨울철에 동해연안을 내려오는 남류(南流)에 편승하여 연안수(沿岸水)의 영향, 지역조류(地域潮流)의 도움을 받아서 북동계열의 바람을 활용하면서 항해를 한다. 돌아올 때는 반대가 된다. 발해(渤海)항로는 특히 바람의 영향을 많이 받았다. 후술하겠지만 근해항해(近海航海) 및 원양항해(遠洋航海)를 주로 하였고 해류의 기본방향도 항해하기에 큰도움을 주지 못했다. 출발지도 한계가 있었고, 본해구역도 고구려보다 더 제한적이어서 바람의 영향이 거의 절대적이었다. 그들은 남향하는 한류를 타야 하지만 무엇보다도 북풍 내지 북서풍계열의 바람을 이용해야 했기 때문이다. 특히 동해와 관련

---

28 『근해항로지』, 대한민국 水路局, 1973, p.46.
29 『근해항로지』, 대한민국 水路局, 1973, p.1.
30 이 도표는 茂在寅南의 『古代日本の航海術』, 小學館, 1981, pp.96~97. 茂在寅男, 「遣唐史槪觀」, (『遣唐史と史料』東海大學出版部), 1989, pp.34~39 참조 및 荒竹淸光, 「古代 環東シナ海 文化圈 と對馬海流」, 『東アジアの 古代文化』29호, 大和書房, 1981, p.91 참조 .
31 윤명철, 「海洋條件을 통해서 본 古代韓日 關係史의 理解」, 『日本學』15, 동국대 일본학연구소, 1995, 「渤海의 海洋活動과 동아시아의 秩序再編」, 『고구려연구』6, 학연문화사, 1988 등에 도표 등이 자세하게 나와 있다.

하여 『발해사 본해시기 도표』를 보면 발해인들은 일본에 갈 때는 늦가을부터 초봄에 걸쳐 부는 북풍계열의 바람을 이용하였다. 동해의 계절풍은 북서-북으로서 발해사가 방일하는 데는 거의 순풍이다. 귀환할 때에는 늦봄부터 여름에 걸쳐 부는 남동풍계열을 이용하였다.

인간은 다양한 목적을 실현할 목적으로 다양한 항법을 활용하여 항해를 하였는데, 문화와 직결된 것은 항로이다. 자연환경에 철저히 의존해야 하는 선사시대나 고대에는 항로가 비교적 일정하기 때문에 국가적인 접촉과 교류는 일정한 장소(場所)에서, 일정한 시기(時期)에, 그것도 일정한 형태로 이루어지는 경향이 있다. 이러한 현상은 해조류의 흐름과 계절풍의 영향 때문에 생긴 항로 때문이다. 고대 역사를 보면 한반도 내에서 몇몇 알려진 특정한 곳을 중심으로 외래문화들을 받아들이고, 꼭 지정된 지역에서만 외국으로 출발할 수 있는 것은 이러한 해양적 조건에 영향을 받은 때문이다.[32] 좀 더 구체적으로 동해북부 및 연해주 항로와 관련하여 동해의 역사상을 이해하고자 한다.

4. 동해북부 항로-고대 역사상과 연관하여

본고에서는 동해북부 해역에서 문화접촉과 교류에 사용된 항로를 3부분으로 유형화하였다. 첫 번째로 동해의 우리쪽 해안을 남북으로 항해하는 연근해항로를 설정하였다.

두 번째로 연해주 항로(또는 타타르 항로라고 부를 수도 있다. 육지적인 관점에서는 연해주

---

32 필자가 『동아지중해와 고대일본』, 청노루, 1996. 이후 지적한 해양문화의 독특한 메커니즘은 고대역사상, 특히 고대 한일관계사를 이해하는 데 매우 중요한 요소이나 주목하지 않거나 간과하고 있다.

라는 용어가 적합하며, 해양적 관점에서는 타타르(Tatar-strait)라는 용어가 적합하다. 다만 타타르라는 용어와 개념에 대한 우리의 인식이 미흡한 관계로 우선 연해주 항로라는 용어를 사용한다)는 기존의 분류 그대로 연해주의 해안에서 타타르해협을 항해하여 일본열도의 홋카이도 북부와 사할린지역으로 도착하는 항로이다. 세 번째로 동해북부 항로에는 기존의 동해북부 횡단 항로, 동해북부 사단 항로, 동해종단 항로를 포함하였다. 동해남부 횡단 항로와 동해중부 횡단 항로를 포함하여 동해남부 횡단 항로는 다음 작업으로 미루고자 한다.

1) 동해 남북연근해 항로

이 항로는 연안 항해 혹은 근해 항해를 통해서 동해의 연안을 남북으로 오고가는 항로이다. 항구거점지역은 북으로 흑룡강 하구가 만나는 연해주의 북부 해안 일대에서 남부 해안, 두만강 하구, 동해의 북부와 중부 해역을 거쳐 남해의 여러 지역과 이어지는 항로이다.[33]

이 항로는 선사시대부터 사용됐을 것이다. 함경도 해안에 서포항(西浦港) 패총유적지가 있다. 1947년 두만강 하구에서 서편으로 약 30km 떨어진 해안의 구릉에서 발견되었다. 이 유적은 구석기시대, 신석기시대, 청동기시대의 문화층이 함께 있다. 신석기 1기층은 기원전 5000년 기 말~4000년기 초로 추정되는데, 토기는 시문의 수법이 오산리(鰲山里)의 압날문(押捺文)과 똑같다. 동해북부 해안의 먼 거리에서도 교류가 있었음을 시사한다. 괭이 · 화살촉 · 칼 · 긁개 · 어망추 · 망치 등의 석기, 창 · 작살 · 칼 · 장신구 등의 골기, 고래뼈로 만든 노도 발견되었다. 이는 그들이 해양활동 즉 어

---

33 연해주 일대에서 선사시대부터 역사활동이 있었으며, 해양과 직접 · 간접으로 관계를 맺었을 것이다. 하지만 그 역사와 문화유적들이 우리 문화와 해양을 매개로 어떻게 연결될 수 있는지에 대해서는 아직 살펴볼 수가 없다.

업에 활발하게 종사했음을 알려준다. 이곳의 제3기, 4기의 토기가 연해주나 흑룡강성 지역까지 넓게 분포된 것은 확실하고, 흑룡강(黑龍江) 중류와 깊은 관련이 있다고 한다. 그렇다면 이 또한 육로, 강, 해안을 통한 교류의 흔적이라고 볼 수 있다. 두만강 유역에서는 일찍부터 토착문화가 발달하면서 지역 독자의 고대문화가 발달하였다. '북한 역사학계를 중심으로 두만강유역 및 함경남도를 중심으로 강원도 북부와 함경남도 남부에 걸치는 신석기~청동기시대의 유적들이 조사 보고되었다. 이들 유적에서는 세형동검(細形銅劍) 및 청동과(靑銅戈)가 출토하였다. 특히 회령(會寧) 오동(五洞)에서는 우리나라에서 가장 이른 시기로 비정되는 철기(鐵器)유적이 조사되는 등 일찍부터 함경북도 북부 해안지대 및 연해주 남부지역을 포괄하는 문화가 존재했고, 그것을 옥저(沃沮)와 관련시키는 연구가 있었다.'[34] 두만강과 가까운 연해주 지역 이즈웨스또프까에서도 일찍이 세형동검이 출토하였다.[35] 이 시대에 해안을 이동하면서 문화를 영위하고 전파하는 주민들이 있었던 것이다. 또 두만강 유역에서는 청동기 시대에서 초기 철기시대에 이르는 시기의 생활 유적이 많이 조사되었다.[36]

서포항의 남쪽인 동해북부에는 양양군의 오산리(鰲山里)유적이 있는데, 기원전 6000년~4500년 사이의 것이다. 발견된 융기문토기는 중국 흑룡강성과 일본 규슈지방에서 출토되는 유물과 일치하는데 요동반도 지역, 압록강, 두만강 지역의 신석기 문화와 관련있는 것으로 나타난다. 다량으로 출토된 결합식조침(結合式釣針)은 부산의 동삼동, 상노대도 등의 유적지에서도 발견되었다.[37] 발견된 흑요석제 석기는 성분분석을 통해 백두산이 원산지임이 밝혀졌다.[38] 정징원과 소원철은 융기문토기가 노보페트로

---

34 송호정, 「두만강 유역의 고대문화와 정치집단의 성장」, 『호서사학』제50집, p.28~29 참조.
35 姜仁旭·千羨幸, 「러시아 沿海州 세형동검 관계유적의 고찰」, 『韓國上古史學報』제42호, 2003, pp.1~34. 송호정, 위 논문에서 재인용.
36 송호정, 위 논문, p.29.
37 任孝宰, 「신석기 시대의 한일문화교류」, 『한국사론』16, 1986, p.17·21.

브카 유적을 위시한 동북지역에서 시작하여 오산리를 거쳐 남해안 및 규슈지역으로 퍼져 나갔을 것이라는 견해를 피력하였다.[39] 가장 길고 확실한 동해안 남북연근해항로를 사용한 증거이다. 속초시에 조양동유적이 있다. 제2호 집자리에서는 어망추가 발견되었고, 강릉 등 동해중부 해안가에서는 패총유적들도 많이 발견되었다. 청동기시대에 들어와 무문토기도 동해안을 따라 확산정착된 것으로 나타난다.[40]

연근해항로를 이용한 동해권의 전파로와 관련하여 중요한 것은 암각화이다. 경상북도 영일만 지역의 칠포리, 경상남도 울주군 대곡리의 반구대(盤龜臺) 암각화 등이 있다. 이 암각화들과 연관하여 다양한 견해들이 있지만, 전파론의 입장에서 통설을 정리하면 다음과 같다. 즉 시베리아의 미누신스크, 예니세이강, 아스키스, 아무르강 유역과 우리나라의 함북웅기, 강원도 양양의 오산리, 경남 울주군 대곡리 반구대(盤龜臺), 천전리, 부산 동삼동과 일본 규슈지방까지 연결되는 하나의 분포대로 규정하고 있다.[41]

반구대 벽화가 북방문화에 기원을 두고 있다면 이런 길을 상정할 수 있다. 출발지인 내륙에서 흑룡강을 따라 내려오다가 연해주 북부 및 남부 일대나 두만강하구를 최종 출발항구로 삼고 연근해항해를 한다. 리만한류와 북풍계열을 이용하여 남항하다가 항구조건 혹은 어업과 관련하여 중간 중간에 정착을 한다.[42] 어쩌면 일부는 해로를 이용하여 남해안의 일부지역에 영향을 주었을 가능성도 있고, 일본열도로 건너갔을 것이다.[43] 반구대에는 고래와 작살에 꽂힌 고래[44] 등 물고기들이 있고, 곤돌라형의 선

---

38 임효재, 「중부 동해안과 동북 지역의 신석기 문화 관련성 연구」, 『한국고고학보』 26집, 1991, p.45.
39 임효재, 위 논문, p.48.
40 江原道, 『江原道史』(歷史編), 1995, p.220.
41 송화섭, 「한국 암각화의 신앙의례」, 『한국의 암각화』, 한길사, 1996, p.264.
42 일종의 江海루트이다. 이 용어는 주채혁이 우리문화의 기원을 시베리아와 연결시키는 과정에서 설정한 용어이다.

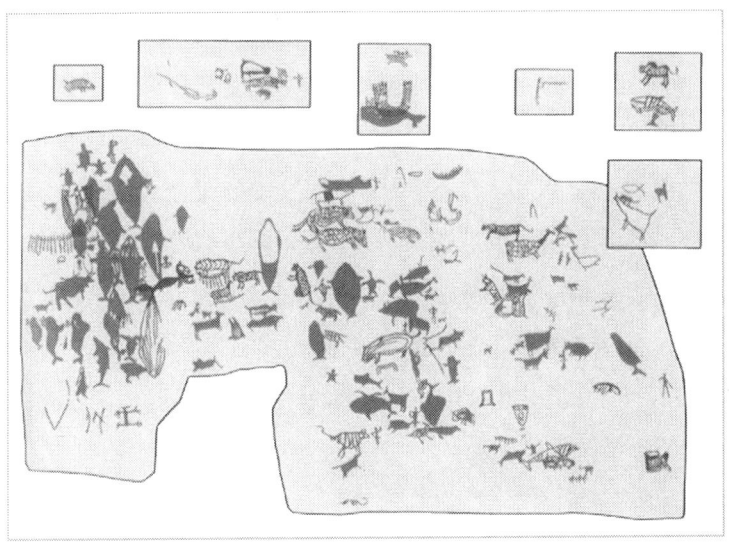

| 그림 3 | 반구대 암각화

문(船文)⁴⁵이 있는 것을 보면 어업이 성행했음을 알 수 있다.

당시 사람들은 자연환경에 의지하였으므로, 그 정도의 항해술에 적합한 교통수단을 활용하였을 것이다. 초기에는 뗏목이나 통나무배(丸木舟·獨木舟)를 상정할 수 있고, 그 후에는 어느 정도 발달된 범선이었을 것이다. 서포항(西浦港) 유적지 4기층에서 발견된 고래뼈로 만든 노는 기원전 4000년기 후반으로 추정된다.⁴⁶ 강원도 해안에서 근래까지 사용된 매생이 등이나 두만강에서 사용된 통나무배들, 흑룡강 중하류에서 나

---

43 윤명철, 「영일만 지역의 해양환경과 암각화의 길의 관련성 검토」, 『포항 칠포리 암각화의 세계』, 한국암각화 학회, 2005, 5 참고.
44 아무르강유역에서 특별하게 외경하는 것은 熊과 虎와 鯱(범고래)이다.
45 國分直一, 「古代東海の海上交通と船」, 『東アジアの古代文化』29호, 大和書房, 1981, p.37 참조.
   金元龍, 「蔚州盤龜臺 岩刻畵에 대하여」
46 이 서포항 유적지의 편년에 대해서는 대체로 의견이 일치되고 있다. 특히 임효재의 경우는 김용간의 초기 견해를 수용하고 있다.

나이족 등이 사용한 카누형 배들은 그 무렵에도 이용됐을 것이다. 동만주 일대 혹은 연해주지역에서 발달한 문화가 남북연근해항로를 이용해서 남으로 내려왔을 가능성은 역사시대에 들어오면서 더욱 커졌다. 특히 우리 고대역사와 연관해서는 연안항로를 이용한 이주현상들이 있었으며, 군사작전도 실시되었을 것이다.

선사시대부터 고대에 이르기까지 동해안 문화의 몇몇 발상지와 그 연관관계를 살펴보면 해양과 불가분의 관계를 맺고 있음을 알 수 있다. 큰 산과 바다에 끼어 해안가의 면적이 좁아 농경에 적합하지 않고, 해안선이 직선에 가까운데다가, 수심이 깊고 온도가 차며, 파도가 거칠어 정박하기에 적합한 항구가 부족하고, 원거리 대양항해도 힘들었다. 반면에 조류의 영향력이 약하고 중간중간에 연안항해를 방해할 섬들이 적으므로 남북으로 이어지는 연안항해가 상대적으로 용이했다. 이렇게 연근해 항로를 이용하면서 징검다리식으로 곳곳에 거점을 삼고 문화를 발전시켰다.

2) 연해주 항로

이 항로는 북으로는 아무르강(黑龍江)의 하구인 니콜라에프부터 하바로브스크와 비교적 가까운 항구인 그로세비치, 사마르가(강과 만나는 지역), 그리고 남으로는 블라디보스토크 등에 이르는 연해주(沿海洲)지역에서 출발하여 타타르 해협을 도항한 다음에 사할린(高項島)의 최북단인 오카, 사카린, 오를보, 코름스크, 그리고 홋카이도(北海道)의 와카나이(海內), 오타루(小樽) 등 남단에 이르는 장소로 도착하는 항로이다.

연해주북부 해안인 소베츠카야가반에서 건너편인 사할린의 오롤보까지는 불과 150km에 불과하고, 연해주의 가장 북부지역에서는 간격이 2.5km에 불과하다.[47] 선사시대의 주민들도 간단한 노를 저어서 도해가 가능하다. 겨울인 12월에서 4월까지는

---

47 그 외 6.4km설, 7km 설 등이 있지만 10km 미만인 것에는 일치하고 있다.

얼음이 얼어서 걸어서 건너갈 수 있다. 더구나 연해주 동부에는 2,077m의 시호테알린 산맥이 북에서 남으로 뻗어있다. 사할린은 의외로 큰 섬이어서 남·북간에 거리가 966km이며, 동서도 40~153km에 달한다. 또한 중간에 최고봉인 1609m인 산맥이 남북으로 길게 뻗어있어서 항법상으로 도착하기에 용이한 곳이다. 바다 한가운데 어디서도 사방을 바라보면서 지문항해를 할 수 있다.

$$K(해리)=2.078(\sqrt{H}+\sqrt{h})^{48}$$

**H=목표물의 최고 높이

h=관측자의 눈높이 (10m)

높이	거리	
	해리	km
2077(연해주 산높이)	101	186
1609(사할린 산높이)	89	165

연해주 남부항로도 있다. 이 항로는 포시에트만(크라스키노), 블라디보스토크, 그 위의 연해주 남부의 몇몇 연안에서 타타르 해협을 건너 사할린 남부 또는 홋카이도까지는 항해가 가능하다. 그런데 이 항로는 북서풍이 불어오는 겨울이 아니라 봄·여름에 사용하는 항로라는 데 주목할 필요가 있다. 봄·여름에 남풍계열의 바람을 이용하면 쉽게 북상할 수 있다. 6·7·8월에는 편남풍이 분다. 이 시기는 천기(天氣)도 매우 좋아 항해에 유리하다.[49] 날씨도 따뜻하고 바람도 세지 않아 해상상태도 상대적으로 안정되어 있다. 그 지역의 해류는 북에서 남류하고 있는데 홋카이도 남부나 일본열도의 동북지방인 경우에는 이것을 활용하면 거의 직선거리로 접근할 수가 있다. 특히 블라디보스토크와 홋카이도의 오타루(小樽)는 동일한 위도상에 있어 지리적으로 매우 조

---

48 바트 T. 보크·프란시스 W. 라이트, 『기본항해학』, 대한교과서 주식회사, 1974, p.26.
49 『근해항로지』, 대한민국 水路局, 1973, p.22.

건이 좋다. 이렇게 연해주 남부항로는 바다를 단거리로 건너서 사할린 또는 홋카이도에 상륙하거나, 또는 육지 가까이에 접근한 후에 연안항해를 통해서 데와(出羽: 혼슈의 북부인 현재 아키타현 지역)지역에 도착할 수 있다.

대륙과 사할린(高項島)은 선사시대부터 교섭이 있었다고 한다. 일본열도의 조몬도기(繩紋陶器)와 대륙의 조몬도기는 문화의 연원이 유사하며,[50] 홋카이도를 포함하여 동북 일본의 선사문화는 대륙의 동부와 밀접한 관계를 생각할 수 있는 요소가 적지 않다. 조몬 전기에 있었던 석도촉문화의 유적은 삿포로(札幌)의 저지대부터 동에 분포하고 있는데, 그 수는 80곳을 헤아린다. 이곳에는 수혈주거, 석도촉, 석부, 움푹팬 돌, 돌접시, 돌어망추 등의 석기, 컵형의 기형을 가진 토기들이 있는데, 아무르강 중류의 노뵈페토로프카 문화가 일치하고 있다.[51] 석도촉은 북아시아의 각지에서 거의 8000년경에 출현했다.[52] 에가미 나미오(江上波夫)는 동북아시아의 세석기문화가 홋카이도, 혼슈로 전래하였고, 더욱이 특이한 석도촉이 홋카이도로 전파되었다고 주장하였다.[53] 역시 연해주 남부항로와 관련이 있다. 이렇게 시작된 교류는 선사시대 이후에도 끊임없이 계속되었을 것이다.

그러면 이 연해주 항로를 이용해서 양 지역을 오고간 사람들은 누구였을까? 즉 연해주 해안일대에 거주하던 주민과 사할린 지역에 거주하던 주민은 어떤 종족이었을까?

고대 초기에 연해주 일대에서 해양과 연관하여 활동을 벌인 주체는 읍루로 추정된다. 읍루(挹婁)·물길(勿吉)·말갈(靺鞨) 등은 종족성분, 위치, 활동 시대 등에 대해서 다양한 견해들이 있다. 하지만 이들이 대체적으로 유사한 종족이며 시대에 따라 다르

---

50 王健群,「古代日本北方海路的形成和發展」,『博物館研究』55期, 3期, 1996, pp.51~52 ; 江上波夫,「古代日本の對外關係」,『古代日本の國際化』, 朝日新聞社, 1990, pp.52~53.
51 松山利夫,「ナラ林の文化」,『季刊考古學』15호, 雄山閣出版社, 1986년, p.45.
52 大林太良,「北方の民族と文化」, 山川出版社, 1991, p.8.
53 江上波夫,「古代日本の對外關係」,『古代日本の國際化』, 朝日新聞社國際 심포지움, 1990, p.52.

| 그림 4 | 시인거리를 계산하면 다음 같은 도형이 나타난다. 점선 부분은 시인이 가능한 범주이다. 이 사선의 해역에서는 어디서나 육지를 바라보면서 항해할 수 있다. 연해주 남부 해역에서 동해남부까지 이러한 범주 내에서는 큰 무리없이 항해가 가능하다.

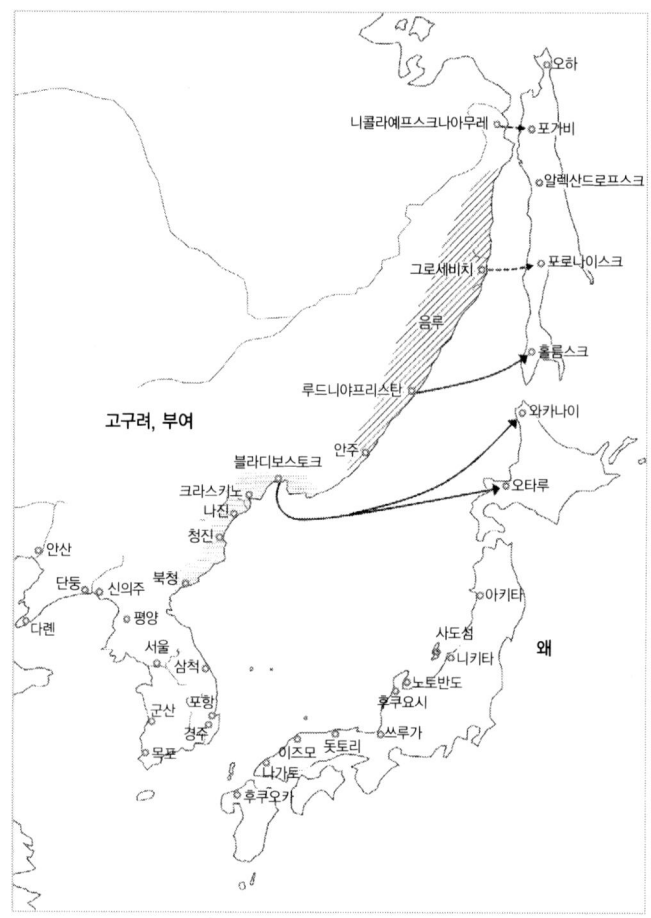

| 그림 5 | 연해주 항로도(북부, 남부)

게 불렸다는 것이 통설이다.[54] 물론 주된 활동반경에 대해서는 견해 차이가 있다.[55]

『후한서』 동이전에는 '읍루는 옛 숙신국(肅愼國) 땅이다. 남으로는 북옥저(北沃沮)와 접해있다'고 하였다. 이는 3~4세기 전후의 상황을 말하는데, 여러 가지 상황을 고려한다면 연해주 일대로 보여진다. 동일한 상황을 기록한『신당서』에는 '흑수(黑水)말갈은 숙신땅에 있는데 이것은 또 읍루라고도 했다. 원위(元魏) 때는 물길(勿吉)로도 불리었다.……동쪽은 바다에 닿아있고…….'[56] 『삼국지』 동이전에 따르면 그들은 오곡농사를 짓고, 우마(牛馬)를 키우며, 마포(麻布)도 사용했다고 한다. 바다에서 물고기도 사냥하였으며 조선술도 뛰어나[57] 배를 타고 다니면서 노략질을 하였다[58]라고 하였다. 『진서』 동이전에는 숙신씨는 일명 읍루, 읍루는 부여의 동북 1천여 리에 있고 바다를 접하고 있으며, 남으로는 북옥저와 닿고, 북으로는 그 끝이 어디까지 인지 알 수 없다. 이러한 기록들을 고려하면 읍루는 연해주 남부에서 북부에 걸쳐 있었던 것으로 추정된다. 여기서 중요한 것은『삼국지』 동이전 읍루조의 기록처럼 읍루가 한(漢)대 이래로 부여(夫餘)에 신속(臣屬)되었다는 사실이다. 그렇다면 부여는 고구려와 마찬가지로 간접적으로 연해주의 해양문화와 연결되었던 것이다.[59] 읍루는 흑룡강(아무르)하류 지역을 포함하고 있으며, 서는 우스리스크의 서쪽, 남은 길림성 연변 조선족 자치구를 포

---

54 말갈의 종족계통을 숙신(先秦)-읍루(漢)-勿吉(南北朝, 隋 唐)-말갈(수당)로 보는 것은 일반적이다.
55 이 부분에 대해서는 韓圭哲, 「肅愼 挹婁 硏究」를 비롯하여 「渤海人이 된 高句麗靺鞨-The Koguryo-Malgal of Palhae People」, 『고구려연구』26집, 2007등이 있다. 그는 근래 논문에서 말갈 연구사와 함께 자기 견해를 주장하고 있다. 즉 6세기 이후부터 사용되기 시작한 靺鞨은 他稱의 統稱(범칭)이면서 卑稱이었다는 점, 高句麗 時代 말갈로 불리는 사람들은 黑水말갈 즉 黑龍江 地域 住民들을 제외하고는 대개가 高句麗 邊防住民들을 異民族視하여 卑稱한 결과라는 점이다. 그렇다면 읍루의 성분에 대해서도 다양한 관점에서 볼 필요가 있다.
56 『新唐書』卷219, 北狄, 黑水靺鞨傳.
57 松山利夫, 「ナラ林の文化」, 『季刊考古學』15號, 雄山閣出版社, 1986, p.44.
58 『後漢書』, 東夷傳, 挹婁;『三國志』, 魏書, 東沃沮 및 挹婁.
59 이 부분은 부여의 초기 성격 및 숙신 등과의 관계, 그리고 두막루국과 말갈의 관계 등과 연동되어 있다.

함한 비교적 넓은 지역에 살고 있었다. 즉 연해주의 북부와 남부항로를 다 사용할 수 있는 위치에 거주하고 있었다.

읍루와 역사적인 계승성을 지닌 종족이 고구려 및 발해시대에 등장하는 말갈이다. 읍루는 나중에는 말갈(靺鞨)이라는 이름을 얻었는데, 고구려의 영토 안에 거주하는 주민들이었다. 말갈이 본격적으로 등장하는 시점은 서기 5~6세기대이다. 고고학적으로 읍루와 말갈이 명백한 계승성을 보이며, 폴체문화와 말갈문화 사이에 토기와 철기 상의 유사성이 보이지만, 두 집단 사이의 시간적 공백이 너무나 크다는 점이다. 또 송기호의 지적대로 속말말갈계의 주민집단에 부여계 집단이 존재했지만 기본적인 고고학적인 문화상은 서로 상이한 부분이 많다는 점이다.[60] 그런데 강인욱은 '말갈은 물길 두막루(豆莫婁 또는 橐利國)와 가장 부합되는데, 물길은 좀 더 읍루-말갈의 문화상에 가깝고 두막루는 부여와 가깝다는 점에서 본다면 칠성하 유역의 집단은 두막루, 아무르강 중류지역은 물길로도 생각해 볼 수도 있다. …부여의 멸망이후 말갈은 유목문화의 요소를 받아들여서 유목과 농경, 수렵채집 등을 병행하는 복합경제를 영위하게 되었다.'[61]라고 하여 말갈이 우리와 연관있다는 견해를 표명하고 있다.

말갈은 당나라 시대에 흑룡강 중류 및 하류에 살고 있던 사모부·군리부·굴열부·막예부 등을 모두 말갈이라 칭했다. 이 말갈은 물론 하나의 민족도 심지어 하나의 종족도 아니었다. 예맥과 숙신 및 고아시아 3개 종족의 일부 부락군 및 부락연맹을 포괄한 이름이었다.[62] 그 시대에 흑룡강의 하류에는 우데게, 길리미라는 두 종족이 출현하는데 우데거는 수당시대의 흑수부가 발전해서 생긴 것으로 뒤에 퉁구스 여러 종족

---

60 강인욱, 「靺鞨文化의 形成과 2~4세기 挹婁 鮮卑 夫餘系文化의 관계」, 『고구려 발해연구』 33집, 2009, 3, p.18.
61 강인욱, 위 논문, p.33.
62 孫進己 著, 林東錫 역, 『東北民族源流』, 동문선, 1992, p.31.

으로 자리 잡는다. 수당시대에 발해의 통치 밖에 있었던 말갈(靺鞨)의 흑수부(黑水部)가 발전해서 생긴 우데거는 일부가 뒤에 따로 발전하여 헤젠(赫哲, 나나이), 오로첸(鄂倫春), 어웬키(에벵키, 鄂溫克) 등의 민족이 된다.[63]

고구려가 수나라와 동아시아의 질서재편을 놓고 갈등을 벌이던 무렵에 흑수말갈 (黑水靺鞨)은 수(隋)에 조공사를 보내면서 사할린 또는 캄차카로 추정되는 곳에 살고 있는 유귀(流鬼) 등 오호츠크해 연안의 여러 민족과 연대를 강화했다. 그 후 당나라가 들어선 이후인 640년에 왕자 가야여 등이 초피(貂皮)를 가지고 세 번 통역을 거쳐 조공해 오니 이들에게 기도위(騎都尉) 벼슬을 주어 보냈다는 기록이 있다. 『신당서』유귀(流鬼) 에는 이곳에 늪과 못이 많고 물고기와 소금이 풍부하다고 하였다. 또 『통전』유귀에는 말갈은 배를 타고 바다를 건너 이 나라와 무역을 한다는 기록이 있다. 이 무렵의 말갈은 다소 논란의 여지가 있지만 연해주 북부일대에 거주하고 있었다.

이러한 유귀의 위치에 대하여는 2가지 설이 있다.[64] 첫 번째는 지금의 캄차카 반도라는 설이다. 손진기는 그 무렵의 막예부가 쿠릴 섬의 남부까지 포괄하여 있었고, 캄차카 반도의 남쪽에 살던 이들은 바로 오늘날의 캄차카 민족이 아닌가라는 견해를 표명하였다. 두 번째는 유귀부가 지금의 쿠릴섬(사할린 섬)이어야 한다는 것이다. 그런데 『신당서』 흑수말갈전에는 '굴열부(窟說部)가 있으니 혹은 굴열이라고도 한다.'라는 기록이 있다. 『태평환우기』권175에도 같은 기록이 있다. 그러니까 흑룡강으로 알려진 흑수에서 동북으로 열흘을 가면 만나다는 굴열부는 바로 오늘날의 쿠릴섬이다. 쿠릴섬(사할린섬)의 이름도 여기서 얻어진 이름이며, 이들은 흑룡강(아무르강) 하류 양안에서 그 강이 바다로 흘러드는 입구 근처에 살았다는 논리이다. 또 한편에서는 쿠릴섬에 최초로 들어가 살던 사람들은 통기인(通奇人)이며 일본인이나 오로치인들이 이들을 니프

---

63 孫進己, 위의 책, p.65.
64 이 부분에 대하여 손진기가 잘 정리해 놓았다. 『東北民族源流』, p.420 참조.

크인(尼夫赫人)으로 불렀다고 한다. 그런데 니프크족(길야크족)이 대륙에서 사할린(쿠릴섬)으로 건너 들어간 시기를 대략 1천 년경으로 보는 주장도 있다.[65] 고대국가시대에 연해주 및 만주 일대와 사할린은 활발하게 교류한 것이다.

그런데 우리의 통설과 다른 또 하나의 견해가 있다. 『삼국지』 동이전 옥저전의 기록이다. 그 무렵 기로(耆老)들에게 들은 내용으로서 그들이 수십 일을 표류하다가 큰 바다 가운데 섬에 닿았고, 그곳은 말을 알아들을 수 없다고 하였고, 또 이어 바다 가운데 한 나라 이야기를 하면서 여자만 있고 남자는 없는 여인국이 있다고 하는 등의 이야기이다. 그 섬들의 위치에 대해서는 여러 설이 있는데, 오늘날의 쿠릴섬(사할린섬)일 것이라는 견해도 있다는 것은 놀라운 일이다.[66]

연해주항로를 사용했을 읍루와 연관을 맺고 있었던 것은 부여·고구려·북옥저·동옥저·동예 등이다. 옥저는 북옥저(北沃沮)·남옥저(南沃沮)·동옥저(東沃沮) 등의 명칭으로 나타나고 있는데,[67] 대체로 같은 종족이며 다만 위치에 따라 구분한 것으로 이해하고 있다. '북옥저는 일명 '치구루(置溝婁)'라 하였다. 남옥저에서 팔백여 리를 가면 된다. 그 풍속이 남옥저와 같고 남쪽은 읍루(挹婁)와 접한다. 읍루 사람들은 배를 타고 노략질하는 것을 좋아하므로 북옥저가 두려워해 여름에는 바위굴에 살면서 수비하고 겨울에 얼음이 얼어 뱃길이 통하지 않으면 내려와 촌락(村落)에 살았다.'[68] 이 글은 2가지 사실을 동시에 알려준다. 읍루가 배를 타고 해적질을 하는데, 겨울에는 바다가 어는 지역에 거주한다는 사실이다. 또 하나는 읍루의 남쪽에 있는 북옥저는 남옥저에서 8백 리 북쪽에 있으며 그들의 앞바다 역시 겨울에는 언다는 사실이다. 이 기

---

65 孫進己, 『東北民族源流』, p.418.
66 孫進己, 『東北民族源流』, p.417.
67 鄭永振, 「沃沮 北沃沮 疆域考」, 『한국상고사학보』 제7호, 1991에 중국학자들의 연구성과가 잘 정리되어 있다.
68 『삼국지』 권30, 위서 동이전 제30, 동옥저.

록을 그대로 믿는다면 북옥저는 연해주 지역의 바다와 닿은 곳에 있는 나라이다. 북옥저는 연해주 남부에서 해양활동을 전개한 것으로 보이며, 항로를 이용했던 것 같다. 실제로 북옥저는 대부분의 연구자들에 의해서 연해주 남부에 거주한 것으로 알려져 있다.

1972년에 수분하(綏芬河)유역의 단결유적의 상층에서 다구들 온돌을 설치한 중세시대 주거지가 조사되었다. 말갈문화가 본격적으로 알려진 것은 1972~1974년의 수빈현 동인(綏濱縣 同仁)유적이다. 이 문화는 5세기부터 10세기에 걸쳐서 송화강 유역, 흑룡강 유역, 목단강 유역과 그 동쪽에 거주한 물길과 말갈의 문화인데, 러시아는 말갈문화라고 부르고 있다.[69] 손수인(孫秀仁)·장태상(張泰湘)은 동인문화를 5~6세기에서 하한은 6세기 말부터 10세기 초, 즉 수당(隋唐)시기로 보는데, 장태상(張泰湘)은 동인문화는 그 후 발해문화로 변용한다고 하고, 양둔대해맹유적(楊屯大海猛遺跡)에서는 동인문화와 발해문화가 공존하고 있다고 지적하고 있다.

근래 고고학자들의 연구를 거친 결과 단결문화(團結文化)[70]가 바로 옥저문화임이 확정되었다. 도문강(圖門江) 유역을 포함한 수분하(綏芬河) 유역, 목릉하(穆棱河) 상류 및 이 일대의 해변지역이다.[71] 연해주 남부지역에서 활동하던 해양민적 성격을 가진 집단 가운데 하나가 옥저인 것이다. 일부에서는 한(漢)·위(魏) 때의 옥저(沃沮)가 뒤의 兀者 赫哲(헤젠, 나나이)로 된 것으로 보는데, 『삼국지』 동옥저조에는 옥저의 언어가 고구려와 크게는 같으나 때때로 약간의 차이가 있다는 기록이 있으므로 고구려와 赫哲(나나이족)은 종족적·언어적·문화적 연관성을 진지하게 검토해 볼 필요가 있다.

연해주 남부지역은 고구려와도 연관이 깊었다. 고구려는 군사활동을 벌여 영토를

---

69 菊池俊彦 著, 『北東アジアの古代文化の研究』, 北海道大學 圖書刊行會, 1995, p.66.
　최근에는 중국 또한 말갈문화로 통일하고 있다. 강인욱, 위 논문, p.16에서.
70 團結文化는 일반적으로 기원전 5세기에서 기원후 1세기 까지의 문화로 알려져 있다.
71 孫進己, 『東北民族源流』, p.262.

확장하였다. 태왕은 8년(398)에 식신(息愼)을 정벌하였는데, 이것이 숙신(肅愼)인지에 대해서는 다른 견해들이 있지만,[72] 한국학계에서는 대체로 숙신설을 따르면서 동만주 연해주 방면으로 이해하고 있다. 광개토대왕은 20년인 410년에 동부여(東夫餘)를 친정하여 복속시켰다. 당시의 동부여 위치는 영흥만(永興灣) 또는 두만강 하류라는 설이 있다.[73] 계루부의 고지(故地)일 경우에는 두만강 유역이 보다 타당하다.[74] 이때 동부여의 세력 속에는 미구루(味仇婁)가 속하였으므로 연해주 일대도 고구려의 영역으로 편입되었다고 볼 수 있다.[75] 이곳은 동류 송화강의 일부와 두만강, 얀치하, 우수리강, 흑룡강이 흐르는 곳이며, 동해 및 타타르해협과 마주 닿는 지역이다. 고구려의 압박을 받은 흑수말갈(黑水靺鞨)은 수(隋)에 조공사를 보내면서 사할린 또는 캄차카로 추정되는 곳에 살고 있는 유귀(流鬼)[76]등 오호츠크해 연안의 여러 민족과 연대를 강화했다. 이러한 움직임에 대항해서 570년 왜에 파견된 것이 제1차 고구려 사절이었다는 해석도 있다.[77]

점차 연해주 일대는 말갈과 깊은 관련을 맺는다. 고고학적으로 볼 때 말갈문화는 제르칼나야강 부근, 루드나야강 하류, 아무르강 부근, 코피강 하구 등 연해주 연안의 강 하류와 유적지는 핫산 지역, 블라디보스토크 등 해안가 지역에 있다.[78] 그런데 중국 경내(송화강 중류~연변지역)는 발해뿐만 아니라 이전의 고구려와도 지속적인 교류를 가

---

72 천관우,「광개토왕비재론」,『전해종화갑기념논총』, 1979, p.537.
73 신채호는 琿春說, 이병도는 文川說, 천관우는 農安방면으로 비정했다가 두만강 하류로 수정하였다.
74 손영종,「광개토왕릉비를 통하여 본 고구려의 영역」,『력사과학』1986-2, p.25. 오늘날의 牧丹江 유역일대에서 연해주에 걸쳐 있었다는 견해를 나타내고 있다.
75 서영수,「광개토왕비문에 보이는 정복기사 재검토」,『역사학보』, 1985, pp.106~107. 천관우는「광개토왕릉비문재론」, p.517에서 기존의 견해를 부정하는 견해를 보였다.
76 流鬼에 대해서는 여러 설이 있으나 사할린이라고 보는 견해도 있다. 酒寄雅志,「日本と渤海靺鞨との交流」,『先史와 古代』, 한국고대학회, 1997, pp.88~89.
77 小嶋芳孝,「古代日本と渤海」, p.20.
78 孫進己,『東北民族源流』, p.207.

졌음이 역사-고고학적으로 확인된다. 그렇다면 말갈유적에서 발해계의 유물이 유입된 경우 이를 무조건 발해시기로 편년하기보다는 말갈시기(또는 고구려 시기)의 집단 간의 교류에 의한 결과로 볼 수도 있을 것이다.[79]

연해주 남부항로를 본격적으로 이용하여 타타르해협을 건너 사할린 지역 또는 홋카이도와 교류를 하였다. 고구려가 망하고 발해가 들어선 이후인 7, 8세기에는 홋카이도에 대륙문물이 많이 들어왔다. 주석(錫)제품 등 연해주로부터 반입된 것으로 생각되는 유물이 출토되었다.[80] 레분토(礼文島)의 향심(香深)유적 A지구는 그 관련성이 검토된다.[81] 7세기대의 오타루(小樽)나 오카와(大川, 余市)의 주변에서는 주석(錫)제품 등 연해주로부터 반입된 것으로 생각되는 유물이 출토된다. 특히 오카와유적에서 발견된 동령(銅鈴)은 고구려에서는 마구(馬具)의 장식으로 이용되었고, 집안시 만보정(万寶汀) M242호묘 등에서 출토된 것과 유사하다.[82] 결국은 고구려가 직접 왔거나 말갈이 중간교역을 하여 이 지역에 왔을 가능성이 많다. 일본에서 기쿠치 도시히코(菊池俊彦)·구저훈(臼杵薰) 등이 말갈문화가 사할린과 홋카이도의 오호츠크문화에 영향을 주었다는 데에 연구의 중심을 두고 있다.[83]

그러나 그 당시에 말갈은 고구려의 소속 내지 영향권하에 있었음을 생각해야 한다. 그 외에도 난도(蘭島) D유적(小樽市) 유물 등도 관련성이 검토되고 있다. 기쿠치 도시히코(菊池俊彦)는 막예개말갈(莫曳皆靺鞨)이 거주한 지역을 북해도로 추정하고 있다.

---

79 강인욱, 「靺鞨文化의 形成과 2~4세기 挹婁 鮮卑 夫餘系文化의 관계」, 『고구려 발해연구』33집, 2009, 3, p.16
80 동해북부와 타타르해협에서 이루어진 해양활동은 윤명철, 「渤海의 海洋活動과 東아시아의 秩序再編」, 『高句麗研究』6, 학연문화사, 1998, 12 ; 『張保皐 時代의 海洋活動과 東亞地中海』, 학연문화사, 2003 참조.
81 小嶋芳孝, 「日本海の島々と靺鞨·渤海の交流」, 『境界の日本史』, p.14. 이 외에도 북해도 각 섬들에 대한 개관 및 유적·유물 현황 들이 설명되어 있다.
82 小嶋芳孝, 「古代日本と渤海」, p.21.
83 강인욱, 위 논문, p.10.

그런데 8세기에 들어서면 말갈계의 유물은 나타나지 않는다. 연해주 남부의 말갈족이 발해의 지배하에 들어갔으므로 독자적으로 교류할 수 없었기 때문이다.[84]

9세기가 되어 흑수말갈 전체가 발해의 영향권 아래에 든 이후에는[85] 흑수말갈이 독자적으로 오호츠크해역과 접촉하는 것은 점차로 규제되었다.[86] 안변부(安邊部)는 하바로프스크 지역을, 정리부(定理部)는 연해주 남부일대, 솔빈부(率賓部)도 연해주 남부일대를 포함, 안원부(安遠部)는 연해주 중부 동해안 일대였으며, 철리부(鐵利部)는 하바로브스크주 남부일대로 추정하고 있다.[87] 물론 이 항로를 발해가 장악했을 것이다. 때문에 발해도 연해주의 여러 해안과 항구를 거점으로 북해도 혹은 사할린에 도착하였을 것이다. 홋카이도의 삿포로의 외항이 될 수 있는 이시카리만(石狩灣), 루모이(留萌), 와카나이(稚內), 사할린의 코롬스크, 오로보 등은 항로와 연관된 가능성이 높은 지역이다. 만약 러시아 학자들의 주장대로 발해가 하바로프스크 일대까지 영향력을 확대했다면 안변부나 안원부에서 북동방향으로 항진해서 사할린에 쉽게 도착할 수 있다. 일본 학계는 발해문화와 오호츠크 문화의 관계를 중심으로 북해도 지역의 고고학자들에 의해 활발하게 연구된다.[88]

발해가 멸망한 이후에도 오카와(大川) 유적에서는 발해 말 내지 여진(女眞) 초기라고 생각되는 흑색호형토기(黑色壺形土器)가 출토된다. 이 사실은 연해주와 북해도의 교류는 늘 개연성이 있음을 확인시켜 준다.[89] 주석(朱錫)과 철(鐵) 교역을 중심으로 민간

---

84 小嶋芳孝,「日本海の島々と靺鞨・渤海の交流」,『境界の日本史』, p.34.
85 이 부분에 대해서는 근래 러시아 학자들의 발굴성과에 힘입어 주장되는 것들이다.
86 酒寄雅志,「日本と渤海靺鞨との交流」, p.104.
87 발해의 영역과 위치는 시대에 따라, 혹은 학자들에 따라 약간의 차이가 있다.
88 강인욱,「靺鞨文化의 形成과 2~4세기 挹婁 鮮卑 夫餘系文化의 관계」,『고구려 발해연구』33집, 2009, 3, p.11.
    필자는 1998년 발해관련 논문에서 가능성을 제안했었다.
89 小嶋芳孝,「日本海の島々と靺鞨・渤海の交流」, p.36.

교섭(民間交涉)을 벌였다고 하는 견해도 있다.[90] 오호츠크문화[91]의 유적지, 예를 들면 온고로마나이 패총에서 송(宋)나라 희종중보(熙宗重寶)가 출토되고, 모요로패총 유적에서도 경우원보(景祐元寶)가 출토되었다. 그런데 연해지방 남부의 여진문화유적에서는 샤이가 성채(城砦)에서 대관통보(大觀通寶)가 발견되었다.[92] 이를 본다면 타타르해협을 항해하여 양 지역 간에는 직접적이건 간접적이건 교류가 있었다고 보인다. 홋카이도의 오호츠크문화의 유적에서는 대륙으로부터 전해진 물건들이 적지 않은데 그것들은 연해주지방에서 아무르강 유역 및 사할린을 경유하여 들어온 것이다.[93]

이러한 해양환경의 특성을 고려한다면 선사시대부터 발해인들에 이르기까지 연해주 북부와 남부항로를 다양하게 이용했던 증거들을 많이 찾아낼 수 있을 것이다. 특히 연해주 북부항로는 그동안 주목하지 않았으나 사할린이나 홋카이도에서 더 많은 자료들이 발굴된다면 고구려 및 발해와의 관련성이 분명해지리라 믿는다. 이 해역은 우리 역사와 연관이 깊으며, 동해는 물론 우리 역사전체를 이해하고 해석하는데도 중요한 지표로 삼을수 있다.

3) 동해북부 항로

횡단항로와 사단항로, 종단항로를 포함하여 총체적으로 동해북부 항로라고 명명하였다. 이 항로는 두만강 이남의 나진(羅津)·청진(淸津) 등 하구와 원산(元山) 이북(발해

---

90 小嶋芳孝,「日本海の島々と靺鞨·渤海の交流」참조.
「環日本海交流史から見渤海と北陸道」,『波濤をこえて』, 石川縣立歷史博物館, 1996.
「古代日本と渤海」참조.
91 오호츠크문화란 북해도 문화 및 사할린 문화를 말한다.
92 菊池俊彦 著,『北東アジアの 古代文化の硏究』, 北海道大學 圖書刊行會, 1995, p.66.
93 菊池俊彦 著, 위의 책, p.28.

시대에는 남해부)에서 출항하여 동해북부 해양을 횡단 또는 사단한 다음에 일본의 동북지방인 아키다(秋田)와 니가타(新潟), 호쿠리쿠(北陸)인 이시가와(石川)현의 가가(加賀)와 노토(能登)반도, 월(越)지역인 후쿠이(福井)현의 쓰루가(角鹿) 등에 도착하는 항로이다.

동해북부 해양은 고구려, 옥저(南, 北, 東沃沮), 읍루, 숙신, 발해인 그리고 후대에 여진인 들이 사용한 곳이었다. 그리고 이곳을 거점으로 산발적 또는 조직적으로 일본열도로 건너갔을 것이다.

고구려를 세운 주몽은 비류국을 점령한 후에 태백산 동남방에 있는 행인국(荇人國: 현재 함경북도 지역)을 쳐서 점령하였다. 이어 기원전 28년에는 동북만주 연해주 일대인 북옥저(두만강하구와 연해주 남부지역)를 공격하여 복속시켰다. 4대 민중왕 때에는 동해사람인 고주리(高朱利)가 빛이 나는 고래눈을 바쳤는데,[94] 그는 현지에 파견된 왕족이거나 귀족으로서 어로집단을 관리하며, 두만강 이북의 해안을 근거지로 삼았을 가능성이 크다. 6대 태조대왕 때에 본격적으로 진출하여 영토로 삼은 지역이다. 동쪽으로 진출하여 두만강 하구에 책성(柵城)을 설치하였으며, 또 동옥저를 완전하게 정복함으로써 동해안에서도 해양활동을 시작하였다. 이때 고구려의 영토는 북으로는 부여(夫餘)의 영토를 잠식하였으며, 동쪽으로는 두만강 하구에서 연해주(沿海洲) 남부의 일부까지 닿았고, 타타르해의 일부와 동해북부에도 영향력을 행사하였다.

서천왕(西川王) 때(288년)에 해곡태수(海谷太守)가 밤에 빛이 나는 고래눈을 바쳤다는 기록이 있다.[95] 『삼국지』 동이전에는 고구려에서는 피지배계급인 하호(下戶)가 쌀·물고기·소금 등을 멀리서 지어 날랐다는 기록이 있다.[96] 고구려는 전기에 동옥저에서 담비가죽·포(布)·어염(魚鹽)·해중식물(海中食物) 등을 조세로 받았다. 동예(東

---

94 『삼국사기』, 고구려본기, 閔中王 4年. …… 東海人高朱利, 獻鯨魚, 目夜有光.
95 『삼국사기』, 고구려본기, 西川王 19年. 夏四月 …… 海谷太守, 獻鯨魚, 目夜有光 …….
96 『삼국지』, 위서, 고구려. …… 下戶, 遠擔米糧魚鹽供給之.

| 그림 6 | 동해북부 항로도

濊)사람들은 고구려에 반어피(斑魚皮)를 바쳤으며, 먼 바다까지 항해하였다.[97] 연해주의 아무르강 유역에 거주하는 나나이족, 우데게족은 호랑이(虎)를 숭배하는데, 호랑이를 산신으로 삼는 동예와 관련이 있었을 가능성이 있고, 특히 우데게족은 발해의 후손을 칭하고 있다. 그렇다면 연해주 남부해역과 동해북부해역은 전 시대와 마찬가지로 해양교류가 있었을 가능성이 크다.

동옥저(東沃沮)는 바다 멀리까지 나가서 고기잡이를 하였다.[98] 이러한 기록들은 당시 동해(東海)에서 고래잡이를 비롯한 어로활동능력(漁撈活動能力)이 있었고 원양항해와 상업어업이 실시되었음을 보여준다. 『삼국지』 동이전에는 동옥저에서 동해가에서 노인에게서 들은 동쪽바다의 한 섬에 대한 이야기가 기록되어 있다. 앞 부분에서 이 동쪽섬이 사할린이라는 주장을 소개했는데, 이병도(李丙燾)나 이케우치(池內宏)[99] 등은 울릉도라는 견해를 표명하고 있으며, 한편에서는 일본열도의 북부인 니가타현의 사도(佐渡)섬이라고도 주장한다.[100] 사도섬은 발해인들이 752년에 3척의 배를 타고 도착한 곳이기도 하다. 발해인들이 항해술을 획득한 것은 읍루 이래로 항해술을 가진 연해주의 필날(拂捏)이나 월희(越喜) 등의 말갈족을 영향하에 두고 있었던 8세기 전반이었다. 그래서 비교적 북쪽인 월후(越後) 이북에 도착한 발해선이 8세기 시대에 한정되었다는 견해가 있다.[101] 이는 물론 항해기술자는 말갈이었고, 발해는 그 말갈의 도움으로 왔다는 논리이다.[102] 발해의 조선능력이 부족하여 일본의 도움을 받았다는 주장[103]과 유사

---

97 『三國志』, 위서, 濊.
　濊北與高句驪, 沃沮, 南與辰韓接, 東窮大海, 西至樂浪. 濊及沃沮, 句驪, 本皆朝鮮之地也.
98 『三國志』, 魏書, 東沃沮. 國人嘗乘船捕漁, 遭風見吹數十日, 東得一島.
99 池內宏, 「伊刀の賊」, 『滿鮮史研究』 中世 第 1, 1933, p.316. 이 글에서 여진 해적과 울릉도문제에 대해서도 다루고 있다.
100 王俠, 「集安 高句麗 封土石墓與日本須曾蝦夷穴 古墓」, 『博物館研究』 42期, 1993-2期, p.43.
101 小嶋芳孝, 『古代日本と渤海』, 『考古學ジャ-ナル』 411, 1996. p.22.
102 小嶋芳孝, 「日本海の島々と靺鞨・渤海の交流」, 『境界の日本史』, 村井章介・佐藤信・吉田伸之, 山川

하다. 물론 이 견해에 무리가 있음은 필자가 여러 곳의 논문에서 상론하였다.

그런데 사도섬에는 그 이전에도 이미 숙신인(肅愼人)들이 동해북부를 항해하여 들어왔었다. 『삼국사기(三國史記)』를 비롯해서 『일본서기』 등에 나타나는 숙신의 존재와 성격에 대해서는 다소 혼란이 있으나 앞에서 언급한 읍루, 말갈 등과 유사한 종족집단으로 이해하는 것이 통설이다. 『일본서기』 긴메이(欽明) 5년(544)조에는 숙신인이 사도섬에 머물면서 봄 여름에 고기를 잡는다는 기록이 있다. 그런데 니가타(新潟)현 마키정 아카사카(赤坂)유적에서는 5세기 초의 흙구덩이에서 토기들이 검출되었는데 러시아 남부의 연해주지방과 관련이 있다. 따라서 이 유물이 그 기록과 관련있다는 견해도 있다.[104] 『일본서기』 사이메이(齊明) 6년(660)조에는 아베(阿部)수군(水軍)이 사도섬(佐渡島)에서 숙신과 소위 '침묵교역(沈默交易)'에 실패해서 전쟁을 했던 기사가 있다. 이 싸움에서 노토의 호족 마스타쓰(馬身龍)가 전사하고, 숙신(肅愼)도 폐뢰변도(幣賂辨島)에 틀어박혀 결국은 전원이 죽었다. 이러한 기록들을 고려한다면 이들은 동해 북부횡단항로 내지 연해주 남부항로를 이용해서 동해를 건너왔으며, 사도섬은 대륙에서 건너온 세력들이 도착하는 중요한 항구였다.

고구려도 동해항로를 사용하여 왜와 교섭을 하였다. 『일본서기』에는 오진(應神) 28년, 닌도쿠(仁德) 12년(324), 58년(369) 등에 계속해서 왜와 교섭한 기록이 있다. 이때의 항로는 정확하게 알 수 없으나 안전성을 고려한다면 동해남부 항로일 가능성이 크다. 하지만 그 전 시대부터 연해주 항로와 동해북부 항로 등이 사용된 상황을 고려한다면 동해북부 항로를 사용했을 개연성도 높다. 그 후 『일본서기』에는 고구려인들이 게이타이천황(繼體天皇) 10년조, 긴메이천황(欽明天皇) 원년·31년조, 비다쓰천황(敏達天

出版社, 1997, p.96.
103 酒寄雅志, 「日本と渤海·靺鞨との交流」, 『先史와 古代』9, 한국고대학회, 1997, pp.86~87.
104 小嶋芳孝, 「古代日本と渤海」, p.20.

皇) 2년·3년 조에 월국(越國) 혹은 월(越)의 해안에 도착했다고 기록되어 있다.[105] 이시타와(石川)현의 노토(能登)반도는 한반도 동해안의 어느 지역에서 출발해도 도착할 수 있는 지리·해양조건을 갖추었다. 고구려·발해 등과 관련된 동해중부 이북의 해상에서 출발할 경우에는 노토반도를 가운데 둔 호쿠리쿠(北陸)지방에 도착할 확률이 제일 많다. 노토반도에는 고구려 고분의 전형적인 말각조정양식을 가진 하이혈(蝦夷穴) 고분도 있어 고구려와도 깊은 관계에 있었음을 알려준다.[106] 남쪽 지방이지만 이즈모(出雲) 등에 고구려 문화의 흔적이 있고,[107] 해류의 흐름 등을 감안하면 동해 북부를 출발하여 동해를 종단한 고구려인들도 이곳으로 진출하였을 것이다. 호키(伯耆)에도 고려와 관련된 지명(地名)과 신사(神社) 등이 있다.[108]

동해북부 횡단항로는 발해사신들이 초기에 주로 사용한 항로이다. 『속일본기』에는 746년에 발해와 철리인 1100여 인이 월중(越中)인 데와(出羽)에 도착하였다는 기록이 있다. 10월·11월은 비교적 북서풍이 약하게 부는 계절이다. 또한 동해(일본해)의 북서부에서 한반도의 동안에 연해서 리만한류, 북한한류가 남하하고, 동해(일본해)를 반(反)시계방향으로 순환하고, 중앙부인 39~40도 부근에는 극전선(極前線)이라고 불리는 현저한 조경(潮境)이 동서방향에서 형성되고 있다. 이러한 자연조건과 돛을 활용하여 바람을 사선(斜線)으로 받고 동으로 항진한다면 출우국(出羽國)에 자연스럽게 도착

---

105 齊藤 忠,「高句麗と日本との關係」(金達壽 外, 『古代の高句麗と日本』, 學生社, 1988), pp.22~23의 도표 참조. 越 지역과 고구려와의 관련성은 高瀨重雄,「越の海岸に着いた高句麗使」(『東アジアと日本海文化』, 森浩一 編, 小學館 1985, p.217); 小嶋芳孝,「潮の道 風の道」, 『松原客館の謎にせまる』, 氣比史學會, 1994.
106 양 고분의 공통점 등 성격규명에 대해서는 王俠,「集安 高句麗 封土石墓與日本須曾蝦夷穴 古墓」, 『博物館研究』42期, 1993, 2期. 그리고 『古代能登と東アジア』, 蝦夷穴古墳國際シポジウム實行委員會, 1992 참조.
107 조희승, 『초기조일관계사』하, 사회과학출판사, 1989, pp.303~304.
108 三上鑛博,「山陰沿岸の漂着文化」, 『東アジアの古代文化』, 大和書房, 1974 秋, pp.82~83.

할 수 있다. 아키다(秋田)현 남부에서 니가타(新潟)현에 이르는 동해(일본해) 연안은 대한난류(대마해류)의 영향으로 기온이 높고, 겨울에는 평년기온의 평년치가 섭씨 0도 이상이다. 겨울에 연안부의 풍향은 북서 또는 서풍의 계절풍이 탁월하고, 여름에는 태평양 고기압의 영향으로 남쪽은 남동의 바람이 탁월하다.[109] 따라서 동해북부 종단항로는 왕복으로 사용할 수 있다. 이시카와(石川)현의 고마쓰(小松)지역의 누카미(額見)유적에서는 백제 혹은 신라계로 보여지는 거주지의 구들 화덕 등이 발굴되었다.[110] 일본열도의 8세기 후반의 철(鐵)생산 기술도 발해가 전해준 것이며 동해북부항로를 이용했을 것이다.[111]

4) 동해종단 항로

동해종단 항로는 출항지역이 동해북부해안의 항구가 다 해당이 된다. 일단 근해로 빠져나와 사선으로 종단한 다음에 일본열도의 산인(山陰)인 돗토리(鳥取)현의 다지마(但馬), 호키(伯耆), 시마네(島根)현의 이즈모(出雲), 오키(隱岐), 그리고 그 이하인 야마구치(山口)현의 나가토(長門) 등이다. 항법상 가장 어려운 항해이다. 산인(山陰)에 도착하려면 동해안을 연안항해 내지 근해항해를 하면서 가능한 한 남쪽으로 내려오다가 먼 바다로 떠서 동진해야 한다. 하지만 위험을 감수하거나 항해능력이 뛰어나다면 포시에트나 두만강구 등을 출발하는 경우에는 강한 북풍을 타고 남진하면 된다. 이곳에서 돗토리현과 시마네현까지는 경도상으로 동일하여(동경 132도에서 134도 사이) 거의 일직선에 가깝다. 포시에트와 산인지방은 경도 상으로 거의 직선에 가깝다. 해류의 영향

---

109 『續日本全國沿岸海洋誌』, 日本海洋學會沿岸海洋研究部會編, 東海大學出版會, 1985, pp.805~810 참고.
110 小嶋芳孝, 위 논문, p.72, p.77 참조. 『額見町遺跡』, 石川縣 小松市 敎育委員會, 1998 등.
111 小嶋芳孝, 「日本海の島々と靺鞨・渤海の交流」, p.36.

| 그림 7 | 동해종단 항로도

을 감안하지 않고 강한 북풍을 활용한 항해이다. 발해선들이 9세기에 이르러 대체로 1, 2월에 산인에 도착하는 것은 강한 북풍을 이용한 동해종단 항로를 선택한 때문이다. 그 실제적인 예는 1998년에 시도한 뗏목 발해호의 역사탐사에서 찾아볼 수 있다.

발해호는 1997년 12월 31일에 포시에트만의 바로 위인 블라디보스토크항을 출발하였다. 아래 항해도에 나타나듯 동해를 종단해서 남으로 내려왔다. 울릉도 부근에서 의도적으로 한반도 남안을 향해 항로를 바꿨으나 후포항 40km 동쪽 해상에서 동진(東進)할 수밖에 없었다. 그리고 1월 24일 새벽, 오키제도의 도고섬에 상륙하기 직전에 전복되면서 좌초하였다. 24일간 총 항해거리는 1290km이고, 하루 평균 항해거리는 53km이었다.

이 항해를 통해서 동해종단 항로의 2가지 코스를 확인할 수 있다. 즉 한반도 동해 중부 해상까지는 종단을 하고, 그 후에는 신라인들의 일본열도 진출 항로와 똑같이 동진하여 산인의 관

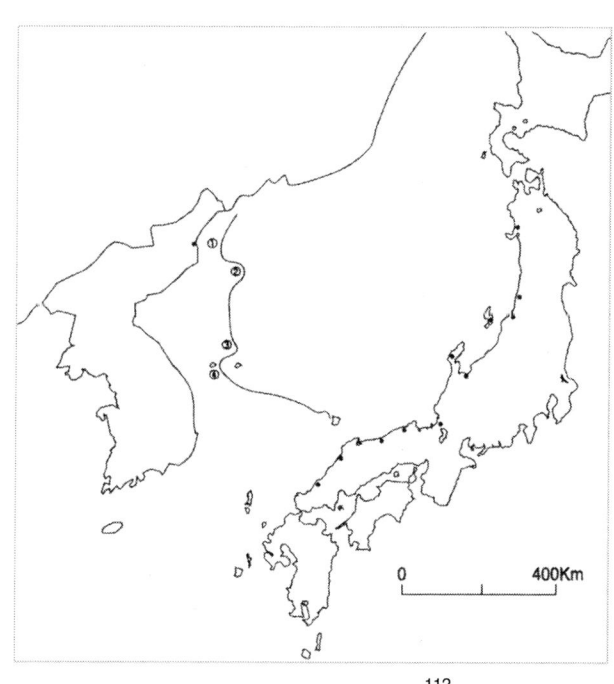

| 그림 8 | 발해 1300호 항로도[112]

---

112 항해기록을 토대로 필자와 한국해양문화연구소의 안동주가 작성한 것임.

문인 오키에 도착하는 항로이다. 발해인들은 산인지방 앞에 있는 오키(隱岐)제도에 1번 도착하였고, 이즈모에 4번 등 자주 도착하였다. 뗏목 발해 1300호는 이러한 발해인들의 동해종단 항로를 실증적으로 밝혀낸 것이다. 항로로서 중간에 울릉도와 독도가 중요한 역할을 담당하였음을 알 수 있다.[113]

5. 맺음말

근대로 접어드는 시기 일본의 대표적인 풍토학자인 와쓰지 데쓰로우는 '일본열도에 있는 바다는 지중해와는 달리 교통로가 아니었다. 대륙으로부터 떨어져 있게 한 장벽이었다.'[114]라고 말하였다. 하지만 동아지중해는 유럽지중해와 비교해도 손색이 없을 정도로 항해환경이 좋았을 뿐만 아니라 항해술 특히 조선술이 매우 뛰어났었다. 물론 고대 일본은 해양문화의 수준이 뒤떨어져서 백제, 신라, 발해 등에 의존해서 외부세계와 연결하였다.

역사는 모든 공간(空間)과 시간(時間) 그리고 주체(主體)인 인간들이 유기적으로 상호작용하는 과정물이다. 더욱이 동아시아의 역사는 육지와 해양을 분리해서 발전된 역사가 아니다. 따라서 대륙과 한반도와 해양을 하나의 시스템 속에서 파악해야 하며, 해양 또한 황해와 동중국해, 남해와 함께 동해(물론 타타르해협)를 포함하여 유기적인 관계망(關係網) 속에서 해석하려는 인식이 필요하다. 동해는 일찍부터 해양활동의 무대였으며, 특히 연해주해역은 우리역사와 직접 또는 간접적으로 관계가 있는 읍루(말

---

113 필자의 계산에 의하면 측정하는 눈높이를 10m로 했을 때 울릉도의 시인거리는 133km이고, 독도는 63km이다.
114 와쓰지 데쓰로우 저, 박건주 역, 『風土와 人間』, 장승, 1993, pp.80~81.

갈로 이어지는)와 함께 중요한 부분을 차지하였다.

　타타르해협은 해양환경상 연해주와 사할린, 홋카이도지역의 주민들이 도해했으며, 문화의 교류, 물자의 교환 등이 이루어졌다. 연해주 북부항로의 주역은 읍루를 비롯한 주민들이었으나 우리와의 연관성이 있었을 가능성이 매우 높다. 또한 연해주 남부 항로는 북옥저 및 고구려, 발해의 존재로 인하여 사용한 것이 분명하다. 따라서 필자가 1998년에 가설로서 제시한 내용처럼 사할린 지역 및 홋카이도에서 우리문화와 관련된 유적과 유물을 찾는 작업이 필요하다. 동해북부 항로는 이미 여러 차례 언급한 바 있으므로 새삼 강조하지는 않았다. 다만 항법상 동아지중해 해역에서 가장 어려운 항로였으며 우리가 활용했다는 것을 재삼 강조하고 싶다. 그리고 그 항로의 가운데 바로 울릉도와 독도가 존재해왔다. 앞으로 울릉도와 독도 또는 우산국의 존재와 의미는 동아시아 전체의 역사 속에서 파악하는 작업도 필요하다.

Abstrat

Tatar route and East Sea northern part route of East Asia's ocean space

Professor Myung-cul Youn
Dong-guk university

History is a kind of organism. Time and space has continuity, and culture has strong successional characteristics. The stage of Korean history is not limited to the current Korean Peninsula. It contains Manchuria, the Korean Peninsula and the sea on three sides.

So, the stage of Korean history coordinately connects the entire continent and the sea at the core of the East Asian-mediterranean-sea. This circumstance brought development of oceanic cultures and its use had effects on the international order in East Asia. In the past, a peninsula-oriented historical view claimed to describe Korean history, but I have interpreted the history with a land and sea-oriented historical view.

Our country needs to develop a new point of view towards the way in which we look at our own rich history's maritime geography. The new focus must incorporate a major focus in observing our own relationships within the nation between continents, peninsulasand oceans.

The importance of ocean has been increased as called 'the 21st century, the age of the ocean'. In modern times, the East-sea's reality importance is rising, and it is recognized that surroundings of the East-sea had a relative importance on history of East-Asia. The culture of the ease-sea is at the state where excavation and restoration are necessary.

The route which is used from East sea with afterwords is same. The route started from the lower part of the Duman River or near Vladivostok in Russia and moved diagonally across the northern part of the East Sea then set out an ocean voyage to Nigata(新潟), Notohanto(能登半島) and Tsuruga(角鹿) in the middle of Honshu.

Also the different route was Tatar-strait route. The ships started from the southern part of the Primorski Province and landed in Sakhalin or Hokkaido(北海道) across the Tatar Strait. The overall route through the East Sea was dangerous for sailing, and considerable sacrifice was necessary. There were Ulung-island and Dokdo-island inside the route.

Key word East Asian-mediterranean-sea, a land and sea-oriented historical view, the East-sea, the route, Duman River, Primorski Province, Tatar-strait route, Ulung-island and Dokdo-island

참고문헌

『삼국사기』
『三國志』
『後漢書』
『北史』
『新唐書』
『근해항로지』, 대한민국 水路局, 1973.
江原道, 『江原道史』(歷史編), 1995.
윤명철, 『역사는 진보하는가』, 온누리, 1992. 12.
윤명철, 『동아지중해와 고대일본』, 청노루, 1996.
조희승, 『초기조일관계사』하, 사회과학출판사, 1989.

▶ 역서

와쓰지 데쓰로우 저, 박건주역, 『풍토와 인간』, 장승, 1993.
孫進己·林東錫 역, 『東北民族源流』, 동문선, 1992.
王承禮 저, 송기호 역, 『발해의 역사』, 한림대학 아시아문화연구소, 1988.
趙賓福 저, 崔茂藏 역, 『中國東北新石器文化』, 集文堂, 1996.
바트 T. 보크·프란시스 W. 라이트, 『기본항해학』, 대한교과서 주식회사, 1974.

▶ 국내논문

강인욱, 「靺鞨文化의 形成과 2~4세기 挹婁 鮮卑 夫餘系文化의 관계」, 『고구려 발해연구』33집, 2009. 3.
박용안 외 25인, 「우리나라 현세 해수면 변동」, 『한국의 제4기 환경』, 서울대학교 출판부, 2001.
손영종, 「광개토왕릉비를 통하여 본 고구려의 영역」, 『력사과학』1986-2.
윤명철, 「海洋條件을 통해서 본 古代韓日 關係史의 理解」, 『日本學』15, 동국대 일본학연구소, 1995.
_____, 「渤海의 海洋活動과 동아시아의 秩序再編」, 『고구려연구』6, 학연문화사, 1988.
_____, 「해양사관으로 본 한국고대사의 발전과 종언-동아지중해 모델을 통해서-」, 『한국사연구』, 한국사연구회, 2003. 12.

_____, 「동해문화권의 설정 검토」, 『동아시아 역사상과 우리문화의 형성』, 민속원, 2005.
_____, 「영일만 지역의 해양환경과 암각화의 길의 관련성 검토」, 『포항 칠포리 암각화의 세계』, 한국암각화 학회, 2005, 5.
_____, 「동아시아의 해양공간에 관한 재인식과 활용 -동아지중해모델을 중심으로-」, 『동아시아 고대학』14집, 동아시아 고대학회, 경인문화사, 2006, 12.
_____, 「고구려 문화형성에 작용한 자연환경의 검토- '터와 多核(field & multi-core)이론'을 통해서-」, 『한민족』4호, 2008 ; 「고구려 수도의 해륙적 성격」, 『백산학보』80, 2008.
_____, 「渤海 유역의 역사문화와 동아시아 세계의 이해 - '터(場, field) 이론'의 적용을 통해서-」, 『동아시아 고대학』17집, 2008.
_____, 「한민족 형성의 질적 비약단계로서의 고구려 역사」, 『한민족 연구』제5호, 2008, 06, 30.
_____, 「고조선 문화 해석을 위한 역사관의 모색」, 『북방 문화와 한국상고문화의 기원연구』, 단국대 북방문화연구소, 2009, 6, 27.
_____, 「해양사 연구의 방법론 검토와 제언」, 『해양문화학 학술대회』 목포대학교 도서문화연구소., 2009, 10, 22.
任孝宰, 「신석기 시대의 한일문화교류」, 『한국사론』16, 1986.
임효재, 「중부 동해안과 동북 지역의 신석기 문화 관련성 연구」, 『한국고고학보』26집, 1991.
송호정, 「두만강 유역의 고대문화와 정치집단의 성장」, 『호서사학』제50집.
송화섭, 「한국 암각화의 신앙의례」, 『한국의 암각화』, 한길사, 1996.
천관우, 「광개토왕비재론」, 『전해종화갑기념논총』, 1979.
韓圭哲, 「肅愼 挹婁 硏究」를 비롯하여 「渤海人이 된 高句麗靺鞨-The Koguryo-Malgal of Palhae People-」, 『고구려연구』26집, 2007.

▶ 국외저서

일본

古廐忠夫 編, 『東北アジアの再發見』, 有信社, 1994.
菊池俊彦, 『北東 アジアの 古代文化の 硏究』, 北海道大學 圖書刊行會, 1995.
大林太良, 『北方の民族と文化』, 山川出版社, 1991.
茂在寅南, 『古代日本の航海術』, 小學館, 1981.
_____, 「遣唐史槪觀」, 『遣唐史と史料』, 東海大學出版部, 1989.
池內宏, 「伊刀の賊」, 『滿鮮史硏究』 中世 第 1, 1933.

중국

高靑山 외, 『東北古文化』, 春風文藝出版社, 백산자료원 再刊, 1988, 1994.
方衍主 편, 『黑龍江少數民族簡史』, 中央民族學院出版社, 1993.

王健群, 「古代日本北方海路的形成和發展」, 『博物館研究』55期, 3期, 1996.
王俠, 「集安 高句麗 封土石墓與日本須曾蝦夷穴 古墓」, 『博物館研究』42期, 1993-2期.

▶ 국외논문

일본

加藤晋平, 「東北アジアの自然と人類史」, 『東北アジアの民族と歷史』(三上次男・神田信夫 編), 山川出版社, 1992.
江上波夫, 「古代日本の對外關係」, 『古代日本の國際化』, 朝日新聞社, 1990.
高瀨重雄, 「越の海岸に着いた高句麗使」, 『東アジアと日本海文化』, 森浩一 編, 小學館, 1985.
酒寄雅志, 「日本と渤海靺鞨との交流」, 『先史와 古代』, 한국고대학회, 1997.
國分直一, 「古代東海の海上交通と船」, 『東アジアの古代文化』29호, 大和書房, 1981.
茂在寅南, 「遣唐史概觀」, 『遣唐史と史料』, 東海大學出版部, 1989.
三上鑛博, 「山陰沿岸の漂着文化」, 『東アジアの古代文化』, 大和書房, 1974.
小嶋芳孝, 「潮の道 風の道」, 『松原客館の謎にせまる』, 氣比史學會, 1994.
＿＿＿, 「環日本海交流史から見渤海と北陸道」, 『波濤をこえて』, 石川縣立歷史博物館, 1996.
＿＿＿, 『古代日本と渤海』, 『考古學ジャ-ナル』411, 1996.
＿＿＿, 「日本海の島々と靺鞨・渤海の交流」, 『境界の日本史』, 村井章介・佐藤信・吉田伸之, 山川出版社, 1997.
松山利夫, 「ナラ林の文化」, 『季刊考古學』15號, 雄山閣出版社, 1986.
安田喜憲, 「日本海をめぐる 歷史の胎動」, 『季刊考古學』15號, 雄山閣出版社, 1986.
齊藤 忠, 「高句麗と日本との關係」(金達壽 外, 『古代の高句麗と日本』, 學生社, 1988)
荒竹清光, 「古代 環東シナ海 文化圈 と對馬海流」, 『東アジアの 古代文化』29호, 大和書房, 1981.

중국

鄭永振, 「沃沮 北沃沮 疆域考」, 『한국상고사학보』제7호, 1991.